국역 의례

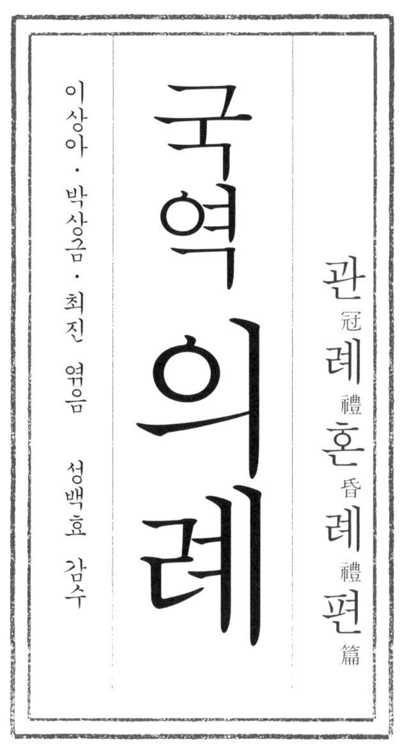

한국인문고전연구소

차례

사관례 士冠禮

一. 冠禮前

二. 冠禮當日

三. 變例 및 賓主 致辭

四. 記

사혼례 士昏禮

一. 昏禮前

二. 昏禮當日

三. 記

• 그림 차례

《國譯儀禮》 冠禮·昏禮篇의 출간을 축하하며

《국역의례》 제3집인 관례·혼례편을 뒤이어 출간하게 되었다. 처음 상례편을 출간하고 6년 만의 결실이다. 상례 4편, 제례 3편, 관례 1편, 혼례 1편을 포함하여 총17편으로 이루어진 《의례》는 이외에도 〈士相見禮〉 등 8편이 더 있지만 지금은 거의 사용하지 않고 오직 冠·婚·喪·祭의 四禮만 통행되고 있다. 물론 작금에는 이 사례마저 대부분 사라져 관례는 일부 중고등학교를 중심으로 조금 복원하려는 노력이 보이고, 혼례는 대부분 예식장에서 서양식으로 치러지고, 상례는 일반적으로 병원의 영안실에서 치러진다. 그리고 제례는 구구각색으로 행해지고 있다.

하지만 우리나라 선현들의 문집에는 四禮를 언급한 禮說이 자주 보이는 바, 이를 정확하게 번역하려면 《朱子家禮》와 같은 禮書를 읽지 않을 수 없으며, 《주자가례》나 《四禮便覽》을 제대로 알려면 그 뿌리인 《의례》를 알지 않으면 안 된다. 앞에서도 강조한 바 있거니와 《의례》는 3천 년 전의 禮經이어서 문체도 다르고 사용하던 禮器들도 거의 남아 있지 않다. 《三禮圖》·《三才圖會》 등의 그림을 통해 겨우 物名과 원형을 어렴풋이 참고할 뿐이다. 北宋의 학자인 龜山 楊時는 "예는 음식에서 비롯되었다. 그러므로 옛날에는 웅덩이를 술동이로 삼고 오므린 손으로 술을 떠 마셨는데, 후대에 簠簋·籩豆·罍爵과 같은 예기를 만든 것은 문식하기 위한 것이었으니, 그렇다면 그 근본은 검소할 뿐이다."라고 하였으며, 또한 "상례는 슬퍼함이 근본이다."라고 하였다. 그러나 옛날에는 신분의 귀천에 따라 엄격한 제한이 있어 검소함과 슬퍼함만으로 예를 행할 수 없는 것이 또한 현실이었다.

이제 《의례》의 사례에 대한 번역서가 나왔다는 것은 그만큼 예경이나 예서에 쉽게 접근할 수 있는 여건이 갖추어졌다는 말이다. 본인은 평소 우리나라의 고문헌을 제대로 이해하고 번역하려면 세 가지 관문을 넘어야 한다고 주장해 왔다. 그 하나는 詩요, 둘은 性理說이요, 셋은 禮說이다. 시는 워낙 다양하여 쉽게 독파할 수 없는 것이 사실이다. 본인이 옛날 선생님께 들은 바로는 시는 杜甫의 시를 모두 외고 여기에 맞게 시를 지을 수 있어야 하며, 樂府와 詞는 별도로 배워야 한다고 하셨다. 지금은 시를 잘 짓는 사람도 드물고, 古詩를 외고 정확히 아는 사람도 거의 없으며, 그저 어림짐작으로 추측할 뿐이다. 성리설은 四書의 集註를 제대로 알아야 하는데 사서 집주에 대한 깊은 이해 없이 心性理氣를 논하다 보니 말의 앞뒤가 서로 맞지 않으며, 글자가 모두 쉽고 비슷한 말이 연속하여 나오다보니 성리설을 알고 있는 것으로 착각하는 문제가 생긴다. 마지막으로 예설은 한문 문리가 약하거나 古禮를 몰라서 제대로 이해하지 못하다 보니 문집에 예설이 나오면 대충 얼버무려 넘기는 실정이다. 그런데 이제 열심히 공부만 하면 고례를 이해할 수 있는 터전이 마련된 것이다.

요즘 기초 학문을 소홀히 하는 세태를 바라보면서 과연 이 번역서가 독자들에게 얼마나 읽혀지고 연구될지 의문이 들지 않을 수 없다. 그러나 莊子는 "몇 백 년, 아니 몇 천 년 만에 만나더라도 이는 朝暮遇이다."라고 하였다. 조모우란 아침·저녁 사이에 만나는 꼴이라는 뜻인 바, 자신의 뜻과 공력을 알아주는 사람을 생전에 만나기가 어렵지만 먼 훗날에라도 만나면 아침·저녁 사이에 만난 것처럼 기쁘다는 의미이다. 이 책도 언젠가 장자의 말처럼 인식되기를 바라마지 않는다.

《국역의례》의 번역에 10년 동안 혼신의 노력을 쏟은 《의례》의 삼총사 이상아·박상금·최진씨의 끊임없는 분투를 기대하며 세 분의 한문 실력과 향학열은 이미 누차 언급한 바 있으므로 이만 적는다.

2021년 4월 海東經史硏究所長

成百曉

일러두기

1. 대본

1) 본서는 楊天宇(1943~2011)의 《儀禮譯注》(上海: 上海古籍出版社, 1994)(이하 역주본)를 주요 번역 대본으로 삼아 이 가운데 주석과 각 편의 해제 부분을 대부분 채택하여 번역하였다. 다만 경문의 번역은 역주본을 따르지 않고 새롭게 번역하였다.

2) 역주본의 〈《儀禮》簡述〉 부분은 楊天宇의 《鄭玄三禮注硏究》(天津: 天津人民出版社, 2007)의 〈《儀禮》概述〉 부분을 번역하였다. 〈《儀禮》概述〉은 〈《儀禮》簡述〉과 대동소이하나 인용문의 출처 표기가 더욱 상세하며 일부 내용이 수정되어 있다.

2. 교감과 표점

1) 《儀禮注疏》(李學勤主編, 北京大學出版社, 2000)(이하 통행본)를 주요 대교본으로 삼고 기타 《의례》 표점서들을 참교본으로 삼아 역주본과 비교하여 더욱 타당성이 있다고 판단된 것을 수록하였다.

2) 표점본 간 표점의 異同이 유의미한 경우 그 내용을 【按】부분에 제시하였다.

3) 교감 결과 원문의 글자가 誤字·脫文·衍文으로 의심되는 경우 원문은 그대로 두고 그 교감 내용을 주석에 제시하였다.

4) 경문의 한자는 발음이 어렵거나 두 개 이상의 발음이 날 경우 각종 禮書와 언해 등을 참고하여 한글 발음을 부기하고, 논란이 있는 글자의 경우에는 그 근거를 주석에 제시하였다.

3. 章節의 구분

1) 장절의 구분은 역주본을 따랐다.

2) 장절의 소제목은 역주본과 주희의 《의례경전통해》, 기타 번역서들을 참고하여 별도로 경문 앞에 제시하였다.

4. 번역

1) 번역은 경문과 주석을 반영하여 이해하기 쉽게 번역하였다. 다만 禮書에서 통상적으로 사용되는 명물이나 전문용어는 그대로 원문 용어를 사용하고 독자의 이해를 돕기 위해 바로 뒤에 간주 형식으로 괄호 안에 간략한 해석을 덧붙였다.

2) 본서 안에서 서명 없이 편명만 말한 것은 모두 《의례》의 편명을 가리킨다.

5. 주석

주석은 세 부분으로 이루어졌다.

첫 번째 부분은 역주본의 주석이다. 별도의 표기 없이 역주본의 내용을 대부분 채택하여 번역하였다. 다만 중복되거나 문화적인 차이로 인해 불필요하다고 판단된 경우에는 별도의 설명 없이 삭제하고, 제시한 인용문이나 글자의 오류가 명백한 경우에도 별도의 설명 없이 수정하여 번역하였다.

두 번째 부분은 按說이다. '【按】'으로 표기하고 역주본의 주석 내용을 번역에서 취하지는 않더라도 일설로 남겨둘 가치가 있다고 판단되거나 역주본에는 없으나 보충 설명이 필요한 경우 그 내용을 제시하였다.

세 번째 부분은 각주이다. 역주본의 주석과 按說의 출처, 기타 부가적으로 필요하다고 판단된 원문 등을 제시하였다.

6. 범례

관례·혼례만이 아닌 禮 전반에 적용할 수 있는 2종의 범례를 실었다. 범례이기 때문에 대부분의 예서 주석서에 오히려 설명이 없는 경우가 많을 뿐 아니라 각각의 의절이 범례인지 특례인지의 여부 역시 그 의절의 의미를 판단하는 중요한 기준이 될 수 있기 때문이다.

하나는 본서에서 언급하고 있는 범례이다. 각 편별로 범례로 볼 수 있는 예들을 모아 수록하고 이에 해당하는 근거를 각주로 제시하였다. 수록 범위는 경문과 주석을 모두 포괄하였다.

다른 하나는 淩廷堪(1755~1808)의 《禮經釋例》 중 '凡'으로 시작된 범례 목록이다. 《禮經釋例》는 通例, 飮食之例, 賓客之例, 射例, 變例, 祭例, 器服之例, 雜例 등 총 8類로 구성되어 있다. 張惠言의 《儀禮圖》, 胡培翬의 《儀禮正義》와 함께 3대 禮書 중의 하나로 일컬어지며 청대 예학 성과의 이정표라고도 불리운다.

7. 圖

크게 2종의 그림을 수록하였다.

하나는 본문 안에 수록한 그림이다. 역주본과 기타 각종 禮書의 그림들을 비교하여 더욱 적절하다고 판단된 것을 수록하였으며, 필요한 경우 서로 상이한 그림을 동시에 수록하고 이에 대한 설명을 덧붙였다. 다만 명물 그림은 기존의 禮書 그림이 최근의 출토문물과 비교했을 때 다른 것이 많아 오해를 줄이기 위해 가급적 생략하였다.

다른 하나는 부록에 실은 그림이다. 張惠言(1761~1802)의 《儀禮圖》 권2에 실린 行禮圖와 黃以周(1828~1899)의 《禮書通故》 권48 〈禮節圖〉에 실린 行禮圖 중 〈사관례〉와 〈사혼례〉에 관련된 圖를 모두 수록하였다. 아울러 장혜언의 《의례도》 권1에 실린 宮室圖를 함께 실어 궁실의 각 명칭을 알 수 있도록 하였다. 장혜언의 《의례도》는 지금까지 나온 儀禮圖 중 경문의 차례에 따라 각각의 의절을 그린 것으로는 가장 자세하다. 황이주의 《예서통고》는 장혜언의 《의례도》에 비해 소략하기는 하나 禮學의 집대성이라고 일컬어지며 장혜언의 圖 중 오류 부분을 바로잡은 것이 많다. 두 禮圖를 비교하여 異同이 있을 경우 이에 대한 설명을 덧붙이고 필요한 경우 본문 주석에 관련 圖를 수록하였다.

8. 表

본문의 내용을 분석한 표이다. 〈사관례〉와 〈사혼례〉의 행례 순서에 따라 시간, 장소, 인물, 복장, 음식 등을 위주로 정리하였다.

9. 용어 색인

1) 범위

경문과 주석을 포함하여 이 책에 보이는 전문 어휘와 명물 용어, 유의미한 행례 절차 등을 수록하였다. 인명과 지명은 싣지 않았다.

2) 순서

한자 대표음을 기준으로 가나다 순으로 싣고 오른쪽에 실제 禮書에서 나는 발음을 병기하였다. 발음이 같을 경우에는 부수 순으로, 부수가 같을 경우에는 획수 순으로 실었다.

3) 약호

편명은 약호를 사용하였다. 〈士冠禮〉는 '冠', 〈士昏禮〉는 '昏'으로 표시하였다. 그 뒤에는 이 책에서 구분한 章節의 번호를 쓰고, 그 뒤에는 經文이면 '經', 주석이면 바로 주석번호를 제시하였다. 예컨대 '冠1①'은 '〈사관례〉 제1절 주①'이라는 의미이다.

《의례》에 대하여

楊天宇

1. 《의례》의 서명

《의례》라는 이 서명은 뒤에 붙인 이름으로, 先秦 시기에는 《의례》를 《禮》라고만 불렀다. 예를 들면 《예기》〈經解〉에서는 "공손함·검소함·장중함·공경함은 《예》의 가르침이다.〔恭儉莊敬, 《禮》教也.〕"라고 하였고, 《莊子》〈天運〉에서는 공자가 "나는 《시》·《서》·《예》·《악》·《역》·《춘추》 6경을 공부하였다.〔丘治《詩》《書》、《禮》、《樂》、《易》、《春秋》六經.〕"라고 하였는데, 이들 인용문에서 말하는 《예》가 가리키는 것은 모두 《의례》이다.

漢代에 《의례》는 또 《예》라고만 칭해지기도 하였으며, 또 《士禮》나 《禮經》으로도 칭해졌다. 예를 들면 《史記》〈儒林列傳〉에 다음과 같은 내용이 보인다.

> 《예》를 말한 것은 노나라의 고당생에서부터이다.〔言《禮》自魯高堂生.〕
> 여러 학자들이 《예》를 말한 자가 많았으나 노나라 고당생이 가장 시초이다. 《예》는 본래 공자 때부터 그 경문이 구비되어 있지 않았는데, 秦나라 때 焚書를 겪게 되자 글이 흩어져서 없어진 것이 더욱 많게 되었다. 지금은 《사례》만 남아있는데, 고당생이 이를 말할 줄 알았다.〔諸學者多言《禮》, 而魯高堂生最本. 《禮》固自孔子時而其經不具, 及至秦焚書, 書散亡益多, 于今獨有《士禮》, 高堂生能言之.〕
> 노나라의 徐生은 儀容에 뛰어났다.……아들에게 전하고 손자 徐延과 徐襄에게까지 전해지게 되었다. 서양은 천성적으로 의용을 차리는데 뛰어났으나 《예경》에는 능통하지 못하였다.〔魯徐生善爲容.……傳子至孫徐延、徐襄. 襄其天姿善爲容, 不能通《禮經》.〕

《의례》는 漢代에는 또 《예기》라는 명칭으로 쓰이기도 하였다.[1]

阮元(1764~1849)이 말하기를 "살펴보면 《예경》은 漢나라 때에는 단지 《예》라고만 칭했으며, 《예기》라고도 칭하였다. 《熹平石經》에 《의례》가 있다. 이것은 洪适(1117~1184)의 《隷釋》에 실려 있는데, 東晉의 戴延之는 이를 일러 《예기》라고 하였다. 《의례》라고 칭한 경우가 없다.〔按《禮經》在漢只稱爲《禮》, 亦曰《禮記》; 《熹平石經》有《儀禮》, 載洪适《隷釋》, 而戴延之謂之《禮記》是也. 無稱《儀禮》者.〕"라고 하였다.[2]

洪業(1893~1980)도 이 설을 지지하고 있는데, 그 주요 근거로 司馬遷이 《사기》〈孔子世家〉에서 "《예기》는 孔氏에게서 나왔다.〔《禮記》出自孔氏.〕"라고 한 것과 《사기》〈儒林列傳〉에서 "지금은 《사례》만 남아있다.〔於今獨有《士禮》.〕"라고 한 것을 들며, 여기에서 〈공자세가〉의 《예기》가 바로 〈유림열전〉의 《사례》인 것은 의심의 여지가 없다는 것이다.[3]

완원과 홍업의 설은 모두 훌륭하다. 우리는 또 얼마간의 증거를 찾을 수 있는데, 예를 들면 鄭玄은 《시경》〈采蘩〉에 주를 내면서 《의례》〈少牢饋食禮〉 경문을 인용하여 말하기를 "《예기》에 이르기를 '주부는 머리에 다리를 한다.〔《禮記》曰: 主婦髲鬄.〕' 하였다."라고 하였으며, 郭璞(276~324)은 《爾雅》〈釋言〉에 주를 내면서 《의례》〈有司徹〉의 경문을 인용하여 말하기를 "《예기》에 이르기를 '陽厭 때 자리를 둘러 祭物을 가린다.〔厞用席.〕' 하였다."라고 하였다. 곽박은 晉나라 사람이니 아마도 漢나라 때의 書名을 그대로 답습한 듯하다.

漢代에는 아직 《의례》라는 이름이 없었으며, 이 점에 있어서는 고금의 학자들 모두 의심이 없다. 陳夢家(1911~1966)는 두 《漢書》 중에는 "《의례》란 명칭이 한 번도 출현하지 않는다.〔從未出現《儀禮》的名目.〕"라고 하고, 아울러 이것을 근거로 武威縣에서 출토된 漢簡本 《의례》를 推斷하여 "만일 큰 제목을 둔다면 응당 《예》가 되어야 할 것이다.〔若有大題應是《禮》.〕"라고 하였다.[4]

《의례》라는 이름이 도대체 언제 출현했는가에 대해서는 지금은 이미 명확하게 고찰하기가 어렵다. 《晉書》〈荀崧傳〉에 순숭(263~329)이 상소하여 박사를 더 늘려 세워줄 것을 청하는 기록이 실려 있는데, 그 가운데 "정현의 《의례》 박사 1사람을 더 두어야 합니다.〔鄭《儀禮》博士一人.〕"라는 구절이 있다. 이것은 아무리 늦어도 東晉 元帝(재위 318~323) 때에는 이미 《의

---

1) 〔원주〕 大戴(戴德)나 小戴(戴聖)의 《예기》와 같은 것이 아니다.

2) 〔원주〕《儀禮注疏》 권1 "《儀禮》疏卷第一" 아래 阮元의 교감기에 보인다.

3) 〔원주〕 洪業의《儀禮引得序》는 《儀禮引得》(上海古籍出版社, 1983)에 보인다.

4) 〔원주〕《武威漢簡》(文物出版社, 1964) 13쪽 참조.

례》라는 명칭이 있었음을 설명하는 것이다.

2. 《의례》의 유래와 공자의 《예》 編定

금본 《의례》 17편은, 이 가운데 제13편 〈旣夕禮〉는 제12편 〈士喪禮〉의 하편이며, 제17편 〈有司徹〉은 제16편 〈少牢饋食禮〉의 하편이기 때문에 실제로는 고대의 15종 의례만을 기록하고 있다. 그러나 중국 고대의 의례는 단지 이 15종에만 그치는 것은 전혀 아니다.

중국 상고 시대 인류는 원시 사회에서 계급 사회로 진입한 이후 차츰차츰 삼엄한 등급 제도를 수립하기 시작하였다. 이러한 등급 제도를 유지하기 위해서는 저 높이 위에 있는 귀족들을 서민이나 노예와는 서로 구별되게 해야 했으며, 동시에 귀족들 중에서도 다른 등급은 서로 구별되게 해야 했다. 그리하여 수많은 禮들을 제정하였는데, 예를 들면 朝覲, 盟會, 錫命, 軍旅, 蒐閱, 巡狩, 聘問, 射御, 賓客, 祭祀, 婚嫁, 冠笄, 喪葬 등과 같은 것으로, 후세 사람들은 이 禮들을 吉·凶·軍·賓·嘉의 5가지로 크게 분류하고 있다.[5] 서로 다른 등급의 귀족은 서로 다른 禮를 행하였으며, 설령 동일한 의례 활동 안이라 할지라도 귀족의 등급이 다르면 사용하는 기물이나 입는 의복, 행하는 의식 등도 각각 달랐다. 귀족 통치자들은 이 수많은 禮들을 통해 그 정치적인 의도를 관철시킴으로써 등급 제도의 기초 위에 수립한 사회의 정상적인 질서를 유지하였다. 이것이 바로 '禮로 정사를 체행한다.〔禮以體政〕'라는 것이다.[6]

그런데 이 수많은 禮들은 도대체 어떻게 생겨난 것일까? 楊寬(1914~2005)의 연구에 따르면 일부 禮들은 씨족 사회 시기부터 이어져 내려온 禮俗이 발전하여 변화된 것이다. 예를 들면 籍禮(籍田을 경작하는 禮)는 씨족 사회 시기에 족장이나 장로가 조직하여 구성원들이 집단 노동을 하도록 격려하는 의식에서 유래하였으며, 蒐禮(군대를 사열하는 禮)는 군사 민주제 시기의 무장 '민중대회'에서 유래하였으며, 冠禮는 씨족사회의 成年禮에서 유래하였으며, 鄕飮酒禮는 씨족사회의 회식 제도에서 유래했다는 것 등등이다.[7]

그러나 씨족사회의 禮俗에서 발전하여 변화된 禮는 또한 매우 작은 일부일 뿐이다. 각

---

5) 〔원주〕《周禮》〈春官 大宗伯〉에 처음 보인다.

6) 〔원주〕《左傳》 桓公 2년(기원전 710) 조 참조.

7) 〔원주〕 楊寬의 《古史新探》(中華書局, 1965)에 자세하다.

방면에서 자신의 특권과 통치 질서를 유지하기 위한 귀족 통치자의 필요성에 응하는 데에는 이 禮들은 매우 부족한 것이어서 수많은 새로운 禮들을 또 제정해야만 했다. 邵懿辰(1810~1861)은 말하기를 "禮는 본래 한 때 한 시대에 이루어진 것이 아니다. 오랜 기간 익숙해지면서 점차 정비되어 크게 갖추어지게 된 것이다.〔禮本非一時一世而成, 積久服習, 漸次修整而臻於大備.〕"라고 하였다.[8] 이 말은 매우 옳은 말이다. 그러나 또 禮를 제정하는 과정 중 개인의 역할을 부인할 수도 없다. 중국 고대에는 이른바 '周公制禮'의 전설이 있었다. 周禮는 모두 주공이 제정했다는 것이다. 예를 들면 《左傳》 魯 文公 18년(기원전 609) 조에는 "선군 주공께서 禮를 제정하셨습니다.〔先君周公制禮.〕"라는 노나라 季文子의 말이 기록되어 있으며, 《尙書大傳》에서는 더욱 구체적으로 다음과 같이 말하고 있다.

> 주공은 섭정을 하여, 1년째에는 管叔과 蔡叔의 난을 바로잡았고, 2년째에는 殷나라를 이겼고, 3년째에는 奄나라의 군주를 주살했고, 4년째에는 侯服에서 衛服까지 5등의 제후를 세웠고, 5년째에는 成周(西周의 東都인 洛邑)를 건립하였고, 6년째에는 禮樂을 제정하였고, 7년째에는 成王에게 정사를 돌려주었다.〔周公攝政, 一年救亂, 二年克殷, 三年踐奄, 四年建侯衛, 五年營成周, 六年制禮作樂, 七年致政成王.〕[9]

이러한 말은 춘추전국 시대에 매우 성행하였는데 전혀 이치가 없는 것은 아니다. 《논어》 〈爲政〉에 이르기를 "周나라는 殷나라의 禮를 인습했으니, 그 가감한 것을 알 수 있다.〔周因于殷禮, 其損益可知也.〕"라고 하였다. 주공은 주나라 초기 최고의 행정 장관이 되어 당시의 상황에 근거하여 은나라의 예를 가지고 헤아려서 취할 것은 취하고 버릴 것은 버리는 일련의 '가감'하는 작업을 행하였다. 그리고 이러한 작업을 통해 새로 일어난 주나라 왕조의 필요에 꼭 맞는 禮를 제정했다는 것은 전적으로 가능성이 있는 이야기이다. 단지 이러한 일을 신화화해서는 안 된다는 것뿐이다. 어떤 사람은 주나라 禮를 제정하는 것에 대해 주공이 한 역할을 지나치게 과장하였다고 말한다. 顧頡剛(1893~1980)은 다음과 같이 말하고 있다. "주공이 禮를 제정했다는 이 점은 인정해야한다. 개국할 때 어떻게 수많은 제도와 의절을 정하지 않을 수 있겠는가?……그러나 하나의 일이 장기간의 전설을 거치다보면 종종 지나치게 과장되곤 한다. 주공이 禮를 제정한 일은 늘 사람들의 입에 오르내리고 있는데, 마

---

8) 〔원주〕 邵懿辰의 《禮經通論·論孔子定禮樂》(國學扶輪社鉛印本, 淸 宣統 3年(1911)) 참조.

9) 〔원주〕 明 柯尙遷의 《周禮全經釋原》 卷首 《原流敍論》(文淵閣 《四庫全書》本)에서 재인용.

치 周代의 모든 제도와 禮儀가 모두 주공 한 사람의 손에서 정해지고 주공이 정한 禮는 최고의 것이기 때문에 3천 년 동안 내려온 봉건 사회에서 조금만 변경되고 그다지 큰 변화는 없었던 것처럼 말하고 있다. 심지어는 남녀의 혼인제도도 그가 처음으로 확립한 것이라고까지 하는데, 이것은 역사적인 진실과는 완전히 동떨어진 이야기이다."[10)]

주공이 禮를 만들 수 있었다면 주공 이후의 執政者들도 禮를 만들 수 있는 것이다. 그들은 당시의 수요에 따라 주나라 초기의 禮에 필요한 조정과 수정을 진행하거나 얼마간의 새로운 禮를 일부 제정했을 것이며, 또한 직접 이 일을 했을 수도 있고 당시의 통치 계급 중 이 쪽에 관련된 전문가(후대의 예학자)에게 명령하여 이 일을 하게 했을 수도 있다. 후대 조정의 통치자들이 늘 그 대신들에게 禮를 의론하거나 제정하게 했던 것과 같은 것처럼 말이다. 이렇게 해서 禮의 숫자는 끊임없이 증가했으며 禮儀 역시 이에 따라 갈수록 번다해지게 되었다. 그러므로 《예기》〈禮器〉에 이른바 "經禮는 3백 가지이고 曲禮는 3천 가지이다.〔經禮三百, 曲禮三千.〕"라는 설은 禮가 많고 번다하다는 것을 심하게 말한 것이다. 끊임없이 증가하고 날로 번다해진 이 禮들을 통칭하여 周禮라고 부른다.

이 수많은 周나라 禮들이 그 당시 문자로 씌어졌는지의 여부에 대해, 혹자는 西周 시대에 후대의 禮書와 같은 것이 있었는지는 확실한 증거가 없기 때문에 아직까지 섣불리 단언할 수 없다고 한다. 그러나 이치로 따져보면 주나라 통치자들이 이미 이렇게 禮를 중시했다면 의당 그들이 제정한 禮를 문자로 기록함으로써 귀족과 그 자제들이 익히고 실천하는 데 편리하도록 했을 것이다. 《논어》〈八佾〉에 다음과 같은 공자의 말이 실려 있다. "夏나라의 禮를 내가 능히 말할 수 있으나 杞나라에서 그 근거를 충분히 찾을 수 없고, 殷나라 禮를 내가 능히 말할 수 있으나 宋나라에서 그 근거를 충분히 찾을 수 없다. 文獻이 충분하지 않기 때문이다. 충분하다면 내가 그 근거를 댈 수 있다.〔夏禮, 吾能言之, 杞不足徵也; 殷禮, 吾能言之, 宋不足徵也. 文獻不足故也. 足則吾能徵之矣.〕" 여기에서 '文獻'이라는 글자는 朱熹의 《集註》 해석에 따르면, '文'은 典籍을 가리키며 '獻'은 歷史典故를 잘 아는 賢者를 가리킨다. 공자는 '문헌이 부족하다'고 말하였는데, 하나라와 은나라의 예가 그 당시에는 아직 다소나마 문자로 기록된 것들이 남아있었다는 것을 알 수 있다. 《논어》〈팔일〉에서 공자는 또 말하기를 "주나라는 하나라와 은나라의 禮를 보고 가감하였으니, 찬란히 빛나도다, 그 文이여!〔周監于二代, 郁郁乎文哉!〕"라고 하였다. 이렇게 '찬란히 文이 빛났던' 주나라의 禮가 도

---

10) 〔원주〕 顧頡剛의 《"周公制禮"的傳說和〈周官〉一書的出現》(《文史》 第6輯)에 실림.

리어 문자의 기록도 없었을까? 공자는 또 무엇을 가지고 주나라의 禮가 '郁郁乎文'임을 알았을까? 《莊子》〈天運〉에 "저 六經은 先王의 옛 자취이다.〔夫六經, 先王之陳迹也.〕"라는 老子의 말이 기록되어 있다. 여기에서 말하는 '옛 자취'는 바로 주나라 선왕들이 남겨놓은 문헌을 가리킨다. 물론 여기에는 禮를 기록한 문헌도 포함된다.[11] 다시 다음에 나오는 자료를 한 번 보기로 하자.

《맹자》〈萬章下〉: "北宮錡가 물었다. '주나라 왕실의 작록을 반열함은 어떻게 했습니까?' 맹자가 대답하였다. '그 상세한 내용은 내 듣지 못하였다. 제후들이 자신들에게 해가 되는 것을 싫어하여 모두 그 전적을 없애버렸기 때문이다.〔北宮錡問曰: '周室班爵祿也, 如之何?' 孟子曰: '其詳, 不可得而聞也. 諸侯惡其害己也, 而皆去其籍.'〕"[12]

《漢書》〈禮樂志〉: "주나라 왕실이 쇠락해지자 제후들이 법도를 넘곤 하였는데, 禮制가 자신들에게 해가 되는 것을 싫어하여 그 편장이나 전적들을 없애버렸다.〔及其衰也, 諸侯踰越法度, 惡禮制之害己, 去其篇籍.〕"

《漢書》〈藝文志〉: "제왕의 질박함과 문채남은 시대마다 가감이 있었다. 주나라에 오자 그 규정들이 지극히 정밀해져 일마다 모두 제도가 있게 되었다. 그러므로 '禮經은 3백 가지이고 威儀는 3천 가지이다.'라고 말하였다. 그러다가 주나라 왕실이 쇠락해지자 제후들이 법도를 넘으려고 하면서 禮制가 자신들에게 해가 되는 것을 싫어하여 모두들 그 전적을 없애버렸다.〔帝王質文, 世有損益, 至周曲爲之防, 事爲之制, 故曰'禮經三百, 威儀三千'. 及周之衰, 諸侯將踰法度, 惡其害己, 皆滅去其籍.〕"

이상의 내용을 믿을 수 있다면 주나라의 禮는 바로 원래부터 '전적'이 있었으며 이러한 주나라의 禮를 기록한 전적들이 바로 후대 《의례》의 기원이라고 말할 수 있다.

춘추시대가 되자 생산력의 발전에 따라 새로운 계급 역량이 일어나기 시작하였다. 이와 동시에 주나라 왕실이 쇠락해지자 제후들은 강대해졌으며, 제후들의 公室이 쇠락해지자 私門이 강대해졌다. 이렇게 되자 예전의 등급 제도와 등급 관계는 흔들리기 시작하였으며, 예전의 등급 관계를 유지해주었던 일련의 禮들도 자연히 무너지게 되었다. 그리하여 '천자의

11) 〔원주〕《周子同經學論著選集》(上海人民出版社, 1983) 800쪽 참조.

12) 〔원주〕'班爵祿'은 주나라의 일종의 행정 제도였을 뿐 아니라 동시에 일종의 禮이기도 하였다. 주나라 왕실에서는 귀족이나 공신들에게 작록을 班列할 때 성대한 의식을 거행하지 않은 적이 없었다.

禮인 팔일무를 대부의 뜰에서 추거나〔八佾舞于庭〕' '삼가의 대부 집안에서 제사 때 천자만 이 쓸 수 있는 〈옹〉시를 읊으며 제물을 거두는〔三家者以《雍》徹〕'[13] 것과 같은 '참람된' 짓들과 이른바 '예악이 무너지는' 상황이 출현하게 되었다. 이와 동시에 강대국이 약소국을 능멸하고 대국이 소국을 침략하여 제후국 간에 전쟁이 끊이지 않음으로써 전 사회가 불안하게 흔들리며 백성들이 그 피해를 고스란히 받게 되었다. 이때 儒家가 출현하여 현실 사회를 구원하는 것을 소임으로 삼았는데, 그 최초의 대표적인 인물이 바로 공자이다.

공자가 제시한 救世 학설의 핵심은 바로 仁과 禮이다. 즉 仁으로 殺伐을 중지시키고 禮로 어지러운 사회를 구원하는 것이었다. "사욕을 이기고 예로 돌아가는 것이 仁이다.〔克己復禮爲仁.〕"[14]라는 이 말은 공자의 전체의 정치 강령을 개괄한 것이다. 공자에게 있어 최고의 정치적 이상은 바로 西周 시대와 같은 그런 조화롭고 안정된 禮制 사회를 회복하는 것이었다. 바로 공자가 말하는 "찬란히 빛나도다, 그 文이여! 내 주나라를 따르리라.〔郁郁乎文哉! 吾從周.〕"라는 것이다.

공자는 이미 하나의 禮制 사회 건립에 대한 환상이 있었기 때문에 주나라의 禮를 유지하고 회복하는 것을 자신의 임무로 여겼다. 공자는 禮를 어기거나 禮를 무너뜨리는 각종 행위들에 대해 모두 비평이나 비난을 하였다. 예를 들면 공자는 魯나라의 대부인 季氏가 '천자의 禮인 팔일무를 뜰에서 춘 것〔八佾舞于庭〕'을 비난하여 "이것을 차마 한다면 어느 것인들 차마 하지 못하겠는가.〔是可忍, 孰不可忍!〕"라고 하였으며, 노나라의 仲孫·叔孫·季孫 세 집안에서 제사 때 '〈雍〉시를 읊으며 祭物을 거두는〔以雍徹〕' 것에 대해 비평하기를 "'제후들이 제사를 돕거늘 천자는 엄숙하게 계시다.'라는 가사를 어찌하여 三家의 당에서 취해다 쓰는가.〔'相維辟公, 天子穆穆', 奚取於三家之堂?〕"라고 하였다. 또 季氏가 泰山에 제사를 지내는 예에 대하여 비평하기를 "일찍이 태산이 임방보다도 못하다고 여겼단 말인가.〔曾謂泰山不如林放乎?〕"라고 하였으며, 노나라 임금이 禘祭의 禮를 지내는 것에 대하여 말하기를 "강신하는 의식 이후로는 내 더 이상 보고 싶지 않다.〔自旣灌而往者, 吾不欲觀之矣.〕"라고 하였으며, 子貢이 '告朔禮 때 희생으로 쓰는 양을 없애고자 한 것〔欲去告朔之餼羊〕'에 대하여 말하기를 "너는 그 양을 아끼느냐? 나는 그 예를 아끼노라.〔爾愛其羊? 我愛其禮.〕"라고 하였다.[15] 이와 동시에 공자는 적극적으로 禮를 전파하고 실천하였을 뿐 아니라 禮를 제자

13) 〔원주〕 모두 《논어》〈八佾〉에 보인다.

14) 〔원주〕 《논어》〈顔淵〉에 보인다.

15) 〔원주〕 이상은 모두 《논어》〈八佾〉에 보인다.

를 가르치는 과목의 하나로 삼았다. 《논어》에는 禮에 관한 공자의 말을 기록한 것이 매우 많은 비중을 차지하며 '禮'라는 글자만해도 72차례나 사용하고 있다. 이 밖에도 '禮'라는 글자를 쓰지는 않았지만 실제로는 禮를 얘기하는 말이 매우 많은데, 예를 들면 위에서 든 〈八佾〉편의 여러 구절들은 자공을 비평한 구절을 제외하면 모두 '禮' 자를 사용하지 않았다.

공자의 주나라 禮에 관한 지식의 원천은 두 가지 경로가 있었다. 하나는 부지런히 묻는 것이다. 예를 들면 《논어》〈팔일〉에 다음과 같은 내용이 있다. "공자가 태묘에 들어가 매사를 묻자 어떤 사람이 말하였다. '누가 추인의 아들이 예를 안다고 말했는가. 태묘에 들어와서 매사를 묻는구나.' 공자는 이 말을 듣고 '이렇게 하는 것이 禮이다.'라고 하였다.〔孔子入太廟, 每事問. 或曰: '孰謂鄹人之子知禮乎? 入太廟, 每事問.' 孔子曰: '是禮也.'〕" 다른 하나는 주나라 禮에 관한 문헌의 기록을 읽는 것이다. 비록 춘추 시대에 제후들이 '자신에게 해가 되는 것을 싫어해서〔惡其害己〕' '그 전적을 없애버리기는〔去其籍〕' 했지만 각 제후국들의 상황은 똑같지 않았다. 예를 들면 노나라는 당시에는 주나라 禮에 관한 문헌이 비교적 많은 제후국이었으며, 이 때문에 晉나라의 韓宣子가 노나라에서 '책을 본〔觀書〕' 뒤에 "주나라 예가 모두 노나라에 있다.〔周禮盡在魯矣.〕"라는 찬탄을 했던 것이다.[16] 공자는 노나라 사람이었을 뿐 아니라, 또 노나라에서 벼슬을 하여 '직접 군주와 통할 수 있었던〔能自通於國君〕' 관리로 있던 적이 있었는데,[17] 대략 공자가 52세일 때였다. 또한 노나라의 司寇 벼슬을 한 적도 있다. 이로 인해 공자는 노나라의 문헌을 읽고 그 속에서 주나라의 禮를 학습하고 연구할 수 있는 조건과 가능성을 완전히 갖추고 있었다. 공자는 또 여러 제후국들을 周遊하였는데, 바로 이 때문에 다른 제후국들에 보존된 문헌들을 접할 수 있었다. 부지런히 묻고 또 부지런히 학습한 것은 공자를 주나라 禮에 관한 가장 유명한 전문가가 되게 하였을 뿐 아니라 또 공자로 하여금 주나라의 禮를 가지고서 당시의 사회를 구하게 하도록 하였다.

공자가 이미 주나라의 禮에 대하여 이렇게 열성적이었다면, 주나라의 禮에 대하여 약간 가공하고 수정하는 작업을 함으로써 공자의 이상에 따라 더욱 엄밀하고 완벽하게 되도록 하고, 아울러 자신이 중요하다고 생각하는 禮를 문자로 기록하여 제자를 교육시키는 교재로 삼는 것은 매우 자연스러운 일이었다. 《史記》〈孔子世家〉에는 晏嬰이 공자를 비판하는 다음과 같은 기록이 실려 있다. "공자는 용모를 성대하게 꾸미고서 오르고 내리는 예와 박자에 맞게 걷는 의절을 번다하게 한다. 그리하여 몇 세대를 익혀도 다 익힐 수 없으며 평생

---

16) 〔원주〕《좌전》昭公 2년(기원전 540) 조에 보인다.

17) 〔원주〕崔述의 《洙泗考信錄》(商務印書館, 1936) 권1 참조.

을 다해도 그 예를 터득할 수 없다.〔孔子盛容飾, 繁登降之禮, 趨詳之節, 累世不能殫其學, 當年不能究其禮.〕" 주나라 禮가 공자의 손에 오자 더욱 세밀하고 번다하게 가공되었다는 것을 알 수 있다. 여기에서 '다 익히다〔殫其學〕', '그 예를 터득하나〔究其禮〕'라고 말하였는데, 공자가 이미 자체적으로 하나의 체계적인 禮學을 갖고 있었다는 것을 알 수 있다. 《사기》〈儒林列傳〉에 이르기를 "공자는 王道가 무너지고 邪道가 일어나는 것을 슬퍼하여 이에 《시》와 《서》를 논정하여 편차하고 《예》와 《악》을 정리하여 회복시켰다.〔孔子閔王路廢而邪道興, 于是論次《詩》、《書》, 修起《禮》、《樂》.〕"라고 하였다. 학자 중에는 이 문장의 앞 구절에서는 '論' 자를 쓰고 뒷 구절에서는 '修' 자를 써서 어휘를 다르게 쓴 것은 공자가 한 작업도 다르다는 것을 설명하는 것이라고 말하는 사람도 있다. 그러나 사실상 이 문장에서 '論'과 '修'는 互文으로 쓴 것으로, 모두 수정하고 편차하였다는 뜻이다. 〈공자세가〉에 이르기를 "공자는 벼슬하지 않고 물러나 《시》·《서》·《예》·《악》을 정리하였다.〔孔子不仕, 退而修《詩》、《書》、《禮》、《樂》.〕"라고 하였다. 司馬遷이 여기에서는 '修'라는 글자 하나만을 사용한 것이 바로 그 명백한 증거이다. 《예기》〈雜記 下〉 중의 한 구절을 다시 한 번 보면 다음과 같다.

> 휼유의 상에 애공이 유비를 보내 공자에게 士의 상례를 배우도록 하였다. 그리하여 〈사상례〉가 기록되게 되었다.〔恤由之喪, 哀公使孺悲之孔子學士喪禮, 《士喪禮》於是乎書.〕

유비가 '기록'한 〈사상례〉의 내용은 단지 금본 《의례》의 〈사상례〉에만 국한되지 않고 士의 喪禮에 관한 전부를 포괄한 것이었다. 沈文倬은 여기의 〈사상례〉는 《의례》 가운데 〈士喪禮〉·〈旣夕禮〉·〈士虞禮〉·〈喪服〉 4편의 내용 전체를 포괄하는 것이어야 한다고 하였는데,[18] 이것은 매우 정확한 말이다. 유비가 기록한 상례는 직접적으로 공자에게서 온 것임을 알 수 있다. 〈잡기 하〉의 이 자료에서 다음 몇 가지 점을 설명할 수 있다.

첫째, 공자는 확실히 禮에 관한 학문으로 제자들을 교육한 적이 있지만 유비가 魯 哀公의 명을 받들어 공자에게 배운 것은 단지 士의 상례만이라는 것이다.

둘째, 禮는 매우 쉽게 잊히는 것이기 때문에 유비는 배우는 동시에 이제 막 배워 인상이 매우 깊을 때 재빨리 배운 내용을 '기록〔書〕'해 둠으로써 잊어버렸을 때를 대비하였다는 것이다. "3년 동안 예를 행하지 않으면 예는 반드시 무너지게 되기 때문이다.〔三年不爲禮, 禮

---

18) 〔원주〕 沈文倬의 《禮典의 실행과 〈의례〉의 편찬에 관하여 간략히 논함〔略論禮典的實行和〈儀禮〉書本的撰作〕》(下) (《文史》 제16輯) 참조.

必壞.〕”[19] 喪禮는 3년 안에는 다시 실행할 기회를 가질 수 없기 때문에 문자로 기록해두지 않으면 반드시 무너질 것임은 의심의 여지가 없는 것이다.

셋째, 고대의 기록 조건은 매우 열악하여 오늘날 학생들이 배울 때처럼 모두 교재를 가지고 있었던 것이 아니었다. 禮에 관한 교재는 공자에게만 자신이 엮은 저본이 하나 있었을 것이다. 그래서 제자들은 공자가 강론할 때 마음속에 이를 기억해두었다가 연습을 통해 공고하게 다지고 마지막으로 이것을 유비처럼 정리하여 기록해두어야 했다. 이러한 상황은 漢나라 때까지 이어져서 漢나라의 京師들이 經을 전수할 때에도 이와 같이 하였다. 그러므로 여기에서 "그리하여 〈사상례〉가 기록되게 되었다.〔《士喪禮》於是乎書.〕"라고 말한 것이 결코 공자에게 기록이 없었다는 것을 반증할 수는 없다는 것이다.

공자가 편정하여 교재로 사용했던 《禮》가 바로 《의례》의 初本이다. 당초에 공자가 도대체 어떤 禮들을 선정하여 교재로 만들었느냐에 대해서는 지금은 이미 알 수 없지만 분명한 것은 금본 《의례》를 포괄할 뿐 아니라 금본 《의례》 17편에만 그치지 않고 훨씬 더 많았을 것이라는 것이다.

《사기》〈孔子世家〉에 따르면 공자는 魯나라를 14년 동안 떠나 있다가 다시 노나라로 돌아온 뒤에 '삼대의 예를 고찰하여〔追跡三代之禮〕' '編次'하는 작업을 하였다. "이 때문에 《서전》과 《예기》가 孔氏에게서 나오게 된 것이다.〔故《書傳》、《禮記》自孔氏.〕" 여기에서 말하는 《예기》는 바로 《예》를 가리킨다. 이것이 즉 《의례》라는 것은 앞에서 이미 말하였다. 이것은 공자가 마지막으로 《예》를 편정한 것이 노나라로 돌아온 뒤부터 세상을 떠나기 전까지의 기간 동안에 있어야 한다는 것을 말한다. 《좌전》의 기록에 따르면 공자가 노나라로 돌아온 것은 魯 哀公 11년(기원전 484)이며 세상을 떠난 것은 애공 16년(기원전 479)이다. 이때는 바로 춘추 말기에 해당한다.

최초의 금본 《의례》는 공자가 춘추 말기에 편정한 것이라고 하는데, 이 成書 시기에 대해서는 《의례》 안에서 그 內證을 찾을 수 있다.

금본 《의례》에 실린 기물의 명칭 중에 敦(대)라는 것이 있고 簋(궤)라는 것이 있다. 그러나 《의례》 안에서는 敦와 簋가 구분되지 않는다. 즉 모두가 敦를 가리킨다. 〈聘禮〉와 〈公食大夫禮〉에는 簋만 있고 敦는 없으며, 〈士昏禮〉·〈士喪禮〉·〈既夕禮〉·〈士虞禮〉·〈少牢饋食禮〉에는 敦만 있고 簋는 없으며, 〈特牲饋食禮〉에는 敦 자가 7번 보이고 簋 자가 1번 보인다.

---

19) 〔원주〕《논어》〈陽貨〉에 보인다.

〈특생궤식례〉에 다음과 같은 내용이 있다.

주부가 黍敦와 稷敦 2개의 敦를 俎의 남쪽에 진설하는데, 서쪽을 상위로 하여 서쪽에 서대를 놓는다. 이어서 2개의 鉶羹을 진설하는데, 채소를 넣어서 두의 남쪽에 북쪽에서 남쪽으로 차례대로 놓는다.〔主婦設兩敦黍稷于俎南, 西上. 及兩鉶, 芼, 設于豆南, 南陳.〕

또 다음과 같은 내용이 있다.

장형제를 위하여 室 안에 對席(尸席과 마주보는 동쪽의 자리)을 편다. 佐食이 簋(敦) 안의 黍飯을 會에 덜어서 대석 앞에 진설하고, 2개의 鉶 중 하나를 옮겨 대석 앞에 진설한다.〔筵對席. 佐食分簋、鉶.〕

여기에서 會에 나누어 담는 簋는 즉 앞에서 진설한 두 개의 敦이다. 그러므로 鄭玄의 注에 이르기를 "分簋는 敦의 黍飯을 會에 나누어 담는 것이니, 對席에 진설하기 위해서이다.〔分簋者, 分敦黍於會, 爲有對也.〕"라고 한 것이다. 이 문제에 대하여 容庚은 그의 저서 《商周彝器通論》에서 또 전문적인 고증을 하고 아울러 《의례》 중의 '敦'와 '簋'가 동일한 글자라는 결론을 내렸다.[20]

왜 敦와 簋가 구분되지 않는 이러한 상황이 나타나게 되었을까? 이것은 바로 이 두 기물 자체의 성쇠와 관련이 있다. 簋의 출현은 비교적 이르다. 주로 西周 시기에 성행하였는데, 춘추 중기와 말기에 오자 이미 그다지 크게 쓰이지 않게 되었으며, 전국 시기에 이르자 이미 기본적으로는 퇴출된 青銅禮器 계열에 속하게 되었다. 그러나 敦의 출현은 비교적 늦은 것이었다. 주로 춘추 말기부터 전국 시기까지 성행하였다.[21] 簋와 敦는 모두 음식을 담는 기물로 黍稷 등을 담는 데 사용되었다. 춘추 말기는 바로 이 두 기물의 성쇠가 교차하는 시기로, 簋는 이미 기본적으로는 사용하지 않게 되었고 敦는 한창 성행하던 때였다. 앞에서도 말한 것처럼 공자가 禮를 정리한 것은 禮를 가지고 세상을 바로잡기 위해서였으며 사람들에게 이를 실제로 행하게 하기 위해서였다. 그러므로 禮를 행할 때 사용하는 기물, 즉 禮器는 반드시 당시에 성행하는 물건이어야 했다. 그런데 西周 시기에 성행했던 簋는 당시에

---

20) 〔원주〕 容庚의 《商周彝器通論》(臺灣通大書局, 1983) 323~324쪽 참조.

21) 〔원주〕 《商周彝器通論》 439·441쪽 및 馬承源 主編 《中國青銅器》(上海古籍出版社, 1988) 제2장 제4절 참조.

는 이미 그다지 쓰이지 않게 된 반면 敦는 한창 성행하던 기물이었다. 따라서 공자가 禮를 정리할 때 원래 禮儀에서 簋를 쓰도록 규정한 곳을 敦로 바꾸는 것은 매우 자연스러운 일이었다. 그러나 기물은 바뀌었는데 기물의 명칭에 쓰는 글자는 미처 다 고치지 못했던 것이다.[22] 그러나 미처 다 고치지 못한 이런 상황이 바로 《예》가 최초로 편정되어 成書된 시대의 흔적을 남기게 되었다.

簋와 敦는 모두 음식을 담는 기물이기는 하지만 기물의 형태는 달랐다. 敦는 두 개의 半球가 합쳐진 형태로, 뚜껑과 몸체의 형태가 완전히 동일하였다. 각각 모두 3개의 다리가 있었기 때문에 뚜껑을 바닥에 뒤집어 놓을 수 있었다. 敦의 뚜껑은 《의례》에서 會라고 부르는데, 이 때문에 《의례》에서는 敦를 진설할 때 모두 '敦의 뚜껑을 열어서[啓會]' 바닥에 뒤집어 놓는 의절[23]을 두고 있으며, 〈특생궤식례〉에서는 또 연 뚜껑을 사용하여 '敦의 黍飯을 나누어 담는[分簋]' 의절을 두고 있다. 簋의 뚜껑은 얕으며 다리가 없어서 음식을 담을 수 없었다. 즉 簋가 성행하고 敦가 아직 출현하기 전의 西周에서는 啓會나 分簋(敦)와 같은 의절이 있을 수 없다는 것을 알 수 있다. 이것을 통해 또 《의례》 안에서 敦의 사용과 관련된 모든 의절은 모두 공자가 禮를 정리할 때 추가적으로 집어넣은 것임을 증명할 수 있는데, 이것이 공자가 禮를 정리했다는 것을 살필 수 있는 부분이다.

3. 《의례》의 漢代에서의 流傳과 鄭玄의 《의례》 注

공자가 편정하고 그 제자와 후학들이 차례로 전수한 《예》는 전국 시기와 秦나라를 거쳐서 漢나라에 이르자 이미 그 원래의 모습은 아니게 되었다. 이것은 다음 두 가지 이유가 있다.

첫째, 앞에서도 얘기한 것처럼 공자가 전수한 《예》는 제자들이 기억에 의지해 정리하여 기록한 것이라는 것이다. 이러한 정리 기록 작업은 당시에 바로 했을 수도 있고 오랜 시간이 지난 뒤에야 했을 수도 있으며, 또 각자의 기억력의 차이로 인해 그들이 정리 기록한 《예》는 문자와 의절에 있어 필연적으로 차이가 날 수 밖에 없게 된다. 그러므로 동일하게 공자가 전수한 것이었다 할지라도 제자들의 기록을 거친 뒤에는 달라질 수 있으며, 이렇게 되면 本이 다른 《예》가 流傳될 수 있는 것이다.

---

22) [원주] 《의례》 중 敦 자는 모두 23번 보이고, 簋 자는 8번 보인다.

23) [원주] 즉 앞에서 인용한 '佐食이 簋(敦) 안의 黍飯 일부를 會(敦의 뚜껑)에 나누어 담는[佐食分簋]' 의절을 이른다.

둘째, 공자의 제자와 후학들이 공자가 전한 《예》에 대해 또 끊임없이 수정하고 변경시켰을 수도 있다는 것이다.[24]

이상의 원인으로 말미암아 조성된 《禮》書의 변경은 선진 문헌에서 인용한 《禮》文과 今本의 차이에서 알 수 있다. 여기에서 몇 가지 예를 들면 다음과 같다.[25]

《의례》〈士相見禮〉 : 致仕한 관리의 집이 邦에 있으면 '市井之臣'이라 하고, 野에 있으면 '草茅之臣'이라 한다.〔宅者在邦則曰市井之臣, 在野則曰草茅之臣.〕

《맹자》〈萬章下〉 : 國中에 있으면 '市井之臣'이라 하고, 野에 있으면 '草莽之臣'이라 한다.〔在國曰市井之臣, 在野曰草莽之臣.〕

《의례》〈士冠禮〉 : 冠者가 북향하고 어머니를 알현한다. 어머니가 절을 하고 脯를 받으면 아들이 포를 올리고 절을 한다. 어머니가 또 절을 한다.……관자가 형제를 알현한다. 형제가 재배하면 관자가 답배한다.〔(冠者)北面見于母. 母拜受. 子拜送. 母又拜.……冠者見於兄弟. 兄弟再拜. 冠者答拜.〕

《예기》〈冠義〉 : 冠者가 어머니를 알현하면 어머니가 절을 하고 형제를 알현하면 형제가 절을 하는데, 이것은 성인으로서 그들과 함께 禮를 행하는 것이다.〔見于母, 母拜之; 見於兄弟, 兄弟拜之; 成人而與爲禮也.〕

《의례》〈士相見禮〉 : 무릇 경대부와 같이 신분이 높은 군자를 모시고 앉았을 때, 군자가 하품을 하거나 허리를 펴며 시간이 얼마나 되었는지를 물으면 음식이 다 준비되었다고 고한다. 앉은 자세를 바꾸면 물러가기를 청하는 것이 좋다.〔凡侍坐于君子, 君子欠伸, 問日之早晏, 以食具告, 改居則請退可也.〕

《예기》〈少儀〉 : 군자를 모시고 앉았을 때 군자가 하품을 하거나 기지개를 펴며, 홀을 만지작거리거나 검의 손잡이를 만지작거리며, 신을 돌려놓거나 시간이 얼마나 되었는지를 물으면 물러가기를 청하는 것이 좋다.〔侍坐于君子, 君子欠伸, 運笏, 澤劍首, 還屨, 問日之蚤莫, 雖請退可也.〕

---

24) 〔원주〕 공자를 신성화하여 공자가 한 말은 구구절절 모두 진리여서 천고토록 바꿀 수 없는 것이며, 그렇지 않으면 '성인을 비방하고 법을 무시하는 것〔非聖無法〕'이어서 이보다 더 큰 죄가 없다고 생각한 것은 漢代 이후에 와서야 생긴 일이다.

25) 〔원주〕 금본의 글을 위에, 선진 문헌에서 인용한 《예》文을 아래에 두었다.

《의례》〈士喪禮〉: 復者 한 사람이 死者의 爵弁服을 上衣에 下裳을 연결하여 왼쪽 어깨에 걸치고 死者의 爵弁服 衣領(옷깃)을 자신의 앞쪽 衣帶 사이에 꽂은 뒤 동쪽 추녀를 통해 지붕에 올라간다. 지붕 한 가운데에 이르러 북향하고서 작변복을 흔들며 혼을 부르기를 "아무개는 돌아오시오.〔皐某復.〕"라고 길게 세 번 외친 뒤 옷을 당 앞쪽으로 던진다. 밑에서 상자〔篋〕로 이것을 받아 동쪽 계단으로 당에 올라가 시신에 그 옷을 덮는다. 復者가 지붕 뒤 서쪽 추녀를 통해 내려온다.〔復者一人, 以爵弁服, 簪裳于衣, 左何之, 扱領于帶, 升自前東榮, 中屋, 北面, 招以衣, 曰: '皋某復.' 三, 降衣于前. 受用篋, 升自阼階, 以衣尸. 復者降自後, 西榮.〕

《예기》〈喪大記〉: 小臣이 復을 하는데, 復者는 朝服을 입는다.……死者가 士일 경우에는 爵弁服으로 復을 한다.……모두 동쪽 추녀를 통해 지붕에 올라간다. 지붕 한 가운데 이르면 가장 높은 곳을 밟고 북향하여 세 번 외친 뒤 옷을 말아서 당 앞쪽으로 던진다. 司服이 이를 받는다. 復者가 서북쪽 추녀를 통해 지붕을 내려온다.〔小臣復, 復者朝服.……士以爵弁.……皆升自東榮, 中屋履危, 北面三號, 捲衣投于前. 司服受之. 降自西北榮.〕

《의례》〈士喪禮〉: 머리를 묶고 뽕나무로 만든 비녀를 꽂는데, 길이는 4촌이며 가운데를 잘록하게 만든다. 飯含할 때 死者의 얼굴을 덮는 布巾은 한 변의 길이가 2척 2촌인 정사각형이며 입부분에 구멍을 뚫지 않는다. 死者의 머리를 싸는 掩은 마전한 비단으로 만든다. 너비는 온폭(2척)으로 하고 길이는 5척으로 하는데, 양쪽 끝부분을 갈라서 두 가닥으로 만든다. 귀막이용 瑱은 흰 솜을 사용한다. 얼굴을 덮는 幎目은 겉감은 검은색 비단을 사용하는데 사방 1척 2촌이고 안감은 붉은색이다. 겉감과 안감 사이에 솜을 채워 넣고, 네 귀퉁이에는 실끈을 단다.〔鬠笄用桑, 長四寸, 纋中. 布巾環幅不鑿. 掩練帛, 廣終幅, 長五尺, 析其末. 瑱用白纊. 幎目用緇, 方尺二寸, 䞓裏, 著, 組繫.〕

《荀子》〈禮論〉: 귀를 막는 용으로 瑱을 단다.……死者의 얼굴에 掩을 덮고 눈을 가리며 머리를 묶고 冠과 비녀를 하지 않는다.〔充耳而設瑱.……設掩面, 儇目, 鬠而不冠笄矣.〕

이러한 例들은 또한 수없이 들 수 있는데, 이것은 바로 공자가 전한《예》가 그 뒤 배우는 사람의 손에서 확실히 그때마다 매번 고쳐졌다는 것을 말한다. 이미 그 문자와 의절을 고칠 수 있었다면 篇目 역시 산삭하거나 나눌 수 있었을 것이다. 예를 들어 금본 士의 喪禮에 관한 4편은 孺悲에게는 단지 한 편이었을 것이다.[26] 그런데 유비가 공자가 원래 갖고 있었던 책의 편목을 합친 것인지, 아니면 후세의 학자들이 공자가 원래 갖고 있었던 책의 편목을 나눈 것인지는 이미 고찰할 길이 없다.

공자가 편정한《예》는 漢나라 때까지 流傳되었는데, 그 사이에 또 秦나라 때 焚書를 당하는 재액을 겪기도 하였다.《사기》〈儒林列傳〉에 이르기를 "秦나라 말년에 이르러《시》·《서》를 불태우고 術士들을 묻어 죽이니, 六藝가 이때부터 흠결되게 되었다.〔及至秦之季世, 焚《詩》、《書》, 阬術士, 六藝從此缺焉.〕"라고 하였는데, 이것은 역사적 사실에 부합하는 기록이다.《禮》書는 秦나라의 분서를 겪은 뒤 두 가지 큰 손실이 있게 되었다. 하나는 本이 줄어든 것이다. 앞에서 말한 것처럼 공자가 전수한《예》는 전국 시기에 수많은 다른 本으로 발전 변화되었다. 그러나 수많은 本들이 秦나라의 분서를 피하지 못하고 모두 없어지면서 漢代까지 流傳되어 學官에 세워진 本은 高堂生이 전한 本밖에 없게 된 것이다. 두 번째는 편목이 감소된 것이다. 즉 요행히 流傳되어온 本 역시 秦나라의 분서로 인해 흠결되어 온전하지 못하게 된 것이다. 이 때문에 漢代에 학관에 세워진《예》는 17편밖에 없게 되었다. 이 점에 관하여는《逸禮》의 발견이 바로 이 사실을 증명하고 있다. 그러나 邵懿辰(1810~1861)은 그의 저서《禮經通論》에서《의례》17편은 결코 잔결된 것이 아니며 이른바《일례》39편이라는 것은 모두 劉歆이 위조한 것이라고 하였다. 그러나 이것은 극단적인 今文學家의 입장에서 立論한 것에 지나지 않은 것이어서 결코 취할 수 없는 주장이다.

본고 서두에서《사기》〈유림열전〉을 인용하여 "《예》를 말한 것은 魯의 高堂生에서부터이다.〔言《禮》自魯高堂生.〕"라고 하고, 또 "지금은《사례》만 남아있는데, 고당생이 이를 말할 줄 알았다.〔于今獨有《士禮》, 高堂生能言之.〕"라고 하였는데, 선진 시기의《예》가 전해지다가 漢나라 초기에 이르러서는 고당생의《사례》만 남게 되었다는 것을 알 수 있다.《漢書》〈藝文志〉에서도 "漢나라가 일어나자 노의 고당생이《사례》17편을 전하였다.〔漢興, 魯高堂生傳《士禮》十七篇.〕"라고 말하고 있다. 그러나 고당생이 전한《사례》가 누구에게 근원을 둔 것이지, 또 누구에게 전수되었는지는 모두 분명하지 않다.《사기》〈유림열전〉에는 또 다음과 같은 내용이 보인다.

魯의 徐生은 禮儀에 뛰어났다. 文帝 때 서생은 禮儀로 禮官大夫가 되었으며, 이것을 아들에

26) 〔원주〕 이 점에 대해서는 이미 앞에서 말하였다.

게 전하여 손자 徐延과 徐襄에게까지 이르게 되었다. 서양은 천성적으로 禮儀에 뛰어났으나 《예경》에는 능통하지 못하였으며, 서연은 《예경》에는 제법 능통했으나 그렇게 뛰어나지는 않았다.〔而魯徐生善爲容. 孝文帝時, 徐生以容爲禮官大夫, 傳子至孫徐延、徐襄. 襄其天姿善爲容, 不能通《禮經》; 延頗能, 未善也.〕

여기에서 이른바 서양은 '능통하지 못했는데' '서연은 제법 능통했으나 그렇게 뛰어나지는 않았던' 《예경》은 아마도 고당생에게서 전수된 《사례》였을 것이다. 서생과 고당생은 모두 魯나라 사람인데다 徐氏의 家學이 본래 禮儀를 익히는 것이었고 《예경》은 없었기 때문이다. 그러나 서연과 서양은 이미 손자 항렬이었으니 어쩌면 이미 고당생의 再傳 또는 三傳 제자였을 수도 있다. 《사기》〈유림열전〉에서는 또 다음과 같은 내용이 있다.

서양은 禮儀로 예관대부가 되고 벼슬이 廣陵 內史에까지 이르렀다. 서연과 서씨의 제자들, 즉 公戶滿意·桓生·單次는 모두 일찍이 漢나라의 예관대부가 되었으며, 瑕丘 사람 蕭奮은 禮로 淮陽 太守가 되었다. 이후 《예》를 말하고 禮儀를 할 수 있는 자들은 모두 서씨의 문하에서 나왔다.〔襄以容爲漢禮官大夫, 至廣陵內史. 延及徐氏弟子公戶滿意、桓生、單次, 皆嘗爲漢禮官大夫, 而瑕丘蕭奮以禮爲淮陽太守. 是後能言《禮》爲容者, 由徐氏焉.〕

여기에서 알 수 있는 것은 소분 역시 서씨의 제자로, 그 역시 서양·서연과 마찬가지로 고당생의 재전 또는 삼전 제자라는 것이다. 그들은 바로 서씨의 가학에서 나와 禮儀에 뛰어났을 뿐 아니라 또 고당생에게서 나온 《예경》을 전수받았기 때문에 '이후 《예》를 말하고 禮儀를 할 수 있는 자들은 모두 서씨의 문하에서 나오게' 되었던 것이다.

《한서》〈유림전〉에 따르면 소분은 생전에 전수받은 《예경》을 또 東海 사람 孟卿에게 전하였고, 맹경은 后倉에게 전하였으며, 후창은 聞人通漢 子方 및 戴德·戴聖·慶普에게 전하였다. 대덕은 당시에 大戴라고 불렸으며 戴聖은 小戴라고 불렸는데, 이때에 이르자 《禮》學은 三家로 나뉘게 되었다. 즉 '大戴學·小戴學·慶氏學이 있게 된 것〔有大戴、小戴、慶氏之學〕'이다. 《한서》〈예문지〉에 따르면 三家는 漢 宣帝 때 모두 학관에 세워졌다.[27]

《한서》〈유림전〉에 따르면 대대의 《예》학은 徐良에게 전수되어 대대의 《예》는 다시 徐氏學

---

27) 〔원주〕 그러나 《후한서》〈유림전〉에 따르면 今文學 14家 博士 중에 慶氏《禮》를 넣지 않고 京氏《易》을 넣고 있다. 즉 경씨《예》가 서한 때 학관에 세워졌는지의 여부에 대해서는 아직까지 의문으로 남아있다.

으로 분화되었고, 소대의 《예》학은 橋仁과 楊榮에게 전수되어 소대의 《예》학은 다시 橋氏學과 楊氏學으로 분화되었으며, 경씨의 《예》학은 夏侯敬과 조카 慶咸에게 전수되었다.

東漢에 오자 대대와 소대의 《예》학은 쇠퇴하였다. 조정에서 세운 대대와 소대의 박사 관원은 전수가 끊긴 것은 아니었으나 그 영향력은 이미 크지 않게 되었으며 慶氏의 《예》만 비교적 성행하였다. 《後漢書》〈儒林傳〉에 따르면 曹充은 경씨의 《예》를 익혀 아들 曹褒에게 전하였으며, 조포는 《漢禮》를 편찬하여 당시에 이름이 났다. 또 董鈞이란 사람도 경씨의 《예》를 익혀 매우 조정의 신임을 받았다. 그러나 종합적으로 말하면 동한의 《예》학은 이미 점차 쇠락의 길로 가고 있었다. 이 때문에 《隋書》〈經籍志一〉에서 "三家가 있었지만 모두 미약하였다.〔三家雖存竝微.〕"라고 한 것이다.

삼가가 전한 《예》는 이미 모두 망실되었다. 1959년 7월에 甘肅省 武威縣에서 비교적 完整한 9편의 《의례》가 출토되었는데, 陳夢家(1911~1966)의 고증에 따르면 실전된 경씨의 《예》일 가능성이 있다.[28]

이상은 《예》의 今文學派를 기술한 것이다.

《한서》〈藝文志〉에는 또 《禮古經》 56권(편)이 있다고 기록하고 있는데, 班固(32~92)가 말하기를 "《예고경》이 魯 淹中[29]과 孔氏[30]에서 나왔는데, 《의례》 17편의 글과 유사하며 39편이 더 많다.〔《禮古經》者出于魯淹中及孔氏, 與十七篇文相似, 多三十九篇.〕"라고 하였다. 여기에서 더 많이 나온 39편이 바로 이른바 《逸禮》이다. 劉歆(기원전 53?~23)이 〈移讓太常博士書〉에서 말한 '《일례》 39편〔《逸禮》有三十九篇〕'은 바로 이것을 가리킨다. 古文《예》는 流傳되지 않았는데, 언제 망실된 것인지도 명확하게 고찰할 수 없다.

동한 말년에 오자 鄭玄이 《의례》에 주를 내었다. 정현은 경학에 있어 今古學派를 함께 아우른 通學者였다. 정현은 《의례》에 주를 낼 때 《의례》 원문에 대해서도 일련의 정리 작업을 하였는데, 그 정리 방법은, 바로 今文과 古文 두 本을 가지고 서로 참조하여, 두 본에서 글자를 다르게 쓴 경우를 만날 때마다 선택을 하여 금문을 채택하기도 하고 고문을 채택하기도 하여 '그 뜻이 뛰어난 것을 취해〔取其義長者〕' 쓰는 것이었다.[31] 금문을 선택해 사용한

---

28) 〔원주〕 陳夢家의 《武威漢簡》(文物出版社, 1964)에 자세하다.

29) 〔원주〕 淹中은 里의 이름이다.

30) 〔원주〕 孔氏는 孔壁을 이른다.

31) 〔원주〕 《後漢書》〈儒林傳〉 참조.

글자는 반드시 그 注에 고문에는 이 글자가 아무 글자로 되어 있다는 것을 밝혔으며, 고문을 사용한 글자는 반드시 그 주에 금문에는 이 글자가 아무 글자로 되어 있다는 것을 밝혔다. 즉 〈士喪禮〉 가공언의 소에서 말한 것처럼 금문을 따른 경우에는 '注 안에 고문 글자를 중복하여 달았으며〔于《注》內疊出古文〕' 고문을 따른 경우에는 '주 안에 금문 글자를 중복하여 달았다〔于《注》內疊出今文〕'. 이렇게 금문과 고문을 섞어서 채택하여 함께 주를 내는 작업을 거친 정현의 《의례》가 바로 금본 《의례》로, 이것이 이른바 《의례》 鄭氏學이라는 것이다. 그러므로 금본 《의례》는 이미 금문과 고문이 뒤섞여있는 本인 것이다.

정현은 《의례》에 주를 내는 외에 《周禮》와 《禮記》 두 책에도 주를 내었다. 그리하여 《주례》·《의례》·《예기》가 처음으로 '통틀어서 《三禮》가 되었다〔通爲《三禮》焉〕'.[32] 이것이 바로 《삼례》라는 명칭의 유래이다.

4. 《의례》의 편차에 대하여

정현 注本 《의례》[33]의 편차는 다음과 같다.

〈士冠禮〉第一, 〈士昏禮〉第二, 〈士相見禮〉第三, 〈鄕飮酒禮〉第四, 〈鄕射禮〉第五, 〈燕禮〉第六, 〈大射〉第七, 〈聘禮〉第八, 〈公食大夫禮〉第九, 〈覲禮〉第十, 〈喪服〉第十一, 〈士喪禮〉第十二, 〈旣夕禮〉第十三, 〈士虞禮〉第十四, 〈特牲饋食禮〉第十五, 〈少牢饋食禮〉第十六, 〈有司徹〉第十七.

정현의 《儀禮目錄》을 인용한 가공언의 소에 따르면 이 편차는 劉向의 《別錄》本에 근거한 것이다.

이밖에도 大戴(戴德)本과 小戴(戴聖)本 두 종류의 다른 편목 편차가 있는데,[34] 이제 나열하면 다음과 같다.

---

32) 〔원주〕《後漢書》〈儒林傳〉 참조.

33) 〔원주〕 즉 금본 《의례》이다.

34) 〔원주〕 모두 금본 《의례》 각 편의 제목 아래 가공언의 소에서 인용한 정현의 《의례목록》에 보인다.

대대본의 편목 편차

〈사관례〉제일, 〈사혼례〉제이, 〈사상견례〉제삼, 〈사상례〉제사, 〈기석례〉제오, 〈사우례〉제육, 〈특생궤식례〉제칠, 〈소뢰궤식례〉제팔, 〈유사〉세구, 〈향음주례〉제십, 〈향사례〉제십일, 〈연례〉제십이, 〈대사〉제십삼, 〈빙례〉제십사, 〈공사대부례〉제십오, 〈근례〉제십육, 〈상복〉제십칠.

소대본의 편목 편차

〈사관례〉제일, 〈사혼례〉제이, 〈사상견례〉제삼, 〈향음주례〉제사, 〈향사례〉제오, 〈연례〉제육, 〈대사〉제칠, 〈사우례〉제팔, 〈상복〉제구, 〈특생궤식례〉제십, 〈소뢰궤식례〉제십일, 〈유사〉제십이, 〈사상례〉제십삼, 〈기석례〉제십사, 〈빙례〉제십오, 〈공사대부례〉제십육, 〈근례〉제십칠.

이 3종의 편목 편차는 앞쪽 3편은 모두 동일하지만 이후의 14편은 편차가 서로 다르다. 이 3종의 편목 편차의 우열에 대해서는 본래 다른 견해가 존재하지만 대부분의 학자들은 소대본의 편차가 좀 어지럽게 뒤섞여 가장 취할 것이 없다고 생각한다. 이 때문에 논쟁의 초점은 대대본과 劉向의《別錄》本의 우열에 있다.

예를 들어 淸代의 금문학가들은 대대본의 편차가 가장 우수하다고 말하는데, 자세한 것은 邵懿辰의《禮經通論》제1절〈예 17편은 대대본의 순서를 따라야 한다는 것에 대해 논함〔論禮十七篇當從大戴之次〕〉을 참조할 수 있다. 그러나 정현의 注本이《별록》본의 편차를 채택한데다 정현의 注本이 또 세상에 성행했기 때문에 학자들 대부분은 또《별록》본이 가장 우수하다고 생각한다. 가공언은〈사관례〉제목 아래 疏에서 말하기를 "유향의《별록》은 바로 이 17편의 순서로 차례 하였다. 모두 尊卑吉凶의 순서로 차례차례 기술하였기 때문에 정현이 이 순서를 쓴 것이다. 대대본……이나 소대본……은 모두 존비길흉이 어지럽게 뒤섞여 있기 때문에 정현이 모두 따르지 않은 것이다.〔其劉向《別錄》卽此十七篇之次是也. 皆尊卑吉凶次第倫叙, 故鄭用之. 至于大戴……, 小戴……, 皆尊卑吉凶雜亂, 故鄭玄皆不從之矣.〕"라고 하였다.

사실 가공언 소의 견해도 좀 견강부회한 것이다. 예를 들어 길흉의 순서대로 말한다면〈소뢰궤식례〉와〈유사〉는 길례에 속하기 때문에〈상복〉앞에 두어야 하는데 오히려 가장 뒤쪽에 편차하였다. 또 존비의 순서대로 말한다면〈근례〉[35] 뒤에는 士의 喪禮가 다시 나와서

35) 〔원주〕 천자를 朝見하는 禮이다.

는 안 되며, 士의 상례 뒤에는 다시 경대부의 禮[36]가 나와서는 안 된다.

종합하면 3종 本의 편차는 모두 저마다 부족한 부분이 있다는 것이다. 그러나 상대적으로 말한다면 그래도《별록》본의 편차가 비교적 좀 우수하다고 생각한다. 이 본은 대체로 길례를 앞에 두고 흉례를 뒤에 두는 순서에 따라 편차하고 있다. 앞쪽에 배열한 것은 10편의 길례인데, 대체로는 또 士부터 시작하여 대부에 이르고, 다시 제후에 이르고, 다시 천자에 이르는 순서에 따라 배열하고 있다. 이러한 편차 방식은 다른 편차에 비해《예》문에 대한 이해에 비교적 도움이 된다.

이상 3종 본의 편차 외에도 武威 簡本《의례》의 편차가 있다. 무위에서 출토된 漢簡本《의례》는 甲·乙·丙 3종이 있다. 이 가운데 을본은 〈服傳〉 1편만 있으며, 병본은 〈喪服〉 1편만 있어서 이른바 편차라는 것이 없다. 甲本은 7편이 있는데, 매 편 머리마다 모두 편의 제목과 편차가 기록되어 있어 이를 통해 책 전체의 편차를 미루어 알 수 있다. 陳夢家의 고증에 따르면 무위 갑본의 편차는 다음과 같다.[37]

무위 갑본의 편목 편차

【〈사관례〉제일】, 【〈사혼례〉제이】, 〈사상견례〉제삼, 【〈향음주례〉제사】, 【〈향사례〉제오】, 【〈사상례〉제육】, 【〈기석례〉제칠】, 〈복전〉제팔, 【〈사우례〉제구】, 〈특생〉제십, 〈소뢰〉제십일, 〈유사〉제십이, 〈연례〉제십삼, 〈泰射〉제십사, 【〈빙례〉제십오】, 【〈공사대부례〉제십육】, 【〈근례〉제십칠】.

진몽가는 말하기를 "무위 갑본은 두 戴本과 다를 뿐 아니라《별록》본과도 다르며 소대본에 가깝다. 무위 갑본과 소대본의 편차는 〈사상례〉·〈기석례〉와 〈연례〉·〈대사례〉가 짝을 지어 바뀐 것뿐이다.〔武威甲本, 旣不同于兩戴, 和《別錄》亦異, 而近于小戴本. 兩者的篇次, 僅在《士喪》、《旣夕》與《燕禮》、《大射》對調而已.〕"라고 하였다.[38] 이에 따른다면 무위 갑본의 편차도 다른 三家의 편차보다 우수하지는 못한 것이다.

---

36) 〔원주〕 〈소뢰궤식례〉는 경대부가 廟에 제사 올리는 禮에 속한다.

37) 〔원주〕 방괄호(【】) 안에 넣은 것은 갑본 편목에 없는 것이다.

38) 〔원주〕 陳夢家의 《武威漢簡》(文物出版社, 1964) 제11쪽 참조.

5. 《의례》는 士禮가 아니다

《의례》가 漢代에는 〈士禮〉라는 명칭이 있었기 때문에 《의례》를 전적으로 士의 禮만 기록한 것이라고 생각하는 사람도 있다. 사실 이것은 글자만 보고 견강부회해서 빚어진 오해이다. 《의례》 안에 기록된 것은 士의 禮만 있는 것이 아니라 경대부·제후(公)·천자의 예도 있다. 《의례》가 비록 17편 밖에 없고 이미 앞에서 기록한 것처럼 실제로는 15종의 예만 기록하고 있지만, 이 예들은 이미 중국 고대 귀족의 각 계층을 언급하고 있다. 이를 구체적으로 한 번 분석해보면 다음과 같다.

〈사관례〉·〈사혼례〉·〈향사례〉·〈사상례〉·〈기석례〉·〈사우례〉·〈특생궤식례〉 7편은 6종의 예를 기록하고 있는데,[39] 이 6종의 예는 의심할 것 없이 모두 士의 禮이다.

〈향음주례〉는 제후의 鄕大夫가 주관하는 飮酒禮이다. 〈소뢰궤식례〉와 그 하편인 〈유사〉는 제후의 경대부가 廟에서 제사지내는 예를 기록한 것이다. 따라서 이 3편이 기록하고 있는 2종의 예는 경대부에 속하는 예이다.

〈연례〉는 제후(즉 公)가 신하에게 宴享을 베푸는 예를 기록한 것이다. 〈대사〉는 제후와 그 신하가 거행하는 활쏘기 시합의 예를 기록한 것이다. 〈빙례〉는 제후국 간의 聘問하는 예를 기록한 것이다. 〈공사대부례〉는 제후국의 군주가 빙문 온 대부를 접대하는 예를 기록한 것이다. 이 4종의 예는 제후의 예에 소속시켜야 할 것이다.

〈覲禮〉는 제후가 천자를 朝覲하는 예와 천자가 조근 온 제후를 접대하는 예를 기록한 것이다. 그러므로 이 1편은 천자의 예로 볼 수도 있으며 제후의 예로 볼 수도 있다.

〈사상견례〉의 내용은 좀 뒤섞여 있다. 士와 士가 서로 만날 때의 예를 기록하고 있을 뿐 아니라 다른 각 계층의 귀족들이 서로 방문하고 만날 때의 예도 기록하고 있으며, 또 다른 방면의 의절들도 조금 기록하고 있다. 〈상복〉은 중국 고대의 상복 제도를 기록하고 있는데, 이 편에서 기록하고 있는 服制는 위로는 천자에서부터 아래로는 서민에 이르기까지 모두 적용되는 것이라고 한다. 그러므로 우리는 이 두 편에서 기록하고 있는 예를 通禮라고 부를 수 있다.

위에서 알 수 있듯 《의례》를 士禮라고 말하는 것은 이치에 맞지 않는 것이다. 그렇다면 옛 사람들은 왜 그것에 《사례》라는 명칭을 붙였을까? 지금까지도 만족할만한 해석은 없다.

---

39) 〔원주〕 〈기석례〉는 〈사상례〉의 하편이다.

어쩌면 《의례》에서 士禮를 기록한 것이 비교적 많기 때문에 그 중 많은 것을 들어서 이름을 붙였을 것이라고 생각하는 사람도 있다. 蔣伯潛(1892~1956)은 "《사례》는 첫 번째 편명 때문에 붙여진 이름이다.〔《士禮》以首篇得名.〕"라고 생각했다. 즉 "이 책의 첫 번째 편이 《사관례》이기 때문에 마침내 책 전체를 《사례》라고 통칭했다.〔此書首篇爲《士冠禮》, 遂通稱全書爲《士禮》.〕"는 것이다.[40] 장백잠의 설은 비교적 믿을 만하다고 생각한다. 그러나 만일 장백잠의 설을 조금 수정한다면 더욱 합리적일 것이라고 생각한다. 즉 《사례》는 첫 번째 편명 때문에 붙여진 것이 아니라 처음 두 글자 때문에 붙여진 이름이라는 것이다. 옛 사람들은 시문의 처음 한 두 글자나 약간의 글자를 가지고 시문에 이름을 붙이는 습관이 있었다. 예를 들면 《시경》 중 대부분의 편명은 모두 이렇게 붙여졌다는 것이다. 《의례》 중 〈기석례〉와 〈유사〉도 모두 처음 두 글자를 취해 이름을 붙인 것이다. 책 전체에 대해 이름을 붙이는 것도 동일한 命名法을 채택했을 수 있다. 《의례》 全書의 시작은 바로 편명인 "士冠禮"라는 세 글자이다. 만일 '冠' 자를 그대로 남겨두면 뜻이 너무 협소하게 되기 때문에 '冠' 자를 떼고 '士'와 '禮' 두 글만 쓴 것이다. 이렇게 해서 《사례》라는 書名이 만들어지게 된 것이다. 따라서 이 書名은 결코 어떤 실제적인 含意를 갖고 있지 않으며 단지 이 책의 별칭으로 쓰고 있을 뿐이다.

6. 漢代 이후의 《의례》學

鄭玄(127~200)이 《의례》에 注를 낸 이후 大戴·小戴·慶氏 3家의 學은 쇠퇴하여 漢魏 간에는 鄭學獨盛의 국면이 형성되었다.

魏와 西晉 시대에는 王肅(195~256)이 鄭學을 극력 반대하고 홀로 새로운 기치를 내걸었다. 왕숙은 일찍이 금문경학을 익혔는데 또 賈逵(30~101)와 馬融(79~166)이 전한 고문경학도 연구하여 그 역시 通儒였다. 왕숙은 《儀禮注》와 《儀禮·喪服經傳注》를 지었는데, 곳곳에서 정현과 입장을 달리하고 있다. 즉 정현의 주에서 금문설을 썼으면 그는 고문설로 반박하고, 정현의 주에서 고문설을 썼으면 금문설로 반박하였다. 그리하여 《예》학은 왕숙의 손에 오게 되자 고금문의 家法이 더욱 심하게 뒤섞이게 되었다. 이렇게 되자 《의례》 본래의 금문경학 면목은 이미 더 이상 남아있지 않게 되었다. 또 蜀國의 李譔도 《三禮》에 주를 냈는데, 가규

---

40) 〔원주〕 蔣伯潛의 《十三經概論》 325쪽 참조.

와 마융의 고문학을 준거로 삼았으며, 왕숙과 시대가 떨어져 있어 함께 상의한 것은 아니었지만 그 《예》설의 뜻이 왕숙과 같은 데로 귀결된 것이 많았으니, 이 역시 王學의 聲勢를 충분히 도울 수 있는 것이었다. 왕숙은 또 司馬氏와의 혼인으로 정치적 세력의 도움을 빌려 자신의 《예》학을 학관에 세우게 할 수 있었는데, 이로 인해 魏와 西晉 시기에는 왕학이 거의 鄭學의 자리를 빼앗았다. 그러나 서진이 멸망하자 왕학도 따라서 쇠퇴하게 되었다. 東晉이 건립된 뒤에 《삼례》는 오직 鄭氏學만 남게 되었다. 동진 元帝(276~322) 초년에 정씨의 《주례》와 《예기》 박사를 세웠고, 원제 말년에는 또 정씨의 《의례》 박사를 추가로 세웠다.

南北朝 시대에 국가는 남북으로 나뉘었으며 경학도 南學과 北學으로 나뉘게 되었다. 그러나 《北史》〈儒林傳〉에 이르기를 "《예》는 다 같이 정씨를 따랐다.〔《禮》則同遵于鄭氏.〕"라고 하였다. 남조는 《삼례》에 통달한 학자들이 매우 많았다. 《南史》〈유림전〉에 따르면 何佟之·司馬筠·崔靈恩·孔僉·沈峻·皇侃·沈洙·戚袞 등이 모두 《삼례》에 통달했는데, 雷次宗(386~448)의 《삼례》학이 가장 유명하여 당시 사람들이 그를 정현과 병칭하여 '雷鄭'이라고 불렀다. 《의례》 방면의 연구는 전문가가 더욱 많아서 明山賓·嚴植之·賀瑒(창) 등이 모두 《의례》에 정통하였으며 그 중에서도 鮑泉이 "《의례》에 더욱 밝았다.〔于《儀禮》尤明.〕"[41] 당시 남조 사회는 크게 士와 庶人의 두 계급으로 나뉘어 있었기 때문에 《의례》를 연구한 사람들은 대부분 〈상복〉 연구에 치중하였다. 그리고 왕학의 영향도 여전히 남아 있어 학자들은 매번 왕학과 정학을 다 같이 채택하여 설을 삼았으며 결코 정씨학만 따른 것은 아니었다.

北朝에서 경학을 연구하여 大儒로 불린 사람으로는 제일 먼저 北魏의 徐遵明(475~529)을 꼽는다. 서준명은 여러 경전에 두루 통달했는데, 《삼례》는 정씨학을 종주로 삼았다. 《北史》〈유림전〉에 따르면 북조에서는 "《삼례》가 모두 서준명의 문하에서 나왔다.〔《三禮》竝出遵明之門.〕" 서준명은 李鉉 등에게 전하였고, 이현은 《三禮義疏》를 지었다. 이현은 熊安生 등에게 전하였다. 웅안생은 孫靈暉·郭仲堅·丁恃 등에게 전하였으며, "그 뒤 《예경》에 능통한 사람들은 대부분 웅안생의 문인이었다.〔其後能通《禮經》者, 多是安生門人.〕" 또 北周의 沈重이 있는데, 그는 당대의 儒宗으로 《儀禮義》 35권을 지었다.

隋나라가 陳나라를 평정하고 천하를 통일하자 경학의 남학과 북학도 따라서 통일되었다. 皮錫瑞는 말하기를 "천하가 통일되자 남조가 북조에 병합되었는데, 경학은 통일되자 북학이 도리어 남학에 병합되었다.〔天下統一, 南竝于北; 而經學統一, 北學反竝于南.〕"라고 하

---

41) 〔원주〕《南史》〈鮑泉列傳〉에 보인다.

였다.[42] 그러나 《의례》에 있어서는 여전히 鄭學을 근본으로 하였다. 《隋書》〈經籍志一〉에 이르기를 "오직 정현의 주만이 국학에 세워졌다.〔唯鄭《注》立于國學.〕"라고 하였다. 당시 예학을 연구한 사람으로 가장 유명한 사람은 張文詡를 꼽아야 한다. 史書에서는 "특히 《삼례》에 정통했으며〔特精《三禮》〕" "매번 정현의 주해를 좋아하였다.〔每好鄭玄注解.〕"라고 하였는데,[43] 다만 세상에 전하는 저작이 있다는 소리는 들리지 않는다.

唐朝 초년에 太宗은 조서를 내려 顔師古에게 오경의 문자를 考定하여 《五經定本》을 편찬하게 하여 천하에 반포하였다. 또 공영달 등에게 《五經正義》를 편찬하게 하여 마찬가지로 천하에 반포하고, 아울러 이것을 明經科의 인재를 뽑는 근거로 삼아 진정한 경학의 대통일을 실현하였다. 그러나 당나라 초기에는 《의례》를 중시하지 않아 조서를 내려 정한 오경 안에는 《삼례》 중에서 오직 《예기》만 들어 있다. 唐 高宗 永徽 연간에 太學博士 賈公彦이 《儀禮義疏》 40권[44]을 편찬하여 전문적으로 정현의 주에 대해 疏解를 하여 마침내 정씨의 《의례》학이 보존될 수 있게 하였다. 《舊唐書》와 《新唐書》의 〈儒學傳〉에 따르면 가공언의 《예》학은 張士衡(?~645)에게 전수받은 것이다. 장사형은 劉軌思와 熊安生에게 전수받았으니, 이 역시 정학의 淵源에서 온 것이다. 開元 8년(720)에 國子司業 李元瓘이 상소하여 《의례》 박사를 세울 것을 청하였다. 조정에서 그 의론을 따라 이에 《의례》에 대하여 처음으로 學官이 세워지게 되었다. 그러나 이때 세운 《의례》에 사용된 것이 가공언의 疏本 이었는지의 여부는 확실히 알 수 없다. 《의례》는 비록 학관에 세워졌지만 여전히 이것을 익히고 전하는 자는 많지 않았다. 이 때문에 개원 16년(728)이 되자 國子祭酒 楊瑒은 상주하여 "《주례》·《의례》와 《공양전》·《곡량전》이 거의 폐해질 지경이니 만약 우수한 인재를 뽑아 등용하지 않는다면 후대에는 폐기될지도 모릅니다.〔《周禮》、《儀禮》及《公羊》、《穀梁》殆將廢絕, 若無甄異, 恐後代便棄.〕"라고 하였고, 또 말하기를 "신은 늘 《의례》가 폐해져서 사대부들조차도 이를 행할 수 없는 것에 탄식하였습니다.〔瑒常嘆《儀禮》廢絕, 雖士大夫不能行之.〕"라고 하였다.[45] 唐代에 《의례》학이 비록 계속 이어져서 끊어지지는 않았다 할지라도 이미 쇠퇴해졌다는 것을 알 수 있다.

宋나라 초기의 경학은 여전히 唐人의 舊習을 답습하여 《三禮》·《三傳》·《易》·《詩》·《書》

---

42) 〔원주〕 皮錫瑞의 《經學歷史》 7 〈經學統一時代〉 참조.

43) 〔원주〕 《隋書》〈張文詡傳〉 참조.

44) 〔원주〕 즉 지금의 《十三經注疏》 중 《儀禮注疏》이다.

45) 〔원주〕 《舊唐書》〈楊瑒傳〉 참조.

9經을 학관에 세우고 아울러 이를 통해 인재를 취해 썼을 뿐만 아니라 이 9경의 注疏本을 모두 판각하여 인쇄하였다. 송나라는 또 《論語》·《孝經》·《爾雅》·《孟子》 4종의 注疏를 더 늘려서 모두 학관에 세웠다. 그리하여 《十三經》과 《十三經注疏》라는 명칭이 처음으로 확립되었다. 그러나 송나라는 慶歷(1041~1048) 연간 이후로 경학이 일변하게 되었다. 당나라 이전의 경학은 古義를 독실하게 지킨 것이 대부분이었으며 학자들은 저마다 스승에게 전수받은 것을 계승하여 새롭고 기이한 설을 취하지 않고 漢學에 연원을 두었었다. 그런데 경력 연간 이후 疑古의 풍조가 일어나기 시작하여 前人의 注疏를 믿지 않고 새로운 뜻을 내는데 힘쓰게 되었다. 《의례》학은 본래 實學이었기 때문에 宋學의 풍조에 그렇게 심한 영향을 받지는 않았다. 그러나 北宋은 《의례》학에 있어 말할만한 것이 없었다. 神宗 熙寧(1068~1077) 연간에 王安石(1021~1086)이 또 《의례》 학관을 없앴다. 그리하여 학자들 중에 《의례》를 연구하는 사람이 드물게 되었다.

南宋에 오자 孝宗 乾道 8년(1172)에 兩浙轉運判官 曾逮가 정현이 주석을 낸 《의례》 17권을 간행하였다. 張淳이 이것을 교감하고 정정했는데, 여러 종의 판본을 참조하여 경문과 주석 중의 誤字를 정정해서 《儀禮識誤》를 편찬하였다. 이것은 "가장 상세하게 살핀 것이었다〔最爲詳審〕".[46] 李如圭는 《儀禮集釋》 17권을 편찬했는데,[47] 정현의 주를 전체 수록하였을 뿐 아니라 또 旁證을 두루 인용하여 해석함으로써 가공언의 疏에서 發明하지 못했던 것을 발명한 것이 많았다. 魏了翁은 《儀禮要義》 50권을 편찬했는데, 이것은 정현의 주석은 오래되고 심오하며 가공언의 소는 번다하기 때문이었다. 그리하여 注疏의 정수를 뽑아 이 책을 편찬하였는데, "군더더기들을 깨끗하게 정리하여 제거한 점이 학자들에게 가장 큰 공을 세운 것이었다.〔其梳爬剔抉, 于學者最爲有功.〕"[48] 그 뒤에 朱熹(1130~1200)와 제자 黃幹(1152~1221)이 《儀禮經傳通解》를 편찬하였는데, 《의례》를 經으로 삼고 《주례》와 《예기》 및 여러 經史와 잡서들에서 禮를 언급한 기록들을 뽑아 모두 經 아래에 붙이고 注疏와 여러 儒者들의 설을 모두 열거하여 이 책을 완성하였다. 그러나 이 책은 宋學의 풍조를 피하지 못하고 《삼례》를 섞어서 《예》를 논하였는데, 이 점은 정현보다 더욱 심한 것이었다. 또 주희의 제자 楊復은 《儀禮圖》 17권을 편찬했는데 마찬가지로 학자들에게 매우 유익하다. 이상에서 알 수 있듯 宋代의 《의례》학은 비록 쇠퇴하기는 하였지만 唐代에 비해서는 볼만하였다.

---

46) 〔원주〕《四庫提要》 권20 《儀禮識誤》〈提要〉

47) 〔원주〕 금본은 30권으로 나뉘어졌다.

48) 〔원주〕《四庫提要》 권20 《儀禮識誤》〈提要〉

元代와 明代의 경학은 여전히 宋學의 習氣를 탈피하지 못하였다. 원대에는 인재를 등용할 때 《의례》를 쓰지 않았으며 《의례》를 연구하는 학자들도 매우 드물었다. 그 당시 名儒였던 吳澄(1255~1330)만이 《의례》를 깊이 연구하여 교정 작업을 진행하였다. 오징은 《儀禮逸經傳》 2권을 편찬했는데, 여러 서적들에서 두루 채집하고서 이것을 가리켜 《의례》 逸文이라고 하였다. 이 책의 편찬 體例는 주희의 《의례경전통해》를 모방한 것이었다. 또 敖繼公은 《儀禮集說》 17권을 편찬했는데, 정현의 주석을 흠은 많고 精純함은 적다고 생각하여 정현의 설 중에 경문과 합치되지 않는다고 생각한 것들을 刪削해버리고 다시 설을 지었다. 이것 역시 宋學의 풍조로 인한 것이었다.

明代에는 《의례》학이 거의 끊어지기 직전까지 갔다. 郝敬(1558~1639)은 《의례》는 經이 될 수 없다고까지 말하였는데, 학경이 편찬한 《儀禮節解》는 注疏를 거의 다 버리고 다시 자신의 설을 지은 것이다. 張鳳翔(1473~1501)은 《禮經集注》를 편찬하였는데, 주희가 《의례》를 經으로 삼은 설을 주장하기는 하였으나 그 大旨는 정현의 주석을 위주로 한 것이었다. 그 뒤에 朱朝瑛(1605~1670)이 《讀儀禮略記》를 편찬했는데, 경문을 모두 수록하지 않았으며 채택한 설은 오계공과 학경의 설이 많았다. 명대의 《의례》학이 가장 말할 만한 것이 없다는 것을 알 수 있다.

淸代는 경학의 부흥시대라고 일컬어진다. 그러나 淸初에는 아직 宋學의 遺風을 탈피하지 못하였으며, 乾隆(1736~1795) 이후에 와서 漢學이 크게 일어났다. 건륭 연간에 특별히 《十三經注疏》를 간행하여 학관에 나누어 반포하였다. 건륭 13년(1748)에는 또 칙명으로 《三禮義疏》를 편찬했는데, 이 가운데 《儀禮義疏》 48권은 대부분 오계공의 설을 종주로 삼고 정현의 주를 아울러 채택하였다. 이후 《의례》의 연구와 저술이 점점 많아져서 저명한 학자와 저작이 매우 많아졌다. 예를 들면 張爾岐(1612~1678)의 《儀禮鄭注句讀》 17권은 정현의 주를 모두 수록하고 가공언의 소를 절록하고서 자신의 의견을 간략하게 덧붙여 판단을 내렸을 뿐만 아니라 그 句讀를 정하고 章節을 나누었다. 이 책은 家法을 가장 잘 구비한 것이어서 학자들에게 많이 일컬어지고 있다. 萬斯大(1633~1683)는 《삼례》에 더욱 정통하였다. 그가 지은 《儀禮商》 2권은 《의례》 17편을 가져다 편마다 설을 지은 것으로, 새로운 뜻이 매우 많다. 方苞(1668~1749)는 말년에 스스로 말하기를 자신이 《의례》를 정리한 것은 11차례로 공력을 가장 많이 쏟아 부은 것이라고 하였다. 그가 지은 《儀禮析疑》 17권은 《의례》에서 의심나는 것을 뽑아서 辨釋하였는데, 처음으로 발명한 뜻이 매우 많다. 福建의 吳廷華는 벼슬을 버리고 떠난 뒤에 蕭寺에 은거하면서 "가공언과 孔穎達을 깊이 연구하여 二禮《疑義》 수십 권을 지었다.〔穿穴贯、孔, 著二禮《疑义》数十卷.〕" 그의 《周禮疑義》는 지금까지 남아 있으며, 《儀禮疑義》는 바로 지금 전하는 《儀禮章句》 17권인 듯하다.[49] 이 책은 편 내에서 장절을 구분하고 구두를 찍었으며, 訓釋은 대부분 정현과 가공언의 注疏에 근본을 두었지만 다른 설들도 함께 채택하고서 '案'을 덧붙여 그 의미를 發明하였다. 그리고 行文은 지극히 간략하여 《예》학에 매우 도움이 된다. 蔡德晉의 《禮經本義》 17권은 송·원·명 이래의 여러 학자들의 설을 인용하여 注疏와 서로 참조하고 증거로 삼아서 그 뜻을 發明하였는데, 名物制度의 考辨에 매우 자세할 뿐 아니라 새로운 의미도 아울러 말하였다. 盛世佐의 《儀禮集編》 40권은 고금의 《의례》를 말한 197家의 설을 수집하고 자신의 뜻으로 판단을 내렸는데, 그 지론이 엄격하고 신중하여 淺學의 공허하고 천박한 담론이 없다. 諸家의 오류에 대해서는 변증이 더욱 상세하여 《의례》를 연구하는 데 매우 좋은 참고서가 된다. 기타 沈彤의 《儀禮小疏》, 褚寅亮(1715~1790)의 《儀禮管見》, 胡匡衷(1728~1801)의 《儀禮釋官》, 江永(1681~1762)의 《儀禮釋宮增注》, 程瑤田(1725~1814)의 《儀禮喪服文足徵記》 등등은 모두 한 시대의 名著들이다. 그러나 이 중에서도 가장 유명하고 또 《의례》학에 가장 공이 많은 것은 胡培翬(1782~1849)의 《儀禮正義》, 張惠言(1761~1802)의 《儀禮圖》, 淩廷堪(1755~1809)의 《禮經釋例》 3종의 저작을 꼽아야 한다.

호배휘의 《의례정의》 40권은 대략 4가지 體例가 있다. 첫째는 경문에 疏를 내어 정현의 주를 보충하는 것이다. 두 번째는 소를 통하여 정현의 주를 거듭 천명하는 것이다. 세 번째는 각 학자들의 설을 회집하여 정현의 주에 덧붙이는 것이다. 네 번째는 다른 설을 채택하여 정현의 주를 정정하는 것이다. 이것은 또한 《의례》의 新疏이며 《의례》학의 집대성적인 저작으로, 후대에 《의례》를 연구하는 사람들은 모두 이 책을 빠뜨려서는 안 된다. 장혜언의 《의례도》 6권은 《의례》 각 편의 禮儀의 추이에 따라 하나의 중요한 의절마다 모두 그림을 그렸는데, 각 그림들은 모두 그 궁실 제도나 禮器와 인물의 위치 및 行禮 과정 중 사람과 사물의 처소와 방위의 변화 등등에 대해 매우 상세하다. 명확하기 어려운 禮文을 그 그림을 보면 첫눈에 환히 알 수 있도록 하여 학자들에게 매우 편리하다. 능정감의 《예경석례》 13권은 《의례》 중의 禮例를 분류하여 246例로 귀납하였다. 능정감은 서문에서 스스로 말하기를 "10여년을 부지런히 쉬지 않고 힘써 원고를 모두 수차례나 바꾸어서〔矻矻十餘年, 稿凡數易〕" 완성하였다고 하였다. 또 말하기를 《의례》의 "節文과 威儀는 매우 세세하고 번다

---

49) 〔원주〕《四庫提要》에 보인다.

하여 급히 보면 엉킨 실타래를 푸는데 갈수록 더 엉키는 것처럼 보이지만 그 실마리를 자세히 찾다보면 모두 구분할 수 있는 날줄과 씨줄이 있으며, 언뜻 보면 마치 산에 들어갔다가 길을 잃은 것 같지만 차근차근 가다보면 모두 올라갈 수 있는 길이 있는 것과 같다. 이 때문에 그 날줄과 씨줄, 또는 길을 찾지 못하면 비록 상등의 哲人이라 할지라도 그 어려움에 곤란을 느끼지만, 만약 찾기만 하면 중등의 재능으로도 노력만 하면 진실로 다다를 수 있게 된다.〔節文威儀, 委曲繁重, 驟閱之如治絲而棼, 細繹之, 皆有經緯可分也; 乍睹如入山而迷途, 歷之皆有途徑可躋也. 是故不得其經緯途徑, 雖上哲亦苦其難, 苟其得之, 中材固可以勉而赴焉.〕"라고 하였다. 그가 이 책을 편찬한 목적은 바로 "애오라지 이를 빌려 엉킨 실타래를 풀고 산에 올라가는데 도움이 되게 하기 위해서이다.〔聊借爲治絲登山之助〕"[50] 능정감의 이 책은 《의례》를 읽을 때 하나의 규칙을 앎으로써 이와 비슷한 것들을 미루어 알 수 있는 효과를 거둘 수 있다. 그리하여 지금도 여전히 우리가 《의례》를 이해하는 하나의 열쇠가 되고 있다.

이상에서 알 수 있듯 《의례》학은 淸代에 와서 지극히 번성했다고 일컬을 수 있다.

7. 《의례》의 오늘날에 있어서의 의의

《의례》에 기록된 각종 번다한 禮儀들은 옛사람들도 일찍부터 이미 당시의 쓰임에 맞지 않는 것이라고 생각하였다. 예를 들면 韓愈(768~824)는 말하기를 "나는 일찍이 《의례》가 읽기 어려운 것에 애를 먹었다. 또 지금 행해지는 것이 적을 뿐 아니라 이어 받은 것도 다른데 이것을 회복하고자 해도 따를 길이 없으니, 오늘날 살펴보면 참으로 《의례》를 쓸 데가 없다.〔余嘗苦《儀禮》難讀, 又其行於今者蓋寡, 沿襲不同, 復之無由, 考於今, 誠無所用之.〕"[51] 라고 하였다. 朱熹도 여러 차례 말하기를 "古禮는 지금은 실로 행하기 어렵다.〔古禮今實難行.〕"라고 하였으며, 또 "禮는 때가 중요하다. 聖人이 나온다면 반드시 오늘날의 禮를 따라서 합당한 것을 재고 헤아려 그 중에 간편하고 알기 쉬워서 행할 수 있는 것을 취할 것이요, 필시 옛사람의 번다한 禮를 가지고 와서 오늘날에 시행하는 데에까지는 이르지 않을 것이다. 고례가 이처럼 자질구레할 뿐 아니라 번다하고 쓸데없으니 지금 어떻게 행할 수 있겠는

---

50) 〔원주〕淩廷堪, 《禮經釋例·序》, 《淸經解》 第5册, 第135面, 上海書店出版社, 1988年.

51) 〔원주〕《韓昌黎集》 卷11 〈讀儀禮〉(國學基本叢書本, 商務印書館, 1958)

가.〔禮, 時爲大. 有聖人者作, 必將因今之禮而裁酌其中, 取其簡易易曉而可行, 必不至復取古人繁縟之禮而施之於今也. 古禮如此零碎繁冗, 今豈可行?〕"라고 하였다.[52)]

봉건사회의 멸망에 수반하여 《의례》에 기록된 각종 예의 제도는 이미 사회적으로 기댈 곳을 잃어버리고 역사의 유적이 되어 버렸지만, 《의례》는 중요한 전통 문화 전적으로서 여전히 매우 귀중한 가치를 지니고 있다.

중국 고대 사회는 노예 사회에서 봉건 사회에 이르기까지 모두 禮制를 행하는 사회였는데, 이것이 바로 《의례》라는 책이 생겨나고 流傳될 수 있었던 근본적인 원인이다. 《의례》라는 책을 통하여 우리는 중국 고대의 통치 계급이 어떻게 禮를 이용하여 그들의 등급 제도를 유지하고 공고히 하였는지 분명하게 알 수 있다. 설령 《의례》에 기록된 예의가 봉건 통치 계급에게도 지나치게 번다한 것 때문에 실용에는 맞지 않는다는 느낌을 주었다 할지라도 이 《의례》는 줄곧 經으로 높여지고 禮를 논의하거나 제정할 때 중요한 근거가 되어왔다. 이 점은 우리가 《二十四史》 중의 〈禮志〉나 《通典》·《文獻通考》 등의 책을 잠깐만 뒤적여도 수많은 사례들을 찾을 수 있다. 만일 《의례》의 정신 또는 禮例에 의거하지 않거나 그 중의 儀則을 참조하지 않으면 비판을 받았다. 예를 들면 주희는 일찍이 "橫渠(張載)가 만든 禮는 《의례》에 근거를 두지 않은 것이 많으며 스스로 杜撰한 부분들이 있다.〔橫渠所制禮, 多不本諸《儀禮》, 有自杜撰處.〕"라고 비판하였다. 이와 반대로 주희는 《의례》를 따른 사람에게는 긍정적인 평가를 내리고 있다. 말하기를 "溫公(司馬光)과 같은 경우는 《의례》에 근본을 두고 있으니 고금의 마땅함에 가장 적합하다.〔如溫公却是本諸《儀禮》, 最爲適古今之宜.〕"라고 하였다.[53)] 그러므로 《의례》라는 책은 우리가 오늘날 중국 고대 사회의 역사를 알고 연구하는데, 특히 중국 고대 사회에서 행해졌던 禮制를 알고 연구하는 데 중요한 의미를 지닌다.

禮學과 仁學은 서로 상보상생하는 관계를 가지고 있으며 중국 고대 유가 학설의 핵심이다. 《의례》는 유가 예학에 있어 가장 초기의 문헌이자 가장 기본적인 문헌이다. 중국 고대의 유가 사상을 연구하고자 한다면, 특히 유가의 예학 사상을 연구하고자 한다면 《의례》는 반드시 읽어야 하는 문헌이다. 동시에 우리는 또 중국 고대 사회에서 유가의 예학 사상이 이미 국가 통치 사상의 중요한 구성 부분이 되었으며, 이미 사람들의 일상생활 각 방면에 침투함으로써 사람들의 사상과 언행을 지도하는 준칙 및 윤리 도덕의 규범, 즉 공자가 이른바 "禮가 아니면 보지 말며, 禮가 아니면 듣지 말며, 禮가 아니면 말하지 말며, 禮가 아니면 행

---

52) 〔원주〕《朱子語類》 卷84 〈論古禮綱領〉

53) 〔원주〕《朱子語類》 卷84 〈論後世禮書〉

하지 말라.〔非禮勿視, 非禮勿聽, 非禮勿言, 非禮勿動.〕"라는 규범이 되었다는 것을 알아야 한다.[54] 이러한 준칙과 규범들은 공허하거나 추상적인 것이 아니라 일련의 禮儀와 禮容의 구체적인 요구를 통하여 체현된 것들로서, 《의례》는 바로 통치 계급이 이러한 요구들을 제시하고 확정하는 중요한 근거였던 것이다. 그러므로 《의례》라는 책은 유가의 예학을 연구하는 데 있어서 뿐 아니라 고대 사회 사람들의 사상과 생활, 윤리 도덕관념 등등을 연구하는 데 있어서도 모두 중요한 의미를 지닌다.

《의례》라는 책은 또한 매우 중요한 사료적인 가치를 지니고 있다. 《의례》에 가장 많이 기록된 것은 士禮이다. 이로 인해 《의례》는 중국 고대 士의 계급적 지위와 士 내부의 등급 관계, 士가 담당했던 관직, 士의 생활과 경제 상황 등등의 방면과 관련된 자료들을 집중적이면서도 대량으로 제공하고 있다. 《의례》에 기록된 천자에서부터 제후까지, 다시 경대부까지, 다시 士까지 이르는 서로 다른 예의와 이러한 예의들을 통해 체현한 그들 상호간의 관계는 우리가 중국 고대 계급 관계를 연구하는 데 중요한 자료가 된다. 《의례》에는 또 수많은 중국 고대 관직과 관련된 자료들이 남아있는데, 이것은 우리가 오늘날 중국 고대 관제를 연구하는 데 귀중한 자료가 된다. 청나라 사람 胡匡衷(1782~1849)이 일찍이 《儀禮釋官》을 지어 이미 이런 방면에서 우리에게 근거로 삼아 살펴볼 수 있는 先例를 제공하고 있다. 또 《의례》에 기록된 중국 고대의 궁실 제도나 복식 제도, 음식 제도 및 다량의 禮器의 응용 제도 등등은 우리가 오늘날 고대사를 연구하는 데 있어서나 고고학에 있어서도 모두 중요한 가치를 지닌다.

또 하나 지적하고 싶은 것이 있다. 《의례》를 읽고 이해하는 것은 우리가 수많은 다른 고대 문헌을 읽고 이해하는 데 매우 중요하다는 것이다. 중국 고대 문헌 중에는 禮와 관련된 기록들이 매우 많으며, 아니면 수많은 기록들이 모두 禮를 언급하고 있어서 《의례》를 읽지 않은 사람은 관련 기록에 대해 진정으로 이해하기가 매우 어렵기 때문이다. 예를 들면 《의례》를 읽지 않은 사람은 《예기》와 《주례》의 관련 篇章을 읽기가 매우 어려우며 《荀子》의 〈禮論〉을 이해하는 것도 분명 매우 어려울 것이다. 또 예를 들면 《좌전》 宣公 18년(기원전 591) 조에 魯나라의 公孫歸父가 晉나라에 聘問을 가라는 魯 宣公의 명을 받고 방문 갔는데, 돌아올 때 선공이 이미 죽자 이에 "子家(공손귀보)는 돌아올 때 笙에 이르자 단을 쌓아 휘장을 치고서 副使에게 복명하였다. 복명이 끝나자 윗옷의 왼쪽 소매를 벗고 머리를 삼으로 묶고 자

54) 〔원주〕《論語》〈顔淵〉

신의 哭位로 가서 곡하고 발을 세 번 구르고 나왔다.〔子家[55]還, 及笙, 壇帷, 復命於介. 旣復命, 袒、括髮, 卽位哭, 三踊而出.〕"라는 기록이 있다. 《의례》의 〈聘禮〉와 〈喪服〉을 읽지 않으면 《좌진》의 이 기록에 언급되어 있는 禮에 대해 신성으로 이해할 수 없다. 또 예를 들면 《논어》〈八佾〉에 "활쏘기는 과녁의 가죽을 꿰뚫는 것을 주장하지 않는다.〔射不主皮.〕"라는 공자의 말이 기록되어 있다. 만일 〈鄕射禮〉를 읽지 않으면 이 구절의 의미 역시 이해하기가 매우 어렵다. 이러한 사례들은 이루 다 들 수 없을 정도로 많아서 세심하게 《의례》를 읽는다면 저절로 알게 될 것이다.

이상의 내용을 종합하자면, 《의례》라는 이 책에 대해 우리는 그것이 이미 역사적인 묵은 자취이기 때문에 현실 사회와는 너무나 동떨어진 것이라고 생각하여 버려두고 돌아보지 않아서는 결코 안 된다는 것을 알 수 있다. 우리가 발굴만 잘 한다면 그 가운데 분명 오늘날 연구자들이 이용할 수 있는 다량의 귀중한 자료들이 들어있을 뿐 아니라 또한 지금 사람들이 중국 전통 문화를 배우고 이해하는 데 진귀하면서도 연구해볼 가치가 있는 전적이기도 하다.

55) 〔원주〕 子家는 公孫歸父의 字이다.

고대의 귀족 청년 남자는 20세가 되면 성대한 관례 의식을 거행하여 成年의 표지로 삼아야 했다. 이때부터 이 청년은 귀족 성원으로서 가져야할 권리와 의무를 갖게 된다. 〈사관례〉는 바로 冠을 씌워주는 이런 예를 기록한 것이다.

全文은 모두 40절로 이루어져 있으며, 4개 부분으로 구분할 수 있다.

첫째 부분은 1절부터 4절까지이다. 관례를 거행하기 전의 각종 준비를 기록하였다.

둘째 부분은 5절부터 18절까지이다. 관례를 거행하는 과정을 기록한 것으로 본문의 중심부분이다.

셋째 부분은 19절부터 34절까지이다. 관례의 여러 變例 및 賓과 주인이 주고받는 말을 잡다하게 기록하였다.

넷째 부분은 35절부터 40절까지이다. 이 부분은 〈記〉文으로, 관례의 의의를 잡다하게 기록하였다.

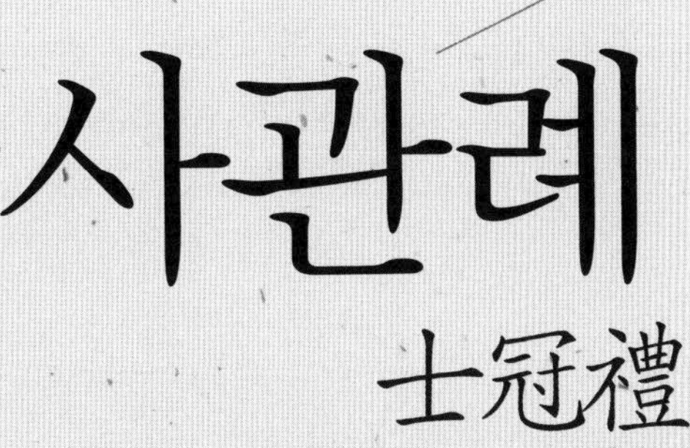

사관례 士冠禮

一. 冠禮前

二. 冠禮當日

三. 變例 및 賓主 致辭

四. 記

一. 冠禮前

1. 관례일을 점침(筮日)

士冠禮①。
筮于庿(묘)門②: 主人玄冠、朝服、緇帶、素韠(필)③, 卽位于門東, 西面④。有司如主人服⑤, 卽位于西方, 東面, 北上⑥。筮與席、所卦者⑦, 具饌于西塾(숙)⑧。
布席于門中闑(얼)西、閾(역)外⑨, 西面。筮人執筴(책)抽上韇(독)兼執之⑩, 進受命于主人⑪。宰自右少退⑫, 贊命。
筮人許諾, 右還(선)卽席坐, 西面⑬。卦者在左⑭。卒筮⑮, 書卦⑯。執以示主人, 主人受眡(시)反之。筮人還, 東面旅占⑰, 卒, 進告吉⑱。
若不吉, 則筮遠日, 如初儀⑲。
徹筮席。宗人告事畢⑳。

士의 관례이다.
廟門(禰廟의 문) 밖에서 다음과 같이 시초점을 친다.
주인(관례를 치를 사람의 부형)은 玄冠(붉은 빛을 띤 검은색 비단으로 만든 관)을 쓰고 朝服을 입고 검은색 띠와 흰색 폐슬을 착용하고 묘문 밖 동쪽 자리로 나아가 서향한다.
有司들은 주인과 같은 조복을 입고 묘문 밖 서쪽의 자리로 나아가 동향하는데, 북쪽을 상위로 한다.
시초와 돗자리와 所卦者(괘를 그릴 도구)를 모두 묘문 밖의 西塾에 진열한다.

묘문 중앙의 闑(얼. 말뚝) 서쪽, 閾(역. 문지방) 밖에 돗자리를 펴는데, 서향하도록 편다.

筮人(시초점을 치는 사람)이 왼손으로 시초가 든 통을 들고 오른손으로 上韇(시초통의 뚜껑)을 뽑아서 왼손으로 건네어 왼손으로 下韇(시초통의 아랫부분)과 함께 잡고 주인에게 나아가 命(점칠 내용)을 받는다.
宰(家臣의 長)가 주인의 오른쪽(북쪽)에서 조금 뒤로 물러나 서서 주인을 도와 筮人에게 점칠 내용을 고한다.

筮人이 허락하고 왼쪽으로 몸을 돌려 북쪽으로 가서 묘문 서쪽에 펴놓은 점치는 자리로 나아가 서향하여 앉는다.
卦者(괘를 그리는 사람)가 筮人의 왼쪽(남쪽)에 서향하여 앉는다.
서인이 시초점을 뽑는 것이 끝나면 卦者가 얻은 괘를 목판에 그린다.
서인이 목판을 들고 주인에게 보여주면 주인이 이를 받아서 보고 서인에게 되돌려준다. 서인이 서쪽의 본래 자리로 돌아가 동향하고 서서 서쪽에 서있던 다른 서인들과 길흉을 점치고, 끝나면 서인이 묘문 동쪽의 주인에게 나아가 길하다고 고한다.
만약 길하지 않으면 곧바로 이어서 遠日(다음 열흘 중 하루)의 길흉에 대해 시초점을 치는데, 위와 같은 의절로 행한다.

시초와 돗자리를 거둔다.
宗人(士의 私臣으로 예를 주관하는 有司)이 일이 끝났음을 고한다.

① 士冠禮

첫 구절은 본편에서 기록하는 禮의 이름을 밝힌 것이다. 이하의 각 편도 모두 이와 같다. 살펴보면 이것이 바로 이른바 '內題'라는 것이며 경 앞의 표제는 '外題'가 된다. 武威縣에서 출토된 漢簡《의례》에도 내제와 외제가 있다. 陳夢家(1911~1966)의《武威漢簡》에 따르면 "今本과 簡本의 각 편의 제목은 내제와 외제로 구분되는데, 이른바 '내제'란 즉 편의 머리, 곧 경문의 앞에 있는 것을 말하고, '외제'란 즉 卷의 밖이나 경의 앞에 있는 것을 말한다.〔今本和簡本篇題分爲內外, 所謂內題卽在篇首經上者, 所謂外題卽在卷外或經前者.〕"

【按】 '士'는 胡匡衷에 따르면 벼슬하여 작위가 있는 上士·中士·下士 뿐만 아니라 벼슬하지 않은 居士·選士·俊士를 모두 포함한다. 將冠者가 采衣(붉은색 비단으로 가선을 두른 緇色 옷)

에 붉은색 비단으로 머리를 묶고 있는 것을 보더라도 벼슬하지 않은 士임을 알 수 있다. 호광충은 士의 아들은 늘 士이기 때문에 비록 벼슬하지 않았다 하더라도 역시 士禮를 쓴다고 한 朱熹의 설을 인용한 뒤, 士의 지위를 가진 童子가 20세가 되어 관례를 행한다고 한 정현의 설을 오류라고 하였다. 즉 옛날에는 40세가 되어서야 벼슬하였으니 동자는 士의 지위에 있을 수 없으며, 이것은 士의 신분을 가진 주인을 기준으로 보아 그 아들의 관례를 말한 것이라는 것이다.[1] 이와 관련하여 《예기》〈曲禮〉에 "사람이 태어나 10세가 된 자를 幼라 하니, 학업을 익힌다. 20세를 弱이라 하니, 관례를 한다. 30세를 壯이라 하니, 아내를 둔다. 40세를 强이라 하니, 벼슬한다. 50세를 艾라 하니, 국가의 정무에 종사한다. 60세를 耆(모)라 하니, 지시하여 부린다. 70세를 老라 하니, 家事를 전해준다. 80세와 90세를 耄라 하고, 7세를 悼라 하니, 悼와 耄는 비록 죄가 있더라도 형벌을 가하지 않는다. 100세를 期라 하니, 봉양을 받는다.[人生十年曰幼, 學; 二十曰弱, 冠; 三十曰壯, 有室; 四十曰强, 而仕; 五十曰艾, 服官政; 六十曰耆, 指使; 七十曰老, 而傳; 八十九十曰耄, 七年曰悼, 悼與耄雖有罪, 不加刑焉; 百年曰期, 頤.]"라는 구절이 보이는데, 이에 따르면 관례는 20세에 행한다. 《五經要義》에 "관례를 치른 자는 머리에 관을 쓴 뒤에 사람의 도가 갖추어지기 때문에 군자가 이를 중시하여 예의 시작으로 여긴 것이다."라고 하였다.[2]

② 筮于庿門

'筮'는 시초로 점을 치는 것을 가리킨다. 여기에서는 점을 쳐서 관례를 거행하는 날을 결정하는 것이다. '庿'는 '廟'의 古字로, 여기에서는 禰廟(녜묘), 즉 아버지 廟를 가리킨다.[3] 淩廷堪(1755~1809)의 《禮經釋例》 권13에 이르기를 "일반적으로 점을 치는 것은 모두 묘문에서 친다.[凡卜筮皆于廟門.]"라고 하였으며, 또 이르기를 "일반적으로 관례는 녜묘(아버지 사당)에서 행한다.[凡冠于禰廟.]"라고 하였다.

【按】 주소에 따르면 관례의 날을 점칠 때 廟門에서 행하는 이유는 成人의 禮로 자손을 이루어주는 것을 중히 여기기 때문이며, 廟 안의 堂에서 행하지 않는 것은 시초의 영험함이 廟의 신에게서 나온 것이 아닌가라는 혐의가 있기 때문이다.[4] 또한 여기에서 날만 점치고 달은 점치지 않는 것은, 관례를 행하고 혼인을 하는 달이 2월로 정해져 있기 때문이다.[5] 동물 중에 지혜롭기로는 거북보다 더한 것이 없고 식물 중에 신령스럽기로는 시초보다 더한 것이 없기 때문에 거북과 시초로 점을 치는데, 큰 일일 경우에는 거북점을 치고 작은 일일 경우에는 시초점을 쳤다. 관례는 禮의 시작인 까닭에 그 시작을 중요하게 여겨서 점을 치는 것일 뿐 큰일은 아니기 때문에 시초점을 치는 것이며, 喪祭는 큰일이기 때문에 거북점을 친다.[6]

1) 《儀禮釋官》 卷1 : "士有已仕而有位者, 上士、中士、下士是也. 有未仕者, 《玉藻》 所謂居士, 《王制》 所謂選士、俊士是也. 此冠禮, 雖主士身可冠, 但不必爲有位之士. 朱子曰: '士之子恒爲士, 雖未仕, 亦得用此禮.' 觀經云'主人玄冠朝服', 則其父固有位之士也. 又云'將冠者采衣、紒', 則未仕爲士可知. 敖氏謂此篇主言士冠其子之禮, 義亦得通. 古者四十强而仕, 豈有童子居士位哉? 鄭氏之說失之."
賈公彦疏 : "鄭《目錄》云: 童子任職居士位, 年二十而冠."

2) 《政和五禮新儀》 卷1 : "《五經要義》云: 冠, 嘉禮也. 冠者首服旣加, 而後人道備, 故君子重之, 以爲禮之始矣."

3) 鄭玄注 : "庿, 謂禰庿."

4) 鄭玄注 : "冠必筮日於庿門者, 重以成人之禮成子孫也.……不於堂者, 嫌蓍之靈由庿神."

5) 賈公彦疏 : "不筮月者, 《夏小正》云: '二月綏多士女, 冠子取妻時也.' 旣有常月, 故不筮也."

6) 賈公彦疏 : "凡蟲之智, 莫善於龜; 凡草之靈, 莫善於蓍, 蓍、龜自有靈也. 若蓍自有神, 不假廟神也."
《陳氏禮記集說》〈冠義〉 陳澔注 : "方氏曰......筮而不卜, 何哉? 蓋古者大事用卜, 小事用筮. 天下之事, 始爲小, 終爲大. 冠爲禮之始, 聖王之所重者, 重其始而已. 非大事也, 故止用筮焉. 至於喪祭之愼終, 則所謂大事也, 故於是乎用卜."

③ 主人玄冠、朝服、緇帶、素韠

'主人'은 將冠者(관례를 치를 사람)의 부형이다. '玄冠'은 玄色(약간 붉은색을 띤 검은색) 비단으로 만든 冠으로, 그 刑制는 다음과 같다. 하나의 冠圈을 상투 위에 씌우는데, 이것을 '武'라고 한다. 武 위에는 폭이 좁은 冠梁(또는 冠)이 하나 있는데, 머리 앞쪽에서 뒤쪽까지 머리의 정수리를 덮는다. 武의 양쪽에는 각각 冠을 묶는 끈이 달려 있어 턱 아래에서 묶어 관을 고정하는데, 이것을 '纓(영)'이라고 한다. '朝服'은 國君을 조현할 때나 비교적 장중한 경우에 입는 복장으로, 위에는 緇衣를 입고 아래에는 素裳(일종의 백색 치마)을 착용한다. '緇帶'는 緇色 비단으로 만든 띠이다. '素韠'의 '韠'은 고대에 下裳 밖에 착용한 폐슬이다. 위는 좁고 아래는 넓으며 비교적 길어서 허벅지에서부터 무릎까지 덮어 가릴 수 있었다. 조복에 사용하였다. '素韠'은 白韋(흰색의 무두질한 소가죽)로 만들어서 下裳의 색과 맞춘다.

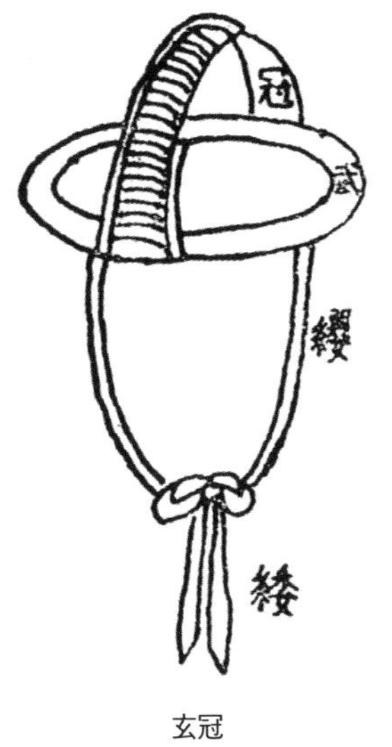

玄冠

大帶
《三禮圖集注》

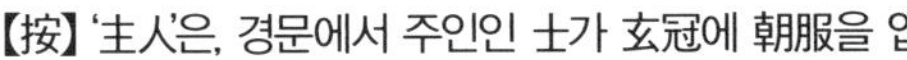
【按】 '主人'은, 경문에서 주인인 士가 玄冠에 朝服을 입는다고 말한 것에 근거하면 제후의 士이다. 천자의 士는 朝服에 皮弁(흰색 사슴가죽으로 만든 모자)을 쓰고 素積(흰색 주름치마)을 입는다.[7] '玄冠'은 정현의 주에서는 '委貌'로 보았다.[8] 〈사관례 記〉 38에 "위모는 주나라의 제도이다.[委貌, 周道也.]"라는 구절이 있는데, 가공언의 소에 따르면 현관과 위모는 동일한 것으로, 玄冠은 그 색을 말한 것이고, 委貌는 容體를 편안하고 바르게 한다는 뜻을 보인 것이다.[9] 일반적으로 上衣와 冠은 같은 색이며, 下裳과 폐슬과 신발은 같은 색이다.[10] 緇色과 玄色은 〈사관례〉 5. 주⑧ 참조. '緇帶'는, 주소에 따르면 '帶'는 革帶 위에 착용하는 大帶로, 緇帶는 이 흰색 대대의 늘어뜨린 부분[紳]의 가선만을 緇色으로 두른 것이다. 천자와 제후는 허리에 맨 부분과 늘어뜨린 부분을 모두 가선 두른다. 士의 대대는 너비가 2寸으로, 착용할 때에는 두 번 둘러서 4촌이 되며, 늘어뜨린 紳의 길이는 3尺이다. 대부 이상의 대대는 너비가 4촌이다.[11] 다만 朝服에 緇帶를 사용한 것에 대해 양천우는 그 색이 上衣의 색과 같기 때문이라고 하였으나,

7) 賈公彦疏 : "鄭《目錄》云: 童子任職居士位, 年二十而冠, 主人玄冠朝服, 則是於諸侯. 天子之士, 朝服 皮弁素積."

8) 鄭玄注 : "玄冠, 委貌也."

9) 賈公彦疏 : "此云玄冠, 下《記》云委貌, 彼云委貌, 見其安正容體, 此云玄冠, 見其色, 實一物也."

10) 《禮經釋例》〈器服之例 下〉 : "凡衣與冠同色, 裳與韠同色, 屨與裳同色."

11) 鄭玄注 : "士帶, 博二寸, 再繚四寸, 屈垂三尺."
賈公彦疏 : "天子、諸侯帶, 繞腰及垂者, 皆裨之. 大夫則不裨其繞腰者, 直裨垂之三尺屈而垂者. 士則裨 其末繞三尺, 所垂者不裨, 在者若然. 大帶所用物, 大夫已上用素; 士練繒爲帶體, 所裨者用緇. 則此言 緇, 據裨者而言也……大夫已上, 大帶博四寸. 此士卑, 降於大夫已上, 博二寸, 再繚共爲四寸, 屈垂三尺. 則大夫已上, 亦屈垂三尺同矣."

素衣素裳의 皮弁服에도 緇帶를 사용한 것에 근거하면 상의와 帶의 색깔은 상관이 없는 듯하다. 〈사관례〉 5 참조.

④ 西面

'서향한다'는 뜻이다. 이하에서 일반적으로 '某面'이라고 한 것은 모두 某 방향으로 향하는 것을 이른다.

⑤ 有司

주인의 屬吏로, 宰·筮人·卦者·宗人·擯者·贊者 등을 포함한다.

⑥ 北上

북쪽의 위치를 상위로 삼는 것이다. 이하에서 일반적으로 '某上'이라고 한 것은 모두 某方을 상위로 삼는 것을 이른다.

⑦ 筮與席、所卦者

'筮'는 여기에서는 점을 칠 때 사용하는 시초를 가리킨다. '席'은 시초점을 칠 때 筮人이 사용하는 돗자리이다. '所卦者'는 吳廷華(1682~1755)에 따르면 "괘효를 기록하는 판이다.〔記卦爻之版也.〕"

【按】 '席'은 敖繼公에 따르면 蒲席(부들로 짠 자리)이다.[12] 《周禮》〈春官 司几筵〉 정현의 주에 따르면 席은 莞席(완석. 왕골로 짠 돗자리), 繅席(소석. 가늘고 부드러운 부들로 짠 오채색 돗자리), 次席(붉은 桃枝竹으로 짠 돗자리), 蒲席, 熊席(곰 가죽으로 만든 자리)의 5종류가 있다. '所卦者'는 괘를 그리는 데 사용하는 도구 일체, 즉 바닥에 그린 괘를 옮길 때 사용하는 목판이나 木簡, 바닥에 그릴 때 사용하는 나뭇가지, 刀, 筆 등을 포괄한다.[13] 〈특생궤식례〉 1 주⑬, 〈소뢰궤식례〉 1 주⑭ 참조.

⑧ 具饌于西塾

'具'는 '俱(구. 모두)'와 통용한다. '饌'은 '진열한다'는 뜻이다. '塾'은 옛날에 대문의 동서 양쪽에 있던 堂屋이다. 《爾雅》〈釋宮〉에 "문 옆의 당을 '숙'이라고 한다.〔門側之堂謂之塾.〕"라고 하였다.

【按】 '塾'은 江永에 따르면 하나의 문 양쪽에 東塾과 西塾이 있으며, 동숙과 서숙은 또 각각 內塾과 外塾이 있어 모두 4개이다. 문 밖에 있는 외숙은 남향이고 문 안의 내숙은 북향이며, 문 안의 동숙과 서숙 사이를 '宁(저)'라고 한다.[14] '西塾'은 정현의 주에 따르면 廟門 밖 서숙의 당을 가리킨다.[15]

⑨ 布席于門中闑西、閾外

'闑'은 고대에 문 중앙에 세운 짧은 나무토막이다. 王引之(1766~1834)의 《經義述聞》 "闑西閾外" 조에 따르면 '闑'은 즉 문 가운데의 말뚝으로, 똑바로

12) 《儀禮集說》卷1 : "席, 蒲筵也. 士用蒲席, 神人同."

13) 《周禮》〈春官 司几筵〉: "掌五几、五席之名物, 辨其用, 與其位." 鄭玄注 : "五席: 莞、藻、次、蒲、熊."

14) 《儀禮釋宮增注》: "門側之堂, 謂之塾. 郭氏曰: 夾門堂也. 門之內外、其東西, 皆有塾, 一門而塾四. 其外塾, 南鄕……內塾, 北鄕也. 凡門之內兩塾之間, 謂之宁."

15) 鄭玄注 : "西塾, 門外西堂也."

세웠지만 짧아서 수레가 문을 들어갈 때 수레축이 그 위를 넘어서 지나갈 수 있다. '閾'은 음이 '역'으로, 즉 문지방이다.

⑩ 執筴抽上韇兼執之

'筴'은 '策'과 같다. 시초를 이른다. 시초 한 가닥을 策이라고 하기 때문에 이것을 가지고 바로 시초를 대신 지칭한 것이다. '韇'은 시초를 담는 그릇으로, 상하 두 부분으로 분리되어 있다. 下韇은 위로 上韇을 떠받치고 있고 상독은 아래로 하독을 덮고 있어서 사용할 때에는 먼저 상독을 뽑아 열어야 한다. '兼'은 '아우르다'는 뜻이다. 살펴보면, 筮人(시초점을 치는 사람)이 왼손으로 하독을 잡고 오른손으로 상독을 뽑은 뒤에 또 상독을 왼손에 건네어서 왼손으로 함께 잡고 있기 때문에 '兼執之'라고 한 것이다. 〈소뢰궤식례〉 1 주⑥ 참조.

⑪ 受命

'命'은 筮辭(시초점을 치는 내용)를 명하는 것이다. 시초점을 치기 전에 筮辭를 명하는 과정을 통해 점을 치고자 하는 일을 설명해야 한다. 〈특생궤식례〉 1 참조.

⑫ 宰自右少退

'宰'는 주인을 위하여 주인집의 政教를 관장하는 사람이다. 胡匡衷(1728~1801)의 《儀禮釋官》에 따르면 주인은 자신의 屬吏 중에서 長者 한 사람을 택하여 주인 집안의 정교를 주관하게 하는데, 이 사람을 '재'라고 한다. '自'는 '~로부터'라는 뜻이다. '少'는 '조금'이라는 뜻이다. 살펴보면 有司 중에서는 오직 宰만 廟門 동쪽에서 주인의 오른쪽(북쪽)에 서 있는다.

⑬ 右還卽席坐, 西面

'還'은 '旋'과 통하며, '돌리다'는 뜻이다.

【按】 '右還'은 胡培翬에 따르면 바로 '북쪽으로 가는 것'을 이른다. 호배휘는 구설에서 '오른쪽으로 몸을 돌린다'로 보아 筮人이 동향하고 주인에게서 명을 받은 뒤 몸을 돌려 남쪽으로 갔다가 다시 몸을 돌려 서쪽으로 가고 이어서 북쪽으로 간다고 한 것을 오류로 추정하였다.[16] 현대의 학자 錢玄 역시 방향 전환에 대한 표기에 있어 오늘날 안쪽의 손을 기준으로 말하는 것과 달리 옛날에는 바깥쪽에 있는 손을 기준으로 말하였기 때문에 옛날의 '右還'은 오늘날의 '왼쪽으로 돈다', '左還'은 '오른쪽으로 돈다'라고 말한 것과 같다고 보았다.[17] 이상의 두 설을 참조하면 '右還'은 왼쪽으로 돌아 북쪽으로 간다는 뜻이 된다. '西面'은, 敖繼公에 따르면 일반적으로 묘문에서 점을 칠 때에는 모두 서쪽을 향하고

16) 《儀禮正義》 卷1 : "云'東面受命, 右還, 北行就席'者, 蔡氏德晉《禮經本義》云: '右還, 回身右轉也. 就席, 就闑西閾外之席.' 詳蔡意, 則是右還, 卽北行也. 吳氏疑義以爲從東面轉而南, 轉而西, 乃北行, 恐非."

17) 《三禮通論》〈禮儀編 向位之儀〉 : "凡言左還、右還, 還, 通旋, 左還猶今言右轉, 右還猶今左轉. 蓋古以在外之手言, 今以在內之手言."

묘역의 남쪽에서 묘지를 점칠 때에는 북쪽을 향하는데, 이것은 서쪽과 북쪽이 陰方이기 때문에 이쪽을 향하여 신에게 구하는 것이다.[18] 경문에서 '西面'을 '坐' 다음에 둔 것은, 가공언의 소에 따르면 卦者 역시 서향한다는 것을 나타내기 위해서이다.[19]

⑭ 卦者

괘를 기록하는 것을 책임진 사람이다.

⑮ 卒筮

일반적으로 占筮는 실제로는 筮를 먼저 하고 뒤에 占을 한다. '筮'는 일정한 방법을 통하여 시초를 나누어 세어서 괘를 구하는 것이며, '占'은 구해서 얻은 괘를 근거로 길흉을 묻는 것이다. 이 때문에 《의례》에서 일반적으로 占筮를 기록할 때에는 모두 먼저 筮를 기록한 뒤에 占을 기록하고, 길흉을 점친 뒤에 주인에게 그 길흉을 고하는 것이다. 여기의 '卒筮'는 즉 시초를 세어 괘를 얻는 일이 끝난 것을 이른다.

⑯ 書卦

【按】 〈특생궤식례〉 주소에 따르면 卦者는 筮人이 시초를 뽑아서 나온 爻를 땅에 그리고 六爻가 모두 갖추어져 하나의 괘를 이루면 이것을 方板에 옮겨 적어 筮人에게 준다.[20] 〈소뢰궤식례〉 1 주⑭ 참조.

⑰ 東面旅占

'旅'는 여러 筮人들을 가리킨다.

【按】 張惠言의 〈筮日〉圖에는 廟門 밖에서 筮人이 서남쪽으로 가서 원래의 자기 자리로 돌아가 길흉을 점치도록 되어 있는데, 黃以周는 이를 〈사상례〉에 근거하여 옳지 않다고 보았다. 또한 방향을 바꾸어 돌아갈 때 비스듬하게 가도록 한 것 역시 《예기》〈玉藻〉의 "꺾어질 때에는 矩에 맞게 方形으로 꺾어진다.[折還中矩.]"라는 뜻에도 맞지 않다고 보았다. 황이주에 따르면 경문에서 '東面旅占'이라고 하여 席을 말하지 않은 것은 바로 旅占이 이전에 펴놓은 돗자리가 있는 장소에서 행해진다는 것으로, 旅占은 돗자리의 서쪽에서 동향하고 행한다.[21] 황이주의 〈卜日〉圖 참조.

⑱ 進告吉

이때 주인에게 나아가서 길함을 고하는 사람은 즉 여러 筮人 중의 長者, 즉 앞에서 말한 괘를 뽑았던 筮人이다.

⑲ 筮遠日, 如初儀

'遠日'은 이번 열흘 밖의 어느 한 날이다. 가공언의 소에 따르면 "상순이 불길하면 이어서 다시 중순을 점치고, 중순이 또 불길하면 이어서 다시 하

18) 《儀禮集說》 卷1 : "凡卜筮于門者皆西面, 筮宅於兆南則北面. 蓋以西北陰方, 故鄉之以求諸鬼神也."

19) 賈公彦疏 : "'卽席坐, 西面'者, 主爲筮人而言, 則坐文宜在西面下, 今退西面于下者, 欲西面之文下就畫卦者, 亦西向故也."

20) 鄭玄注 : "卦者主畫地識爻, 爻備, 以方寫之."
賈公彦疏 : "此經云'卒筮寫卦', 乃云'筮者執以示主人', 則寫卦者非筮人."

21) 《禮書通故》〈禮節圖1 冠卜日〉 : "《士喪》'涖卜受視, 反之. 宗人還, 少退, 受命.' 注云: '受龜宜近, 受命宜却.' 今準被圖之. 張《圖》未當. 還, 東面旅店, 不言席, 是旅占在前所布席上也. 舊圖旅店在 席西東面, 不誤. 張《圖》旅店在門外西方, 無據. 且向位衺行, 亦有乖折還中矩之義."

순을 점친다.〔上旬不吉, 乃更筮中旬, 又不吉, 乃更筮下旬.〕"라고 하였다. 吳廷華는 "일반적으로 길사를 점칠 때에는 열흘 안의 가까운 날을 먼저 점치고, 점을 쳐서 불길하다고 나오면 열흘 밖의 먼 날을 점친다.〔凡筮吉事, 先旬內近日, 不吉則筮旬以外遠日.〕"라고 하였다.

【按】 張爾岐(1612~1678)는 대부의 禮인 〈소뢰궤식례〉와 士의 禮인 〈사관례〉의 예가 다르다고 하였다. 즉 〈소뢰궤식례〉에서는 점을 쳐서 상순이 불길하게 나오면 반드시 다음 달 상순이 되기를 기다려서 다시 점을 치기 때문에 이때의 '如初'는 '筮于廟門'부터 '告吉'까지를 가리킨다는 것이다. 그러나 〈사관례〉에서는 상순이 불길하게 나오면 곧바로 중순을 점쳐서 다시 훗날을 기다릴 필요가 없기 때문에 이때의 '如初儀'는 단지 '進受命于主人' 이하에서부터 '告吉'까지만을 가리킨다고 보았다.[22] 方苞(1668~1749) 역시 이 구절 다음에야 '徹筮席'이라는 구절이 나오는 것을 근거로 불길하면 이날 바로 이어서 다시 점을 치는 것으로 보았다. 그렇지 않으면 〈소뢰궤식례〉에서처럼 "먼 그 날이 되면 또 날을 점치기를 처음처럼 한다.[及遠日, 又筮日如初.]"라고 했어야 한다는 것이다.[23] 胡培翬 역시 〈소뢰궤식례〉의 大夫禮와 〈사관례〉의 士禮를 다르게 본 가공언의 설을 옳게 보았다.[24] 士의 제례인 〈특생궤식례〉에서도 祭日을 점칠 때 처음 점을 쳐서 불길하면 당일 곧바로 이어서 다시 점을 친다. 〈소뢰궤식례〉 1 주⑳ 참조.

⑳ 宗人

胡匡衷의 《儀禮釋官》에 따르면 이 사람은 주인을 위하여 禮事와 宗廟를 관장하는 사람이다.[25]

【按】 호광충에 따르면 禮를 관장하는 관원은 천자국에서는 '宗伯'이라 이르고, 제후국 이하에서는 모두 '宗人'이라 이른다.[26] 張惠言에 따르면, 이때 종인은 주인과 함께 다른 有司들도 들을 수 있도록 동북쪽을 향하여 고한다.[27] 장혜언의 〈筮日〉 圖 참조. 敖繼公 역시 〈특생궤식례〉에서 종인이 동북쪽을 향하여 祭器가 모두 깨끗하게 잘 준비되었다고 고한 것을 근거로 이때에도 동북쪽을 향하여 고한다고 하였다.[28] 黃以周의 〈卜日〉 圖에는 서향하고 고하도록 되어 있는데, 오계공의 설을 따라 동북쪽을 향한다고 보는 것이 다수설이다.

22) 《儀禮鄭注句讀》 卷1 : "案《少牢》云'若不吉, 則及遠日又筮日如初', 此大夫諏日而筮上旬不吉, 必待上旬, 乃更筮之. 其云'如初', 乃自筮於廟門已下至告吉也. 此《士冠禮》, 若筮上旬不吉, 卽筮中旬, 不更待他日. 其云'如初儀', 止從進受命於主人以下至告吉而已, 不自筮於廟門也."

23) 《儀禮析疑》 卷1 : "下始云'徹筮席', 明卽于是日再筮也. 不然則當如《少牢禮》云'不吉則及遠日, 又筮日如初.'"

24) 《儀禮正義》 卷34 : "賈氏《士冠禮》疏謂士筮初旬不吉, 卽筮中旬, 中旬不吉, 卽筮下旬, 同日預筮三旬. 大夫則不竝筮, 於前月筮來月之上旬, 不吉, 至上旬又筮中旬, 不吉, 至中旬又筮下旬. 據《少牢》云 '若不吉, 則及遠日, 又筮日如初', 與此經云'若不吉, 則筮遠日如初儀'者異其說, 尙是."

25) 《儀禮釋官》 卷1 〈士冠禮 宗人〉 : "宗人私臣, 掌禮及宗廟."

26) 《儀禮釋官》 卷1 〈士冠禮 宗人〉 : "案掌禮之官, 天子謂之宗伯, 諸侯以下通謂之宗人."

27) 《儀禮圖》〈筮日〉 : "準《特牲》宗人告期西北面, 故告事畢東北面, 兼合有司聞之."

28) 《儀禮集說》 卷1 : "告事畢東北面, 《特牲禮》宗人東北面告濯具."

2. 賓에게 관례일을 알림(戒賓)

主人戒賓①, 賓禮辭, 許②。主人再拜, 賓答拜。主人退, 賓拜送③。

주인이 朝服을 입고 賓(正賓을 포함한 衆賓)의 집에 직접 가서 빈에게 관례 날짜를 알리고 참여해주시기를 청하면 빈은 예의로 한 번 사양하고 허락한다.
주인이 재배하면 빈이 답배한다.
주인이 물러가면 빈이 절하여 전송한다.

① 戒賓

'戒'는 '고하다'는 뜻이다. '賓'은 여기에서는 주인의 僚友를 가리킨다.

【按】 이때 오가는 말은 〈사관례〉24. 참조. 가공언에 따르면 "함께 벼슬하는 사람을 '僚', 뜻이 같은 사람을 '友'라고 한다.[同官爲僚, 同志爲友.]" 가공언은 또 여기 〈사관례〉의 경문을 생략된 것으로 보았는데, 〈향음주례〉에서 "주인이 날짜를 알리면 빈은 주인이 욕되이 와주심에 절한다. 주인이 답배하고 이어서 참석해줄 것을 청하면 빈이 한 번 사양하고 허락한다. 주인이 재배하면 빈이 답배한다. 주인이 물러가면 빈은 다시 한 번 주인이 욕되이 와준 것에 대해 감사를 표하고 절하여 전송한다."라고 한 구절에 근거하여, '욕되이 와주심에 절하는' 의절을 제외한 〈향음주례〉의 이 의절과 같이 해야 한다고 하였다.[29] 敖繼公에 따르면 이때에도 주인은 朝服을 입는다. 또한 주인이 직접 賓에게 찾아가기는 하나 말을 전하는 것은 모두 擯者가 전하는 것이며, 이하의 宿賓 때에도 마찬가지라고 하였다.[30]

② 禮辭, 許

정현의 주에 따르면 "禮辭는 한 번 사양하고 허락하는 것이다. 두 번 사양하고 허락하는 것은 固辭라고 하며, 세 번 사양하는 것은 終辭라고 하여 허락하지 않는 것이다.〔禮辭, 一辭而許也. 再辭而許曰固辭, 三辭曰終辭不許也.〕"

【按】 가공언에 따르면 세 번 사양하고 허락하는 것은 '三辭'라고 하며, 세 번 사양하여 끝내 허락하지 않는 것을 '終辭'라고 한다. 대체로 경문에서 禮辭하고 허락하는 것은 주

29) 賈公彦疏 : "案《鄕飮酒》: '主人戒賓, 賓拜辱, 主人答拜. 乃請賓, 賓禮辭, 許. 主人再拜, 賓答拜. 主人退, 賓拜辱.' 《鄕射》亦然, 皆與此文不同. 此經文不具, 當依彼文爲正. 但此不言拜辱者, 亦是不爲賓已故也."

30) 《儀禮集說》 卷1 : "戒賓, 亦朝服……此雖親相見, 其辭則皆擯者傳之. 宿賓放此, 說見《特牲》篇."

인이 청하는 사항에 대해 상대방이 평소에 그렇게 할 뜻이 있는 경우이다.[31]

③ 賓拜送

淩廷堪의 《禮經釋例》 권1에 따르면 "일반적으로 배송하는 예는, 전송하는 사람은 절하고 떠나는 사람은 답배하지 않는다.〔凡拜送之禮, 送者拜, 去者不答拜.〕"

3. 賓을 점치고(筮賓), 빈과 贊者에게 거듭 청함(宿賓·宿贊冠者. 2일전)

前期三日①, 筮賓②, 如求日之儀。
乃宿賓③: 賓如主人服④, 出門左⑤, 西面再拜, 主人東面答拜。乃宿賓, 賓許。主人再拜, 賓答拜。主人退, 賓拜送。
宿贊冠者一人⑥, 亦如之。

〈빈을 점침〉

관례를 치르기로 정한 날 3일 전(실제로는 2일 전)에 冠을 씌워줄 賓을 점치는데, 관례 날짜를 점쳐 구할 때와 같은 의절로 행한다.

〈빈과 찬자에게 거듭 청함〉

이어서 주인이 朝服을 입고 賓(正賓)의 집에 직접 가서 관례를 거행하는 날에 참여해주시기를 재차 청하는데, 의식은 다음과 같다.

빈이 주인과 같은 조복을 입고 대문을 나가 왼쪽(동쪽)에 서서 서향하고 재배한다.

주인이 대문 밖 서쪽에서 동향하고 답배한다.

이어서 주인이 빈에게 참여해주시기를 재차 청하면 빈이 허락한다.

주인이 재배하면 빈이 답배한다.

주인이 물러가면 빈이 절하여 전송한다.

주인은 贊冠者(관례를 거행할 때 정빈을 도와줄 贊者) 한 사람에게도 직접

31) 賈公彦疏 : "三辭而許則曰三辭, 若三辭不許乃曰終辭……諸經云'禮辭, 許'者, 是素有志之類也."

가서 참여해주시기를 청하는데, 빈에게 청할 때와 같은 의절로 행한다.

① 前期三日

주소에 따르면 이것은 관례를 거행하는 날 이전을 말한 것으로 관례 날짜와는 이틀의 간격이 있는 것이다.[32]

【按】 가공언은 '이틀을 비워둔다[空二日]'라고 해석한 정현의 주에 대해, 하루는 宿賓과 宿贊冠者를 행하는 날로, 다음날은 저녁에 관례를 거행할 구체적인 시간을 정하는 날로 보았으며, 이러한 의식은 모두 관을 씌워주는 일이 아니기 때문에 정현이 '비워둔다[空]'고 한 것이라고 하였다. 이것은 관례를 행하는 날 이전에 이틀을 비워두어 겉으로 보면 3일전이기 때문에 이렇게 말한 것이다.[33]

② 筮賓

占筮를 통하여 주인의 僚友(즉 衆賓)들 중에서 주인의 아들(또는 아우)을 위하여 冠을 씌워주게 할 만한 賓을 한 사람 선정하는데, 이 사람이 바로 관례 의식의 '正賓'이다.

【按】《예기》〈冠義〉에 "옛날 관례를 거행할 때에 관례를 거행할 날을 시초점 쳐서 정하고 冠을 씌워줄 賓을 시초점 쳐서 정한 것은 관례의 일을 공경하기 위한 것이다. 관례의 일을 공경하는 것은 예를 중히 하기 위한 것이다. 예를 중히 하는 것은 예는 나라의 근본이 되기 때문이다.[古者冠禮, 筮日、筮賓, 所以敬冠事. 敬冠事, 所以重禮. 重禮, 所以爲國本.]"라는 내용이 보인다.

③ 宿賓

胡培翬에 따르면 "宿은 고문의 '夙' 자이며 '宿'은 또 '速'과도 통용하는 글자로, 모두 미리 불러서 오게 한다는 뜻이다.[宿爲古文夙, 宿又通速, 皆是豫召使來之義.]"

【按】 주소에 따르면 '宿'은 '나아가다[進]'는 뜻이다. 일반적으로 宿은 반드시 먼저 戒를 해야 하지만 戒는 반드시 宿을 해야 하는 것은 아니다. 이때 戒만 하고 宿을 하지 않은 사람은 衆賓이다. 중빈은 모두 올 수도 있고 오지 않을 수도 있지만 正賓과 贊冠者는 반드시 와야 하기 때문이다.[34] 정현의 주에 따르면 宿賓과 宿贊冠者는 모두 筮賓한 다음날 행한다.[35]

④ 賓如主人服

살펴보면 이 때 주인은 여전히 朝服을 입으며, 빈 역시 주인과 같이 조복

32) 鄭玄注 : "前期三日, 空二日也."

33) 賈公彦疏 : "冠日之前空二日, 外爲前期三日, 故云空二日也. 二日之中, 雖有宿賓, 宿贊冠者, 及夕爲期, 但非加冠之事, 故云空也."

34) 鄭玄注 : "宿, 進也. 宿者, 必先戒, 戒不必宿. 其不宿者, 爲衆賓, 或悉來或否."
賈公彦疏 : "云'戒不必宿者', 卽上文戒賓之中, 除正賓及贊冠者, 但是僚友欲觀禮者, 皆戒之, 使知而已, 後更不宿, 是戒不必宿者也."

35) 鄭玄注 : "宿之以筮賓之明日."

을 입는다.

【按】 주소에 따르면 이때 주인이 朝服을 입는다는 것을 아는 이유는, 앞의 筮日 때 조복을 입었는데 여기에서 옷을 바꾸어 입는다는 글이 없기 때문이다.[36]

⑤ 出門左

두 가지 뜻이 있다. 하나는 문의 왼쪽(즉 闑의 왼쪽)으로 문을 나간다는 말이고, 다른 하나는 문을 나간 뒤에 왼쪽으로 가거나 문의 왼쪽에 선다는 말이다. 문은 남향이기 때문에 문을 나갈 때에는 동쪽이 왼쪽이 된다. 문을 들어갈 때에는 서쪽이 왼쪽이 된다. 살펴보면 《의례》에서 일반적으로 '出門左', '入門左', '出門右', '入門右'라고 한 것은 뜻이 모두 이와 같다.

⑥ 贊冠者

즉 賓贊者이다. 이 사람은 賓의 조수로, 빈을 도와 관례 의식을 행하는 사람이다.

4. 관례 시간을 정함(爲期. 1일전)

厥明夕①, 爲期于廟門之外②: 主人立于門東。兄弟在其南③, 少退, 西面, 北上。有司皆如宿服④, 立于西方, 東面, 北上。擯者請期⑤, 宰告曰: "質明行事⑥。" 告兄弟及有司⑦。告事畢⑧。擯者告期于賓之家。

宿賓한 다음날 저녁에 禰廟門 밖에서 관례를 거행할 시간을 정하는데, 의식은 다음과 같다.

주인이 묘문 동쪽에 선다.

형제들(친척과 인척 포함)은 주인의 남쪽에 주인보다 조금 물러나 서는데, 서향하고 북쪽을 상위로 한다.

有司들이 모두 주인이 宿賓할 때 입었던 것과 같은 朝服을 입고 묘문 서쪽에 서는데, 동향하고 북쪽을 상위로 한다.

擯者(주인의 명을 전하는 사람)가 관례를 거행할 시간을 청하면 宰(家臣의 長)가 고하기를 "날이 막 밝을 때 관례를 시작한다."라고 한다.

36) 鄭玄注 : "主人朝服."
賈公彦疏 : "云'主人朝服'者, 見上文筮日時朝服, 至此無改服之文, 則知皆朝服."

빈자가 형제들과 有司에게 관례를 거행할 시간을 고한다.
宗人이 주인에게 시간을 정하는 의식이 끝났음을 고한다.
빈자가 賓의 집에 가서 관례를 거행할 시간을 고한다.

① 厥

'그[其]'라는 뜻이다. 여기에서는 筮賓과 宿賓을 가리킨다.

② 爲期

관례를 거행할 구체적인 시간을 약정하는 것이다.

③ 兄弟

【按】 정현의 주에 따르면 주인의 친척을 이른다.[37] 여기에는 백부와 숙부, 형제의 아들이 모두 포함되며 단지 동일 항렬에 있는 사람만을 가리키는 것이 아니다.[38]

④ 如宿服

胡培翬에 따르면 "주인이 宿賓할 때 입었던 것과 같은 朝服이다."[39]

【按】 호배휘에 따르면 여기에서 형제들의 복장을 말하지 않은 것은 제6절 경문에 "형제들은 上衣, 下裳, 衣帶, 韠(필. 폐슬)을 모두 검은색으로 착용한다.[兄弟畢袗玄.]"라는 구절이 보이기 때문이다.[40]

⑤ 擯者

有司 중에서 주인을 도와 예를 행하는 사람이다.

【按】 정현의 주에 따르면 예를 돕는 有司로 주인 쪽에 있는 사람을 '擯', 賓 쪽에 있는 사람을 '介'라고 칭한다. 다만 정현의 주에서는 주인 쪽 사람으로 주인의 예를 도와 문을 나가서 빈을 맞이하는 사람을 擯, 문 안에 들어와 예를 돕는 사람을 相이라고 하여 擯과 相을 역할에 따라 이름만 달리한 동일한 사람으로 보았으나, 가공언은 相을 賓 쪽에서 예를 돕는 사람으로 보았다.[41]

⑥ 質明

'質'은 '바로[正]'의 뜻이다. '正明'은 날이 환히 밝을 때이다.

⑦ 告兄弟及有司

정현에 따르면 "擯者가 고하는 것이다.[擯者告也.]"

【按】 張惠言의 〈爲期〉 圖에는 擯者가 동향하여 형제에게 고하고 서향하여 有司에게 고하도록 되어 있는데, 黃以周는 〈爲期〉 圖에서 〈특생궤식례〉 정현의 주를 근거로 擯者가 서북쪽을 향하여 구체적인 시간을 고하는 것을 통례로 보아 장혜언의 그림을 오류로 보았다.[42] '형제'는 호배휘에 따르면 친척과 인척을 모두 포함한다.[43]

37) 《儀禮注疏》〈士冠禮〉鄭玄注 : "兄弟, 主人親戚也."

38) 《欽定儀禮義疏》卷1 : "兄弟, 兼伯叔父及兄弟之子皆在焉, 不專指同輩行者. 經之通例皆然, 故注云主人親戚也."

39) 《儀禮正義》 卷1 : "云'宿服, 朝服'者, 謂如主人宿賓時所服之朝服也. 此宿服, 指主人言, 云有司皆如之, 則主人之服可知矣."

40) 《儀禮正義》 卷1 : "兄弟不言服, 於下'畢袗玄'見之."

41) 鄭玄注 : "擯者, 有司佐禮者, 在主人曰擯, 在客曰介." 賈公彦疏 : "案《聘禮》及《大行人》皆以在主人曰擯, 在客稱介, 亦曰相." 《周禮》〈秋官 司儀〉鄭玄注: "出接賓曰擯, 入贊禮曰相."

42) 《禮書通故》〈禮節圖1 冠爲期〉 : "《特牲》……注云: '宗人旣得期, 西北面告賓、有司.' 明西北面爲告期之通例也. 張《圖》非."

43) 《儀禮正義》 卷1 : "兄弟, 兼親族、姻戚言."

⑧ 告事畢

정현에 따르면 "宗人이 고하는 것이다.〔宗人告也.〕"

【按】 여기에서 宗人이 고한다는 것을 아는 이유는, 가공언에 따르면 앞의 筮日 때 종인이 고한다는 것에 근거한 것이다.[44]

44) 賈公彦疏 : "知宗人告者, 亦約上文筮日時宗人告事得知也."

二. 冠禮當日

5. 의복과 기물의 진열(陳器服)

夙興①, 設洗, 直(치)于東榮②, 南北以堂深③。水在洗東④。
陳服于房中西墉下⑤, 東領, 北上⑥。爵弁服⑦: 纁(훈)裳⑧, 純(치)衣⑨, 緇帶, 韎韐(매겹)⑩。皮弁服⑪: 素積⑫, 緇帶, 素韠(필)。玄端⑬: 玄裳、黃裳、雜裳可也⑭, 緇帶, 爵韠。
緇布冠缺(규)項⑮, 靑組纓屬(촉)于缺⑯; 緇纚(사), 廣終幅⑰, 長六尺; 皮弁笄、爵弁笄⑱; 緇組紘(굉)纁邊⑲; 同篋(협)⑳。
櫛(즐)實于簞(단)㉑。蒲筵二㉒。在南㉓。
側尊(준)一甒(무)醴, 在服北㉔。有篚(비)實勺、觶(치)、角柶㉕。脯、醢㉖。南上㉗。
爵弁、皮弁、緇布冠㉘, 各一匴(산)㉙, 執以待于西坫南㉚, 南面, 東上㉛; 賓升則東面㉜。

〈뜰 동쪽〉

일찍 일어나서 洗(손 씻는 도구)를 뜰에 설치하는데, 동쪽 추녀와 일직선 되는 곳에 남북으로 당의 깊이만큼 떨어진 곳에 설치한다. 물은 洗의 동쪽에 둔다.

〈방 안〉

의복을 방 안의 서쪽 벽 아래에 진열하는데, 옷의 깃이 동쪽으로 가도록 하고 북쪽을 상위로 하여(북쪽부터 남쪽으로 작변복-피변복-현단복) 진열한다.

작변복은 纁裳(분홍색 下裳), 純衣(緇色 상의), 緇帶(緇色 띠), 韎韐(적황색 폐슬)이다.

피변복은 素積(주름 잡은 흰색 下裳), (素衣), 緇帶, 素韠(흰색 폐슬)이다.

현단복은 玄裳(현색 下裳)·黃裳·雜裳(앞은 현색이고 뒤는 황색인 下裳)이 모두 가능하며, (純衣), 緇帶, 爵韠(약간 검은색을 띤 붉은색 폐슬)이다.

청색 명주 끈으로 만든 纓(관끈)을 붙인 치포관의 缺項(규항), 너비가 온폭(2척 2촌)이고 길이가 6척인 緇纚(치사. 상투에 묶는 치색 비단 끈), 피변에 사용할 비녀, 작변에 사용할 비녀, 작변과 피변에 사용하기 위해 가장자리를 분홍색으로 짠 緇色 紘(굉. 명주 끈) 2개, 이 6가지를 篋(협. 장방형 대나무 상자)에 함께 담는다.
빗(얼레빗과 참빗)은 簞(단. 둥근 대바구니)에 담는다.
蒲筵(부들자리) 2개를 준비한다.
篋·簞·筵 이 3가지를 服의 남쪽에 북쪽을 상위로 하여(북쪽부터 남쪽으로 篋-簞-筵) 진열한다.

醴酒 한 단지를 服의 북쪽에 단독으로 둔다.
篚(비. 대바구니)에 勺(술 국자), 觶(치. 술잔), 角柶(뿔 숟가락)를 담아둔다.
포를 담은 籩과 젓갈을 담은 豆를 진열한다.
이 3가지를 服의 북쪽에 남쪽을 상위로 하여(남쪽부터 북쪽으로 甒-篚-籩豆) 진열한다.

〈당 아래 西坫 남쪽〉
有司들이 작변·피변·치포관을 각각 하나의 匴(산. 대나무로 만든 관디판)에 넣어 이를 들고서 당 아래 西坫(당의 서쪽 모퉁이) 남쪽에서 기다리는데, 남향하고 동쪽을 상위로 하여 선다.(동쪽부터 서쪽으로 작변산-피변산-치포관산)
賓이 당에 올라가면 匴을 든 有司들이 동향한다.(북쪽부터 남쪽으로 작변산-피변산-치포관산)

① 夙興
'夙'은 '일찍'이라는 뜻이다. '興'은 '일어나다'라는 뜻이다.
② 設洗, 直于東榮
'洗'는 물을 담는 그릇으로, 모양은 지금의 세수 대야와 비슷하다. 손을 씻

을 때 아래로 떨어지는 물을 받는데 사용한다.[45] '直(치)'는 '해당하다'는 뜻이다. '榮'은 지붕의 추녀 양쪽 끝의 위로 치켜 올라간 부분이다. 또 '屋翼'이라고도 하는데, 새기 두 날개를 활짝 편 것과 같다는 말이다.

【按】 '洗'는 가공언의 소에 따르면 士는 鐵, 대부는 구리, 제후는 白銀, 천자는 황금으로 만든 것을 사용한다.[46] 다만 盥洗器라고 하여 '손을 씻는다'는 뜻의 '盥'과 상대적으로 사용할 경우에는 잔을 씻는다는 뜻이다. 술을 마실 때는 반드시 먼저 잔을 씻어야 하고 잔을 씻을 때는 반드시 먼저 손을 씻어야 하기 때문이다.[47]

③ 南北以堂深

이것은 앞 구를 이어받은 것으로, 洗를 뜰에 놓아두는 위치가 당의 남쪽으로 (당의 남북 간의 거리와 같은) 당의 깊이만큼 떨어진 곳임을 말한 것이다. 胡培翬에 따르면 "가령 당의 깊이가 3장이라면 洗 역시 당과의 거리가 3장이어서, 이것을 척도로 삼는다는 것이다.〔假令堂深三丈, 洗亦去堂三丈, 以此爲度.〕"

【按】 '堂深'은 가공언의 소에 따르면 堂廉(당 위의 남쪽 모서리 부분)에서부터 북쪽으로 房과 室의 벽에 이르기까지의 거리를 이른다.[48]

④ 水

손을 씻을 때 쓰기 위해 준비한 물을 가리킨다. 吳廷華에 따르면 "물을 담는 기물은 뢰를 사용한다.〔貯水以罍.〕"

【按】 洗는 일반적으로 물을 담는 罍(뢰), 물을 뜨는 구기인 枓(주), 손을 씻을 때 흘러내리는 물을 받는 洗가 세트로 설치되며, 경문에서 일부만 말한 것은 생략한 것이다.[49] 오른쪽 그림은 높이 7寸 8分의 西周 시기의 罍와,[50] 전체 높이 7寸 5分, 자루 길이 5寸 1分의 전국 시기의 枓이다.[51]

饕餮紋罍 (西周. 商周彝器通考)

但吏枓 (戰國末. 商周彝器通考)

⑤ 陳服于房中西墉下

'服'은 將冠者(곧 관례를 치를 사람)가 관을 쓴 뒤에 입을 의복, 즉 다음 경문에서 말하는 爵弁服·皮弁服·玄端服 이 3종의 의복을 가리킨다. '房'은 東房을 이른다. 이하에서 일반적으로 '房'이라고 한 것은 모두 東房을 이

45) 鄭玄注: "洗, 承盥洗者棄水器也."

46) 賈公彦疏 : "洗之所用, 士用鐵, 大夫用銅, 諸侯用白銀, 天子用黄金也."

47) 《禮記》〈少儀〉孔穎達疏 : "洗, 洗爵也, 盥, 洗手也. 言凡飮酒必洗爵, 洗爵必宜先洗手也."

48) 賈公彦疏 : "堂深, 謂從堂廉北至房室之壁, 堂下洗北去堂, 遠近深淺, 取於堂上深淺. 假令堂深三丈, 洗亦去堂三丈, 以此爲度."

49) 《儀禮》〈少牢饋食禮〉鄭玄注 : "枓, 㪺水器也. 凡設水用罍, 沃盥用枓, 禮在此也." 賈公彦疏 : "餘文不具, 省文之義也."

50) 《商周彝器通考》下篇 第2章 酒器 340쪽.

51) 《商周彝器通考》下篇 第3章 水器及雜器 359쪽.

른다. '墉'은 '벽'이다.

⑥ 北上

살펴보면 이 3종의 의복은 존비의 차이가 있다. 즉 작변복이 가장 높고, 그 다음은 피변복, 또 그 다음은 현단복인데, 높은 복을 북쪽에 두는 것이다.

⑦ 爵弁服

'爵弁'은 일종의 文冠으로, '爵'은 '雀'과 통한다. 이 弁의 색깔이 붉으면서도 약간 검은 것이 마치 참새 머리의 색과 같기 때문에 爵弁이라는 이름을 붙인 것이다. '爵弁服'은 작변에 짝지어 입는 의복이다. 즉 다음 경문에서 말하는 纁裳, 純衣(치의), 緇帶, 韎韐(매겹)이다.

【按】 정현의 주에 따르면 작변복은 士가 군주의 제사에 참여할 때 입는 복장이다.[52]

⑧ 纁

분홍색이다.

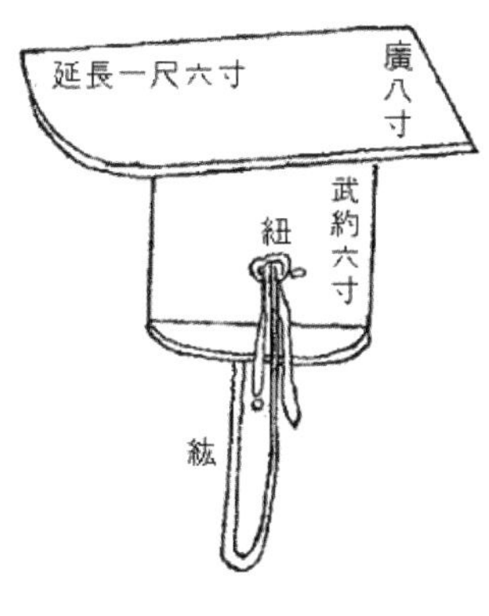

爵弁(儀禮圖)

【按】 보통 硃砂와 赤粟으로 염료를 만들어 붉은 색을 물들이는데, 한 번 들이면 縓(전), 두 번 들이면 赬(정), 세 번 들이면 纁(훈), 네 번 들이면 赤(적)이라고 한다. 纁을 더 이상 붉은색 염료에 넣지 않고 개흙[涅]으로 만든 검은색 염료에 넣으면 紺(감), 紺을 다시 검은색 염료에 넣으면 緅(추), 緅를 다시 검은색 염료에 넣으면 玄(현), 玄을 다시 검은색 염료에 넣으면 緇(치)가 된다. 따라서 紺은 붉은색이 많고 검은색이 적으며 爵頭色이라고 한다.[53]

⑨ 純衣

'純(치)'는 生絲로, '純衣'는 즉 絲衣(명주 옷)이다. 吳廷華에 따르면 이 純衣는 緇色이다.

【按】 爵弁服은 朝服·皮弁服·玄端服·深衣 등 布로 만드는 다른 옷들과 달리 冕服과 함께 生絲로 만든다. 옛날에는 緇(치)와 紂(치)는 발음이 같아 통용하였는데, 재료가 布일 경우에는 緇를, 帛일 경우에는 紂를 썼으나 후대로 오면서 紂는 純로 잘못 쓰이는 경우가 많게 되었다고 한다.[54] 따라서 純는 緇와 같은 '치'로 발음해야 하며, '純衣'는 '緇衣'와 같은 뜻으로 보아야 한다.[55]

⑩ 韎韐

적황색 폐슬이다. '韎'는 음이 '매'로, 본래 蒨草(천초, 꼭두서니)를 가리킨다.

52) 鄭玄注："此與君祭之服."

53) 《爾雅注疏》〈釋器〉："一染謂之縓，再染謂之赬，三染謂之纁."
《周禮注疏》〈冬官考工記 鍾氏〉："染羽，以朱湛丹秫，三月而熾之. 三入爲纁，五入爲緅，七入爲緇." 鄭玄注："丹秫，赤粟."
《周官集注》卷11 注："朱，硃砂也."
《十三經義疑》卷8〈論語 紺緅〉："蓋以纁入赤則爲朱，以纁入黑則爲紺，以紺入黑則爲緅. 緅是三入赤、再入黑，黑少赤多，如爵頭然."
《名義考》卷11〈物部 玄纁〉："《淮南子》曰：'纁不入赤而入黑汁則爲紺，更入黑則爲緅，朱與紺皆四入也.'《周禮·染人》：'六入爲玄，以緅更入黑汁也. 更以此玄入黑汁，則名七入爲緇矣. 緇與玄相似，故禮家每以緇布衣爲玄端也. 更取《周禮·染人》及鄭氏、《淮南子》諸說始備. 赤汁以朱湛丹秫，丹秫，赤粟也；黑汁以涅，涅，黑土，在水中者也. 由朱以前則皆赤汁，由紺以後則皆黑汁. 緅，禮俗文作爵，言如爵頭色，赤多黑少也."

54) 《儀禮注疏》〈士冠禮〉鄭玄注："純衣，絲衣也. 餘衣皆用布，唯冕與爵弁服用絲耳."
賈公彦疏："古緇紂二字竝行. 若據布爲色者則爲緇字，若據帛爲色者則爲紂字. 但緇布之緇，多在本字不誤，紂帛之紂則多誤爲純. 云'餘衣皆用布'者，此據朝服、皮弁服、玄端服及深衣、長衣之等，皆以布爲之."

55) 《周禮注疏》〈地官司徒 媒氏〉鄭玄注："純，實緇字也. 古緇以才爲聲. 納幣用緇，婦人陰也. 凡于娶禮，必用其類. 純，側其反，依字從絲才."

여기에서는 꼭두서니로 물을 들인 적황색을 가리킨다. 정현의 주에 이르기를 "士는 꼭두서니로 물을 들이기 때문에 이것으로 폐슬의 이름을 삼은 것이다. 지금 齊 지역의 사람들은 '천'을 '매'라고 한다.〔士染以茅蒐, 因以名焉. 今齊人名蒨爲韎.〕"라고 하였다. 茅蒐(모수)는 즉 蒨草로, 염료를 만들어 베를 적황색으로 염색할 수 있는 것이다. '韐'은 음이 '겹'이다. 역시 일종의 폐슬로, 형태는 韠(필)과 비슷하다. 정현의 주에 이르기를 "겹과 불의 제도는 필과 비슷하다.〔韐韍之制似韠.〕"라고 하였다.

【按】 정현의 주에 "매겹은 온불이다.[韎韐, 緼韍也.]"라고 하였다. 가공언의 소에 따르면 祭服에 사용하는 폐슬은 '韍', 다른 옷에 사용하는 폐슬은 '韠'이라고 하는데, 장식이 있으면 '불', 장식이 없으면 '필'이라고 할 뿐 형태는 비슷하다.[56]

⑪ 皮弁服

'皮弁'은 일종의 武冠으로 흰색 사슴 가죽으로 만든다. 그 형태는 대략 지금의 瓜皮帽와 비슷하다. '皮弁服'은 피변에 짝지어 입는 의복이다. 즉 다음 경문에서 말하는 素積·緇帶·素韠이다.

【按】 정현의 주에 따르면 피변복은 士가 군주의 視朔禮(매달 초하루에 정사를 듣는 예)에 참여할 때 입는 복장이다.[57]

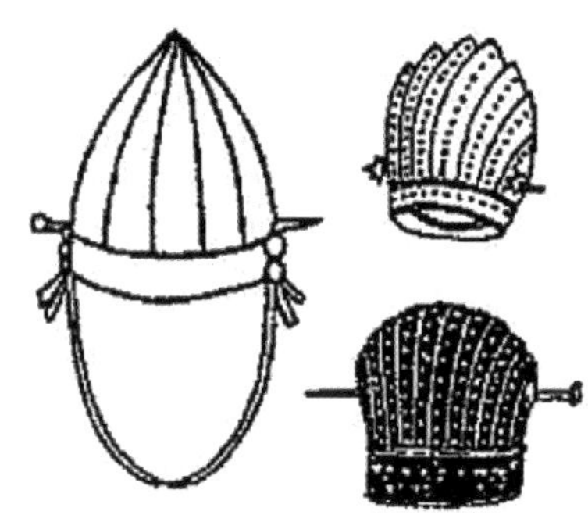

皮弁 (中國工藝美術大辭典)

⑫ 素積

'積'은 즉 襞積(벽적. 주름)으로, 치마의 허리에 잡은 주름을 가리킨다. '素積'은 흰색이면서 허리에 주름이 있는 치마이다. 朱熹는 "소적은 흰색 베로 치마를 만든 것이다.〔素積, 白布爲裙.〕"라고 하였다. 살펴보면 피변복은 단지 下裳(즉 素積)만을 언급하였을 뿐 上衣는 말하지 않았는데, 胡培翬에 따르면 "피변복에서 상의를 말하지 않은 것은 상의와 관은 같은 색이기 때문에 생략한 것이다.〔皮弁服不言衣者, 衣與冠同色, 略之也.〕" 이 설에 따르면 피변복의 上衣 역시 素衣가 되어야 한다는 것을 알 수 있다.

⑬ 玄端

緇布冠에 짝지어 입는 의복이다. 정현의 주에 따르면 "현단은 즉 朝服의 上衣로, 그 下裳만을 바꿀 뿐이다.〔玄端, 卽朝服之衣, 易其裳耳.〕" 즉 현단

56) 賈公彦疏 : "上注已釋韠制, 其韍之制亦如之, 但有飾無飾爲異耳. 祭服謂之韍, 其他服謂之韠."

57) 鄭玄注 : "此與君視朔之服也."

복의 상의는 조복과 같이 모두 緇衣이고 단지 하상의 색만 다를 뿐이라는 것이다. 자세한 것은 다음 주⑭ 참조.

【按】 정현의 주에 따르면 현단복은 士가 날이 저물 즈음 조정에서 夕禮(저녁에 군주를 알현하는 예)를 행할 때에 입는 복장이다.[58]

⑭ 玄裳、黃裳、雜裳可也

이것은 현단복의 裳으로 이 3가지 색을 사용하는 것이 모두 가능하다는 것을 말한 것이다. 이른바 '雜裳'이라는 것은, 정현의 주에 따르면 "잡상은 앞쪽은 玄色이고 뒤쪽은 황색이다.〔雜裳者, 前玄後黃.〕"

【按】 정현의 주에 따르면 上士는 玄裳, 中士는 黃裳, 下士는 雜裳을 입는데, 잡상은 하늘은 검고 땅은 누른 것을 형상한 것이다.[59]

⑮ 缺項

살펴보면 이것이 도대체 어떤 것인지에 대해서는 예로부터 학자들 간에 설이 분분하며 아직까지 일치된 의견이 없다. 정현의 주[60]와 胡培翬의 설[61]에 따르면 규항은 치포관의 부속물로, 치포관을 쓴 뒤에 관을 고정시키는 역할을 한다. 치포관에는 관을 고정시키는 데 사용하는 비녀가 없을 뿐 아니라 관을 맬 纓(관끈)도 없기 때문에 규항을 이용하여 관을 고정시키는 것이다. 규항의 양 끝에는 각각 하나의 매듭이 있으며 이 매듭 가운데에 각각 하나의 작은 끈을 꿰놓았다가 규항을 사용할 때 규항을 머리에 두르고 규항의 뒤쪽 정중앙 부분에서 이 작은 끈을 단단히 맨다. 이렇게 하면 머리 위에 고정할 수 있게 된다. 규항의 양쪽에는 纓이 있어 턱 아래에서 맬 수 있다. 또한 규항의 네 모퉁이에는 4개의 綴이 있어서 치포관을 쓴 뒤에 이 4개의 철을 冠武 위에서 맨다. 이렇게 하면 관을 고정시키는 역할을 할 수 있다.

【按】 가공언은 치포관에도 비녀가 있다고 보았다. 〈사관례〉 9 주① 참조.

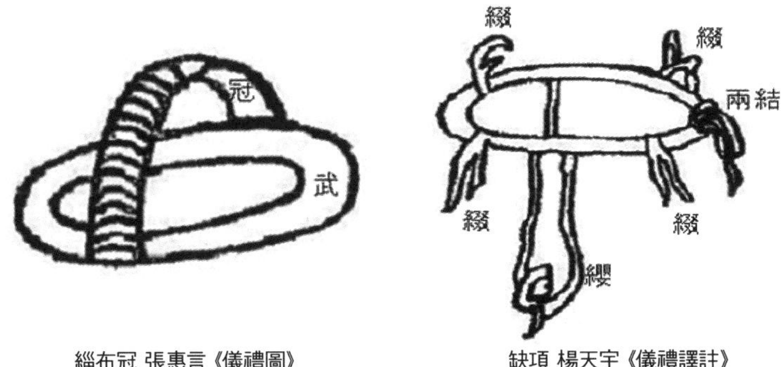

緇布冠 張惠言《儀禮圖》 缺項 楊天宇《儀禮譯註》

58) 鄭玄注 : "此莫夕於朝之服."

59) 鄭玄注 : "上士玄裳, 中士黃裳, 下士雜裳. 雜裳者, 前玄後黃.《易》曰: '夫玄黃者, 天地之雜色, 天玄而地黃.'"

60) 鄭玄注 : "緇布冠無笄者, 著頍, 圍髮際, 結項中, 隅爲四綴, 以固冠也. 項中有緪, 亦由固頍爲之耳. 今未冠笄者著卷幘頍, 象之所生也."

61)《儀禮正義》卷1 : "皮弁'爵弁有笄而緇布冠無笄, 故於冠武下別制頍圍髮際, 結於項中, 謂之缺項. 缺與頍同, 其上四隅綴於武以固冠也. 缺項唯緇布冠有之, 玄冠則不用, 而纓屬於武矣."

⑯ 青組纓屬于缺

'組'는 명주 끈이다. '青組纓'은 청색 명주 끈으로 만든 纓(관끈)이다. '屬(촉)'은 '연결하다'는 뜻이다. '缺(규)'는 缺項이다.

⑰ 緇纚, 廣終幅

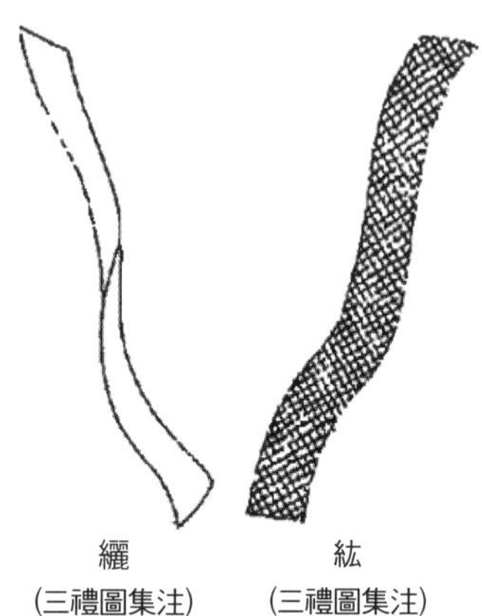
纚
(三禮圖集注)
紘
(三禮圖集注)

'纚'는 음이 '사'이다. '緇纚'는 관을 쓰기 전에 상투에 두를 때 쓰는 검은색 비단이다. '終'은 '채우다〔充〕'는 뜻이다. '終幅'은 纚의 너비가 비단의 폭과 같다는 말이다. 胡培翬에 따르면 "옛날 포백은 매 폭의 너비가 2척 2촌이었다.〔古布帛, 每幅闊二尺二寸.〕"

⑱ 笄

즉 비녀이다. 피변이나 작변을 쓴 뒤에 비녀를 가로로 꽂아서 상투를 통과하게 하는데, 이렇게 하면 관을 고정시키는 역할을 할 수 있다.

【按】 비녀는 용도에 따라 둘로 구분할 수 있다. 하나는 머리카락을 고정시키는 安髮之笄이고, 다른 하나는 爵弁·皮弁·六冕의 冠冕을 고정시키는 冠冕之笄이다. 머리를 고정시키는 비녀는 남자와 부인에게 모두 있지만, 관면을 고정시키는 비녀는 남자에게만 있고 부인에게는 없다.[62]

⑲ 緇組紘纁邊

'紘'은 弁을 매는 명주 끈이다. 그 한 쪽 끝은 비녀의 왼쪽 끝에 매고, 다른 한 쪽 끝은 아래로 늘어뜨려 턱 아래로 두른 뒤 다시 굽혀서 위로 향하여 비녀의 오른쪽 끝에 매고, 남은 부분은 늘어뜨려서 장식을 삼는다. '纁邊'은 분홍색의 가선이다.

【按】 '纁'은 붉은색 염료에 세 번 넣은 색이고 '邊'은 가장자리이다. 위 주⑧ 참조. '纁邊'은 중앙은 緇色, 가장자리는 纁色으로 짠 것을 이른다.[63]

⑳ 同篋

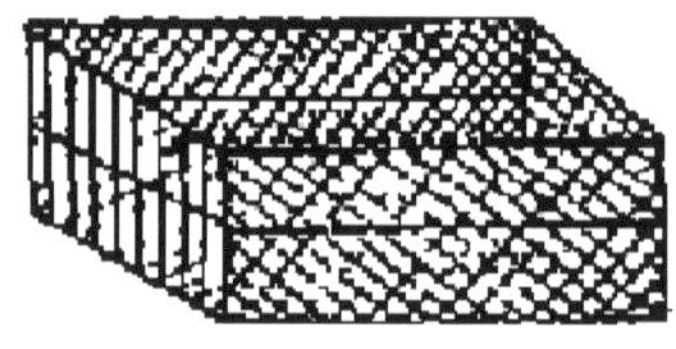
篋(三禮圖集注)

'篋'은 음이 '협'으로, 일종의 대나무 상자이다. 그 形制는 정현의 주에 따르면 "장방형이다.〔隨(橢)方〕" 胡培翬는 이에 대해 "장방형이고 정방형이 아니기 때문에 《經典釋文》에서 '좁고 긴 것이다.'라고 한 것이다.〔蓋長方而不正方,

62) 《儀禮》〈特牲饋食禮〉賈公彦疏 : "笄, 安髮之笄, 非冠冕之笄. 冠冕之笄, 男子有, 婦人無. 若安髮之笄, 男子'婦人俱有."
《儀禮》〈士昏禮〉賈公彦疏 : "笄亦有二等. 案《問喪》親始死, 笄纚, 據男子去冠仍有笄, 與婦人之笄竝是安髮之笄也. 爵弁、皮弁及六冕之笄, 皆是固冠冕之笄, 是其二也."

63) 賈公彦疏 : "纁是三入之赤色. 又云邊, 則于邊側赤也. 若然, 以緇爲中, 以纁爲邊側而織之也."

故《釋文》云狹而長也.〕"라고 해석하였다. '同篋'은 앞에서 말한 6가지 물건, 즉 청색 명주 끈으로 만든 纓을 붙인 치포관의 규항, 緇色 비단 끈〔緇纚〕, 피변에 사용하는 비녀, 작변에 사용하는 비녀, 분홍색 가선을 두른 치색 명주로 된 관끈〔紘〕 2개(피변과 작변에 각각 1개씩)를 모두 하나의 篋 안에 담는 것을 가리킨다.

㉑ 櫛實于簞

'櫛(즐)'은 梳(소. 얼레빗)와 篦(비. 참빗)의 통칭이다. '簞(단)'은 물건을 담는 둥근 모양의 대나무 그릇이다.

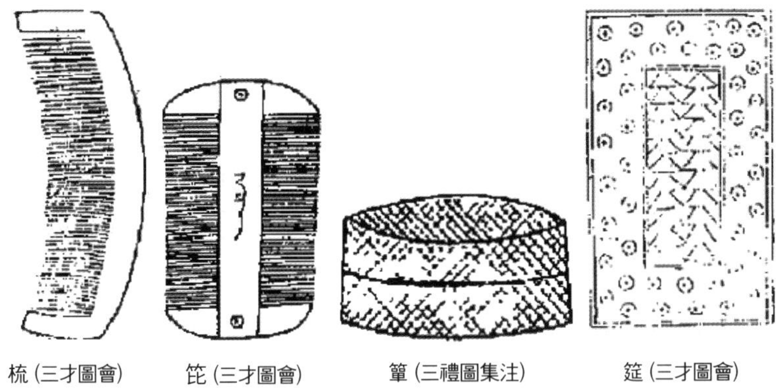

梳 (三才圖會)　　笓 (三才圖會)　　簞 (三禮圖集注)　　筵 (三才圖會)

㉒ 筵二

'筵'은 席(돗자리)이다.

【按】 이때 돗자리를 2개 준비하는 것은, 가공언의 소에 따르면 하나는 아들에게 冠을 씌워줄 때 사용하기 위한 것이고, 다른 하나는 아들에게 醴禮를 베풀 때 사용하기 위한 것이다. 경문에서 筵과 席을 상대적으로 말한 경우에는 밑에 까는 돗자리가 筵, 그 위에 덧까는 자리가 席이다. 그러나 독립적으로 말하면 혼용한다. 즉 席을 바닥에 깐다고 했을 때에는 筵을 의미한다.[64]

㉓ 在南

이것은 앞에서 기술한 篋·簞·筵을 차례대로 의복의 남쪽에 둔다는 말이다. 胡培翬는 程恂의 설을 인용하여 "앞 구절의 '篋이 의복의 남쪽에 있고, 그 다음에 簞, 그 다음에 筵이 있어 筵이 가장 남쪽에 있는 것'을 통틀어 가리킨 것이다.〔通指上篋在服南, 次簞, 次筵, 筵最南也.〕"라고 하였으며, 吳廷華는 "진열하는 것은 사용하는 선후를 차례로 삼아 먼저 사용하는 것을 남쪽에 두고 나중에 사용하는 것을 북쪽에 두는 것이다.〔所陳以所用先後爲次, 先南而後北也.〕"라고 하였다.

64) 賈公彦疏 : "筵二者, 一爲冠子, 卽下云'筵于東序少北'是也; 一爲醴子, 卽下云'筵于戶西南面'是也……鄭注《周禮·司几筵》云: '敷陳曰筵, 藉之曰席.' 然其散言之, 筵、席通矣. 前敷在地者, 皆言藉, 取相承之義, 是以諸席在地者, 多言筵也."

㉔ 側尊一甒醴, 在服北

'側'은 '단독'이라는 뜻이다. 정현의 주에 이르기를 "'側'은 '特'과 같다. 짝이 없는 것을 '측'이라고 한다.〔側, 猶特也. 無偶曰側.〕"라고 하였다. 胡培翬는 "술을 진설하는 것을 '尊'이라고 하는 것은 자리를 펴는 것을 '筵'이라고 하는 것과 같다. 모두 '진설하다'라는 명칭이며 술을 담는 기물을 말한 것이 아니다.〔置酒謂之尊, 猶布席謂之筵, 皆是陳設之名, 非謂酒器.〕"라고 하였다. '甒'는 음이 '무'로, 도자기로 만든 술을 담는 기물이다. '醴'는 빚어서 하룻밤만 묵히면 완성되는 일종의 단술이다.

【按】 여기에서 말하는 '側'은 정현의 주에 따르면 玄酒가 없는 것을 이른다.[65] 가공언에 따르면 '側'은 일반적인 禮의 통례에 두 가지 의미로 쓰인다. 하나는 '짝이 없고 단독이다'라는 의미로 쓰이는 경우이다. 바로 위와 같은 사례이다. 다른 하나는 '옆'이라는 의미로 쓰이는 경우이다. 예를 들면 〈聘禮〉에서 "옆으로 나란히 서서 궤를 받는다.〔側受几.〕"와 같은 경우이다.[66] '服北'은 정현의 주에 따르면 纁裳의 북쪽에 두는 것을 이른다.[67] 黃以周는 이를 근거로 爵弁服을 먼저 진열하되 纁裳을 가장 북쪽에 둔다고 한 胡培翬의 설을 오류로 보았다. 일반적으로 의복을 진열할 때 上衣와 下裳은 같은 곳에 차례대로 놓기 때문에 여기에서는 上衣의 깃을 동쪽으로 가도록 놓은 뒤 그 서쪽에 纁裳을 놓는다는 것이다. 뿐만 아니라 정현의 주와 같다면 上衣와 술 단지는 남북으로 일직선이 되도록 진열하지 않음을 알 수 있다는 것이다.[68]

㉕ 有篚實勺、觶、角柶

'篚'는 대나무로 만든 것으로, 물건을 담는 그릇이다. '勺'은 술을 뜰 때 사용하는 작은 국자이다. 《說文解字》에 이르기를 "勺은 떠서 취한다는 뜻이다.〔勺, 挹取也.〕"라고 하였다. '觶'는 음이 '치'이다. 고대의 술잔으로, 청동으로 만들었다. '柶'는 음이 '사'이다. 胡培翬에 따르면 "지금의 차 스푼과 같은 것이다.〔類今茶匙.〕" 여기의 柶는 뿔로 만들었기 때문에 角柶라는 이름을 붙인 것이다.

龍紋勺
(西周, 商周彝器通考)

【按】 '勺'은 爵과 같이 1升이 들어가며[69] 나무나 청동으로 만들었다. 夏나라는 머리에 용 장식이 들어간 龍勺을 사용하고, 殷나라는 그 머리 부분을 두루 조각한 疏勺을 사용하였으며, 周나라는 물오리 머리를 새기되 그 입을 약간 벌어지게 하여 부들처럼 만든 蒲

65) 鄭玄注 : "側者, 無玄酒."

66) 賈公彥疏 : "凡禮之通例, 稱側有二: 一者無偶特一爲側, 則此文側是也……一者《聘禮》云'側受几'者, 側是旁側之義也."

67) 鄭玄注 : "服北者, 纁裳北也."

68) 《禮書通故》〈禮節圖1 冠東房陳設〉 : "凡陳服, 衣與裳同次一處. 爵弁東領, 纁裳次而西也. 鄭注云'側尊在纁裳北', 明尊、篚、脯醢皆南上, 不與衣竝. 胡《正義》謂纁裳在爵弁服北, 更謬." 《儀禮正義》 卷1 : "此上陳三服, 先陳爵弁服而纁裳最在北, 故知在服北爲在纁裳北也."

69) 《周禮注疏》 卷41 〈冬官考工記下 梓人〉 : "梓人爲飮器. 勺一升, 爵一升, 觚三升."

勺을 사용하였다.[70] 위 龍紋勺은 높이 1寸 3分, 자루의 길이 7寸 8分의 용무늬가 새겨진 勺으로, 西周 시기의 출토문물이다.[71] 오른쪽 그림은 높이 약 6寸 4分의 1升이 들어가는 爵과, 높이 3寸 4分의 3升이 들어가는 觶로, 모두 西周 시기의 출토문물이다.[72]

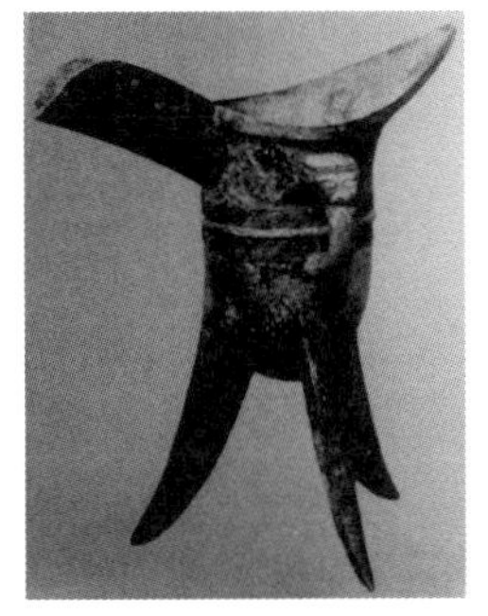

魯侯爵
(西周. 商周彝器通考)

㉖ 脯、醢

'脯'는 말린 고기이다. '醢'는 음이 '해'로, 고기나 물고기 등으로 만든 醬이다. 포와 해는 각각 籩과 豆에 담기 때문에 《의례》에서는 종종 籩豆를 가지고 脯醢를 대신 지칭한다.

齊史疑觶
(西周. 商周彝器通考)

㉗ 南上

앞에서 말한 尊(준. 즉 甒), 篚, 籩豆(脯醢)를 모두 의복의 북쪽에 놓되, 그 존비의 차이에 따라 남쪽에서부터 북쪽으로 차례대로 진열하여 높은 것을 남쪽에 놓는 것을 말한다. 정현의 주에 따르면 "'南上'은 篚를 尊 다음에 두고 籩豆를 篚 다음에 두는 것이다.[南上者, 篚次尊, 籩豆次篚.]" 이상을 종합하면 동방의 서쪽 벽 아래에 진열하는 물품의 위치는, 세 벌의 의복을 한 가운데에 놓고, 의복의 남쪽에는 북쪽에서부터 남쪽으로 匴-簞-筵을 차례대로 놓으며, 의복의 북쪽에는 남쪽에서부터 북쪽으로 尊-篚-籩豆를 차례대로 놓는다.

【按】 黃以周의 〈東房陳設〉 圖에서는 張惠言의 〈陳服〉 圖에서 匴·簞·筵의 방향을 동향하도록 한 것을 오류로 보았다. 그 근거로 경문에서 "의복을 옷깃이 동쪽으로 가도록 진열하는데, 북쪽을 상위로 하여 진열한다.[陳服, 東領, 北上.]"라고 하였으면 의복은 바로 서향한다는 것이며, 그 다음 경문에서 "匴·簞·筵은 그 남쪽에 둔다.[匴、簞、筵在南.]"라고 하였으면 이것들 역시 의복에 통령되어 같은 서향이라는 것을 알 수 있다는 것이다.[73] 장혜언과 楊天宇는 脯와 醢를 篚의 북쪽에 포가 서쪽, 해가 동쪽으로 가도록 같은 열에 두었으나, 황이주의 그림처럼 그 존비에 따라 포와 해 역시 남북으로 열을 달리하여 진열해야 할 것으로 보인다.

70) 《禮記正義》 卷31 〈明堂位〉: "其勺, 夏后氏以龍勺, 殷以疏勺, 周以蒲勺." 鄭玄注: "龍, 龍頭也. 疏, 通刻其頭. 蒲, 合蒲如鳧頭也." 孔穎達疏: "如蒲, 草本合而末微開也."

71) 《商周彝器通考》下篇 第2章 酒器 344쪽.

72) 《商周彝器通考》下篇 第2章 酒器 290、310쪽.

73) 《禮書通故》〈禮節圖1 冠東房陳設〉: "經云'陳服, 東領, 北上', 是服西向也. 又云'匴、簞、筵在南', 明統于服也. 張《圖》盛冠物之匴、簞與服異向, 誤."

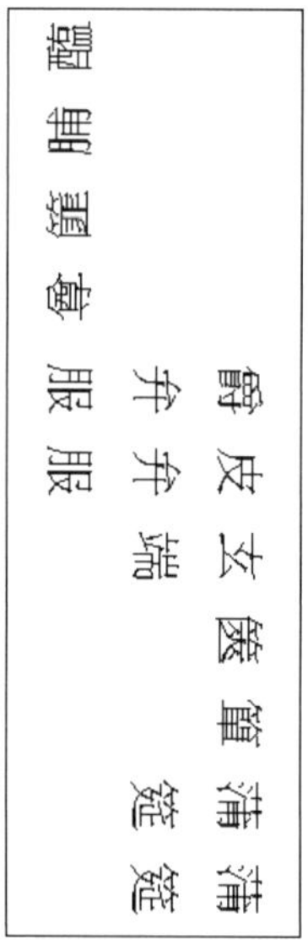

黃以周
〈東房陳設〉

張惠言
〈陳服〉

㉘ 緇布冠

이것은 관례를 행할 때 처음 쓰는 冠으로, 緇色 포로 만들었기 때문에 이런 이름을 붙인 것이다. 그 刑制는 玄冠과 비슷하나 纓이 없다.

㉙ 匴

음은 '산'이다. 대나무로 만든 것으로, 冠을 넣어두는 상자이다. 정현의 주에 따르면 "匴은 대나무 그릇 이름으로, 오늘날(후한)의 관을 담는 상자이다.〔匴, 竹器名, 今冠箱也.〕"

㉚ 執以待于西坫南

정현의 주에 따르면 "匴(산)을 들고 있는 사람은 有司이다.〔執之者, 有司也.〕" '坫'은 음이 '점'이다. 당 앞의 동서 양쪽의 모퉁이를 가리킨다. 정현의 주에 따르면 "坫은 당의 모퉁이에 있다.〔坫在堂角.〕" 가공언의 소에 따르면 "〈사관례〉 안에서 '坫'이라고 말한 것은 모두 당 위의 모퉁이에 근거하여 이름을 붙였기 때문에 '堂角'이라고 한 것이다.〔此篇之內言坫者, 皆據堂上角爲名, 故云堂角.〕" 吳廷華는 "坫은 당의 모퉁이에 있다. 그 남쪽은 당 아래 서쪽 계단의 서쪽이다.〔坫在堂角. 其南, 堂下階西也.〕"라고 하였다.

【按】 '坫'에 대해서는 두 가지 설이 있다. 하나는 가공언이 따른 것으로, 별도로 흙을 구워 만든 土臺라는 설이다. 다른 하나는 江永이 따른 것으로, 별도의 물건이 아니라 당 모퉁이의 흙을 가리킨다는 설이다. 강영에 따르면 빈 술잔을 되돌려 놓는 제후의 反坫이나 玉圭를 올려두는 천자의 崇坫은 별도의 물건으로 흙을 구워 만들기도 한다.[74]

74) 《儀禮釋宮增注》: "賈氏釋《士喪禮》曰: '堂隅有坫, 以土爲之.' 或謂堂隅爲坫也." 注: "坫以土爲之, 卽是堂隅之土, 非別爲一物也. 若人君有反坫以反爵, 天子有崇坫以亢圭, 則是別爲一 物, 或燒土爲之."

㉛ 東上

세 종류의 冠 중에 爵弁이 가장 높기 때문에 爵弁匴을 든 사람이 가장 동쪽의 上位에 서고, 서쪽으로 皮弁匴, 緇布冠匴을 든 사람이 차례대로 선다.

【按】 張惠言의 〈賓至設筵〉 圖에는 동쪽부터 서쪽으로 치포관산–피변산–작변산으로 되어 있고, 黃以周의 〈卽位〉 圖에는 동쪽부터 서쪽으로 작변산–피변산–치포관산 순으로 되어 있다. 황이주의 설과 같이 '東上'이라는 경문에 근거하면 황이주의 그림이 옳다.[75]

㉜ 賓升則東面

【按】 張惠言과 黃以周의 〈始加〉 圖에는 모두 북쪽부터 남쪽으로 緇布冠匴–皮弁匴–爵弁匴 순으로 되어 있다. 그러나 일반적인 예에 근거하면 '北上'이 되어 북쪽부터 남쪽으로 작변산–피변산–치포관산이 되어야 한다. 敖繼公·劉沅·蔡德晉등의 禮書에서도 '北上'이라고 말하고 있다.[76]

6. 자리에 나아감(卽位)

主人玄端, 爵韠(필), 立于阼階下①, 直(치)東序②, 西面。兄弟畢袗(진)玄③, 立于洗東, 西面, 北上。擯者玄端, 負東塾(숙)④。將冠者采衣, 紒(계)⑤, 在房中, 南面。

주인은 玄端服에 爵色(약간 검은색을 띤 붉은색) 폐슬을 착용하고 동쪽 계단 아래 東序와 일직선상에 서서 서향한다.
형제들은 모두 위아래를 검은색으로 착용하고(玄衣·玄裳·緇帶·緇韠) 洗의 동쪽에 서서 서향하는데 북쪽을 상위로 한다.
擯者(주인의 명을 전하는 사람)는 현단복을 입고 묘문 안의 東塾을 등지고서 북향하여 선다.
將冠者(관례를 치를 자)는 采衣(붉은색 비단으로 가선을 두른 緇色 옷)에 붉은색 비단으로 머리를 묶고 방 안에서 남향하여 선다.

① 阼階

즉 동쪽 계단으로, 주인이 오르고 내리는 계단이다.

75) 《禮書通故》〈禮節圖1 冠卽位〉 : "爵弁尊, 宜在東. 張圖與東上文違."

76) 《儀禮集說》 卷1 : "及東面則北上矣, 不言者, 可知也." 《儀禮恒解》 卷1 : "及東面則北上矣." 《禮經本義》 卷1 : "及賓已升堂, 行禮於阼, 則執匴者乃東向而立, 以北爲上."

【按】《예기》〈曲禮 上〉에 따르면 "동쪽 계단으로 올라갈 때에는 오른쪽 발을 먼저 내딛고, 서쪽 계단으로 올라갈 때에는 왼쪽 발을 먼저 내딛는다.[上於東階, 則先右足. 上於西階, 則先左足.]" 정현의 주에 따르면 이것은 서로에게 공경을 표하는 것이다.[77]

② 序

당 위의 동쪽과 서쪽에 각각 벽이 하나씩 있는데, 이것을 '序'라고 한다. 정현의 주에 따르면 "당의 동벽과 서벽을 '序'라고 한다.[堂東西牆謂之序.]"

③ 袗玄

'袗'은 음이 '진'으로 '똑같다'는 뜻이다. '袗玄'은 정현의 주에 따르면 衣·裳·帶·韠을 똑같이 玄色으로 한다는 말이다.[78] 살펴보면 帶와 韠은 사실은 緇色이지만 玄色과 비슷함으로 인해 현색과 치색을 또 검은색이라고 통칭할 수 있기 때문에 정현의 주에서 이를 겸하여 말한 것이다.

【按】緇色과 玄色은 〈사관례〉 5 주⑧ 참조.

④ 負

'등지다'는 뜻이다.

⑤ 采衣, 紒

'采衣'는 관례를 행하기 전에 입는 童子服이다.[79] 緇布로 만드는데 붉은색 비단으로 가선을 두르고, 아울러 붉은색 비단으로 紳帶를 만들기 때문에 '采(彩)衣'라고 부른다. '紒'는 음이 '계'이다. 머리를 묶어 상투를 트는 것이다. 정현의 주에 따르면 이때에도 붉은색 비단으로 머리를 묶는다.[80]

7. 賓을 맞이함(迎賓)

賓如主人服, 贊者玄端從之①, 立于外門之外②。擯者告。主人迎出門左, 西面再拜。賓答拜。主人揖贊者, 與賓揖③, 先入④。每曲揖⑤。至于廟(묘)門, 揖入。三揖至于階⑥, 三讓。主人升, 立于序端⑦, 西面⑧。賓西序⑨, 東面。贊者盥于洗西⑩, 升, 立于房中, 西面, 南上⑪。

賓(正賓)이 주인의 의복과 같이 玄端服에 爵色(약간 검은색을 띤 붉은색) 폐

77) 鄭玄注: "近於相鄕敬."

78) 鄭玄注: "玄者, 玄衣, 玄裳也. 緇帶、韠."

79) 鄭玄注: "采衣, 未冠者所服."

80) 鄭玄注: "《玉藻》曰: '童子之飾也, 緇布衣, 錦緣, 錦紳, 竝紐, 錦束髮, 皆朱錦也.' 紒, 結髮. 古文紒爲結."

슬을 착용하고, 빈의 贊者들(衆賓 포함)은 下裳만 다른 현단복을 입고 그 뒤를 따라서 外門(대문) 밖에 선다.
擯者(주인의 명을 전하는 사람)가 주인에게 빈이 도착하였다고 고한다.
주인이 빈을 맞이하여 외문을 나와 왼쪽(동쪽)에 서서 서향하고 재배한다. 빈이 답배한다.
주인이 먼저 빈의 찬자들에게 읍을 하고 다음에 빈과 읍을 한 뒤 외문을 앞장서 들어간다. 매번 꺾어질 때마다 읍을 한다.
廟門에 이르면 서로 읍을 하고 들어간다.
세 차례 읍을 하면서 가다가 계단 앞에 이르면 세 번 사양한다.
주인이 동쪽 계단으로 당에 올라 東序의 끝에 서서 서향한다. 빈은 서쪽 계단으로 당에 올라 西序의 끝에 서서 동향한다.
빈의 찬자(贊冠者 1인)가 뜰 동쪽에 놓인 南洗의 서쪽에서 손을 씻고 서쪽 계단으로 당에 올라가 방 안에 서향하고 서는데, 남쪽을 상위로 하여 빈의 찬자가 주인의 찬자 남쪽에 선다.

① 贊者玄端

【按】 '贊者'는 張惠言과 黃以周에 따르면 衆賓이 포함되며 贊冠者 한 사람만 가리키는 것은 아니다.[81] 이것은 제15절 경문 "冠者는 찬자를 알현하는데 서향하여 절한다.[見贊者, 西面拜.]"라는 구절과 제17절 경문 "찬자는 모두 음주례에 참여한다.[贊者皆與.]"라는 구절에 대한 정현의 주를 따른 것으로 보인다.[82] '贊者玄端'은 주인과 賓 역시 현단을 입지만 주인보다 신분이 낮은 찬자는 上衣와 冠은 동일한 현단이라 하더라도 下裳은 다르기 때문에 '현단'이라 하여 구별한 것이다. 즉 여기 관례에서는 형제와 빈과 찬자가 모두 현단을 입는다. 이것은 〈특생궤식례〉에서 주인·시동·祝·佐食만 현단을 입고, 제사를 돕는 나머지 사람들은 朝服을 입는 것과 다른 것으로, 존귀한 빈을 얻어 조상을 섬기고자 하는 효자의 마음을 헤아려 주기 위한 것이다.[83]

② 外門

즉 대문이다. 살펴보면 고대의 궁실 제도는 廟가 동쪽에 있고 寢이 서쪽에 있었으며, 묘와 침 밖에 대문이 있었다. 江永의《儀禮釋宮增注》에 이르기를 "궁실의 명칭과 제도는 경문에 모두 보이지는 않는다. 고찰할 수 있는 것은, 집은 반드시 남향하고 묘는 침의 동쪽에 있으며, 묘와 침은 모두 당과 문이 있다는 것이다.〔宮室之名制, 不盡見於經, 其可考者, 宮必南鄉, 廟

81)《儀禮圖》卷2〈士冠禮 迎賓〉: "贊者內有衆賓, 不止一贊冠者."

82) 鄭玄注: "贊者, 衆賓也."

83) 賈公彦疏: "贊者皆降主人一等, 其衣冠雖同, 其裳則異, 故不得如主人服, 故別玄端也. 若然, 此冠兄弟及賓贊皆得玄端.《特牲》主人與尸、祝、佐食玄端, 自餘皆朝服者, 彼助祭在廟, 緣孝子之心欲得尊嘉賓, 以事其祖禰, 故朝服與主異也."

在寢東, 皆有堂有門.〕"라고 하였으며, 또 이르기를 "침과 묘의 대문을 '외문'이라고도 한다.〔寢廟之大門, 一曰外門.〕"라고 하였다.

③ 主人揖贊者, 與賓揖

【按】 주소에 따르면 贊者는 주인보다 신분이 낮기 때문에 찬자에게는 읍만 한 것이며, 賓에게는 앞에서 이미 拜를 했는데 이때 주인이 먼저 들어가려고 하면서 또 읍을 한 것이다.[84]

④ 先入

주인이 먼저 대문을 들어가는 것은 빈을 인도하여 가기 위한 것이다. 淩廷堪의 《禮經釋例》 권1에 이르기를 "일반적으로 문을 들어갈 때 빈은 왼쪽(서쪽)으로 들어가고 주인은 오른쪽(동쪽)으로 들어가는데, 모두 주인이 먼저 들어간다.〔凡入門, 賓入自左(西), 主人入自右(東), 皆主人先入.〕"라고 하였다.

⑤ 每曲揖

'曲'은 꺾어지는 곳이다. 가다가 꺾어지는 곳에 이를 때마다 주인은 빈과 읍을 행한다. 살펴보면 廟門은 대문의 동쪽에 있으니, 대문을 들어온 뒤 동쪽으로 꺾어질 때 읍을 하고, 동쪽으로 오다가 묘문 앞쪽까지 오면 묘문을 들어가기 위해 곧 북쪽으로 꺾어지려 하기 때문에 또 읍을 한다. 그러므로 정현의 주에 이르기를 "외문을 들어와 동쪽으로 꺾어지려할 때 읍을 하고, 묘가 있는 곳에 이르러 북쪽으로 꺾어지려할 때 또 읍을 한다.〔入外門將東曲, 揖; 直廟將北曲, 又揖.〕"라고 한 것이다.

【按】 읍을 하는 곳이 張惠言의 〈迎賓〉·〈賓至設筵〉 圖와 黃以周의 〈迎賓〉·〈卽位〉 圖가 다르다. 장혜언의 그림에서는 주인과 빈이 외문을 들어가 북쪽으로 가다가 동쪽으로 꺾어지려 할 때 읍을 하고, 閤門 앞에서 각각 북쪽과 남쪽으로 꺾어지려 할 때 읍을 하고, 합문과 일직선이 되었을 때 읍을 하고 합문을 들어간다. 또 합문을 들어가 각각 남쪽과 북쪽으로 꺾어지려 할 때 읍을 하고, 각각 남쪽과 북쪽으로 가다가 동쪽으로 가려고 할 때 읍을 하고, 각각 동쪽으로 가다가 묘문과 일직선이 된 곳에 이르러 북쪽으로 꺾어지려 할 때 읍을 하고, 북쪽으로 가다가 묘문 앞에 이르렀을 때 읍을 하고 묘문 안으로 들어간다. 즉 외문을 들어가 묘문 안으로 들어가기 전까지 모두 7번 읍을 한다. 황이주의 그림에서는 주인과 빈이 외문을 들어가 북쪽으로 가다가 동쪽으로 꺾어지려 할 때 읍을 하고, 동쪽으로 계속 가서 합문을 들어가 묘문과 일직선이 된 곳에 이르러 북쪽으로 꺾어지려 할 때 읍을 하고, 북쪽으로 가다가 묘문 앞에 이르렀을 때 읍을 하고 묘문 안으로 들어간다. 즉 외문을 들어가 묘문 안으로 들어가기 전까지 모두 3번 읍을 한다. 황이주

84) 鄭玄注 : "贊者賤, 揖之而已. 又與賓揖, 先入道之." 賈公彦疏 : "謂贊者降于主人與賓一等爲賤也. 云'又與賓揖'者, 對前爲賓拜訖, 今又揖者, 爲主人將先入, 故又與賓揖, 乃入也."

의 〈영빈〉 圖 自注에 따르면 황이주는 〈사관례〉의 주소를 따라 그린 것이며,[85] 장혜언은 〈빙례〉 가공언의 소를 따라 그린 것이다.[86]

⑥ 三揖至于階

이것은 주인이 賓과 함께 廟門을 들어온 뒤 당으로 나아가는 중에 또 서로 세 차례 읍을 하면서 각각 동쪽 계단과 서쪽 계단 앞에 이르는 것을 말한다. 살펴보면 주인과 빈은 묘문을 들어가 뜰 앞에 이르면 읍을 한 뒤에 각각 왼쪽과 오른쪽으로 나뉘어 가는데, 이것이 첫 번째 읍이다. 왼쪽과 오른쪽으로 나뉘어 가다가 주인은 북쪽에 있는 당의 동쪽 계단과, 빈은 서쪽 계단과 일직선상에 해당하는 곳에 이르면 읍을 한 뒤에 각각 북향하여 가는데, 이것이 두 번째 읍이다. 북쪽으로 가다가 뜰의 3분의 2가 되는 지점, 곧 碑가 있는 곳에 이르면 또 읍을 한 뒤에 각각 동쪽 계단과 서쪽 계단 앞까지 가는데, 이것이 세 번째 읍이다. 정현의 주에 따르면 "주인은 묘문을 들어와 오른쪽으로 꺾어지려 할 때 읍을 하고, 북쪽으로 꺾어지려 할 때 읍을 하고, 碑가 있는 곳에까지 왔을 때 읍을 한다.〔入門將右曲, 揖; 將北曲, 揖; 當碑, 揖.〕" 여기 정현의 주에서는 단지 주인의 입장에서만 말하고 빈은 언급하지 않았는데, 글을 생략한 것이다.

⑦ 序端

江永의 《儀禮釋宮增注》에 이르기를 "序의 남쪽 끝을 '序端'이라고 한다.〔序之南頭曰序端.〕"라고 하였다. 살펴보면 여기에서는 東序의 남쪽 끝을 가리킨다.

⑧ 西面

【按】 가공언의 소에 따르면 이때 주인은 당에 올라온 뒤 빈에게 절을 하지 않는데, 아들의 관례는 빈을 위한 것이 아니기 때문이다.[87] 盛世佐에 따르면 일반적으로 빈이 燕飮 때문에 온 경우에는 주인이 당에 올라가 拜至禮(빈이 와준 것에 대해 절하는 예)를 행하지만 나머지 경우에는 하지 않는다.[88]

⑨ 賓西序

【按】 '序'는, 張惠言은 정현 주의 "서로 마주보고 선다.[立相鄕.]"라는 구절을 근거로 序端이라 하였고, 黃以周의 〈卽位〉 圖에는 경문에 '端'이라는 말이 없는 것을 근거로 西序의 중앙에 賓이 오도록 하였다. 敖繼公은, 빈은 西序를 등지고 서고, 주인은 아들인 將冠者를 피하여 東序의 끝 남쪽에 선다고 하였다.[89] 褚寅亮은, 빈은 西序의 끝에 온다고 보았다. 여기의 빈은 혼례의 빈이 아니기 때문에 주인의 북쪽에 올 수 없다는 점, 주인이 장관

85) 鄭玄注 : "入外門, 將東曲, 揖. 直廟, 將北曲, 又揖."
賈公彦疏 : "'入外門, 將東曲, 揖'者, 主人在南, 賓在北, 俱向東, 是一曲, 故一揖也. 至廟南, 主人在東, 北面, 賓在西, 北面, 是二曲, 爲二揖, 故云'直廟, 將北曲, 又揖'也. 通下'將入廟, 又揖', 三也."

86) 《儀禮》〈聘禮〉賈公彦疏 : "門中則相逼, 入門則相遠, 是以每門皆有曲, 有曲卽相揖, 故每曲揖也.

87) 賈公彦疏 : "主人升堂不拜至者, 冠子非爲賓客, 故異於《鄕飮酒》之等也."

88) 《儀禮集編》卷1 : "凡賓爲燕飮而至者, 主人有拜至之禮, 其餘否."

89) 《儀禮集說》卷1 : "主人立于序端, 北當序也. 賓在西序, 負序也. 主人不立于東序者, 辟子之坐, 且不參冠禮也."

자를 피하고자 한다면 오히려 북쪽으로 가서 東序를 등지고 서야 하겠지만 빈보다 위로 올라가 북쪽에 있을 수 없다는 점, 그리고 정현의 주를 근거로 빈은 西序의 끝에 선다고 보았다.[90] 盛世佐는, 序端에 東西를 말하지 않고 序에 端을 말하지 않은 것을 互文으로 보아 주인은 東序의 끝에, 빈은 西序의 끝에 선다고 하였다.[91] 胡培翬는 〈사관례〉 8의 "주인의 찬자가 장관자를 위해 東序 앞에 돗자리를 펴는데 조금 북쪽에 서향으로 편다." 라는 경문에 대한 정현의 주에 "조금 북쪽에 편다는 것은 주인을 피한 것이다.[少北, 闢主人.]"라고 말한 것을 근거로, 東序의 끝은 장관자를 피하는 자리가 아니며 따라서 오계공의 설을 틀린 것으로 보았다.[92] 이상의 설을 종합하면, 주인은 東序 끝에, 빈은 西序 끝에 위치해야 할 듯하다.

⑩ 贊者盥于洗西

'贊者'는 賓의 贊者를 가리킨다. 살펴보면 〈사관례〉는 제17절을 제외하고 '贊者'라고 말한 것은 모두 빈의 찬자를 말한다. 만일 주인의 찬자라면 반드시 '主人'이라는 두 글자를 덧붙인다. '盥'은 손을 씻는 것이다. 살펴보면 찬자는 본래 빈을 뒤따라가는데, 가다가 碑와 일직선상이 되는 곳에 이르면 동쪽으로 꺾어져 뜰을 가로질러 洗의 서쪽까지 간다. 그리고 동향하여 洗로 나아가서 손을 씻은 뒤에 원래의 길을 따라 되돌아가서 서쪽 계단으로 당에 오른다. 찬자가 손을 씻는 이유는, 敖繼公에 따르면 "관례를 중히 여기기 때문에 곧 일을 행하고자 하면서 스스로 청결하게 한 것이다.〔重冠禮, 故將執事而自潔淸也.〕"

【按】 張惠言에 따르면 이때 贊者 중에 贊冠者는 손을 씻고 당에 올라가 방 안에 서서 대기하고, 衆賓의 贊者는 서쪽 계단 서쪽에서 동향해야 한다. 제15절 경문 "冠者가 찬자를 알현하는데, 서향하여 답배한다.[見贊者, 西面拜.]"라는 구절을 보면 이곳에 있는 찬자는 방 안의 찬자가 아닌 중빈의 찬자라는 것을 알 수 있기 때문이다.[93] 다만 장혜언의 〈賓至設筵〉圖에는 빈의 찬자가 북향을 하고 손을 씻도록 되어 있는데, 황이주의 〈卽位〉圖에서는 '贊者盥于洗西'라는 구절을 근거로 장혜언의 이 그림을 오류로 보았다.

⑪ 南上

살펴보면 주인의 찬자가 이미 먼저 방안에서 서향하고 서 있으면, 빈의 찬자가 방에 들어온 뒤 주인의 찬자 남쪽에 서향하여 주인의 찬자와 나란히 서는데, 이것은 빈의 찬자가 있는 남쪽의 위치를 상위로 삼기 때문이다. 정현의 주에 이르기를 "'南上'은 빈의 찬자가 주인의 찬자보다 높은 것이다.〔南上, 尊於主人之贊者.〕"라고 하였다.

90) 《儀禮管見》 卷上1 : "賓葢在西序端也, 文省耳. 此非昏禮之賓, 安得在主人北? 敖氏亦欲破注相向之說而誤. 又謂'主人避冠子位, 故立序端', 如是則宜進負序矣, 何反立於此, 立於此者? 不敢躐賓而北也. 賓在序端, 益明."

91) 《儀禮集編》 卷1 : "序端不言東西, 序不言端, 文互見也."

92) 《儀禮正義》 卷1 : "敖氏云: '主人立於序端, 北當序也. 賓在西序, 負序也. 主人不立於東序者, 闢子之坐, 且不參冠禮也.' 褚氏云: '賓蓋在西序端也, 文省耳. 此非昏禮之賓, 安得在主人北?' 敖氏蓋欲破注 相鄕之說而誤. 盛氏云: '序端不言東西, 序不言端, 文互見也.' 今案盛氏'文互見'一語, 最明. 下經云'筵于東序, 少北', 注云'少北, 闢主人', 則序端之位, 安得云闢子乎? 敖說非."

93) 《儀禮圖》 卷2 〈士冠禮 賓至設筵〉 : "贊冠者升立于房中, 衆賓贊者當階西東面. 經云'見贊者(東) 〔西〕面拜', 卽此衆賓贊, 非房中之贊者."

【按】張惠言의 〈賓至設筵〉 圖에는 주인의 찬자가 빈의 찬자 남쪽에 오도록 되어 있는데, 위 정현의 주에 근거하면 이는 오류이다.

8. 첫 번째 관을 씌워줌(始加)

主人之贊者筵于東序①, 少北, 西面。將冠者出房, 南面。贊者奠纚(사)②、笄、櫛(즐)于筵南端。賓揖將冠者③, 將冠者卽筵坐。贊者坐, 櫛, 設纚。賓降④。主人降⑤。賓辭, 主人對⑥。賓盥卒, 壹揖, 壹讓, 升⑦。主人升, 復初位。賓筵前坐, 正纚, 興, 降西階一等。執冠者升一等⑧, 東面授賓⑨。賓右手執項⑩, 左手執前⑪, 進容⑫, 乃祝, 坐如初⑬, 乃冠。興, 復位。贊者卒⑭。冠者興。賓揖之, 適房, 服玄端、爵韠(필), 出房, 南面⑮。

주인의 贊者가 東序 앞에 돗자리를 펴는데 조금 북쪽에 서향으로 편다.
將冠者(관례를 치를 사람)가 방을 나와 房戶 서쪽에 남향하고 선다.
賓의 贊者가 纚(사. 상투에 묶는 치색 비단 끈)·비녀·빗(纓과 紘을 포함)을 돗자리의 남쪽 끝에 놓아둔다.
西序 남쪽 끝에서 동향하던 賓이 장관자에게 동북향하여 揖을 하면 장관자가 자리에 나아가 서향하고 앉는다.
빈의 찬자가 앉아서 장관자의 머리를 빗겨 주고 纚를 묶어준다.
빈이 손을 씻기 위하여 당을 내려간다.
주인이 당을 내려간다.
주인이 당을 내려오는 것에 대해 빈이 사양하면 주인이 대답한다.
빈이 뜰의 南洗에서 손을 다 씻고 나면 한 번 읍하고 한 번 사양을 한 뒤 주인보다 먼저 서쪽 계단으로 당에 오른다.
주인이 동쪽 계단으로 당에 올라가 東序 남쪽 끝의 서향하던 자리로 돌아간다.

빈이 장관자의 자리 앞에 나아가 앉아서 장관자의 纚를 바로잡아주고 일어나서 서쪽 계단을 한 계단 내려간다.
緇布冠匴을 든 有司가 서쪽 계단을 한 계단 올라와서 동향하고 빈에게 치포관을 건네준다. (빈은 남향하여 받는다.)
빈이 오른손으로는 치포관의 뒤쪽을 잡고 왼손으로는 치포관의 앞쪽을 잡고서 조용히 팔을 날개처럼 펴고 장관자에게 나아간다. 이어서 祝辭를 하고 纚를 바로잡아줄 때처럼 앉는다. 이어서 치포관을 씌워준다. 빈이 일어나서 西序 끝의 동향하던 자리로 돌아간다.
빈의 찬자가 치포관 씌워주는 것을 마무리한다.
冠者(치포관을 쓴 사람)가 일어난다.
빈이 관자에게 읍을 하면 관자가 방에 가서 采衣(붉은색 비단으로 가선을 두른 緇色 옷)를 벗고 玄端服에 爵色(약간 검은색을 띤 붉은색) 폐슬을 착용하고 방을 나와 남향한다.

① 筵

'자리를 펴다'는 뜻이다.

② 奠

'놓아두다'는 뜻이다.

③ 賓揖將冠者

이것은 將冠者에게 揖을 하여 자리에 나아가도록 청하는 것이다. 胡培翬가 말하기를 "이때 빈은 西序의 끝에 있고 장관자는 방 밖에 있으니, 빈은 아마도 동북향하여 읍을 함으로써 장관자에게 자리에 나아가도록 하는 듯하다.〔是時賓在西序端, 將冠者在房外, 蓋東北面揖之, 使就筵也.〕"라고 하였다.

④ 賓降

'降'은 당에서 내려가는 것이다. 이것은 빈이 손을 씻기 위하여 당에서 내려가는 것이다. 吳廷華에 따르면 "당에서 내려가 손을 씻는 것은 정결함을 지극히 하기 위한 것이다.〔降盥以致潔也.〕" 淩廷堪의 《禮經釋例》 권2에 이르기를 "일반적으로 예가 성대한 경우에는 반드시 먼저 손을 씻는다.〔凡禮盛者, 必先盥.〕"라고 하였다.

⑤ 主人降

吳廷華에 따르면 "주인은 빈이 주인 자신의 일로 당에서 내려가기 때문에 감히 자기 자리에서 편안히 있지 못하는 것이다.〔賓以己事降, 故不敢安其位也.〕"

⑥ 賓辭, 主人對

정현의 주에 이르기를 "사양하고 대답하는 말의 내용은 듣지 못하였다.〔辭對之辭未聞.〕"라고 하였다. 蔡德晉에 따르면 "賓辭는 주인은 손을 씻을 일이 없으니 굳이 내려올 필요가 없었다는 내용으로 사양하는 것이고, '主人對'는 賓을 번거롭게 하여 당을 내려가 손을 씻게 하였으니 감히 따라서 당을 내려오지 않을 수 없었다는 내용으로 대답하는 것이다.〔賓辭, 辭以主人無事, 不必降也; 主人對, 對以煩賓降盥, 不敢不從降也.〕"

⑦ 賓盥卒, 壹揖, 壹讓, 升

淩廷堪의 《禮經釋例》 권2에 이르기를 "일반적으로 술잔을 씻으려고 당을 내려갔을 때와 손을 씻으려고 당을 내려갔을 때에는 모두 한 번 읍하고 한 번 사양을 한 뒤에 당에 올라간다.〔凡降洗、降盥, 皆壹揖、壹讓升.〕"라고 하였다.

【按】 張惠言은 일반적으로 손을 씻을 때 신분이 높은 자는 남향하여 씻고 신분이 낮은 자는 북향하여 씻기 때문에 여기의 賓 역시 남향하여 씻는다고 보았다.[94] 그러나 黃以周는 장혜언의 설을 杜撰으로 보았다. 황이주에 따르면 일반적으로 손을 씻을 때 주인은 남향하여 씻고 이밖에 賓이나 시동은 모두 북향하여 씻는다.[95]

⑧ 執冠者升一等

'執冠者'는 여기에서는 緇布冠을 든 자를 가리킨다. '升一等'은 張惠言의 《儀禮圖》 권2 〈始加〉 圖 自注에 따르면 "일반적으로 계단은 가장 윗계단이 바로 堂廉(당의 가장자리)이다. 士의 계단은 세 계단으로 되어 있으니, 당 아래에는 단지 두 계단뿐이다.……이 때문에 빈이 한 계단을 내려오고 치포관을 든 자가 한 계단을 오르는 것에 대해 정현의 주에서 '계단을 사이에 두고 준다.'라고 한 것이니, '中'은 '사이를 두다'는 뜻으로 계단을 함께 나란히 서지 않는다는 말이다.〔凡階, 上等卽堂廉(堂的側邊). 士階三等, 堂之下止二等.……所以賓降一等, 執冠者升一等, 注云'中等相授'者, 中, 隔也, 謂不竝等也.〕"

94) 《儀禮圖》 卷2 〈始加〉自注 : "凡盥, 尊者南面, 卑者北面. 此賓尊, 當南面. 《鄉飮》主人尊, 賓北面盥."

95) 《禮書通故》 卷48 〈禮節圖1 冠 始加〉: "凡盥, 主人南面, 其餘賓、尸皆北面, 不獨《鄉飮》、《鄉射》爲然也. 張氏云'尊者南面, 卑者北面. 《鄉飮》主人尊, 此賓尊, 皆南面.' 杜撰."

⑨ 東面授賓

【按】 黃以周에 따르면 이때 緇布冠을 든 자는 동향하여 주고 賓은 남향하여 받는다. 이것을 捂(오)受法이라고 한다.[96] '捂受'는 물건을 바닥에 두지 않고 맞이하여 받는 것을 이른다.[97]

⑩ 執項

'項'은 관의 뒷부분이다.

⑪ 執前

'前'은 관의 앞부분이다.

⑫ 進容

【按】 주소에서는 《예기》〈曲禮〉의 "당 위에서는 종종걸음으로 달려가지 않는다.[堂上不趨]", "실 안에서는 팔을 날개처럼 펴지 않는다.[室中不翔]", "대부는 천천히 걸어 절도에 맞도록 하고, 사는 조용히 걸어 서두르지 않도록 한다.[大夫濟濟, 士蹌蹌.]"라는 구절을 근거로 '進容'은 조용히 팔을 날개처럼 펴고 가서 서두르지 않는 모습을 말한다고 보았다.[98] 양천우는 '容'을 동사로 보고 '옷매무새를 단정하게 하는 것을 이른다.'고 하였다. 그리고 胡培翬의 설을 인용하여 "특별히 자신의 매무새를 바로잡아 冠者에게 법을 취하도록 하기 위해서이다.[特正其容儀, 爲冠者取法也.]"라고 하였는데, 빈이 두 손으로 치포관을 든 상태에서 자신의 옷매무새를 바로잡기 어려울 듯하여 여기에서는 주소의 설을 따르기로 한다.

⑬ 如初

처음에 將冠者를 위하여 纚를 바로잡아줄 때와 같이 한다는 말이다.

⑭ 贊者卒

마지막에는 贊者가 冠者를 위하여 치포관을 마저 매줌으로써 관을 씌워주는 예를 완성한다는 의미이다.

【按】 정현의 주에 따르면 "卒은 缺項(규항)을 씌워주고 纓을 매주는 것을 이른다.[卒, 謂設缺項, 結纓也.]"

⑮ 服玄端、爵韠, 出房, 南面

【按】 가공언의 소에 따르면 이것은 아이의 옷을 벗고 成人의 옷인 현단복을 입었다는 것을 사람들에게 보여주기 위해서이다.[99]

96) 《禮書通故》 卷48 〈禮節圖1 冠 始加〉: "賓南面, 執者東面, 此捂受法."

97) 《儀禮》〈旣夕禮〉: "若無器, 則捂受之." 鄭玄注: "謂對相授, 不委地." 賈公彦疏: "捂, 卽逆也, 對面相逢受也."

98) 鄭玄注 : "進容者, 行翔而前, 鶬焉."
賈公彦疏 : "《曲禮》云'堂上不趨', '室中不翔', 則堂上固得翔矣. 又云'大夫濟濟, 士蹌蹌', 注云'皆行容止之貌'. 此進容是士, 故知進容謂行翔而前蹌焉."

99) 賈公彦疏 : "以其旣去緇布衣錦緣童子服, 著此玄端成人之服, 使衆觀知."

9. 두 번째 관을 씌워줌(再加)

賓揖之, 卽筵坐。櫛(즐), 設笄①。賓盥, 正纚(사)如初。降二等, 受皮弁, 右執項, 左執前, 進, 祝, 加之如初, 復位。贊者卒紘(굉)②。興。賓揖之, 適房, 服素積, 素韠(필), 容③, 出房, 南面。

賓이 읍을 하면 冠者(치포관을 쓴 사람)가 東序 앞의 돗자리에 나아가 앉는다.
빈의 贊者가 관자의 緇布冠을 벗긴 뒤 관자의 머리를 빗겨주고 비녀를 꽂아 머리를 고정시켜준다.
빈이 당을 내려가 손을 씻은 뒤에 다시 당에 올라가 처음 치포관을 씌워줄 때처럼 자리 앞에 앉아서 관자의 纚(상투에 묶는 검은색 비단 끈)를 바로잡아준다. 이어서 서쪽 계단을 두 계단 내려가 皮弁을 받는데, 오른손으로는 피변의 뒤쪽을 잡고 왼손으로는 피변의 앞쪽을 잡고서 관자에게 나아가 祝辭를 하고 처음 치포관을 씌워줄 때처럼 피변을 씌워준 뒤 西序 끝의 동향하던 자리로 돌아간다.
빈의 찬자가 피변의 紘(관끈)을 마저 매준다.
冠者(皮弁을 쓴 사람)가 일어난다.
빈이 읍을 하면 관자가 방에 들어가서 흰색 주름치마에 흰색 폐슬을 착용하고 옷매무새를 바로잡은 뒤 방을 나와 남향하고 선다.

① 設笄

가공언의 소에 따르면 비녀는 두 가지가 있다. 하나는 상투 안에 꿰어서 머리를 고정시키는 비녀이고, 다른 하나는 관을 고정시키는 비녀이다. 지금은 아직 피변을 씌우지 않았는데 '設笄'라고 하였으니, 여기에서 끼워준 것은 마땅히 머리를 고정시키는 비녀가 되어야 한다.[100]

【按】 가공언은 緇布冠을 씌워줄 때는 비녀를 끼워준다고 하지 않고 纚를 두른다고 하고, 皮弁을 씌워줄 때는 비녀를 끼워준다고 하고 纚를 두른다고 하지 않은 것은, 互文으로 그 뜻을 보여준 것이라고 보았다. 즉 치포관에도 머리를 고정시켜주는 비녀가 있으며 피변에

100) 賈公彦疏 : "凡諸設笄有二種: 一是紒內安髮之笄, 一是皮弁、爵弁及六冕固冠之笄. 今此櫛訖, 未加冠卽言設笄者, 宜是紒內安髮之笄也."

도 纚가 있다는 것이다.[101] 그러나 이는 정현의 설과는 다른 것이다. 〈사관례〉 5 주⑮ 참조.

② 卒紘

정현의 주에 따르면 "매주는 것이다.〔謂繫屬之.〕"

【按】 紘을 매는 방법은 〈사관례〉 5 주⑲ 참조.

③ 容

【按】 첫 번째 冠을 쓴 뒤에는 '容'을 언급하지 않고 이때 容을 언급한 것은, 주소에 따르면 두 번째 관을 씀으로써 더욱 성인에 가까워졌기 때문에 그 의식이 더욱 성대하다는 것을 보여주기 위한 것이다. 첫 번째 관을 쓴 뒤에 정현의 주에서 '觀衆以容體'라고 한 것에 근거하면 사실은 첫 번째 관을 쓴 뒤에도 容을 한 것이다.[102]

10. 세 번째 관을 씌워줌(三加)

賓降三等①, 受爵弁加之②。服纁(훈)裳、韎韐(매겹)③。其他如加皮弁之儀。
徹皮弁、冠、櫛(즐)、筵④, 入于房。

賓이 세 계단을 내려가 뜰에서 爵弁을 받아 당에 올라가 冠者(皮弁을 쓴 사람)에게 씌워준다.
관자(爵弁을 쓴 사람)가 방에 들어가 검은색 상의에 분홍색 하상을 입고 적황색 폐슬을 착용한다.
나머지는 皮弁을 씌워줄 때의 의절과 같이 한다.

빈의 찬자와 주인의 찬자가 피변·치포관·빗·돗자리를 거두어서 방으로 들어간다.

① 降三等

살펴보면 士의 계단은 세 계단이니, 세 계단을 내려갔으면 곧 뜰까지 내려간 것이다.

【按】 高愈에 따르면 그 옷이 더욱 높아졌으니 그 공경을 더욱 지극히 한 것이다.[103]

101) 賈公彦疏 : "緇布冠不言設笄, 而言設纚, 皮弁冠言設笄, 不言設纚, 互見爲義, 明皆有也."

102) 鄭玄注 : "容者, 再加彌成, 其儀益繁."
賈公彦疏 : "此對上加緇布冠時, 直言出房南面, 不言容, 此則言容, 以再加彌成, 其儀益繁, 故言容, 其實彼出亦是容, 故鄭注云'觀衆以容體'也."

103) 《儀禮正義》 卷1 : "高氏愈謂其服彌尊, 其敬彌至, 是也."

② 受爵弁加之

【按】 관례 때 冠을 세 차례 씌워주는 의미에 대해 《新譯儀禮讀本》에서는 다음과 같이 말하고 있다. 始加에 緇布冠을 씌워주는 것은 古禮를 보존하기 위한 것이다. 태고 시대에는 비단이 없고 麻布만 있었기 때문에 재계하거나 제사를 지낼 때에 평소에 사용하는 이 마포를 검은색으로 염색하고 치포관이라고 불렀다. 그러나 周나라 때에 와서는 검은색 비단으로 만든 玄冠(또는 委貌)이 통용되었기 때문에 관례를 치른 뒤에는 고례를 보존하는 의미만 지닌 치포관을 버려두고 사용하지 않았다. 再加에 흰 사슴 가죽으로 만든 皮弁을 씌워주는 것은, 관례를 치르는 사람에게 무예를 익혀 사냥과 전쟁을 수행할 수 있도록 책임을 부여한 것으로, 옛 사람이 사냥과 전쟁 때 썼던 관을 형상한 것이다. 三加에 祭服에 사용하는 爵弁을 씌워주는 것은 國事와 家事의 중대한 일에 참여할 수 있음을 표시한 것이다.[104]

③ 服纁裳、韎韐

【按】 敖繼公에 따르면 여기에서 純衣(치의)를 말하지 않은 것은 생략한 것이다.[105]

④ 徹皮弁、冠、櫛、筵

정현의 주에 따르면 이것은 賓의 贊者와 주인의 찬자가 함께 거두는 것이다.[106]

【按】 敖繼公에 따르면 再加 때 치운 치포관과 三加 때 치운 皮弁은 篋(협)에 넣기 때문에 이때 치우는 것은 치포관과 피변이 든 협과 빗[櫛]이 든 簞(단)이며, 缺·纚·笄·紘은 치포관과 피변 상자에 함께 넣어 거둔다. 빈의 찬자는 협과 단을 치우고, 주인의 찬자는 돗자리[筵]를 거둔다.[107]

11. 冠者에게 醴酒를 써서 醮禮를 베풂(醴冠者)

> 筵于戶西①, 南面。贊者洗于房中②, 側酌醴③, 加柶(사), 覆之④, 面葉⑤。賓揖, 冠者就筵, 筵西, 南面。賓受醴于戶東⑥, 加柶, 面枋(병)⑦, 筵前, 北面。冠者筵西拜受觶(치)⑧, 賓東面答拜⑨。薦脯醢⑩。冠者卽筵坐⑪, 左執觶, 右祭脯醢⑫, 以柶祭醴三⑬。興, 筵末坐⑭, 啐(쵀)醴⑮, 建柶⑯。興, 降筵坐⑰, 奠觶拜⑱。執觶興。賓答拜。

104) 《新譯儀禮讀本》 29쪽.

105) 《儀禮集說》 卷1 : "不言純衣, 亦文省."

106) 鄭玄注 : "徹者, 贊冠者、主人之贊者爲之."

107) 《儀禮集說》 卷1 : "再加去冠, 三加去皮弁, 亦置于篋, 此所徹者, 篋與櫛之簞也. 不言缺、纚、笄、紘, 與冠、弁同處可知. 賓贊者徹篋、簞, 主人贊者徹筵."

주인의 贊者가 室戶의 서쪽(당의 정중앙)에 돗자리를 남향으로 편다.(돗자리 위에서는 동쪽이 상석이 된다.)
賓의 찬자(贊冠者)가 방 안의 北洗에서 술잔(觶)을 씻은 뒤에 단독으로 거르지 않은 진한 醴酒를 따르고 숟가락을 잔 위에 올려놓는데, 엎어서 올려놓고 숟가락의 넓은 부분이 앞쪽으로 가도록 한다.
빈이 揖을 하면 冠者(작변관을 쓴 사람)가 돗자리에 나아가 돗자리의 서쪽에서 남향한다.
빈이 室戶의 동쪽에서 빈의 찬자에게서 예주가 든 잔을 받아 잔 위에 올려놓은 숟가락의 손잡이가 앞으로 가도록 들고 관자의 돗자리 앞에 가서 북향한다.
관자가 돗자리 서쪽에서 남향하여 절하고 잔을 받는다.(拜受禮)
빈이 西序 끝의 동향하던 자리로 돌아가 동향하고 답배한다.(拜送禮)
빈의 찬자가 포와 젓갈을 올린다.
관자가 돗자리 위에 나아가 앉아서 왼손으로 잔을 잡고 오른손으로 포를 젓갈에 찍어 祭(고수레)한 뒤 숟가락으로 예주를 떠서 세 차례 祭한다. 일어나 돗자리의 서쪽 끝에 가서 앉아 예주를 맛보고 숟가락을 잔 안에 꽂아둔다. 일어나 돗자리에서 내려가 앉아서 잔을 내려놓은 뒤 남향하여 절하고 다시 잔을 잡고 일어난다.
빈이 西序 끝에서 동향하고 답배한다.

① 筵于戶西

정현의 주에 따르면 여기에서 돗자리를 펴는 사람은 주인의 贊者이며, '戶'는 室戶이다.[108] '戶西'는 실제로는 室의 戶와 牖(창문) 사이를 가리킨다. 즉 당의 정중앙이다. 吳廷華가 말하기를 "위치는 室의 호와 유 사이, 당의 중앙에 있다.[位在戶牖之間、堂之中.]"라고 하였다. 이하에서 일반적으로 '戶西'라고 한 것은 그 뜻이 모두 이와 같다.

【按】 戶西는 바로 客位이다.[109] 시동 외에는 오직 賓만이 자리할 수 있는 곳으로, 여기에서 醮禮를 행하는 것은 冠者를 成人으로서 존중한 것이다.[110]

② 洗于房中

방 안의 洗에 나아가 손을 씻은 뒤에 술잔을 씻어서 醴酒를 따르기 위한 준비를 하는 것을 이른다.[111] 살펴보면 방안에도 역시 洗를 설치한다. 그

108) 鄭玄注 : "筵, 主人之贊者. 戶西, 室戶西."

109) 《儀禮章句》 卷1 : "戶, 室戶, 位在戶牖之間, 堂之中, 所謂醮于客位也."

110) 《儀禮正義》 卷1 : "冠醴子, 筵於戶西, 與昏之禮賓, 筵於戶西者, 同以其成人尊之……褚氏云: 戶西, 廟中最尊之位, 自尸而外, 惟賓居之, 故下《記》云'醮於客位, 加有成也'."

111) 鄭玄注 : "洗, 盥而洗爵者."

위치는 〈士昏禮 記〉에 따르면 "북당에 있는데, 室의 동쪽 모퉁이와 일직선 되는 곳에 있다.〔在北堂, 直東隅.〕" 정현의 주에 이르기를 "北堂은 방의 중반 북쪽이다. 洗는 남북으로는 室의 동쪽 모퉁이와 일직선이 되도록 하고 동서로는 房戶와 室의 모퉁이 사이에 해당되는 곳에 둔다.〔北堂, 房中半以北. 洗, 南北直室東隅, 東西直房戶(指房門)與隅間.〕"라고 하였다.

【按】 여기의 '洗'는 방의 북쪽, 즉 北堂에 있는 北洗를 이른다.[112] 北堂은 房에 북쪽 벽이 없기 때문에 방의 중반 이북을 이렇게 이른 것이다.[113]

③ 側酌

'側'은 '단독'이라는 뜻이다. 〈사관례〉 5 주㉔ 참조.

【按】 주소에서는 '側酌'을 贊者가 혼자서 술을 올리고 포와 젓갈 역시 도와주는 사람 없이 찬자가 올리는 것으로 보았다. 즉 다음 경문에서 '薦脯醢'라고만 하고 다른 사람을 별도로 언급하지 않은 것은 바로 포와 젓갈을 올리는 사람이 찬자라는 것을 알 수 있다는 것이다.[114] 曹元弼 역시 '홀로 예주를 따른다'는 뜻으로 보고, 酌과 薦은 서로 따라가는 것이기 때문에 側酌이라고 말했으면 側薦을 알 수 있다고 하였다.[115] 그러나 이에 대해서는 설이 분분하다. 敖繼公은 일반적으로 醴酒를 따를 때에는 모두 단독으로 한다는 것을 특별히 여기에서 보여준 것이라고 하였다.[116] 盛世佐는 '側'을 '偏(치우치다)'의 뜻으로 보아, 찬자가 방의 서쪽에 있는 洗에서 觶(치)를 씻는다는 것을 밝힌 것이라고 하였다. 이렇게 본 이유에 대해, 성세좌는 〈사혼례〉 11의 醴婦禮 때에도 찬자가 스스로 술을 따르고 스스로 포와 젓갈을 올리지만 '側酌'이라고 말하지 않았을 뿐 아니라, 일반적으로 찬자가 술을 따를 때에 도와주는 사람이 있다는 말을 듣지 못하였으니 유독 여기에서만 '側'이라고 말했을 리가 없다는 것이다.[117] 胡培翬는 吳廷華의 설을 인용하여 〈사관례〉 5에서와 같이 玄酒 없이 단독으로 있는 醴酒를 따르는 것으로 보았다. 정현의 주와 같이 찬자가 혼자서 술을 따른다고 보는 것도 무방하지만 가공언처럼 다음 경문에 보이는 포와 젓갈까지 연관지어 포와 젓갈도 찬자가 올린다고 해석한 것은 천착이라고 하였다.[118]

④ 加柶, 覆之

숟가락을 뒤집어서 觶(치) 위에 엎어놓는 것이다. 胡培翬는 "사용하지 않을 때에는 觶 위에 엎어놓았다가 사용할 때 뒤집어놓는 듯하다.〔蓋未用時覆於觶上, 用時則仰也.〕"라고 하였다.

【按】 이때 숟가락을 사용하는 것은 거르지 않은 진한 醴酒를 사용하기 때문이다. 〈사관례〉 17 주① 참조.

112) 《儀禮》〈士昏禮〉鄭玄注 : "洗在北堂, 所謂北洗."

113) 《儀禮》〈士昏禮〉賈公彦疏 : "房與室相連謂之房, 無北壁, 故得北堂之名."

114) 鄭玄注 : "側酌者, 言無爲之薦者."
賈公彦疏 : "謂無人爲之薦脯、醢, 還是此贊者, 故下直言薦脯醢, 不言別有他人, 明還是贊者也."

115) 《禮經校釋》卷1 : "側酌者, 謂獨行酌醴之事. 酌與薦相須, 言側酌, 則側薦明矣. 故注中之曰'言無爲之薦者'."

116) 《儀禮集說》卷1 : "凡贊者酌醴, 皆側也, 特於此見之."

117) 《儀禮集編》卷2 : "側, 偏也. 房中側, 謂房中之西偏也. 蓋房中之洗直室東隅, 則其於房, 爲西側也明矣. 經言此者, 著贊者洗觶之處也……《昏禮》醴使者及醴婦, 皆贊者自酌, 還自薦脯醢, 而不云側酌, 則註義絀矣. 凡贊者之酌, 未聞有佐之者, 何獨於是而云側乎?"

118) 《儀禮正義》卷1 : "吳氏疑義云: 側, 卽上文側尊側字. 彼注以側爲特, 謂無玄酒也. 此經言側酌醴, 亦謂特酌醴而無玄酒, 其義甚明, 與脯醢何涉? 注以側酌爲贊者獨自酌之, 其說可通, 若謂並以明下文脯醢爲贊者獨自薦之則鑿矣. 今案吳說是也."

⑤ 面葉

'面'은 '앞'이라는 뜻이다. '葉'은 숟가락에서 醴酒를 뜰 수 있는 부분으로, 이 부분이 잎사귀처럼 넓고 크기 때문에 이런 이름을 붙인 것이다. 정현의 주에 이르기를 "葉은 숟가락 중 넓적한 부분이다.〔葉, 柶大端.〕"라고 하였다.

⑥ 賓受醴于戶東

'戶'는 室戶이다. 살펴보면 醴酒는 賓의 贊者가 東房에서 내주는 것이다. 이 때문에 빈이 예주를 받는 곳은 실제로는 室戶와 房戶 사이이다.

【按】 가공언과 敖繼公에 따르면 西序에 있던 賓이 스스로 房戶까지 와서 예주를 받는 것이다. 즉 찬자가 방에서 예주를 따라서 들고 나와 서향하여 빈에게 건네주면 빈은 室戶 동쪽에서 동향하여 받는다.[119]

⑦ 枋

'柄'과 같다.

⑧ 冠者筵西拜受觶

【按】 黃以周에 따르면 일반적으로 물건을 주고받을 때 남북으로 마주보는 것은 군신 간의 禮이다. 신분이 대등한 경우에는 나란히 같은 방향을 보고 서서 옆으로 건네주며, 그 다음은 捂受法을 쓴다. 여기에서 賓이 冠者의 돗자리 앞에서 술잔을 북향하여 주면 관자는 오수법을 써서 동남향 하여 받고 정면으로 빈을 향하지 않아야 한다.[120] 張惠言의 〈禮〉 圖에서 冠者가 남향하고 받도록 한 것을 황이주는 오류로 보았다. '오수법'은 〈사관례〉 8 주⑨ 참조.

⑨ 賓東面答拜

살펴보면 賓이 觶를 준 뒤에는 다시 西序의 남쪽 끝 동향하던 자리로 돌아가 서기 때문에 동향하여 답배하는 것이다. 이것은 冠者가 이미 成人이 되어서 그에게 성인의 예를 행한 것을 나타낸다. 정현의 주에 "빈이 西序의 자리로 돌아가서 답배하는 것이다. 동향하는 것은 성인이 자신과 예를 행하는 것을 밝힌 것으로, 주인에게 답하는 것과 달리한 것이다.〔賓還答拜於西序之位. 東面者, 明成人與爲禮, 異於答主人.〕"라고 하였다. 살펴보면 여기에서 빈이 자리로 돌아간 것을 말하지 않은 것은 글을 생략한 것이다.

【按】 가공언의 소에 따르면 빈이 주인에게 답배할 때 동향하고 답배한 것은 〈향음주례〉나 〈향사례〉에서 당의 서쪽 계단 위쪽에서 북향하고 답배한 것과 다르게 한 것이다.[121]

⑩ 薦脯醢

'薦'은 '올린다'는 뜻이다. 吳廷華는 "贊冠者는 관자의 돗자리 앞쪽에 올리

119) 賈公彦疏 : "賓自至房戶取醴, 酌醴者出, 向西以授也." 《儀禮集說》 卷1 : "贊者出房西面, 賓由西序往, 故受醴于室戶東, 與主人受醴之處異矣."

120) 《禮書通故》 卷48 〈禮節圖1 冠 禮〉自注 : "凡南北面授受爲君臣禮, 敵者竝受, 其次捂受. 此賓面枋筵前北面, 則冠者捂受, 不正向賓也."

121) 賈公彦疏 : "案《鄉飮酒》、《鄉射》, 賓於西階北面答主人拜, 今此以西序東面拜, 故云異於答主人."

는데, 포를 서쪽에 올린다.〔贊冠者進之筵前, 脯在西.〕"라고 하였다. 그렇다면 젓갈은 포의 동쪽에 있는 것이다.

【按】 포와 젓갈을 올리는 사람은 贊者이다. 위 주③ 안설 참조.

⑪ 冠者卽筵坐

살펴보면 冠者는 포와 젓갈을 받을 때에는 돗자리 위의 서쪽에 있다가 이 때에는 돗자리의 정중앙으로 나아가서 앉는데, 이것은 장차 祭(고수레)를 행하고자 하기 때문이다. 胡培翬에 따르면 "祭는 돗자리 중앙에 앉아서 한다.〔祭則坐於筵中.〕"

【按】 호배휘에 따르면 祭는 돗자리 중앙에서 앉아서 하고, 술을 맛보는 것은 돗자리 서쪽 끝에서 앉아서 하며, 절은 돗자리에서 내려와 돗자리의 서쪽에서 한다.[122]

⑫ 祭脯醢

즉 포와 젓갈로 先人에게 祭(고수레)하는 것이다. 이것은 음식을 먹기 전에 하는 제사로, 근본을 잊지 않음을 보이는 것이다. 〈사혼례〉 정현의 주에 따르면 "일반적으로 祭는 脯籩과 醢豆 사이에 한다. 반드시 제를 하는 것은 겸손하고 공경한 것이니, 이 음식을 먼저 만든 사람이 있음을 나타낸 것이다.〔凡祭於脯醢之豆間. 必所爲祭者, 謙敬, 示有所先也.〕"라고 하였다. 가공언의 소에 이르기를 "籩과 豆 사이에 祭하는 것이다. 여기 정현의 주에서 변을 말하지 않고 두만 말한 것은 글을 생략한 것이다.〔在籩豆之間. 此注不言籩, 直言豆者, 省文.〕"라고 하였고, 또 이르기를 "여기에서 '이 음식을 먼저 만든 사람이 있음을 겸손하고 공경히 나타낸 것이다.'라고 한 것은, '先'은 즉 근본이니, 先世에 이 음식을 만든 사람을 이른다.〔此云謙敬示有所先, 先卽本, 謂先世造此食者也.〕"라고 하였다. 李如圭는 "祭는 음식을 약간 취하여 선세에 이 음식을 만든 사람에게 祭함으로써 근본을 잊지 않음을 이른다.〔祭, 謂取少許祭先世造此食者, 不忘本也.〕"라고 하였고, 吳廷華는 "포와 젓갈을 祭하는 것은, 포를 젓갈에 찍어 籩豆 사이에 두는 것이다.〔祭脯醢者, 以脯擩醢而置之豆間.〕"라고 하였다. 이상의 여러 설에 근거하면 이른바 '포와 젓갈을 祭한다'는 것은 아마도 포를 조금 취하여 젓갈에 찍어 脯籩과 醢豆 사이에 놓아둠으로써 이 음식을 만든 先人에 대한 제사를 나타내는 듯하다. 살펴보면 이것은 바로 《周禮》〈春官 大祝〉에 실린 九祭 중 擩(유)祭이다. '擩'는 '적신다'는 뜻이니, 즉 한 번 찍는다는 뜻이다.

【按】 《周禮》에 따르면 祭(고수레)에는 命祭·衍祭·炮祭·周祭·振祭·擩祭·絕祭·繚祭·共

122) 《儀禮正義》 卷1 : "祭則坐於筵中, 啐則坐於筵末, 拜則降筵也, 降筵則在筵西矣."

祭의 九祭가 있다.[123] 淩廷堪의 《禮經釋例》 권5 〈周官九祭解〉에 따르면 첫 번째 '命祭'는 隳祭, 즉 挼祭를 이른다. 시동이 밥을 먹기 전에 하는 祭로, 가장 重한 祭이다. 두 번째 '衍祭'는 술을 祭하는 것으로, 衍은 酳과 같다. 세 번째 '炮祭'는 籩豆 사이에 祭하는 것이다. 炮는 정현에 따르면 包의 오류로, 겸한다는 뜻이다. 즉 앞에서 祭했던 곳에 함께 祭하는 兼祭를 말한다. 네 번째 '周祭'는 두루 祭하는 것을 이른다. 다섯 번째 '振祭'와 여섯 번째 '擩祭'는 모두 薦俎를 祭하는 것을 이른다. 먹지 않을 경우에는 擩祭를 하고 앞으로 먹을 경우에는 擩祭를 한 뒤 반드시 振祭를 한다. 일곱 번째 '絶祭'와 여덟 번째 '繚祭'는 모두 肺를 祭하는 것을 이른다. 絶祭는 그 뿌리부터 따라가지 않고 곧바로 폐를 잘라서 祭하는 것으로 예가 소략한 경우에 하는 祭이며, 繚祭는 손으로 폐의 뿌리부터 따라서 가다가 폐의 끝에 오면 비로소 끊어서 祭하는 것으로 예가 성대한 경우에 하는 祭이다. 아홉 번째 '共祭'는 授祭를 이른다. 祭物이 멀 경우에는 授하고 가까울 경우에는 授하지 않는데, 대체로 脯·醢·羹·酒는 모두 자리 앞에 있기 때문에 이 음식들을 祭할 때에는 授祭가 없고, 黍稷과 牲體를 祭할 때에는 授祭가 있다.

⑬ 以柶祭醴三

'祭醴'는 즉 醴酒로 先人에게 祭(고수레)하는 것이다. 이것 역시 食前의 제사에 속한다. 〈士昏禮 記〉(〈사혼례〉 19)에 따르면 "예주를 祭할 때에는 처음 떠서 한 번 제하고, 다시 떠서 두 번 제한다.〔祭醴, 始扱壹祭, 又扱再祭.〕" 즉 숟가락으로 觶(치) 안에서 예주를 뜨는데, 처음 뜬 예주는 한 번 祭하고 다시 뜬 예주는 두 번에 나누어 제하여 모두 세 번 제하는 것이다. 아마도 예주를 바닥에 부어 祭하는 것임을 나타내는 듯하다.

【按】 이때 사용하는 예주는 거르지 않은 진한 예주이다. 〈사관례〉 17 주① 안설 참조.

⑭ 筵末

돗자리의 서쪽 끝이다. 吳廷華에 따르면 "돗자리가 남향하고 있으면 동쪽이 상위가 되니, 돗자리의 끝은 서쪽에 있는 것이다.〔席南向, 東上, 則末在西也.〕"

⑮ 啐醴

'啐'는 음이 '쵀'로, '맛본다'는 뜻이다. 胡培翬에 따르면 "일반적으로 예주는 잔을 다 비우지 않으며 맛을 보면 예가 이루어진다.〔凡醴不卒觶, 啐之而禮成.〕" 즉 한 번 맛을 봄으로써 예가 이루어졌음을 나타내는 것이다.

⑯ 建柶

'建'은 '꽂는다〔插〕'는 뜻이니, 觶(치) 안에 꽂아둔다는 말이다.

123) 《周禮》〈春官 大祝〉:"辨九祭: 一曰命祭, 二曰衍祭, 三曰炮祭, 四曰周祭, 五曰振祭, 六曰擩祭, 七曰絶祭, 八曰繚祭, 九曰共祭."

⑰ 降筵坐

冠者가 돗자리 서쪽으로 돗자리에서 내려가 바닥에 앉는 것이다.

⑱ 奠觶拜

이것은 禮가 이루어져 賓에게 拜謝하는 것이다. 살펴보면 손 안에 觶(치)가 있으면 절하기에 불편하기 때문에 치를 내려놓고 절하는 것이다. 胡培翬에 따르면 이때 冠者는 남향하고 절한다.

【按】 胡培翬에 따르면 정현이 "그 절은 처음과 같다.[其拜皆如初.]"라고 한 것은 冠者가 돗자리의 서쪽에서 남향하고 절하면 賓이 西序의 끝에서 동향하고 답배하여 앞에서 觶를 받을 때와 똑같기 때문에 '如初'라고 한 것이다.[124] 이때 절은 돗자리에서 내려와 바닥에서 한다. 위 주⑪ 참조.

12. 어머니를 알현함(見母)

> 冠者奠觶于薦東①, 降筵, 北面坐, 取脯②, 降自西階, 適東壁③, 北面見(현)于母④。母拜受。子拜送⑤。母又拜⑥。
>
> 冠者(爵弁을 쓴 사람)가 돗자리에 올라가 잔을 薦(포와 젓갈)의 동쪽에 놓고 돗자리에서 내려가 북향하고 앉아서 籩에 담긴 포를 취하여 들고 서쪽 계단으로 당을 내려가 寢의 동쪽 담장으로 가는데, 廟의 서쪽 闈門(작은 문)을 나가 북향하고 어머니를 알현한다.
> 어머니가 남향하여 절하고 포를 받는다.(拜受禮)
> 아들(관자)이 포를 올리고 북향하여 절한다.(拜送禮)
> 어머니가 또 절한다.(俠拜)

① 冠者奠觶于薦東

'薦'은 여기에서는 脯·醢를 가리킨다. 敖繼公에 따르면 "籩豆인데 '薦'이라고 한 것은 위 경문에서 '포·해를 올린다.'라고 하였으므로 그 일을 인하여 명칭하고 글을 생략한 것이다. 이하 모두 이와 같다.〔籩豆而云薦者, 上經云薦脯醢, 故因其事名之, 省文. 後皆倣此.〕" 淩廷堪의 《禮經釋例》 권5에 이

124) 《儀禮正義》 卷1 : "云'其拜皆如初'者, 謂冠者筵西南面拜, 賓西序端東面答拜, 與上受觶同, 故云如 初."

르기를 "일반적으로 포·해를 '천'이라고 한다.〔凡脯、醢謂之薦.〕"라고 하였다. 살펴보면 다음에 나오는 '돗자리에서 내려간다.'라는 경문에 근거하면 冠者가 먼저 돗자리에 올라 간 뒤에 잔을 내려놓아야 한다는 것을 알 수 있다. 여기에서 '돗자리에 올라간다.'라는 말이 없는 것은 글을 생략한 것이다.

【按】 정현의 주에 따르면 '薦東'은 薦左이다. 일반적으로 술잔을 내려놓을 때 앞으로 마실 것은 薦의 오른쪽에 내려놓고, 마시지 않을 것은 薦의 왼쪽에 내려놓는다.[125]

② 取脯

【按】 '脯'는 褚寅亮에 따르면 앞서 고수레했던 포가 아니라 籩에 담긴 포를 가리킨다. 일반적으로 이미 고수레한 음식은 다시 籩에 담지 않는다.[126]

③ 適東壁

'東壁'은 동쪽 담장이다. 동쪽 담장으로 간 목적은 동쪽 담장 북쪽에 있는 闈門을 나가 어머니를 뵙기 위해서이니, 冠者의 어머니가 위문 밖에서 기다리기 때문이다. 褚寅亮에 따르면, 아들이 관례를 치를 때 어머니는 할 일이 없으니 "묘 안에는 일이 없이 들어가지 못하기 때문에〔廟中未有無事而入者〕" 어머니가 위문 밖에서 기다리는 것이다.[127]

【按】 張惠言의 〈見母賓出見兄弟見贊者〉 圖에는 闈門이 廟의 동쪽 담장 북쪽에 있고, 黃以周의 〈禮〉 圖에는 위문이 寢의 동쪽 담장, 즉 묘의 서쪽 담장 북쪽에 있다. 이에 대해 황이주는, 일반적으로 묘는 침의 동쪽에 있기 때문에 어머니가 있는 침으로 가기 위해서는 묘의 서쪽 담장에 있는 위문을 나가야 하며, 이전의 그림들은 모두 오류라고 하였다.[128] 《欽定儀禮義疏》에서도 위문은 부인이 간편하게 출입하는 곳으로, 침의 위문이 동쪽 담장에 있으니 묘의 위문은 마땅히 서쪽 담장에 있어야 한다고 하였다.[129] 양천우는 장혜언과 마찬가지로 '東壁'을 묘의 동쪽 담장으로 보았으나, 여기에서는 황이주의 설을 따르기로 한다. 〈사관례〉 7 주② 참조.

④ 北面見于母

살펴보면 어머니는 이때 闈門 북쪽에서 남향하고 서 있으므로 아들이 북향하고 알현하는 것이다.

⑤ 子拜送

《의례》 안에서 일반적으로 물건을 받기 전에 먼저 절하는 예를 '배수례(拜受禮)'라고 하며, 물건을 준 뒤에 절하는 예를 '배송례(拜送禮)'라고 한다.

⑥ 母又拜

이것이 이른바 '俠拜'라는 것이다. 정현의 주에 "부인은 장부에게는 비록

125) 鄭玄注 : "凡奠爵, 將舉者於右, 不舉者於左."

126) 《儀禮管見》 卷上1 : "此篇下文卒醮云'取籩脯如初', 則是籩內之脯, 非祭脯也. 不敢取祭餘者, 以見母敬也. 凡已祭者, 不復實於籩."

127) 《儀禮管見》 卷上1 : "廟中未有無事而入者, 母在闈門外無疑."

128) 《禮書通故》 卷48 〈禮節圖1 冠禮〉自注 : "凡廟在寢左. 經: '冠者降自西階, 適東壁.' 注云: '適東壁者, 出闈門也, 時母在闈門之外.' 明其母在寢未入廟也. 廟在寢東, 冠者由廟適寢, 其所出闈門, 宜在廟之西牆. 前圖皆誤."

129) 《欽定儀禮義疏》 卷首下 〈朱子儀禮釋宮〉 : "寢之闈門在東壁, 廟之闈門則當在西壁, 婦人由之乃便也."

자신의 아들이라 할지라도 협배한다.〔婦人於丈夫, 雖其子, 猶俠拜.〕"라고 하였다. 凌廷堪의 《禮經釋例》 권1에 "일반적으로 부인은 장부에 대해 모두 협배한다.〔凡婦人於丈夫, 皆俠拜.〕"라고 하였고, 또 "협배는 장부가 한 번 절하면 부인은 두 번 절하는 것이다.〔俠拜者, 丈夫拜一次, 婦人則拜兩次也.〕"라고 하였다. 그러므로 아들이 배송례를 한 뒤에 어머니가 또 절한 것이니, 이 절이 바로 협배이다.

【按】 '拜'는 方苞에 따르면 부인의 正拜인 肅拜이다. 아들이 拜送禮를 하기도 전에 어머니가 먼저 맞이하여 절하는 것은 종묘의 중함을 보이기 위한 것이다. 그러나 手拜하지 않고 숙배에 그친 것은 過禮가 되지 않게 하기 위해서이다.[130] 肅拜는 서서 하는 절로(《사혼례》 10 주⑥), 남자가 무릎 꿇고 하는 절과 다르기 때문에 부인이 남자와 예를 행할 때에는 반드시 협배하는 것이다. '협배'는 부인이 먼저 한 번 절하면 남자가 답배하고 부인이 또 한 번 절하는 것이다.[131] 《예기》〈少儀〉에 "부인은 길사에는 비록 군주가 하사하는 일이 있더라도 肅拜만 하며, 시동이 되어 앉았을 때에는 手拜를 하지 않고 숙배를 하며, 상주가 되었을 때에는 手拜하지 않는다.[婦人, 吉事, 雖有君賜, 肅拜; 爲尸坐, 則不手拜, 肅拜; 爲喪主, 則不手拜.]"라는 구절이 보인다. '手拜'는 跪拜禮의 일종으로, 무릎을 꿇고 두 손을 먼저 바닥에 댄 뒤 머리를 조아려 손에 이르도록 하는 절이다.[132]

13. 冠者에게 字를 지어줌(字冠者)

賓降, 直(치)西序, 東面。 主人降, 復初位①。 冠者立于西階東②, 南面。
賓字之③, 冠者對④。

賓(正賓)이 서쪽 계단으로 당을 내려가 西序와 일직선상에서 동향한다.
주인이 동쪽 계단으로 당을 내려가 처음 빈에게 사양하던 동쪽 계단 앞의 자리로 돌아가 서향한다.
冠者(爵弁을 쓴 사람)가 서쪽 계단 아래 동쪽에 서서 남향한다.
빈이 字를 내려주면 관자가 대답한다.

130) 《儀禮析疑》 卷1 : "子未拜送, 而母先迎拜, 何也? 肅拜也. 禮成於廟中, 故迎拜以示宗祊之重, 而拜止于肅, 則雖無改俠拜之儀, 而不爲過禮也."

131) 《儀禮集編》 卷2 : "郝氏曰: 古者婦人肅拜. 《少儀》云'婦人雖君賜, 肅拜', 肅拜者, 立拜也. 男子跪拜, 婦人立拜, 故古婦人與男子爲禮, 必俠拜. 俠拜者, 婦人先一拜, 男子答拜, 婦人又一拜也."

132) 《禮記》〈少儀〉鄭玄注 : "肅拜, 拜低頭也. 手拜, 手至地也. 婦人以肅拜爲正, 凶事乃手拜耳."

① 初位

胡培翬가 말하기를 "처음에 와서 빈과 주인이 서로 사양하고 당에 오르던 자리이다.〔初至讓升之位.〕"라고 하였다. 살펴보면 바로 당 아래 동쪽 계단 앞의 자리이다.

② 西階東

【按】 王士讓에 따르면 서쪽 계단 아래의 동쪽이다. 왕사양은 尊者가 이미 내려왔으니 卑者만 홀로 올라갈 수 없다는 점, 경문에 관자가 어머니를 알현한 뒤에 당에 올라가는 의절이 없다는 점을 근거로 들었다.[133]

③ 賓字之

'字'는 字를 내려주는 것이다. 살펴보면 고대에 남자는 20세에 관례를 치른 뒤 곧바로 자를 내려주어야 하는데, 자는 이름과 종종 뜻이 연결되어 있다. 자를 내려주는 의미는 다음 제37절에 보인다. 賓이 冠者에게 자를 내려줄 때에는 또한 축복하는 말을 해주는데, 다음 제33절에 보인다. 그러므로 다음 경문에 "관자가 대답한다.〔冠者對.〕"라고 한 것이다.

【按】《예기》〈冠義〉에 "관례를 거행한 뒤에 字를 지어주는 것은 成人의 도이다. 어머니를 알현하면 어머니가 관자에게 절하고 형제를 알현하면 형제가 관자에게 절하는 것은 冠者가 成人이 되었다 하여 관자와 함께 예를 행하는 것이다."라는 구절이 있는데, 이에 따르면 관자에게 자를 지어준 뒤에 관자가 어머니를 알현하는 것처럼 보인다. 그러나 가공언은 어머니를 먼저 알현한 뒤에 자를 지어주는 것이 正禮라고 보았다. 즉 관자가 어머니를 알현한 뒤에 관자에게 자를 지어주고 다시 관자가 형제를 알현하는 것이 옳다는 것이다. 〈관의〉에서 어머니를 알현하는 것보다 자를 지어주는 것을 먼저 언급한 것은, 어머니를 알현하는 것을 뒤로 돌려 사람을 알현하는 일을 한꺼번에 기록한 것뿐이라고 하였다.[134]

④ 冠者對

정현의 주에 이르기를 "대답하는 말의 내용은 듣지 못하였다.〔其辭未聞.〕"라고 하였다.

133) 《儀禮糾解》 卷1 : "冠者立于西階東, 乃西階下之東也. 是時尊者旣降, 卑者豈得獨升? 經文冠者見母後, 無升階之儀, 足以見之矣."

134) 賈公彦疏 : "《禮記·冠義》云: '旣冠而字之, 成人之道也. 見於母, 母拜之.' 據彼則字訖乃見母, 此文先見母乃字者, 此先見母是正禮. 彼見母在下者記人, 以下有兄弟之等皆拜之, 故退見母於下, 使與兄弟拜文相近也. 若然, 未字先見母, 字訖乃見兄弟之等者, 急於母, 緩於兄弟也."

14. 賓이 묘문 밖의 次에 나아감(賓出就次)

賓出, 主人送于廟(묘)門外, 請醴賓①。賓禮辭, 許。賓就次②。

賓이 廟門을 나가면 주인이 묘문 밖에서 전송하고 빈에게 醴禮에 참여해주시기를 청한다.
빈이 禮辭(한 번 사양함)하고 허락한다. 빈이 묘문 밖 西塾 남쪽의 次(임시 쉬는 곳)에 나아간다.

① 醴賓

'醴'는 醴禮를 행하는 것을 이르니, 바로 醴酒로 賓에게 공경히 보답하는 것이다. 살펴보면 《의례》 안에서 일반적으로 빈에게 보답할 때 예주를 사용하고 청주를 사용하지 않는 것을 모두 '醴賓'이라고 한다. 정현의 주에 '醴'는 '禮'가 되어야 한다고 하였으나 이는 잘못이다. 夏炘(흔)의 《學禮管釋一》에 이미 상세하게 변석하였으니, 여기에서는 글이 번다하기 때문에 수록하지 않는다.

② 次

'머문다'는 뜻이다. 이것은 묘문 밖의 西塾 남쪽에 설치한 옷을 갈아입는 곳으로, 장막이나 삿자리로 에워싸 만든다. 정현의 주에 이르기를 "次는 문 밖의 옷을 갈아입는 곳이니, 장막과 삿자리로 만든다.[次, 門外更衣處也, 以帷幕、簟席爲之.]"라고 하였다.

15. 형제, 고모, 손윗누이를 알현함(見兄弟·姑姊)

冠者見(현)於兄弟①, 兄弟再拜, 冠者答拜②。
見贊者, 西面拜③, 亦如之④。
入見姑姊, 如見母⑤。

冠者(관례를 치른 사람)가 묘문 안 동쪽 담장 아래에 있는 형제(친척과 인척 포함)를 알현한다. 형제가 서향하여 재배하면 관자가 동향하여 답배한다.

관자가 서쪽 계단 서쪽에 있는 賓의 찬자를 알현한다. 찬자가 절하면 관자가 서향하여 답배하는데, 형제를 알현할 때와 같이 한다.

관자가 廟를 나가서 寢으로 들어가 고모와 손윗누이를 알현하는데, 어머니를 알현할 때와 같이 한다.

① 冠者見於兄弟

형제가 洗의 동쪽에 서 있으니 冠者는 洗의 동쪽에서 알현해야 한다. 살펴보면 阮元의 교감본《의례》경문에는 이 절 앞의 전치사 '於'는 모두 '于'로 되어 있다. 이 절부터 점점 '於'로 되어 있기 시작하는데, 이것은 필사한 사람이 베껴 쓰면서 바꾼 것이다. 武威 漢簡의《의례》경문 중에는 '于'와 '於'가 섞여서 나오는데, 아마도 西漢 때부터 필사하면서 매번 '于'를 '於'로 바꾸어 쓴 듯하다. 필사한 사람이 베껴 쓰면서 글자를 고친 이런 정황은 고대에는 항상 발생하였다. 胡培翬의《儀禮正義》본에는 경문의 '於'가 모두 '于'로 고쳐져 있는데, 이것이 옳은 것이다. 그러나 注疏本의 글자를 따라서 사용한 것이 이미 오래 되었으므로 이 책에서는 우선 옛 글자를 그대로 쓰고 고치지 않았다.

② 兄弟再拜, 冠者答拜

【按】 敖繼公에 따르면 형제와 贊者가 모두 冠者에게 먼저 절하는 것은 관례를 중히 여기기 때문이다.[135]

③ 見贊者, 西面拜

정현의 주에 따르면 贊者는 賓보다 뒤에 나가기 때문에 冠者가 빈이 나간 뒤에 찬자를 알현할 수 있는 것이다. 또 빈은 원래 당 아래 서쪽 계단 서쪽에서 북쪽으로 당 위의 西序와 일직선상에 서 있었다. 찬자는 빈을 따라왔으니 찬자 역시 이곳에 서 있어야 한다. 이 때문에 다음 경문에 관자가 "서향하여 답배한다.〔西面拜.〕"라고 말한 것이다.

【按】 胡培翬에 따르면 찬자는 관자와 예를 행한 뒤 廟門을 나가 賓과 마찬가지로 次에 나아가 醴禮를 기다린다.[136]

135)《儀禮集說》卷1 : "兄弟與贊者皆先拜之, 亦重冠禮也."

136)《儀禮正義》卷1 : "贊者出, 亦就次待禮可知."

④ 亦如之

【按】 贊者가 먼저 재배하면 冠者가 답배하는 것이다.[137]

⑤ 入見姑姊, 如見母

정현의 주에 따르면 "入은 침의 문으로 들어가는 것이다.〔入, 入寢門.〕" 胡培翬는 "묘는 침의 동쪽에 있어서 침과 문을 달리한다. 또 고모와 손윗누이는 침에 있어야 하고 묘에 있지 않아야 한다. 그러므로 묘에서 '入'이라고 말한 것이 묘의 문을 나가 침의 문으로 들어간 것임을 알 수 있는 것이다.〔廟在寢東, 與寢別門. 又姑姊當在寢, 不在廟, 故知自廟而言入, 爲出廟門而入寢門也.〕"라고 하였다.

【按】 정현과 호배휘가 말한 '寢門'과 '廟門'은 여기에서는 寢의 闈門과 廟의 闈門을 말하는 것으로 보아야 할 듯하다. 〈사관례〉 12 주③ 참조. '如見母'는 정현의 주에 따르면 冠者가 북향하여 절하는 것 및 고모와 손윗누이가 관자에게 俠拜하는 것을 이른다. 또한 관자는 이때 손아래누이에게는 알현하지 않는데, 아랫사람이기 때문이다.[138] 여기에서 아버지와 賓에게 알현하는 의절을 말하지 않은 것은, 가공언의 소에 따르면 관례가 끝났으면 이미 알현했다는 것을 알 수 있기 때문이다.[139]

16. 군주, 경대부, 鄕先生을 알현함(見君·卿大夫·鄕先生)

乃易服①, 服玄冠、玄端、爵韠(필)。奠摯(지)見于君②。遂以摯見於鄕大夫、鄕先生③。

이어서 冠者(관례를 치른 사람)가 爵弁服을 玄端服으로 갈아입어, 玄冠을 쓰고 玄端을 입고 爵韠(작필. 약간 검은색을 띤 붉은색 폐슬)을 착용한다.
관자가 예물(꿩)을 바닥에 내려놓아 군주를 알현한다.
이어 예물을 들고 경대부와 향선생을 알현한다.

① 易服

【按】 주소에 따르면 三加 때 입은 爵弁服(〈사관례〉 10)은 士가 군주의 제사를 도울 때 입는 옷이기 때문에 玄端服으로 갈아입는 것이다.[140] 〈사관례〉 5 주⑦ 참조. 이때 朝服을 입

137) 賈公彦疏 : "言贊者先拜, 冠者答之也."
《儀禮正義》卷1 : "亦如之者, 謂如其再拜而冠者答拜也."

138) 鄭玄注 : "如見母者, 亦北面, 姑與姊亦俠拜也. 不見妹, 妹卑."

139) 賈公彦疏 : "不見父與賓者, 蓋冠畢則已見也. 不言者, 從可知也."

140) 鄭玄注 : "易服不朝服者, 非朝事也."
賈公彦疏 : "云易服者, 爵弁既助祭之服, 不可服見君與先生等, 故易服, 服玄端也."

지 않고 현단복을 입는 것은, 敖繼公에 따르면 아직 出仕하지 않았기 때문이다.[141]

② 奠摯

'摯'는 '贄(예물)'와 같다. 정현의 주에 "摯는 꿩이다.〔摯, 雉也.〕"라고 하였으니, 바로 野鷄(꿩)이다. '奠摯'는 폐백을 바닥에 놓아두어 감히 직접 주지 못한다는 것을 표시한 것이다. 淩廷堪의 《禮經釋例》 권2에 "일반적으로 지위가 낮은 사람이 지위가 높은 사람에게 물건을 줄 때에는 모두 바닥에 놓아두고 직접 주지 않는다.〔凡卑者於尊者, 皆奠而不授.〕"라고 하였다.

【按】 〈士相見禮〉와 정현의 주에 따르면 士는 예물로 꿩을 사용하는데, 이는 그 강직한 지조와 교접에 때가 있어 봄에 만나고 가을에 헤어져서 암컷과 수컷이 섞여 살지 않는 뜻을 취한 것이다. 또한 겨울에는 죽은 꿩을 사용하고 여름에는 말린 꿩고기를 사용하는데, 살아있는 꿩은 길들일 수 없고 여름에는 부패하여 악취가 나는 것을 방지하기 위해서이다. 꿩을 들 때에는 陽을 상징하는 머리를 왼쪽으로 하여 받든다.[142] 《예기》〈曲禮下〉에 "무릇 폐백은, 천자는 鬯이고, 제후는 命圭이고, 경은 양이고, 대부는 기러기이고, 士는 꿩이고, 서인의 폐백은 집오리이다.[凡摯, 天子鬯, 諸侯圭, 卿羔, 大夫鴈, 士雉, 庶人之摯匹(鶩).]"라고 하였다. 대부의 예물인 기러기에 대해서는 〈사혼례〉 1 주②③ 참조.

③ 鄕大夫、鄕先生

'鄕大夫'의 '鄕'을 학자들은 대부분 '卿'의 誤字라고 한다. 盧文弨는 "지금 살펴보면 여기 〈사관례〉와 《예기》〈관의〉에서는 모두 '卿大夫'로 써야 하니, '鄕'으로 쓴 것은 오류이다.〔由今考之, 此及《冠義》竝當作卿大夫, 作鄕誤也.〕"라고 하였다. '鄕先生'은 일찍이 경대부였다가 지금은 이미 퇴직한 노인이다. 정현의 주에 "향선생은 향의 노인으로, 벼슬에서 물러난 경대부이다.〔鄕先生, 鄕中老人, 爲卿大夫致仕者.〕"라고 하였다.

17. 賓에게 醴禮를 베풂

乃醴賓以壹獻之禮①。主人酬賓②, 束帛、儷(려)皮③。贊者皆與④。贊冠者爲介⑤。

이어서 주인이 賓(賓贊者 포함)에게 一獻의 예로 맑게 거른 예주를 써

141) 《儀禮集說》 卷1 : "見於君, 亦玄端而不朝服者, 以其未仕也."

142) 《儀禮》〈相見禮〉 : "贄, 冬用雉, 夏用腒. 左頭奉之." 鄭玄注 : "士贄用雉者, 取其耿介, 交有時, 別有倫也. 雉必用死者, 爲其不可生服也. 夏用腒, 備腐臭也.

서 醴禮를 베풀어준다.
주인이 빈에게 酬酒를 올리고 예물로 비단 5필과 사슴가죽 2장을 준다.
贊者(관례를 도운 주인의 하속)가 모두 예례에 참여한다. 이때 贊冠者(빈의 찬자)는 빈의 介가 된다.

① 醴賓以壹獻之禮

'壹獻之禮'는 주인과 賓이 행하는 一獻, 一酢, 一酬의 예이다. 살펴보면 주인이 먼저 빈에게 술을 올리는 것을 '獻', 빈이 다시 주인에게 술을 올리는 것을 '酢(작)', 주인이 먼저 스스로 술을 따라 마신 뒤에 다시 빈에게 술을 따라 주어 빈에게 마시기를 권하는 것을 '酬(수)'라고 한다. 빈은 이 잔을 내려놓고 마시지 않는데, 즉 빈은 이 마지막 잔을 한 쪽에 내려놓고 마시지 않음으로써 禮가 이루어졌음을 보인다. 이것이 바로 一獻之禮의 전체 과정이다. 가공언의 소에 "주인이 빈에게 獻酒하면 빈이 주인에게 酢酒한다. 주인이 장차 빈에게 酬酒하기 위해 먼저 스스로 술을 따라 마시고 이어 수주하면 빈은 잔을 내려놓고 마시지 않는다. 이렇게 빈과 주인이 각각 두 번씩 잔을 받으면 예가 이루어진다.〔主人獻賓, 賓酢主人, 主人將酬賓, 先自飮訖乃酬賓, 賓奠而不擧, 是賓、主人各兩爵而禮成也.〕"라고 하였다. 淩廷堪의 《禮經釋例》 권3에 "일반적으로 주인이 빈에게 올리는 술을 '獻'이라고 한다. 일반적으로 빈이 주인에게 보답하는 술을 '酢'이라고 한다. 일반적으로 주인이 먼저 마심으로써 빈에게 권하는 술을 '酬'라고 한다.〔凡主人進賓之酒, 謂之獻. 凡賓報主人之酒, 謂之酢. 凡主人先飮, 以勸賓之酒, 謂之酬.〕"라고 하였다. 夏忻(흔)의 《學禮管釋》에 따르면 일반적으로 술을 마실 때에는 酬酢이 있으나 醴禮에는 수작이 없는데, 여기에서 賓에게 醴禮를 베풀 때에도 一獻之禮를 쓰는 것은 특별한 사례이다.[143)]

【按】 주소에 따르면 일반적으로 醴酒를 사용할 경우 禮를 질박하게 할 경우에는 거르지 않은 진한 예주를 쓰고 문식을 할 경우에는 맑게 거른 예주를 쓴다.[144)] 冠者에게 醴酒를 써서 醮禮를 베풀 때 숟가락을 사용한 것은 거르지 않은 진한 예주를 사용했기 때문이며(〈사관례〉 11),[145)] 여기에서 賓에게 예례를 베풀 때 숟가락을 사용하지 않은 것은 맑게 거른 예주를 사용하기 때문이다.[146)] 초례와 예례에 대해서는 〈사관례〉 19 주① 참조.

② 酬賓

'酬'는 '노고에 보답하다', '고마움에 보답하다'는 뜻이다. 정현의 주에 "빈

143) 《學禮管釋》 卷1 : "凡飮皆有酬酢, 醴無酬酢, 惟《士冠禮》賓以一獻之禮."

144) 鄭玄注 : "凡醴事, 質者用糟, 文者用淸."

145) 賈公彦疏 : "《冠禮》禮子, 用醴不泲, 故用柶也."

146) 鄭玄注 : "賓醴不用柶者, 泲其醴."

객에게 술을 대접하면서 재화를 함께 주는 것을 '酬'라고 하니, 이는 빈에 대한 후한 뜻을 펴기 위한 것이다.〔飮賓客而從之以財貨曰酬, 所以申暢厚意也.〕"라고 하였다.

③ 束帛、儷皮

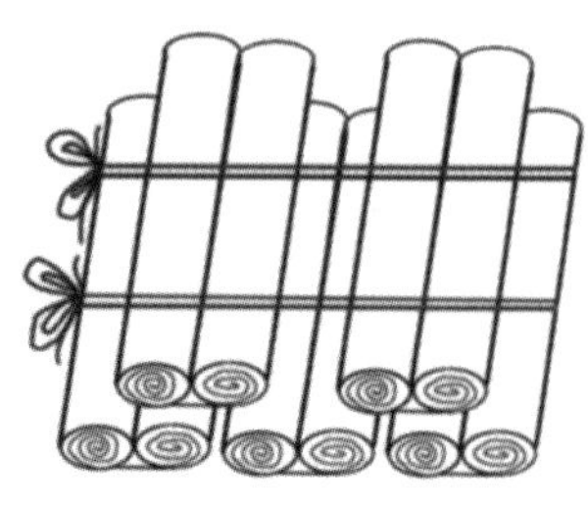

束帛

'束帛'은, 물건 10개를 '束'이라 하며 '帛'은 비단이다. 정현의 주에 따르면 속백은 10端의 비단이다.[147] 살펴보면 매 端은 1丈 8尺이니, '속백'은 18丈의 비단이 되어야 한다. 胡培翬의 설에 따르면 帛은 길이 1장 8척을 '制'라고 한다. 1制는 1端이며, 10端은 1束이다.[148] '儷皮'의 '儷'는 둘이란 뜻이며 '皮'는 사슴가죽이다.

【按】 1필의 비단을 양쪽 끝[端]에서 안쪽으로 말면 2端이 생기기 때문에 10端 또는 1束의 비단이라는 말은 5필의 비단을 뜻한다. 일반적으로 束帛은 검은색 비단 3필과 붉은색 비단 2필로 이루어져 있다.[149]

④ 贊者皆與

'贊者'는 여기에서는 주인의 하속으로 이번 관례에 참가하고 아울러 관례를 위해 일한 사람들을 범범히 가리킨다. 胡培翬는 "주인의 하속으로 관례에 일이 있던 사람들은 모두 이 음주례에 참여 할 수 있다.〔主人之屬凡有事於冠者, 皆得與此飮酒也.〕"라고 하였다.

【按】 주소에서는 여기의 '찬자'를 衆賓을 가리킨다고 보고, 그 근거로 다음 경문에서 '贊冠者'를 별도로 언급한 것을 통해 알 수 있다고 하였다.[150] 이에 대해 역대 주석가들의 설이 나뉘는데, 주인의 私臣 또는 주인의 贊者로 보는 설이 많기 때문에 여기에서는 통설을 따르기로 한다.

⑤ 贊冠者爲介

'介'는 賓의 보조자로, 빈을 도와 예를 거행하는 사람이니, 그 지위는 빈 바로 다음이다. 정현의 주에 "介는 빈의 보조자이다.〔介, 賓之輔.〕"라고 하였다. 胡培翬는 "介는 빈을 보좌하는 사람이니, 빈 다음으로 높다.〔介, 所以輔佐賓者, 尊亞於賓.〕"라고 하였다. 여기에서는 贊冠者(즉 빈의 찬자)가 주인이 賓에게 醴禮를 베풀 때에 빈을 위하여 介가 되는 것을 말한다.

147) 鄭玄注 : "束帛, 十端也."

148) 《儀禮正義》 卷16 : "丈八尺曰制, 是其一端. 二端合之爲一兩. 束十制, 計五兩也. 兩亦謂之匹."

149) 《儀禮》〈聘禮〉鄭玄注 : "凡物十曰束. 玄纁之率, 玄居三, 纁居二."

150) 鄭玄注 : "贊者, 衆賓也." 賈公彦疏 : "鄭知贊者衆賓者, 以其下別言贊冠者, 明上文贊者是衆賓也."

18. 賓을 전송하고 俎를 보내줌

賓出①, 主人送于外門外②, 再拜。歸賓俎③。

賓이 나가면 주인이 외문(대문) 밖에서 전송하여 재배한다.
빈의 俎에 담겨 있는 음식을 빈의 집으로 보낸다.

① 賓出

【按】張惠言에 따르면 賓이 나갈 때 빈의 贊者 역시 나간다.[151]

② 主人送于外門外

淩廷堪의《禮經釋例》권1에 "일반적으로 빈을 전송할 때, 주인이 빈과 지위가 대등할 경우에는 대문 밖에서 전송하고, 주인이 빈보다 지위가 높을 경우에는 대문 안에서 전송한다.〔凡送賓, 主人敵者于大門外, 主人尊者于大門內.〕"라고 하였다.

③ 歸賓俎

'俎'는 희생을 담는 그릇으로, 형태는 几와 비슷하다. 청동으로 만든 것도 있고 나무로 만들어 옻칠을 한 것도 있다. 淩廷堪의《禮經釋例》권11에 "일반적으로 생체를 담는 기물을 '俎'라고 한다.〔凡載牲體之器曰俎.〕"라고 하였다. 살펴보면 주인이 빈에게 醴禮를 베풀 때 빈의 자리 앞에 俎를 올린다. 이 조에는 牲肉이 담겨져 있는데 경문에서는 글을 생략하고 말하지 않았다. 그러나 조에 담은 생육이 어떤 생육인지는 이미 알 수 없게 되었다. 정현의 주에 "그 생육은 듣지 못하였다.〔其牲未聞.〕"라고 하였다. '歸'는 '饋(음식을 보내다)'라는 뜻이다. 胡承珙의 설에 따르면 古文에서는 '歸', 今文에서는 '饋'라고 쓰며, 饋와 歸는 음과 뜻이 모두 통한다.[152]

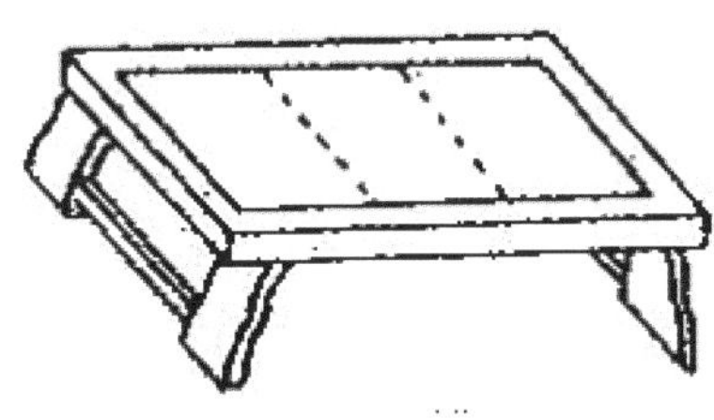

俎 (三禮通論)

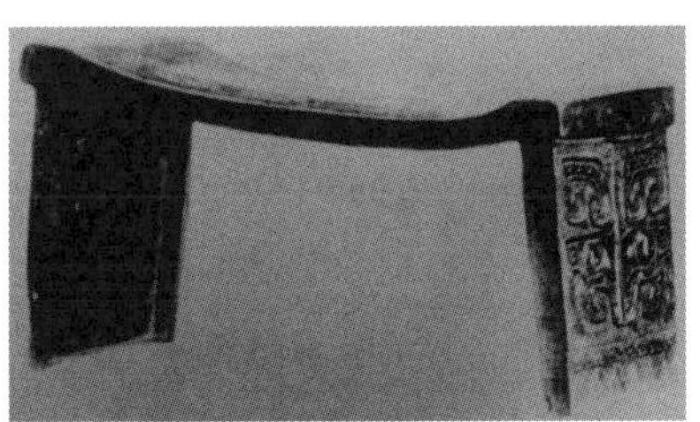

饕餮蟬紋俎 (商代. 商周彝器通考)

151)《儀禮圖》卷2〈見母賓出見兄弟見贊者〉: "賓旣出, 贊者出."

152)《儀禮正義》卷17 : "胡氏承珙云: 此《儀禮》則古文作歸, 今文作饋, 鄭又從古文作歸者, 古文家亦各有師承,《儀禮》古文不必與《論語》同也."

三. 變例 및 賓主 致辭

19. 冠者에게 淸酒를 써서 醮禮를 베푸는 경우(醮禮)

若不醴, 則醮(초)用酒①。
尊(준)于房戶之間②, 兩甒③, 有禁④, 玄酒在西⑤, 加勺, 南枋(병)。洗有篚, 在西⑥, 南順⑦。
始加, 醮⑧, 用脯醢⑨。賓降, 取爵于篚⑩。辭降如初⑪。卒洗, 升, 酌。冠者拜受。賓答拜如初⑫。冠者升筵坐⑬, 左執爵, 右祭脯醢, 祭酒, 興, 筵末坐, 啐酒, 降筵拜。賓答拜。冠者奠爵于薦東, 立于筵西⑭。徹薦、爵⑮, 筵、尊不徹。
加皮弁如初儀⑯。再醮, 攝(섭)酒⑰。其他皆如初。
加爵弁如初儀。三醮, 有乾肉折俎⑱, 嚌之⑲。其他如初。
北面取脯, 見(현)于母⑳。

만일 醴酒를 쓰지 않으면 醮禮를 행할 때 청주를 사용한다.
(초례를 세 차례 행함)

房戶와 室戶 사이에 술 단지를 둔다. 두 단지를 두는데, 단지 밑에 禁(술 단지 받침대)이 있으며 玄酒를 청주 서쪽에 놓는다. 勺(술 국자)을 자루가 남쪽으로 가도록 단지 위에 올려둔다. 洗에는 篚가 있는데, 세의 서쪽에 북쪽에서 남쪽으로 가도록 둔다.

첫 번째 관(치포관)을 씌워주고 冠者에게 초례를 행할 때 포와 젓갈을 사용한다.
賓이 당을 내려가 篚에서 잔을 취한다. 주인이 당을 내려오면 빈은 주인이 내려온 것에 대해 사양하기를 처음에 손을 씻을 때와 같이 한다. 빈이 잔을 씻은 뒤 당에 올라가 술을 따라 관자에게 준다. 관자가 절하고 받는다.(拜受禮) 빈이 西序 끝에서 동향하여 답배하기를 예주를 써서 초례를 행할 때와 같이 한다.
관자가 室戶 서쪽의 돗자리에 올라가 앉아서 왼손으로 잔을 잡고 오른손으로 포를 젓갈에 찍어 祭(고수레)한다. 이어 술을 祭하고 일어나 돗자리의 끝(서쪽)에 앉아서 술을 맛보고 돗자리에서 내려가 절한다. 빈이 답배한다.
관자가 잔을 薦(포와 젓갈)의 동쪽에 내려놓고 돗자리에서 내려가 돗자리의 서쪽에 선다.
빈의 贊者가 薦과 잔을 치우고, 돗자리와 술 단지는 치우지 않는다.

皮弁(두 번째 관)을 씌워주는 것을 첫 번째 관을 씌워줄 때와 같은 의절로 행한다. 다만 두 번째 초례를 행할 때에는 술 단지 안의 술을 한 차례 휘저어 새로 정돈한다. 나머지 의절은 모두 첫 번째 초례를 행할 때와 같이 한다.

爵弁(세 번째 관)을 씌워주는 것을 첫 번째 관을 씌워줄 때와 같은 의절로 행한다. 다만 세 번째 초례를 행할 때에는 乾肉折俎(뼈마디에 따라 잘라 말린 牲體를 담은 俎)가 있어서 이를 관자가 맛본다. 나머지 의절은 첫 번째 초례를 행할 때와 같이 한다.

관자가 돗자리 앞에 북향하고 앉아서 포를 취하여 들고 당을 내려가 어머니를 알현한다.

① 若不醴, 則醮用酒

'醴'는 冠을 씌워준 뒤에 賓이 冠者에게 醴禮를 행하는 것을 이른다. 예례를 행할 때에는 醴酒(단술)를 사용하며, 구체적인 의절은 제11절에 자세하다. '醮'는 醮禮를 행하는 것을 이른다. 초례를 행할 때에는 淸酒(맑은 술)를 사용한다. 胡培翬는 "醴는 酒와 상대적으로 말한 것이니, 앞에서는 醴를 말하고 여기에서는 酒를 말한 것이 바로 이 경우이다. 예례 역시 초례와 상대적으로 말한 것이니, 예주를 사용하면 '예례'라 이르고 청주를 사용하면 '초례'라 이른 것이 바로 이 경우이다.[醴與酒對, 上云醴, 此云酒是

也; 醴亦與醮對, 用醴謂之醴, 用酒謂之醮是也.〕"라고 하였다. 정현의 주에 따르면 관례의 正禮에는 예주를 사용한다. 그러나 만약 나라의 옛 풍속에 청주로 초례를 행한 경우에는 그대로 따르고 바꾸지 않아도 되기 때문에 여기에 초례를 기록한 것이다.[153] 초례는 술을 마시는 예가 비교적 간단하다. 賓이 술을 따라 冠者에게 주면 관자가 술을 祭(고수레)하고 술을 맛보면 바로 예가 이루어져서 빈과 관자 사이에 酬酢(주고받는 술잔)이 없다. 그러므로 정현의 주에 "술을 따라 주기만 하고 수작이 없는 것을 '醮'라고 한다.〔酌而無酬酢曰醮.〕"라고 하였다. 초례의 구체적인 의절은 다음 경문에 자세하다.

【按】〈사관례〉와 〈사혼례〉에 보이는 예례와 초례의 사례를 표로 정리하면 다음과 같다.

<table>
<tr><td rowspan="14">醮禮
(酬酢이 없음)</td><td rowspan="5">醮禮
(청주 사용)</td><td>〈사관례〉 19</td><td>正賓이 아버지가 있는 冠者에게 每加에</td></tr>
<tr><td>〈사관례〉 21</td><td>正賓이 孤子인 冠者에게 每加에</td></tr>
<tr><td>〈사관례〉 22</td><td>正賓이 庶子인 冠者에게 每加에</td></tr>
<tr><td>〈사혼례〉 26</td><td>혼인한 다음날 시부모가 庶婦인 신부에게</td></tr>
<tr><td>〈사혼례〉 34</td><td>친영하는 날 아버지가 아들에게</td></tr>
<tr><td rowspan="9">醴禮
(예주 사용)</td><td>〈사관례〉 11</td><td>正賓이 아버지가 있는 冠者에게 三加가 끝난 뒤에</td></tr>
<tr><td>〈사관례〉 17</td><td>주인이 正賓에게</td></tr>
<tr><td>〈사관례〉 21</td><td>正賓이 孤子인 冠者에게 三加가 끝난 뒤에</td></tr>
<tr><td>〈사관례〉 22</td><td>正賓이 庶子인 冠者에게 三加가 끝난 뒤에</td></tr>
<tr><td>〈사혼례〉 3</td><td>問名 뒤 신부의 집에서 신랑 집 使者에게</td></tr>
<tr><td>〈사혼례〉 11</td><td>혼인한 다음날 시부모가 適婦인 신부에게</td></tr>
<tr><td>〈사혼례〉 17</td><td>아버지가 혼인을 앞둔 딸의 笄禮에</td></tr>
<tr><td>〈사혼례〉 21</td><td>친영하는 날 아버지가 딸에게</td></tr>
<tr><td>〈사혼례〉 39</td><td>친영하지 않았을 경우 3개월 뒤 신부의 부모가 사위에게</td></tr>
<tr><td>비고</td><td colspan="3">다만 〈사관례〉 17과 〈사혼례〉 39는 酬酢이 있는 一獻之禮로 행함</td></tr>
</table>

또한 〈사관례〉에 보이는 醴禮와 醮禮의 차이는 張爾岐에 따르면 다음과 같다.[154]

	醴禮	醮禮
술 단지	房 안에 玄酒 없이 예주만 단독으로 진설	당 위 東房과 西室 사이에 玄酒와 함께 청주를 진설
술잔	觶(3升 들이)	爵(1升 들이)
술잔 광주리	술 단지를 따라 방에 둠	洗를 따라 뜰에 둠
횟수	三加가 끝난 뒤 한 차례	每加마다 행하여 모두 세 차례
음식	포와 젓갈	始醮와 再醮에 포와 젓갈을 쓰고, 三醮에 乾肉折俎를 씀
술 따르는 주체	贊冠者가 술을 따라 賓에게 줌	賓이 직접 당을 내려가 잔을 가지고 올라와 술을 따름

153) 鄭玄注 : "若不醴, 謂國有舊俗可行, 聖人用焉不改者也."

154) 《儀禮鄭註句讀》 卷1 : "醴、醮二法, 其異者: 醴, 側尊在房; 醮, 兩尊于房戶之間. 醴用觶; 醮用爵. 醴, 篚從尊, 在房; 醮, 篚從洗, 在庭. 醴, 待三加畢, 乃一擧; 醮, 每一加, 卽一醮. 醴, 薦用脯醢; 醮, 每醮皆用脯醢, 至三醮, 又有乾肉折俎. 醴, 贊冠者酌授賓, 賓不親酌; 醮則賓自降取爵, 升, 酌酒. 醴者, 每加入房易服, 出房立待賓命; 醮則每醮訖, 立筵西待賓命. 醴者, 每加冠必祝, 醴時又有醴辭; 醮者, 加冠時不祝, 至醮時有醮辭. 其餘儀節竝不異也."

賓의 명을 기다리는 장소	每加에 방에 들어가 옷을 바꾸어 입고 나와 房戶 앞에 서서 명을 기다림	每醮에 室戶 서쪽에 펴놓은 돗자리의 서쪽에 서서 명을 기다림
祝辭와 醴辭	每加에 축사와 예사 있음	加冠 때 축사가 없고 초례 때 초사가 있음

② 房戶之間

'房'은 東房을 가리키고, '戶'는 室戶를 가리킨다. '房戶之間'은 室戶와 東房의 戶 사이의 장소를 가리킨다.

【按】 일반적으로 술 단지를 진설할 때 빈과 주인이 지위가 대등한 경우에는 東房과 室戶 사이에 놓고, 군신 간이라면 당위 동쪽 기둥의 서쪽에 놓는다.[155]

③ 兩甒

하나는 청주를 담은 술 단지, 하나는 玄酒를 담은 술 단지이다. 다음 경문에 보인다.

④ 禁

술 단지를 받치는 기물로, 모양은 方案(네모진 탁자)과 비슷하다.

【按】 정현의 주에 따르면 禁은 士가 사용하는 것으로 다리가 있는 술 단지 받침대이다. 다리가 없는 것은 '棜' 또는 '斯禁'이라고 하며 대부가 사용한다. 다리가 없는 것이 갸자[棜]와 닮았기 때문이다.[156] 여기에서 '禁'은 '술을 경계한다'는 의미가 있는데,[157] 대부가 쓰는 것은 尊者를 우대하여 마치 경계하지 않은 것처럼 하기 위해서 다리를 없애고 棜라고 이름을 고친 것이다.[158] 아래 그림은 길이 2尺 6寸 6分, 너비 1尺 3寸 8分, 높이 5寸 6分의 商代 出土文物이다. 윗면에는 尊卣 3개를 놓았던 흔적이 남아있다.[159]

夔蟬紋禁 (商代, 商周彝器通考)

⑤ 玄酒在西

'玄酒'는 가공언의 소에 "현주는 물을 이른다. 물색이 검기 때문에 '玄'이라고 한 것이다. 태고에는 술이 없어서 이 물로 술을 쓰는 곳에 사용하였다. 그러므로 '현주'라고 한 것이다.〔玄酒, 謂水也, 以其色黑, 謂之玄, 而太古無酒, 此水當酒所用, 故謂之玄酒.〕"라고 하였다. '在西'는 吳廷華에 따르면 서쪽을 상위로 삼은 것이니,[160] 현주는 청주보다 높기 때문에 서쪽에 놓는

155) 《禮經釋例》 卷2 〈通例下〉: "凡設尊, 賓、主人敵者于房戶之間, 君臣則於東楹之西."

156) 《禮記》〈禮器〉 鄭玄注 : "棜,斯禁也, 謂之棜者,無足, 有似於棜, 或因名云耳. 大夫用斯禁, 士用禁."

157) 鄭玄注 : "名之爲禁者, 因爲酒戒也."

158) 《儀禮》〈少牢饋食禮〉鄭玄注 : "棜無足, 禁者, 酒戒也. 大夫去足改名, 優尊者, 若不爲之戒然."

159) 《商周彝器通考》 下篇 第2章 酒器 344쪽.

160) 《儀禮章句》 卷1 : "在西, 西上也."

것이다. 살펴보면 醴禮를 행할 때에는 단독으로 예주만 진설하고 현주와 짝지어 진설하지 않는다. 그러므로 "예주 한 단지를 단독으로 진설한다.〔側尊一甒醴.〕"라고 한 것이다. 〈사관례〉 5 참조.

【按】 '玄酒'는 〈사혼례〉 23 주② 참조.

⑥ 洗有篚, 在西

살펴보면 醴禮를 행할 때에는 篚를 東房 안 서쪽 벽 아래에 두었는데 여기에서는 뜰의 동쪽에 설치한 洗의 서쪽에 둔다.

【按】 뜰에 설치한 洗는, 東房 안 北堂에 설치한 洗를 北洗라고 부르는 것과 상대적으로 南洗 또는 庭洗라고 한다.

⑦ 南順

篚의 머리는 북쪽, 꼬리는 남쪽으로 가도록 놓는 것을 이른다. 비는 머리와 꼬리를 어떻게 구분하는지 자세하지 않다. 吳廷華는 "이에 근거하면 비에는 머리와 꼬리가 있었을 것이다. 어쩌면 위와 아래에 새기고 장식하여 표시하였을 것이다.〔據此,則篚有首尾矣. 或上下以刻飾記之.〕"라고 하였다.

⑧ 始加, 醮

살펴보면 첫 번째 관을 씌워주고 곧바로 醮禮를 행하였으니, 세 차례 관을 씌워주었다면 세 차례 초례를 행한 것이다. 살펴보면 醴禮를 행할 때에는 세 번째 관을 씌워준 뒤에 비로소 冠者에게 예례를 행한다. 〈사관례〉 11 참조.

⑨ 用脯醢

즉 포와 젓갈을 올리는 것이다. 정현의 주에 "처음 醮禮를 행할 때에도 포와 젓갈을 올린다.〔始醮亦薦脯醢.〕"라고 하였으니, 세 차례 초례를 행한다면 세 차례 포와 젓갈을 올리는 것이다. 살펴보면 醴禮를 행할 때에는 오직 한 차례만 포와 젓갈을 올린다. 〈사관례〉 11 참조.

⑩ 賓降, 取爵于篚

살펴보면 醮禮를 행할 때 술잔이 담긴 篚는 당 아래 뜰 동쪽에 있고 술은 당 위에 있어서 賓이 직접 잔을 씻고 술을 따라야 하므로 이 때 당을 내려가 잔을 취하는 것이다. 醴禮를 행할 때에는 빈의 贊者가 東房에서 觶(치. 술잔)를 씻고 예주를 따라서 들고 당으로 나와 빈에게 주면 빈이 다시 冠者에게 준다. 〈사관례〉 11 참조.

⑪ 辭降如初

'如初'는 관을 씌워주려고 할 때와 같이 하는 것을 가리킨다.[161] 살펴보면

161) 鄭玄注 : "辭降如初, 如將冠時降盥, 辭主人降也."

관을 씌워주려고 할 때 賓은 당을 내려가 손을 씻었는데, 주인이 빈을 따라 당을 내려가면 빈은 주인이 내려온 것에 대해 사양하였다.(《사관례》 8) 지금 빈이 당을 내려가 잔을 취하는데, 주인은 이때에도 빈을 따라서 당을 내려가며, 빈은 이때에도 내려온 것에 대해 사양한다. 그러므로 "빈은 주인이 내려온 것에 대해 사양하기를 처음과 같이 한다.〔辭降如初.〕"라고 한 것이다. 살펴보면 여기에서는 〈사관례〉 8에서처럼 관을 씌워주려고 할 때 주인이 내려온 것에 대해 빈이 사양하는 일을 기록하지 않았는데, 바로 글을 생략한 것이다.

⑫ 賓答拜如初

정현의 주에 따르면 "빈이 잔을 冠者에게 주고 동향하여 답배하는 것을 醴禮 때와 같이 한다는 것이다.〔賓授爵, 東面答拜, 如醴禮也.〕" 〈사관례〉 11 주⑨ 참조.

⑬ 升筵坐

이 때에도 醴禮 때와 같이 돗자리 중앙으로 올라가 앉는 것이다. 〈사관례〉 11 주⑪ 참조.

⑭ 立于筵西

【按】 張惠言에 따르면 이때 冠者는 술잔을 薦(포와 젓갈)의 동쪽에 내려놓고 室戶 서쪽에 편 돗자리의 서쪽으로 돌아와 서서 再加를 기다리고 있다가 賓이 揖을 하면 곧 東序 앞에 펴놓은 돗자리로 간다.[162]

⑮ 徹薦、爵

살펴보면 薦(천. 포와 젓갈)과 잔을 거두는 목적은, 두 번째 醮禮를 행할 때 음식을 올리기 위해 자리를 비워두는 것이다. 정현의 주에 "薦과 잔을 거두는 것은 뒤에 관을 씌워주는 예를 피하기 위해서이다.〔徹薦與爵者, 辟(避)後加也.〕"라고 하였다. 吳廷華는 "薦은 거두어서 방에 놓고, 잔은 거두어서 당 아래 篚에 담는다.〔薦入房, 爵入篚.〕"라고 하였고, 敖繼公은 "거두는 사람은 마찬가지로 贊冠者이다.〔徹之者亦贊冠者也.〕"라고 하였다.

⑯ 加皮弁如初儀

앞에서 醴酒를 써서 醮禮를 행할 때 피변을 씌워주는 의절과 같이 행하는 것을 이른다. (《사관례》 9) 다음에 나오는 "작변을 씌워주는 것을 첫 번째 관을 씌워줄 때와 같은 의절로 행한다.〔加爵弁如初儀.〕"라는 구절의 뜻도 이와 같다.

162) 《儀禮圖》 卷2 〈不醴始加醮用酒〉 : "旣奠爵, 復立于此. 俟再加, 賓揖之, 乃就東序之筵."

⑰ 再醮, 攝酒

'再醮'는 피변을 씌워준 뒤에 재차 醮禮를 행하는 것을 이른다.(즉 빈이 재차 관자에게 술을 주는 것이다.) '攝酒'는 술을 한 차례 휘저어 새로 정돈함을 보이는 것이다. 정현의 주에 이르기를 "攝은 整(정돈하다)과 같으니, 술을 정돈한다는 것은 술을 휘젓는 것을 이른다.〔攝, 猶整也, 整酒, 謂撓之.〕"라고 하였다.

⑱ 乾肉折俎

뼈마디에 따라 잘라서 덩어리로 만든 牲體의 건육을 담은 俎이다. 정현의 주에 이르기를 "건육은 생체를 말린 포이다. 생체를 잘라서 俎에 담는 음식으로 삼은 것이다.〔乾肉, 牲體之脯也, 折其體以爲俎.〕"라고 하였다.

【按】 가공언의 소에 따르면 豚解의 경우 7體로 잘라서 말리는데 이것을 乾肉이라고 부르며, 俎에 담을 때에는 이 건육을 다시 마디에 따라 21체로 나누기 때문에 통틀어서 '乾肉折俎'라고 부른다.[163]

⑲ 嚌之

'嚌'는 음이 '제'이니, '맛본다'는 뜻이다. 살펴보면 '嚌之(俎의 건육을 맛봄)'는 이 음식을 처음 만든 先人에게 祭(고수레)한 뒤에 맛보아야 하는데, 여기에서 '俎의 음식을 祭한다'고 하지 않고 곧바로 '맛본다'고 한 것은, 글을 생략한 것이다.

⑳ 北面取脯, 見于母

살펴보면 冠者는 포를 취한 뒤에 마찬가지로 寢의 동쪽 담장으로 가서 闈門을 나가 어머니를 알현하는데, 이는 醴酒를 써서 冠者에게 초례를 행할 때 어머니를 알현하는 예와 같다.(〈사관례〉 12 주③) 敖繼公은 "여기에 드러낸 것은 예례 때와 같음을 보인 것이다.〔着此者, 見其與醴同也.〕"라고 하였다.

20. 醮禮에 희생을 쓰는 경우

若殺①, 則特豚②, 載合升③, 離肺實于鼎(정)④。設扃鼏(경멱)⑤。 始醮, 如初⑥。 再醮, 兩豆: 葵菹、蠃醢⑦; 兩籩: 栗、脯。

163) 賈公彦疏 : "若今梁州烏翅, 或爲豚解而七體以乾之, 謂之乾肉, 及用之, 將升于俎, 則節折爲二十一體, 與燕禮同, 故總名乾肉折俎也."

三醮, 攝酒如再醮⑧, 加俎⑨, 嚌之, 皆如初⑩, 嚌肺⑪。
卒醮, 取籩脯以降⑫, 如初。

만약 乾肉을 쓰지 않고 희생을 잡아서 쓸 경우에는 새끼 돼지 한 마리를 쓴다. 삶은 새끼돼지의 좌반과 우반을 합쳐서 鼎(삶은 牲肉을 담는 솥)에 담고 俎에 담으며, 離肺(식용 폐)를 정에 함께 담는다. 정에 扃(경. 정을 드는 가로막대기)을 꿰고 鼏(멱. 정의 덮개)을 덮는다.
첫 번째 초례를 행할 때에는 희생을 쓰지 않고 첫 번째 초례를 행할 때처럼 한다.
두 번째 초례를 행할 때에는 2개의 豆에 각각 葵菹(규저. 아욱 초절임)와 蠃醢(라해. 달팽이 젓갈)를 담고, 2개의 籩에 각각 밤과 포를 담는다.
세 번째 초례를 행할 때에는 술 단지 안의 술을 한 차례 휘저어 새로 정돈하기를 희생을 쓰지 않고 두 번째 초례를 행할 때와 같이 한다. 희생(새끼 돼지)을 담은 俎를 올리면 폐를 들어 祭(고수레. 絕祭)하기를 모두 희생을 쓰지 않고 첫 번째 초례를 행할 때 포를 젓갈에 찍어 祭할 때와 같이 하고 폐를 맛본다.
세 번째 초례가 끝나면 冠者(관례를 치른 사람)가 籩의 포를 취하여 들고 당을 내려가는 것을 醴酒를 써서 초례를 행할 때 廟를 나가 寢으로 가서 어머니를 알현할 때와 같이 한다.

① 殺

희생을 잡는 것을 이른다. 살펴보면 앞에서 기록한 醮禮에는 乾肉을 사용하고 희생을 잡지 않았기 때문에 여기 이하에서는 희생을 잡아 초례를 행하는 예를 기록한 것이다. 胡培翬가 말하기를 "이것은 초례 중에 성대한 것이다.〔此醮禮之盛者.〕"라고 하였다.

【按】 호배휘에 따르면 "초례에 乾肉折俎를 쓰는 것은 醴酒를 쓰는 초례보다 성대한 것이고, 희생을 쓰는 것은 건육절조를 쓰는 것보다 성대한 것이다. 그런데도 관례 때 성대한 예를 우선시 하지 않은 것은, 聖人이 예를 만들 때 모든 사람이 행할 수 있기를 바랐기 때문에 순박한 뜻을 보여준 것이다."[164]

② 特豚

'特'은 '하나'라는 뜻이다. '豚'은 새끼 돼지이다. 《說文解字》에 "豚은 새끼

164) 《儀禮正義》 卷2 : "醮用乾肉折俎, 盛於醴, 殺牲又盛於折俎, 而冠不以盛禮先之者, 聖人制禮, 欲其盡人可行, 故示以淳朴之意也."

돼지이다.〔豚, 小豕也.〕"라고 하였다.

③ 載合升

정현의 주에 따르면 "鑊(확. 솥)에서 삶는 것을 '烹'이라 하고, 鼎에 담는 것을 '升'이라 하고, 俎에 담는 것을 '載'라고 한다.〔煮於鑊曰亨(烹), 在鼎曰升, 在俎曰載.〕" 살펴보면 일반적으로 희생을 잡는 것은, 모두 좌반과 우반 두 쪽으로 잘라서 鑊에서 삶은 뒤 鼎 안에 담는데, 이것을 '升(정에 담는 것)'이라 한다. 다시 정에서 꺼내어 俎에 담는 것을 '載'라고 한다. '合'은 좌반과 우반을 합친 것을 이른다. '載合升'은 鼎에 담을 때부터 俎에 담을 때까지 모두 좌반과 우반을 합쳐서 담는 것이다. 吳廷華는 "길사에는 희생의 우반을 쓰고, 흉사에는 좌반을 쓴다. 새끼 돼지는 작기 때문에 합쳐서 쓰는 것이다.〔吉事牲用右, 凶事用左. 豚小, 故合用之.〕"라고 하였다.

④ 離肺

'離'는 '자르다'는 뜻이다. '離肺'는 일종의 폐를 자르는 방식이다. 즉 폐를 자르기는 하지만, 또 자른 부분이 폐의 몸체와 분리되지 않도록 하여 폐의 중앙 부분과 조금 연결되어 있도록 하는 것이다. 이것은 바로 《예기》〈少儀〉에 이른바 "소와 양의 폐는, 자르기는 하지만 중앙에까지 이르지는 않도록 한다.〔牛羊之肺, 離而不提(至)心(中央).〕"라는 것이다. '이폐'는 또 '擧肺'라고도 한다. 먹을 때 사용하는 폐로, 祭(고수레)할 때 사용하는 폐와 구분된다. 〈사혼례〉 7 주⑦ 참조.

⑤ 扃鼏

'扃'은 음이 '경'이다. 鼎 위의 두 귀를 관통하는 가로 막대기로, 정을 들 때 사용한다. '鼏'은 음이 '멱'이다. 정 위에 덮는 물건이다. 〈사혼례〉 정현의 주에 "멱은 덮는 것이다.〔鼏, 覆之.〕"라고 하였다.

⑥ 始醮, 如初

【按】 주소에 따르면 희생을 쓰지 않을 때와 같이 하는 것이다. 즉 올릴 때에는 포와 젓갈을 올리고, 치울 때에는 포와 젓갈과 술잔은 거두지만 돗자리와 술 단지는 치우지 않는 것을 말한다.[165]

⑦ 葵菹, 蠃醢

'葵'는 채소 이름이다. '菹'는 음이 '저'이다. 일종의 식초를 써서 담가 만든 채소이다. 《說文解字》에 "菹는 초절임 채소이다.〔菹, 酢菜也.〕"라고 하였는데, 段玉裁의 주에 "酢는 지금의 醋이다. 菹는 반드시 식초가 있어야 맛을

165) 鄭玄注 : "亦薦脯、醢, 徹薦、爵, 筵、尊不徹矣."
賈公彦疏 : "此一醮與不殺同, 未有所加, 故云如初也."

낼 수 있다.〔酢, 今之醋字. 菹須醯(亦酢)成味.〕"라고 하였다. '葵菹'는 즉 아욱을 써서 만든 초절임이다. '蠃'는 음이 '라'이다. 정현의 주에 따르면 "螔蝓(이유)이다.〔螔蝓也.〕" 《爾雅》〈釋魚〉에 螔蝓라는 것이 있는데, 郭璞의 주에 "즉 달팽이이다.〔卽蝸牛也.〕"라고 하였다. 이에 따르면 '蠃醢'는 즉 달팽이 살로 만든 醬이다.

【按】《주례》〈天官 醢人〉의 정현 주에 따르면 일반적으로 음식물을 식초에 버무려서 가늘게 채 썬 것을 '齏(제)', 음식물을 식초에 버무려서 온전히 그대로 두거나 얇고 평평하게 저민 것을 '菹'라고 한다.[166] '醬'은 江永에 따르면 식초[醯]와 젓갈[醢]을 총칭하는 말이다.[167]

⑧ 攝酒如再醮

살펴보면 이 구절을 통해, 희생을 잡아서 쓸 경우 두 번째 醮禮를 행할 때에도 술을 휘저어 새로 정돈해야 한다는 것을 알 수 있으니,[168] 글을 생략하였기 때문에 말하지 않은 것이다.

【按】'再醮'는 敖繼公에 따르면 희생을 잡지 않았을 경우 두 번째 초례를 말하는 것으로, 〈사관례〉 19와 互文으로 쓴 것이다.[169]

⑨ 俎

牲俎를 이르니, '牲'은 즉 잡은 한 마리 새끼 돼지이다. 좌반과 우반을 합쳐서 俎에 담는다.

⑩ 嚌之, 皆如初

정현의 주에 "嚌는 祭의 오류이다. 俎의 牲肉을 祭(고수레)하기를 처음과 같이 한다는 것은, 포를 젓갈에 찍어 祭할 때와 같이 한다는 것이다.〔嚌當爲祭字之誤也. 祭俎如初, 如祭脯醢.〕"라고 하였다. 살펴보면 '祭俎'는 俎 위의 離肺로 先人(이 음식을 처음 만든 사람)에게 祭하는 예를 행하는 것이다. 《의례》에서 일반적으로 俎에 담긴 牲肉을 祭할 때에는 모두 폐를 祭하며, 祭가 끝나면 바로 폐를 맛본다.

【按】여기에서 폐를 고수레하는 방법은 絶祭이다. '絶祭'는 〈특생궤식례〉 8 주⑧ 참조. '皆如初'는, 敖繼公에 따르면 再醮와 三醮 때 언급하지 않은 것은 모두 희생을 잡지 않을 경우(〈사관례〉 19) 始醮의 예와 같이 하는 것이다.[170]

⑪ 嚌肺

【按】敖繼公에 따르면 이것은 희생을 잡지 않을 경우 乾肉을 맛보는 것과 다른 점을 말한 것이다.[171]

166) 鄭玄注 : "凡醯醬所和, 細切爲齏, 全物若牒爲菹."

167) 《鄕黨圖考》 卷7 : "醬者, 醯、醢之總名."

168) 鄭玄注 : "攝酒如再醮, 則再醮亦攝之矣."

169) 《儀禮集說》 卷1 : "攝酒如再醮, 此與不殺之禮互言也."

170) 《儀禮集說》 卷1 : "皆如初, 謂此再醮'三醮之所不見者, 皆如不殺始醮之禮也."

171) 《儀禮集說》 卷1 : "云嚌肺者, 又明其所嚌之異於不殺者也, 不殺則祭用乾肉而嚌之."

⑫ 取籩脯以降

【按】 가공언의 소에 따르면 이때 牲肉이 있는데도 어머니를 알현할 때 포를 취하는 것은, 단지 합당한 예를 얻었음을 보일 뿐이기 때문이다.[172]

21. 孤子의 관례

若孤子①, 則父兄戒、宿②。
冠之日, 主人紒(계)而迎賓③, 拜, 揖, 讓, 立于序端, 皆如冠主④。禮于阼⑤。凡拜, 北面于阼階上⑥。賓亦北面于西階上答拜。若殺⑦, 則擧鼎陳于門外⑧, 直(치)東塾, 北面。

만약 관례를 치를 사람이 孤子(30세 전에 아버지를 여읜 適子)일 경우에는 父兄(백부·숙부·종형)이 賓에게 관례를 알리고 재차 賓에게 참여해 주시기를 청한다.
관례를 거행하는 날에 주인(관례를 치를 孤子 자신)은 붉은 비단으로 머리를 묶고 빈을 맞이하여 절하고 읍하고 사양하고 당에 올라가 東序 끝에 서는데, 모두 父兄이 冠主가 되었을 때와 같이 한다.
당 위 동쪽 계단 위쪽에서 醴禮를 행한다. 일반적으로 절은 주인이 당 위 동쪽 계단 위쪽에서 북향하고 한다. 賓도 당 위 서쪽 계단 위쪽에서 북향하고 답배한다.
만약 희생을 잡을 경우에는 鼎을 들어 묘문 밖에 진열하는데 東塾과 일직선상이 되는 곳에 북향하도록 놓는다.

① 孤子

여기에서는 適子로 아버지가 일찍 돌아가신 사람을 가리킨다. 《예기》〈曲禮上〉의 정현의 주에 따르면 고자는 나이 30세가 되기 전에 아버지를 잃은 사람이다.[173]

② 父兄

胡培翬에 따르면 "여러 백부·숙부 및 여러 종형의 친속을 이른다.〔謂諸伯

172) 賈公彦疏 : "旣殺有俎肉, 而取脯者, 見其得禮而已, 故不取俎肉."

173) 鄭玄注 : "謂年未三十者. 三十壯, 有室, 有代親之端, 不爲孤也."

叔父及諸從兄之屬是也.〕"

③ 主人紒

'主人'은 관례를 치를 孤子가 스스로 주인이 되는 것을 가리킨다. '紒'는 앞에 "將冠者(관례를 치를 사람)는 采衣(붉은색 비단으로 가선을 두른 緇色 상의)에 붉은색 비단으로 머리를 묶는다.〔將冠者采衣, 紒.〕"라고 할 때의 '紒'와 같다. (〈사관례〉 6) 그러나 여기에서는 采衣를 말하지 않았는데, 《예기》〈曲禮 上〉에 "고자가 집안을 맡았을 때에는 관과 옷에 채색 비단으로 가선을 둘러 장식하지 않는다.〔孤子當室, 冠、衣不純采.〕"라고 하고, 《예기》〈深依〉에 "고자일 경우에는 옷의 가선을 흰색으로 한다.〔如孤子, 衣純以素.〕"라고 하였기 때문이다. '純(준)'은 의복의 가선을 가리킨다. 아버지를 여윈 아들의 옷은 흰색으로 가선을 두르고 채색으로 가선을 두르지 않기 때문에 '采衣'를 말하지 않은 것이다.

④ 冠主

관례를 치를 사람의 부형이다. 관례를 주관하기 때문에 '冠主'라고 칭한 것이다.

⑤ 禮于阼

'禮'는 여기에서는 冠者(관례를 치른 자)에게 醴禮를 행하는 것을 이른다. '于阼'는 여기에서는 동쪽 계단 위쪽의 東序 앞에서 조금 북쪽 자리를 가리킨다. 살펴보면 아버지가 만일 살아계시면 관자에게 醴禮를 행할 경우 당의 정중앙 위치, 즉 이른바 '室戶 서쪽의 자리'에서 행한다. 〈사관례〉 11 참조.

【按】 가공언의 소에 따르면 '禮'가 今文에는 '醴'로 되어 있으나 정현이 이를 따르지 않고 경문에 '禮'를 쓴 것은, '醴'라고 하면 청주를 쓰는 醮禮를 겸하지 않지만 '禮'를 쓰면 예주를 쓰는 醴禮와 청주를 쓰는 醮禮를 모두 겸할 수 있기 때문이다.[174] 〈사관례〉 19 주 ① 참조.

⑥ 凡拜, 北面于阼階上

살펴보면 주인은 당 위 동쪽 계단 위쪽에서 북향하여 절하고, 賓은 서쪽 계단 위쪽에서 북향하여 절한다. 이것은 당 위에서 빈과 주인이 서로 절하는 바른 위치이기 때문에 凌廷堪의 《禮經釋例》 권1에 "일반적으로 당 위에서 하는 절은 모두 북향하여 절한다.〔凡堂上之拜皆北面.〕"라고 한 것이다. 여기에서는 孤子가 스스로 冠主가 되었기 때문에 일반적으로 절을 할 때에는 마찬가지로 동쪽 계단 위쪽에서 북향하고 한다.

174) 賈公彦疏 : "云'今文禮作醴'者, 鄭不從今文者, 以其言醴, 則不兼於醮, 言禮則兼醴、醮二法故也."

⑦ 若殺

'殺'은 제20절에서와 마찬가지로 이것 역시 희생을 잡는 것을 이른다. 胡培翬에 따르면 "이것은 孤子가 관례를 치를 때의 변례이다.〔此爲孤子冠之變禮.〕" 살펴보면 이때 잡는 희생도 한 마리 새끼 돼지이다.

⑧ 擧鼎陳于門外

【按】 정현의 주에 따르면 孤子는 禮를 다 펴서 성대하게 할 수 있기 때문에 廟門 밖에 鼎을 진열해놓을 수 있는 것이다. 만약 아버지가 살아있다면 묘문 밖에 정을 진열해놓지 못한다.[175] 고자가 스스로 자신의 관례를 주관할 때 묘문 밖에 정을 진열하는 것은, 자신을 위한 것이 아니라 희생을 잡아서 빈에게 공경을 다함을 보여주기 위한 것이기 때문이다.[176]

22. 庶子의 관례

若庶子①, 則冠于房外②, 南面, 遂醮焉③。

만약 관례를 치를 사람이 아버지가 살아있는 庶子(적장자 이외의 아들)일 경우에는 관례를 東房 밖 술 단지의 동쪽에서 남향하여 행하고, 이어 그 자리에서 醮禮를 행한다.

① 庶子

胡培翬가 말하기를 "앞의 경문(제21절)에서 말한 '적자'는 아버지를 여위었을 경우 관례를 거행하는 법을 말한 것이고, 여기 경문에서 말하는 '서자'는 아버지가 살아계실 경우 관례를 거행하는 법을 말한 것이다.〔上經所云適子無父者冠法也, 此經所云庶子父在者冠法也.〕"라고 하였다.

【按】 가공언의 소에 따르면 '庶子'는 첩의 자식을 지칭하기도 하나 적처 소생의 둘째 이하를 가리키기도 한다.[177] 胡培翬 역시 長子와 衆子, 適子와 庶子는 명칭은 다르지만 실제는 같은 것을 말한 것이라고 하였다. 즉 《의례》에서 '長子'라고 말했을 경우에는 장자의 아우만이 아니라 첩의 아들도 衆子의 범주에 들어가며, '適子'라고 말했을 경우에는 첩의 아들만이 아니라 적자의 同母弟 역시 庶子의 범주에 들어간다는 것이다. 일반적으

175) 鄭玄注 : "孤子得申禮, 盛之. 父在, 有鼎不陳於門外."

176) 《儀禮正義》 卷2 : "或謂冠而殺牲, 本爲其子, 故不陳於門外. 孤子自主冠, 則陳於門外, 示特殺以盡敬於賓, 而非爲己, 說亦可通."

177) 《儀禮》〈喪服〉賈公彥疏: "庶子, 妾子之號. 適妻所生第二者, 是衆子. 今同名庶子, 遠別於長子, 故與妾子同號也."

로 경문에서 '適'과 '庶'를 상대적으로 말했을 경우, 適은 적장자 1인을 가리키며, 나머지는 모두 庶이다.[178] 이에 근거하면 양천우는 '첩이 낳은 아들'이라고 보았으나, 여기에서는 적장자 이외의 아들을 가리키는 것으로 보아야 한다.

② 房外

정현의 주에 따르면 "술 단지의 동쪽을 이른다.〔謂尊東也.〕" 살펴보면 앞 경문(〈사관례〉 19)에서 "東房과 室戶 사이에 술 단지를 둔다.〔尊于房戶之間.〕"라고 하였으니, 이곳은 술 단지(즉 두 개의 단지)의 동쪽에 있는 것이다.

③ 遂醮焉

살펴보면 앞 절(제21절)에서는 孤子의 관례를 기록하면서 '禮'라고 말하고(行醴禮) 이 절에서는 庶子의 관례를 기록하면서 '醮'라고 말하였으니, 이는 互文이다. 고자는 예례만을 행할 수 있고 초례는 행할 수 없으며, 서자는 초례만을 행할 수 있고 예례는 행할 수 없다는 말이 아니다. 吳廷華가 말하기를 "고자의 관례에서는 '禮'를 말하고 여기에서는 '醮'를 말하였으니, 이는 호문이다.〔孤子言禮, 此言醮, 互文也.〕"라고 하였다.

23. 어머니가 부재중일 경우

冠者母不在①, 則使人受脯于西階下②。

冠者(관례를 치른 사람)가 어머니가 계시지 않을 경우에는, 다른 사람을 시켜 서쪽 계단 아래에서 포를 받게 한다.

① 冠者母不在

가공언의 소에 따르면 "친정에 문안 인사를 갔거나 질병이 있는 경우이다.〔或歸寧, 或疾病也.〕" 살펴보면 闈門의 밖에 계시지 않는 것을 이른다.

【按】 가공언의 소에서는, 만약 어머니가 살아계시지 않다면 경문에 '沒'이라 하고 '不在'라고 하지 않았을 것이며, 또한 어머니가 살아계시지 않다면 다른 사람에게 포를 받게 해서는 안 된다고 보았다. 冠者가 다른 사람에게 포를 받게 하는 것은, 어머니가 살아계시기 때문에 뒤에 이를 가지고 알현하고자 해서이다.[179] 朱熹는 '不在'에 대해 存沒을 모

178) 《儀禮正義》 卷22 : "長子、衆子與適子、庶子, 名異實同. 凡言長子者, 則不獨長子之弟爲衆子, 而妾子亦爲衆子; 言適子, 則不獨妾子爲庶子, 而適子之同母弟亦爲庶子. 經中凡以適對庶言者, 適爲適長一人, 其餘皆庶也."

179) 賈公彦疏 : "若死, 當云沒, 不得云不在. 且母死, 則不得使人受脯. 使人受脯, 爲母生在, 於後見之也."

두 겸한 것으로 추정하고, 어머니가 쫓겨나서 재가한 경우도 포함한다고 보았다.[180]

② 使人受脯于西階下

【按】 朱熹에 따르면, 만일 주인이 宗子가 아니라면 주부가 없는 경우도 있기 때문에 '使人'의 주체가 반드시 어머니인 것은 아니다.[181] 또 주희에 따르면 다른 사람을 시켜 포를 받게 한 뒤에는 〈사혼례〉 33에서 복명하는 의절이 있었던 것처럼 이때에도 반드시 이 포를 들고 행하는 별도의 의절이 이어져야 한다.[182]

24. 賓에게 참여해주기를 청하는 말

戒賓曰: "某有子某①, 將加布於其首②, 願吾子之教之也③。"
賓對曰: "某不敏④, 恐不能共事⑤, 以病吾子⑥, 敢辭⑦。"
主人曰: "某猶願吾子之終教之也。"
賓對曰: "吾子重有命, 某敢不從⑧?"

주인이 賓에게 관례를 알리고 참여해주기를 청하며 "某(주인의 이름)에게 아들 某(아들의 이름)가 있어 그 머리에 冠을 씌워주고자 합니다. 당신께서 가르쳐 주시기를 원합니다."라고 한다.
빈이 대답하기를 "某(빈의 이름)가 불민하여 일을 제대로 받들지 못하여 당신을 욕되게 할까 두렵습니다. 감히 사양합니다."라고 한다.
주인이 말하기를 "某는 그래도 당신께서 끝내 가르쳐 주시기를 원합니다."라고 한다.
빈이 대답하기를 "당신께서 거듭 명하시니 某가 감히 따르지 않을 수 있겠습니까."라고 한다.

① 某有子某

첫 번째 '某'는 주인의 이름이고, 두 번째 '某'는 아들의 이름이다.

② 加布

즉 冠을 씌워주는 것이다. 吳廷華에 따르면 "冠(치포관)과 爵弁은 모두 베로 만들고 皮弁은 가죽으로 만드는데 '布'라고 한 것은, 많은 것을 들어서 말

180) 《儀禮經傳通解》 卷1 : "今詳經云'不在', 恐兼存沒而言, 若被出而嫁亦是也."

181) 《儀禮經傳通解》 卷1 : "蓋主人若非宗子, 則固有無主婦者, 此云'使人', 未必母使之也."

182) 《儀禮經傳通解》 卷1 : "《昏禮》使者授人脯之後, 又執以反命, 則此使人受脯之後, 亦必更有禮節, 但文不具不可考耳."

한 것이다.〔冠(指緇布冠)、爵弁皆布, 皮弁用皮, 曰布者, 擧多者言之也.〕”

③ 吾子之教之也

‘吾子’의 ‘子’는 남자의 美稱이다. 앞에 ‘吾’를 덧붙인 것은 친근함을 표시한 것이다. 정현의 주에 “吾子는 친근히 대하는 말이다.〔吾子, 相親之辭.〕”라고 하였다. ‘教之’는 胡培翬에 따르면 “관을 씌워주는 예를 가르쳐 주는 것을 이른다.〔謂教以加冠之禮也.〕”

【按】 가공언의 소에서는 《春秋公羊傳》의 “이름은 字만 못하고 字는 子만 못하다.[名不若字, 字不若子.]”라는 구절을 인용하여, 옛날에는 스승을 ‘子’로 칭했다고 하였다.[183]

④ 某不敏

‘某’는 賓의 이름이다. ‘不敏’은 스스로 우둔하다고 겸양한 것이다.

⑤ 共事

‘共’은 ‘供’과 통한다. ‘共事’는 즉 관례의 일에 이바지하는 것이다.

⑥ 病

겸사이다. 정현의 주에 “辱(욕되다)과 같다.〔猶辱也.〕”라고 하였다.

⑦ 敢

겸사로, ‘감히 하지 않으면 안 된다’, ‘하지 않을 수 없다’는 뜻이다.

⑧ 某敢不從

살펴보면 이것이 바로 이른바 “한 번 사양하고 허락하는 것을 禮辭라고 한다.〔一辭而許曰禮辭也.〕”라는 것이다. 〈사관례〉 2 주② 참조.

25. 賓에게 참여해주기를 재차 청하는 말

> 宿曰: “某將加布於某之首, 吾子將莅之①, 敢宿②。”
> 賓對曰: “某敢不夙興?”
>
> 주인이 賓에게 재차 알리고 왕림해주기를 청하며 “某(주인의 이름)가 某(아들의 이름)의 머리에 冠을 씌워주고자 합니다. 당신께서 장차 왕림해 주시기를 감히 재차 청합니다.”라고 한다.
> 빈이 대답하기를 “某(빈의 이름)가 감히 일찍 일어나 가지 않을 수 있

183) 賈公彦疏 : “古者稱師曰子. 又《公羊傳》云: ‘名不若字, 字不若子.’ 是子者, 男子之美稱也.”

겠습니까."라고 한다.

① 莅

'임하다'는 뜻이다.

② 敢

무릅씀을 표시하는 말이다.

26. 첫 번째 冠을 씌워줄 때의 축사(始加祝辭)

始加, 祝曰: "令月吉日, 始加元服①。棄爾幼志, 順爾成德②。壽考惟祺③, 介爾景福④。"

將冠子(관례를 치를 사람)에게 첫 번째 冠(緇布冠)을 씌워줄 때 賓이 다음과 같이 축원한다.

"아름다운 달 좋은 날에 첫 번째로 元服을 씌워주노라. 너의 어린 마음을 버리고 너의 成人의 덕을 삼가 닦도록 하라. 이와 같이 하면 장수토록 복을 받아 너의 큰 복을 더욱 크게 하리라."

① 元服

옛 사람들은 冠을 일컬어 '元服'이라고 하였다. 여기에서는 緇布冠을 가리킨다.

【按】 정현의 주에 따르면 '元'은 '머리[首]'라는 뜻이다.[184] 즉 '元服'은 '머리에 쓰는 복식'이다.

② 順爾成德

'順'은 朱熹에 따르면 예전엔 '愼'과 통하였다. '成德'은 成人의 덕이다.

③ 壽考惟祺

'壽考'는 '高壽(장수하다)'라고 말하는 것과 같다. '祺'는 '상서롭다'는 뜻이다.

④ 介爾景福

'介'와 '景'은 모두 '크다'는 뜻이다.

184) 鄭玄注 : "元, 首也."

27. 두 번째 冠을 씌워줄 때의 축사(再加祝辭)

再加曰: "吉月令辰, 乃申爾服①。敬爾威儀②, 淑愼爾德③。眉壽萬年④, 永受胡福⑤。"

冠者(緇布冠을 쓴 사람)에게 두 번째 冠(皮弁)을 씌워줄 때 賓이 다음과 같이 축원한다.
"길한 달 아름다운 때에 이어서 너에게 元服을 거듭 씌워주노라. 너의 위의를 공경히 하고 너의 덕을 잘 삼가 닦도록 하라. 이와 같이 하면 眉壽토록 장수를 누려 무궁한 복을 받으리라."

① 乃申爾服

'申'은 '거듭', '재차'라는 뜻이다. '服'은 元服이니, 여기에서는 皮弁을 가리킨다.

② 敬

나태하지 않는 것이다. 《주례》〈天官 小宰〉에 "관리를 평가하는 기준 중 세 번째는 '청렴하면서도 공경히 직무를 수행했는가'이다.〔三曰廉敬.〕"라고 하였는데, 정현의 주에 "敬은 자신의 자리에서 나태하지 않는 것이다.〔敬, 不解(懈)於位也.〕"라고 하였다.

③ 淑

'잘하다'는 뜻이다.

④ 眉壽

'長壽'라고 말하는 것과 같다. 吳廷華에 따르면 "노인에게 긴 눈썹이 있는 것은 장수의 표징이다.〔老人有豪眉, 壽徵也.〕"

⑤ 胡

정현의 주에 "遐와 같으니 '멀다'는 뜻이다. '멀다'는 것은 '무궁하다'는 뜻이다.〔猶遐也, 遠也. 遠, 無窮.〕"라고 하였다.

28. 세 번째 冠을 씌워줄 때의 축사(三加祝辭)

三加曰: "以歲之正①, 以月之令, 咸加爾服②。兄弟具在, 以成厥德③。黃耇(구)無疆④, 受天之慶⑤。"

冠者(皮弁을 쓴 사람)에게 세 번째 冠(爵弁)을 씌워줄 때 賓이 다음과 같이 축원한다.
"좋은 해 아름다운 달에 너에게 元服을 모두 씌워주노라. 형제들이 모두 관례에 참가하여 네 成人의 덕을 이루어 주도다. 머리카락이 누렇게 되고 얼굴에 검버섯이 생기도록 무궁히 장수하여 하늘의 복을 받으리라."

① 正

정현의 주에 따르면 "善과 같다.〔猶善也.〕"

② 咸加爾服

緇布冠·皮弁·爵弁을 모두 차례대로 冠者에게 이미 씌워주었다는 말이다.

③ 以成厥德

'厥德'은 冠者의 成人의 덕을 말한다. 살펴보면 세 번째 관을 씌워주는 禮가 끝난 뒤 관자가 형제를 알현하면 형제들이 모두 그와 함께 成人의 예를 행한다. 이것이 관자의 成人의 덕을 이루어주는 것이다. 〈사관례〉 15 참조

④ 黃耇

'黃'은 '누런 머리카락'이라는 뜻이다. '耇'는 음이 '구'이니, 정현의 주에 따르면 "언 배이다.〔凍梨也.〕" 여기에서는 노인의 낯에 나타난 언 배의 색을 가리킨다. 누런 머리카락과 언 배의 낯빛은 모두 장수의 표징이기 때문에 '黃耇' 또한 '長壽'라고 말하는 것과 같다.

【按】 '누런 머리카락'은 노인의 머리가 희어졌다가 다시 황색이 된 것을 말한다.[185]

⑤ 慶

'福'이라는 뜻이다. 《주역》〈履卦 上九 象〉에 "크게 경사가 있다.〔大有慶也.〕"라고 하였는데, 공영달의 소에 "크게 복이 있다는 말이다.〔大有福慶也.〕"라고 하였다.

185) 《爾雅》〈釋詁〉邢昺疏 : "黃髮者, 舍人曰: '黃髮, 老人髮白復黃也.'"

29. 醴酒를 사용하여 醮禮를 행할 때 내려주는 말(醴辭)

醴辭曰: "甘醴惟厚, 嘉薦令芳。拜受祭之①, 以定爾祥。承天之休②, 壽考不忘!"

(세 번째 冠을 씌워준 뒤) 醴酒를 사용하여 醮禮를 행할 때에 賓이 冠者에게 다음과 같이 말한다.
"달콤한 예주는 진하고 좋은 포와 젓갈은 향기롭도다. 절하고 받아서 祭(고수레)하여 너의 상서로움을 안정시키도록 하라. 하늘의 아름다운 복을 받들어 장수토록 잊지 말라."

① 拜受祭之
즉 절하고 술잔을 받고, 脯를 젓갈에 찍어 祭(고수레)하고, 단술을 祭(고수레)하는 것이다.(《사관례》 11) 이것은 賓이 冠者에게 禮를 행하도록 하는 것이다.

② 休
'아름답다'는 뜻이다.

30. 청주를 사용하여 첫 번째 醮禮를 행할 때 내려주는 말(初醮辭)

醮辭曰①: "旨酒旣淸②, 嘉薦亶時③。始加元服, 兄弟具來。孝友時格④, 永乃保之⑤。"

청주를 사용하여 첫 번째 醮禮를 행할 때에 賓이 冠者(緇布冠을 쓴 사람)에게 다음과 같이 말한다.
"맛좋은 청주는 이미 맑고, 좋은 포와 젓갈은 참으로 때에 맞도다. 첫 번째 元服(緇布冠)을 씌워주었으니 형제들이 모두 와서 참가하였도다. 효도와 우애를 이에 지극히 해야 길이 편안하리라."

① 醮辭

【按】 주소에 따르면 庶子는 관례를 동쪽 계단 위쪽에서 하지 않고 醮禮를 客位에서 행하지 않을 뿐 아니라 祝辭도 없는데(《사관례》 22), 시자는 대를 계승하는 의미를 드러낼 이치가 없기 때문에 생략하여 가볍게 하는 것이다. 다만 가공언은 "일반적으로 청주를 사용하여 초례를 행할 경우에는 축사를 하지 않는다.[凡醮者不祝.]"라는 정현의 주에서 '凡'을 서자로 보아 여기의 醮辭는 오직 적자를 위해서 말한 것으로 보았다.[186] 그러나 張爾岐[187]나 楊復[188] 등의 통설은 적자이든 서자이든 청주를 사용하여 세 차례의 초례를 행할 경우에는 冠을 씌워줄 때마다 초사를 행하기 때문에 별도의 축사는 하지 않는다고 해석한다.

② 旨

'맛좋다'는 뜻이다.

③ 嘉薦亶時

'薦'은 脯와 젓갈을 이른다. (《사관례》12 주①) '亶'은 정현의 주에 따르면 "진실로라는 뜻이다.〔誠也.〕" 즉 '확실하다'는 뜻이다. '時'는 '때에 맞다〔適時〕'라는 말이다. '亶時'는 '확실히 바로 이때'라고 말하는 것과 같다.

④ 孝友時格

정현의 주에 "부모를 잘 섬기는 것이 '孝'이고, 형제와 잘 지내는 것이 '友'이다. '時'는 '이에' 이고 '格'은 '지극히 하다'는 뜻이다.〔善父母爲孝, 善兄弟爲友. 時, 是也. 格, 至也.〕"라고 하였다.

【按】 敖繼公은 "너의 관례에 형제들이 모두 와서 참여한 것은 네가 효성스럽고 우애가 깊어 이들을 오게 한 것이라는 말이다."라고 하였다.[189] 이밖에도 '格'을 '감격하여 이르다'의 뜻으로 본 설이 있으나,[190] '지극함을 다하다[極其至也]'의 뜻으로 본 설이 많아 여기에서는 우선 정현의 주를 따르기로 한다.

⑤ 永乃保之

'乃'는 '비로소'의 뜻이다. '保'는 '편안하다'는 뜻이다. 吳廷華가 말하기를 "부모에게 효도하고 형제간에 우애하면 편안하다.〔孝友則安.〕"라고 하였다.

186) 鄭玄注："凡醮者不祝." 賈公彦疏："醮辭唯據適子而言, 以其將著代重之, 故備見祝辭也. 此注云'凡醮者不祝'者, 言'凡'謂庶子也. 旣不加冠於阼, 又不禮於客位, 無著代之理, 故略而輕之也."

187)《儀禮鄭註句讀》卷1："凡醮者不祝, 謂用酒以醮者, 每加冠畢, 但用醮辭醮之, 其方加冠時, 不用祝辭也."

188)《儀禮圖》卷1："凡醮者不祝, 謂三加三醮, 旣有醮辭, 則不用祝辭也."

189)《儀禮集說》卷1："言女方加元服而兄弟皆來者, 蓋女孝友之德有以感格之也."

190)《儀禮章句》卷1："格, 感而至也."

31. 청주를 사용하여 두 번째 醮禮를 행할 때 내려주는 말(再醮辭)

再醮曰: “旨酒旣湑①, 嘉薦伊脯②。乃申爾服, 禮儀有序。祭此嘉爵③, 承天之祜④。”

청주를 사용하여 두 번째 醮禮를 행할 때에 賓이 冠者(皮弁을 쓴 사람)에게 다음과 같이 말한다.
“맛좋은 술은 이미 맑게 걸러 있고 좋은 음식은 포와 젓갈이 준비되어 있다. 이에 너에게 元服(皮弁)을 거듭 씌워주었으니, 예의에 차례가 있도다. 이 맛좋은 술을 祭(고수레)하여 하늘의 복을 받도록 하라.”

① 湑

'거른 술'이니, 引申하여 '맑다'는 뜻이다.

② 伊脯

'伊'는 어조사이다. '脯'는, 여기에서 '脯'만 말했지만 실은 젓갈도 겸한 것이다.

③ 嘉爵

즉 美酒이다. 살펴보면 醮禮에 청주를 올릴 때 爵을 사용하기 때문에 爵으로 술을 대신 지칭한 것이다.

④ 祜

음은 '호'이니, '福'의 뜻이다.

32. 청주를 사용하여 세 번째 醮禮를 행할 때 내려주는 말(三醮辭)

三醮曰: “旨酒令芳, 籩豆有楚①。咸加爾服, 肴升折俎②。承天之慶, 受福無疆。”

청주를 사용하여 세 번째 醮禮를 행할 때에 賓이 冠者(爵弁을 쓴 사람)에게 다음과 같이 말한다.
"맛좋은 술은 향기롭고 籩豆(포와 젓갈)는 질서 있게 늘어있도다. 너에게 元服(치포관·피변·작변)을 모두 씌워주었으니, 안주로는 折俎를 올렸도다. 하늘의 복을 받들어 무궁한 복을 받도록 하라."

① 楚

질서 있게 진열되어 있는 모습이다.

② 肴升折俎

'肴'는 생선이나 고기 등의 냄새나는 음식이다. '升'은 '올리다'는 뜻이다. 정현의 주에 "肴升折俎 역시 새끼 돼지를 이른다.〔肴升折俎亦謂豚.〕"라고 하였고, 敖繼公은 "肴는 乾肉이나 새끼 돼지를 이른다.〔肴謂乾肉若(或)豚.〕"라고 하였다. 이에 근거하면 '肴升折俎'는 실은 희생을 잡지 않을 때의 건육절조와 희생을 잡았을 때의 豚俎를 겸하여 말한 것이다. 앞글을 통하여 초례를 행할 때에는 희생을 잡거나 희생을 잡지 않거나 따지지 않고 모두 똑같이 이 醮辭를 사용한다는 것을 알 수 있다.

33. 字를 내려줄 때 하는 말(字辭)

字辭曰: "禮儀既備①, 令月吉日, 昭告爾字。爰字孔嘉②, 髦士攸宜③。宜之于假④, 永受保之, 曰伯某甫⑤。" 仲、叔、季, 唯其所當。

賓이 冠者(관례를 치른 사람)에게 字를 내려주면서 다음과 같이 말한다.
"예의가 이미 갖추어져 좋은 달 길한 날에 너에게 字를 밝게 고해주노라. 이에 字가 매우 아름다우니, 훌륭한 선비에게 어울리도다. 이 字에 어울리게 해야 복이 될 것이니, 길이 받아서 보전하도록 하라. 너의 字는 '伯某甫'이다." 仲·叔·季일 경우 伯 대신에 서열에 따라 적절하게 쓴다.

① 禮儀既備

胡培翬에 따르면 "세 번째 관을 씌워주는 禮가 이미 끝난 것을 이른다.〔謂三加已畢也.〕"

② 爰字孔嘉

'爰'은 '이에〔於〕'의 뜻이다. '孔'은 '매우', '몹시'의 뜻이다.

③ 髦士攸宜

'髦'는 '뛰어나다'의 뜻이다. '攸'는 '所'와 같다.

④ 于假

'于'는, 정현의 주에 따르면 "爲와 같다〔猶爲也.〕" '假'는, 朱熹에 따르면 '嘏(하)'와 같으니 '福'이라는 뜻이다. 살펴보면 《藝文類聚》 권40 〈禮部下 冠〉 및 《通典》 권56 〈禮16 諸侯大夫士冠〉에서 이 구절을 인용하였는데 '假'가 모두 '嘏'로 되어 있다.

⑤ 伯某甫

'伯'은 다음에 나오는 '仲·叔·季'와 모두 형제간의 서열을 표시하는 말이다. 맏이는 '伯'이 되고 아래는 차례대로 仲·叔·季가 된다. '某'는 지어준 字를 대신 지칭한 것이다. '甫'는 남자의 美稱으로, 혹 '父(보)'로 쓰기도 한다. '伯(或仲、叔、季)某甫(或父)'는 고대에 남자의 字를 구성하는 온전한 호칭으로, 예를 들면 伯禽父·仲山甫·叔興父 등등과 같다.

【按】 西周 시대에는 字를 지을 때 '伯某甫'라는 형태의 자를 쓰지 않고 '子某'라는 형식의 字를 사용하기도 하였는데, 공자 때에 오자 이런 형식의 字가 더욱 보편화되어 공자의 제자들은 子淵·子貢·子路와 같이 대부분 '子某'의 형태로 자를 지었다.[191]

34. 관례 때 신는 신발(冠屨)

屨①, 夏用葛②。
玄端黑屨③, 靑絇(구)、繶(억)、純(준)④, 純博寸。
素積白屨, 以魁(괴)柎之⑤, 緇絇、繶、純, 純博寸。
爵弁纁屨, 黑絇、繶、純, 純博寸。
冬, 皮屨可也。不屨繐(세)屨⑥。

191) 《新譯儀禮讀本》〈士冠禮〉 23쪽 주㊵ 참조.

관례를 행할 때 신는 신발은, 여름에는 칡으로 만든 신발을 사용한다.
始加에 입는 현단복에는 검은색 신발을 신으니, 絇(구. 신코 장식)·繶(억. 솔기 장식 끈)· 純(준. 가선)을 청색으로 한다. 純의 너비는 1寸이다.
再加에 입는 피변복에는 흰색 신발을 신으니, 대합 가루를 발라 하얗게 하고 絇·繶·純을 緇色으로 한다. 純의 너비는 1寸이다.
三加에 입는 작변복에는 분홍색 신발을 신으니, 絇·繶·純을 흑색으로 한다. 純의 너비는 1寸이다.
겨울에는 가죽으로 만든 신발을 신어도 된다.
繐屨(성글고 가는 베로 만든 喪屨)는 신지 않는다.

① 屨

음은 '구'이다. 마·칡·풀·명주실·가죽 등으로 만든 신발이다.

② 用葛

칡이나 등나무를 가공하여 만든 섬유를 사용하여 짜서 만든 신발을 가리킨다.

③ 玄端黑屨

현단복과 짝하여 검은색 신발을 신는 것을 이른다. 다음에 나오는 '素積白屨'와 '爵弁纁屨'도 이와 같다. 정현의 주에 이르기를 "신발은 下裳의 색을 따르니, '玄端黑屨'는 玄裳을 올바름으로 삼는다."〔屨者順裳色, 玄端黑屨, 以玄裳爲正也.〕"라고 하였다. 살펴보면 현단복의 下裳은 玄裳·黃裳·雜裳을 쓰는 것이 모두 가능하지만(《사관례》 5) 玄裳을 올바름으로 삼으며, 신발은 下裳의 색을 따르기 때문에 검은색 신발을 짝하여 신는 것이다.

【按】 가공언의 소에 따르면 이 절에서 세 종류의 복식에 착용하는 신발의 색을 각각 다른 관점에서 언급한 것은 이유가 있다. 즉 玄端服은 下裳으로 玄裳·黃裳·雜裳을 모두 쓸 수 있기 때문에 上衣인 玄端의 색으로 신발의 색이 玄色임을 보여준 것이고, 皮弁服은 원래 신발의 색은 하상을 따르는 것이 正禮이기 때문에 하상인 素積의 색으로 신발의 색이 흰색임을 보여준 것이고, 爵弁服은 앞에서 이미 纁裳을 언급하였을 뿐 아니라 6종류의 冕服 역시 모두 纁裳이어서 면복으로 오해할 수 있기 때문에 상의와 하상을 언급하지 않고 작변으로 신발의 색을 보여준 것이다.[192]

④ 青絇、繶、純

'絇'는 음이 '구'이다. 신코 위의 장식으로, 구멍이 있어서 신 끈을 꿰어 맬

192) 賈公彦疏 : "此三服見屨不同, 何者? 玄端以衣見屨, 以玄端有黃裳之等, 裳不得擧裳見屨, 故擧玄端 見屨也. 皮弁以素積見屨, 屨裳同色, 是其正也. 爵弁既不擧裳, 又不擧衣, 而以爵弁見屨者, 上陳服已言纁裳, 裳色自顯, 以與六冕同玄衣纁裳, 有冕服之嫌, 故不以衣裳, 而以首服見屨也."

수 있다. '繶'은 음이 '억'이다. 신발의 양쪽 볼과 밑창이 맞닿는 솔기에 장식하는 실끈이다. '純'은 음이 '준'이다. 신발 입구를 따라 빙 두른 가선이다.

⑤ 以魁柎之

'魁'는 대합이니, 그 껍질을 갈아서 灰를 만들면 물건에 발라서 흰색이 되게 할 수 있다. '柎'는 '附(덧붙이다)'와 통한다.

⑥ 不屨繐屨

阮元의 교감본에는 두 번째 '屨' 자가 '履'로 잘못되어 있으나 주소에서 인용한 경문과 각 본에는 모두 '屨'로 되어 있다. (이른바 '각 본'이란 본서에 부록으로 붙인 引用書目 중에서 《武威漢簡》을 제외한 각 본을 가리킨다.) 첫 번째 '屨'는 '신발을 신는다'는 뜻이다. '繐'는 음이 '세'이다. 이것은 고대에 상복에 사용한 일종의 짜임이 성글고 올이 가는 베다.(〈상복〉 15 주①) '繐屨'는 즉 喪屨(상구)이다. 敖繼公에 따르면 세구가 비록 상구이기는 하나 성근 베로 만들기 때문에 신으면 비교적 가볍고 시원해서 사람들이 여름에 종종 신는다. 그러나 관례는 길례에 속하고 세구에 사용한 베는 吉布가 아니니, 이 때문에 만약 여름에 관례를 거행한다 하더라도 세구를 신을 수 없는 것이다.

四. 記

35. 緇布冠의 의미

記①。冠義②。
始冠, 緇布之冠也。大(태)古冠布③, 齊(재)則緇之④。
其緌(유)也⑤, 孔子曰⑥: "吾未之聞也⑦。冠而敝之可也。"

〈記〉이다. 관례를 행하는 의의이다.
첫 번째 쓰는 冠은 緇布(검은색 베)로 만든 관이다. 태고에는 흰색 베로 관을 만들어 쓰고, 재계할 때는 검은색으로 물을 들여 사용하였다. 緌(유. 관끈 장식)는, 공자가 말하기를 "나는 이에 대해서는 들은 적이 없다. 緇布冠은 관례가 끝난 뒤에는 버려도 된다."라고 하였다.

① 記

이것은 후대 사람이 지은 것으로, 경문의 뜻을 해석하거나 경문에 갖추어지지 않은 내용을 보충한 것이다. 그러나 '記'라고 쓴 것은, 원래는 〈記〉의 내용 앞에 '記' 자를 결코 덧붙이지 않았다. 沈文倬은 《漢簡"服傳"考(下)》에서 "금본에서 앞에 經을 두고 뒤에 記를 구분하여 '記'자를 사용한 것은 후대 사람이 추측으로 덧붙인 것이다.〔今本用以分別前經後記的記字, 爲後人所臆加.〕"라고 하였는데, 이 論斷이 정확하다. 漢簡本《의례》의 〈記〉 앞에 모두 '記' 자를 내걸지 않은 것이 바로 그 확실한 증거이다.

② 冠義

가공언의 소에 따르면 "冠義는 〈사관례〉 중의 의미를 기록한 것이다.〔冠義者, 記《士冠》中之義者.〕" 살펴보면 이 이하는 모두 〈記〉이다.

【按】 이 이하의 내용이 《예기》〈郊特牲〉에도 실려 있는데, 가공언의 소에 따르면 기록한 때가 달라서 두 개의 기록이 있게 된 것이다. 여기 《의례》의 내용은 子夏 이전, 즉 공자 시대에 기록한 것이고, 《예기》의 내용은 秦·漢 사이에 기록한 것이다.[193]

193) 賈公彦疏 : "記當在子夏之前, 孔子之時……云'冠義'者, 記《士冠》中之義者, 記時不同, 故有二記. 此則在子夏前. 其《周禮·考工記》, 六國時所錄, 故遭秦燔滅典籍, 有韋氏、雕氏闕, 其記則在秦漢之際儒者加之."

③ 大古冠布

'冠'은 冠을 쓴다는 말이다. '布'는 정현의 주에 따르면 흰 베로 만든 冠을 가리킨다.[194]

【按】'大古'는 정현의 주에 따르면 요·순 이전을 말한다.[195]

④ 齊則緇之

'齊'는 '齋'와 통하니 '재계한다'는 뜻이다. 옛 사람들은 성대한 제사를 거행할 때에는 모두 먼저 재계를 해야만 했다. 이 때문에 여기에서 '齊'를 가지고 곧바로 제사를 대신 가리킨 것이다. 살펴보면 《예기》〈郊特牲〉에도 이 구절이 있는데, 공영달의 소에 이르기를 "태고 시대에는 그 冠을 만들 때 오직 흰색 베만 사용하였으니, 이것이 평소에 쓰는 관이었다. 재계를 하게 되면 물을 들여 검게 만들었다.〔大古之時, 其冠唯用白布, 常所冠也. 若其齋戒, 則染之爲緇.〕"라고 하였다. 이것은 첫 번째 씌워주는 緇布冠이 상고 시대 사람들이 재계를 할 때에야 비로소 쓰는 관임을 설명한 것이니, 근본으로 돌아가고 소박함을 숭상한다는 뜻이 있다.

⑤ 緌

관끈 장식이다. 張惠言의 《儀禮圖》 권1 〈冠〉 圖의 自注에 이르기를 "緌는 별도로 만든 명주 끈으로, 관끈을 묶고 나서 관의 양쪽에 부착한다. 그러므로 《예기》〈內則〉에서 이르기를 '冠·緌·纓'이라고 한 것이니, 세 가지 물건이다.〔緌者, 別爲絲組, 旣結纓, 乃著于纓之兩端. 故《內則》曰'冠、緌、纓', 爲三事.〕"라고 하였다.

⑥ 孔子曰

【按】이와 관련하여 《공자가어》에 孟懿子가 첫 번째로 반드시 치포관을 쓰는 이유에 대해 묻자, 공자가 "고례를 잊지 않음을 보이는 것입니다. 태고에는 布로 만든 관을 썼는데 재계할 때에는 검게 물들였습니다. 여기에 사용하는 관끈[緌]은 듣지 못했습니다. 오늘날에는 관례가 끝난 뒤에는 버려도 됩니다."라고 대답한 내용이 보인다.[196]

⑦ 吾未之聞也

【按】정현의 주에 따르면, 태고에는 질박하여 관끈 장식이 없었을 것이라는 말이다.[197]

194) 鄭玄注："白布冠, 今之喪冠是也."

195) 鄭玄注："大古, 唐、虞以上."

196) 《孔子家語》〈冠頌〉："懿子曰: '始冠必加緇布之冠, 何也?' 孔子曰: '示不亡古. 太古冠布, 齋則緇 之. 其緌也, 吾未之聞. 今則冠而敝之可也.'"

197) 鄭玄注："未之聞, 大古質, 蓋亦無飾."

36. 適子의 관례의 의미

> 適子冠于阼①, 以著代也②。
> 醮于客位③, 加有成也④。
>
> 적자가 당 위 동쪽 계단 위쪽에서 관례를 행하는 것은, 대를 잇는다는 것을 밝힌 것이다.
> 적자가 손님의 자리에서 醮禮를 행하는 것은, 관례를 치르는 자에게 成人의 도가 있음을 높이 여긴 것이다.

① 適子冠于阼

'適'은 '嫡'과 통한다. '阼'는 동쪽 계단 위쪽의 東序 앞 조금 북쪽의 위치를 가리킨다.(〈사관례〉 21 주⑤) 살펴보면 주인의 자리는 東序 남쪽 끝에 있으니, 東序 앞 조금 북쪽의 자리라면 주인이 있는 위치와 가깝다. 적자에게 세 차례 관을 씌우는 일은 모두 이곳에서 행한다. 〈사관례〉 8·9·10 참조.

② 著代

'著'는 '밝힌다'는 뜻이다. '代'는 아버지에서 아들로 대를 전하는 것을 이른다.

③ 醮于客位

'客位'는 胡培翬에 따르면 "호의 서쪽이 손님의 자리이다.[戶西爲客位.]" 즉 室戶의 서쪽으로 당의 한 가운데 자리이다.(〈사관례〉 11 주①) 살펴보면 適子는 청주를 사용하여 醮禮를 행할 때 손님의 자리에서 행하였고 醴酒를 사용하여 초례를 행할 때에도 손님의 자리에서 행하였다. 〈사관례〉 11에서 이미 적자가 예주를 사용하여 손님의 자리에서 초례를 행하는 일을 전적으로 기록하였기 때문에, 여기에서는 글을 생략하고 말하지 않은 것이다. 《예기》〈冠義〉에 이르기를 "손님의 자리에서 초례를 행한다.[醮於客位.]"라고 하였는데, 정현의 주에 "만일 예주를 쓰지 않으면, 초례를 행할 때 청주를 써서 손님의 자리에서 거행한다.[若不醴, 則醮用酒於客位.]"라고 하였다.

【按】 정현의 주에 따르면, 청주를 써서 醮禮를 행하는 것을 夏나라와 殷나라에서는 당 위 동쪽 계단 위쪽에서 거행하였는데, 周나라에서 청주를 써서 醮禮를 행하는 것을 손님의 자리에서 거행한 것은, 높이고 공경하여 成人이 된 것을 완성시켜주기 위한 것이다.[198]

198) 鄭玄注 : "醮, 夏、殷之禮, 每加于阼階, 醮之于客位, 所以尊敬之, 成其爲人也."

④ 加有成也

敖繼公에 따르면 "加는 尙과 같으니, '높이다'는 뜻이다. 관례를 치른 자는 성인의 도가 있기 때문에 손님의 예로 대우하는 것이다.〔加猶尙也, 尊也. 其有成人之道, 故以客禮待之.〕"

37. 세 차례 冠을 씌워주고 字를 지어주는 의미

三加彌尊, 諭其志也①。
冠而字之, 敬其名也②。

세 차례 관을 씌워주면서 점점 높은 관을 씌워 주는 것은, 앞으로 나아가라는 뜻을 깨우쳐주기 위한 것이다.
세 차례 관을 씌워준 뒤에 字를 지어주는 것은, 그 이름을 공경히 하기 위한 것이다.

① 諭其志

'諭'는 '깨우쳐준다'는 뜻이다. 敖繼公은 "깨우쳐준다는 것은, 그 뜻을 덕을 닦는 데에 두게 하여 매양 진보하도록 하는 것이다.〔敎諭之, 使其志存修德, 每進而上也.〕"라고 하였다.

② 敬其名

살펴보면 이름은 처음 태어났을 때 부모가 지어 준 것이다. 관례를 행하여 成人이 되면 字를 지어주어 이름을 대신하게 하고, 군주나 부모가 아니면 모두 諱하여 그 이름을 부를 수 없다. 그러므로 "그 이름을 공경히 한다.〔敬其名.〕"라고 한 것이다. 張爾岐는 "부모에게서 받은 이름을 공경히 하여 군주나 부모 앞이 아니면 부를 수 없다.〔敬其所受於父母之名, 非君父之前, 不得呼也.〕"라고 하였다.

【按】 이름은 아버지가 지어주는 것인데도 부모에게서 이름을 받았다고 한 것은, 가공언의 소에 따르면 부부는 일체이기 때문이다.[199]

199) 鄭玄注 : "名者, 質, 所受於父母."
賈公彦疏 : "案《內則》云'子生三月, 父名之', 不言母, 今云'受於父母'者, 夫婦一體, 受父卽是受於母, 故兼言也."

38. 夏·殷·周 三代의 冠制

委貌, 周道也①, 章甫②, 殷道也, 毋追(모퇴)③, 夏后氏之道也。周弁, 殷冔(후), 夏收④。三王共皮弁、素積⑤。

첫 번째 씌워주는 冠으로, 委貌는 周나라의 제도이고, 章甫는 殷나라의 제도이고, 毋追는 夏나라의 제도이다.
세 번째 씌워주는 冠으로, 주나라에서는 弁을 썼고, 은나라에서는 冔를 썼고, 하나라에서는 收를 썼다.
두 번째 씌워주는 冠으로, 하·은·주 三代 모두 皮弁과 素積(허리에 주름을 잡은 흰색 下裳)을 착용하였다.

① 委貌, 周道也

살펴보면 委貌는 다음에 나오는 章甫·毋追와 함께 三代 때 평상시에 썼던 冠의 이름이다. 《예기》〈郊特牲〉에도 이 글이 인용되었는데, 이 〈교특생〉의 정현의 주에 이르기를 "평상시에 쓰고서 도를 행했던 관이다.〔常服以行道之冠也.〕"라고 하였다. 살펴보면 여기에서 '道'를 '行道'로 주석한 것은 바로 글자만 보고 멋대로 해석한 것이다. 吳廷華는 "道는 制(제도)와 같다.〔道猶制也.〕"라고 하였으니, 이 설이 비교적 타당하다.

【按】 정현의 주에 따르면 '委貌'의 '委'는 '安'과 같으니, '委貌'는 용모를 편안하고 바르게 한다는 말이다.[200] 委貌는 다음에 나오는 章甫·毋追와 함께 모두 첫 번째 씌워주는 緇布冠을 가리킨다.[201] '行道'는 공영달의 소에 따르면 養老·燕飮·燕居 때의 차림을 이른다.[202]

② 章甫

【按】 정현의 주에 따르면 '章'은 '밝힌다'는 뜻이며, '甫'는 '父' 또는 '斧'로도 쓴다. '章甫'는 殷나라가 질박하여 丈夫임을 표명한 것이다.[203]

③ 毋追

【按】 발음은 '모퇴'이다.[204] 정현의 주에 따르면 '毋'는 발어성으로 의미가 없으며, '追'는 '堆'와 같다. 夏나라가 질박하여 그 형태로 이름을 붙인 것이다.[205]

200) 鄭玄注 : "委, 猶安也, 言所以安正容貌."

201) 《禮記集說》〈郊特牲〉注 : "委貌、章甫、毋追皆緇布冠. 但三代之易名不同, 而其形制亦應異耳."

202) 《禮記》〈郊特牲〉 孔穎達疏 : "行道, 謂養老、燕飮、燕居之服."

203) 鄭玄注 : "章, 明也. 殷質, 言以表明丈夫也. 甫, 或爲父, 今文爲斧."

204) 《禮記集說》〈郊特牲〉 : "毋【牟】追【堆】, 夏后氏之道也."

205) 鄭玄注 : "毋, 發聲也. 追, 猶堆也. 夏后氏質, 以其形名之."

④ 周弁, 殷冔, 夏收

살펴보면 弁은 다음에 나오는 冔·收와 함께 三代에 재계를 하고 제사를 지낼 때 썼던 冠 이름이다. 《예기》〈郊特牲〉 정현의 주에 이르기를 "재계할 때 썼던 관을 그대로 쓰고 제사 지내는 것이다.〔齊(齋)所服而祭也.〕"라고 하였다.

【按】 '弁'은 이름이 槃에서 나온 것으로, '크다'는 뜻이다. 다음에 나오는 冔·收와 함께 모두 세 번째 씌워주는 관이다. '冔'는 이름이 幠(무)에서 나온 것으로, 덮다[覆也]는 뜻이다. '收'는 그 머리카락을 거두는 것이다.[206] 공영달의 소에 따르면 三命 이하는 재계와 제사 때 동일한 冠을 쓰고, 四命 이상은 재계와 제사 때 다른 관을 쓴다.[207]

⑤ 三王

이는 夏나라·殷나라·周나라의 三代를 이른다.

39. 대부 이상의 관례

無大夫冠禮, 而有其昏禮。古者五十而後爵, 何大夫冠禮之有①?
公侯之有冠禮也②, 夏之末造也③。天子之元子猶士也④, 天下無生而貴者也。
繼世以立諸侯, 象賢也⑤。以官爵人, 德之殺(쇄)也⑥。

대부의 관례는 없고 대부의 혼례는 있다. 옛날에는 50세가 된 뒤에야 관작을 받았으니 어찌 대부의 관례가 있었겠는가.
제후에게 관례가 있는 것은 夏나라 말에 만들어진 것이다. 천자의 元子도 관례를 행할 때에는 士의 禮를 쓰니, 천하에 태어나면서부터 존귀한 자는 없기 때문이다.
대를 이어서 제후로 세워 주는 것은 선대의 훌륭한 덕을 본받았기 때문이다. 관작을 사람들에게 주는 것은 덕에 따라서 차등을 둔 것이다.

206) 《禮記集說》〈郊特牲〉 注 : "周之弁、殷之冔、夏之收, 各是時王所制以爲三加之冠. 舊說弁名出於槃, 槃, 大也. 冔, 名出於幠, 幠, 覆也. 收, 所以收斂其髮也."

207) 孔穎達疏 : "齊所服而祭也者, 言齊及祭時所服也. 若三命以下, 齊、祭同冠, 四命以上, 齊、祭則異冠."

① 古者……之有

이 두 구절은 '無大夫冠禮, 而有其昏禮'의 원인을 해석한 것이다. 옛날에는 나이 50이 된 뒤에야 관작을 받아 대부가 될 수 있었는데, 관례는 20세 때에 거행하는 것이고 20세 이전에는 대부가 될 수 없기 때문에 대부의 관례도 있을 수 없는 것이다.

【按】 정현의 주에 따르면 이것은 아직 관례를 치르지 않았는데 대부의 작위를 받은 사례에 근거하여 말한 것으로, 이런 경우에도 士의 옷을 입고 관례를 행하였다고 한다. 20세 때 관례를 행한 것은 사람의 도리를 이루는 것을 급하게 여긴 것이고, 50이 되어서야 대부의 작위를 준 것은 관작을 주는 것을 중히 여긴 것이다.[208] 〈사관례〉 1 주① 참조.

② 公侯

즉 제후이다. 《예기》〈郊特牲〉에 이 글이 인용되어 있는데, '公'이 '諸'로 되어 있다.

③ 夏之末造也

이 구절은 앞 구절을 이은 것으로, 그 뜻은 다음과 같다. 夏나라 말 이전에는 대부의 관례도 없었던 것처럼 제후의 관례도 없었다. 이는 모두 50세가 된 뒤에만 爵命을 받을 수 있었기 때문이다. 夏나라 말에 이르러서야 제후의 관례가 만들어졌는데, 그 원인은 《예기》〈郊特牲〉 정현의 주에 따르면 "나라가 쇠약한 말기에 이르자 아직 성인이 되지 않은 자(살펴보면 '아직 성인이 되지 않은 자'는 즉 아버지가 죽어서 지위를 계승하여 제후가 된 자를 가리킨다.)가 찬탈과 시해를 당한 경우가 많아졌고, 이에 후왕이 다시 즉위하면 爵命을 내려줌으로써 군주와 신하의 관계를 바로잡았기 때문에 제후의 관례가 있게 된 것이다."[209]

【按】 주소에 따르면 夏나라 초 이전에는 비록 아버지가 죽은 뒤 아들이 계승하여 제후가 되었다 하더라도 나이 50이 되기 전에는 士의 옷을 입고 士의 禮를 행하였다.[210] 처음으로 벼슬을 하는 대부의 경우 20세 때 관례를 행하고 50세가 되어서야 대부의 작명을 받을 수 있었기 때문에 대부의 관례 역시 없었다.[211] 〈사관례〉 1 주① 참조.

④ 天子之元子猶士也

'元子'는 즉 세자이다. '猶士'는, 관을 씌워줄 때에는 역시 士禮를 쓴다는 말이다.

⑤ 象賢

'象'은 여기에서는 '본받는다'는 의미이다. '象賢'은 祖宗의 훌륭한 덕을 본

208) 鄭玄注 : "據時有未冠而命爲大夫者. 周之初禮, 年未五十而有賢才者, 試以大夫之事, 猶服士服, 行士禮. 二十而冠, 急成人也; 五十乃爵, 重官人也."

209) 鄭玄注 : "至其衰末, 上下相亂, 篡弑所由生, 故作公侯冠禮, 以正君臣也."

210) 鄭玄注 : "自夏初以上, 諸侯雖父死子繼, 年未滿五十者, 亦服士服, 行士禮, 五十乃命也."

211) 賈公彦疏 : "其大夫始仕者, 二十已冠, 訖五十乃爵命爲大夫, 故大夫無冠禮."

받는다는 것이다.

⑥ 殺

음은 '쇄'이니, 여기에서는 '차등 짓다'는 뜻이다. 정현의 주에 "殺는 '衰'와 같다. 덕이 큰 사람에게는 큰 관직으로 爵을 주고, 덕이 작은 사람에게는 작은 관직으로 爵을 준다.〔殺, 猶衰也. 德大者爵以大官, 德小者爵以小官.〕" 라고 하였다.

【按】《예기》〈王制〉에 "鄕에 명하여 뛰어난 士를 평가해서 司徒에게 올리게 하니 이를 選士라 한다. 司徒가 選士 중에서 뛰어난 자를 평가하여 太學에 올리니 이를 俊士라 한다. 國學에 오른 자는 司徒에게서 부역을 하지 않으니 이를 造士라 한다.……大樂正은 造士 중에 우수한 자를 평가하여 왕에게 고하고 司馬에게 올리는데, 이를 進士라 한다. 사마는 벼슬시킬 만한 인재를 분별하고 평가하니, 진사 중의 어진 자를 평가하여 왕에게 보고해서 그 평가 결과를 확정한다. 평가 결과가 확정된 뒤에 벼슬을 시키고, 벼슬을 맡긴 뒤에 작위를 주고, 지위가 정해진 뒤에 녹을 준다.[命鄕論秀士, 升之司徒, 曰選士. 司徒論選士之秀者而升之學, 曰俊士. 升於學者, 不征於司徒, 曰造士.……大樂正論造士之秀者, 以告于王而升諸司馬, 曰進士. 司馬辨論官材, 論進士之賢者, 以告于王而定其論. 論定然後官之, 任官然後爵之, 位定然後祿之.]"라는 내용이 보인다.

40. 고금의 시호 제도

> 死而諡, 今也①。
> 古者生無爵, 死無諡②。
>
> 죽으면 시호를 짓는 것은 오늘날의 禮이다.
> 옛날에는 살아서 爵이 없으면 죽어서 시호가 없었다.

① 死而諡, 今也

'諡'는 고대에 사람이 죽은 뒤 그가 생전에 행한 일들을 살펴서 평가하고 포폄하여 부여한 호칭이다. 여기에서 "죽으면 시호를 짓는다.〔死而諡.〕"라고만 하고 조건을 덧붙이지 않았는데, 다음 경문에 근거하면, 어떤 사람인지 따지지 않고 생전에 공덕과 작위가 있었는지도 따지지 않고 죽으면 모두 시호를 붙일 수 있었음을 알 수 있다. '今'은 〈士冠禮 記〉를 기록한 때를 가리킨다. 정현의 주에 따르면 "今은 주나라가 쇠한 때를 이르니, 〈기〉를 기록한 때이다.〔今, 謂周衰, 記之時也.〕"

【按】 가공언의 소에서는 《예기》〈檀弓上〉의 "어릴 때는 이름을 부르고, 관례를 하면 字를 부르고, 50세가 되면 伯氏·仲氏로 부르고, 죽으면 시호로 부르는 것은, 주나라의 도이다.[幼名, 冠字, 五十以伯仲, 死諡, 周道也.]"라는 구절을 근거로 하여, 殷나라 이전에는 堯·舜·禹·湯과 같이 모두 살아있을 때의 호를 그대로 써서 시호로 삼았기 때문에, 죽은 뒤에 별도로 시호를 만든 것은 周나라 때부터라고 하였는데,[212] 정현의 주에 따르면 魯나라 莊公 때부터 시작된 것이다.[213] 또 가공언의 소에 따르면 士는 周나라 초기에는 살아있을 때 士라는 작위가 있었다 하더라도 죽은 뒤에 시호가 없었으며, 士가 죽은 뒤 시호가 있게 된 것은 주나라가 쇠한 이후의 일이다.[214]

② 古者生無爵, 死無諡

【按】 '古'는, 정현의 주에 따르면 殷나라를 이르고,[215] 가공언의 소에 따르면 은나라 이전, 즉 夏나라를 이른다.[216] 그러나 동일한 문장에 대한 《예기》〈郊特牲〉의 정현의 주에서는 또 은나라 이전이라고 하였다.[217] 자세하지 않다. '爵'은 정현의 주에 따르면 下大夫를 이른다. 周나라에서는 士도 爵이었지만 죽은 뒤에 시호가 없었기 때문이다. 殷나라 이전에는 대부 이상만을 '爵'이라고 하여 죽은 뒤에 시호가 있었다.[218]

212) 賈公彦疏 : "《檀弓》云'幼名, 冠字, 五十伯仲, 死諡, 周道也'者, 殷已前皆因生號爲諡, 若堯、舜、禹、湯之屬是也. 因生號以諡, 故不得諡名. 周禮死則別爲諡, 故云'死諡, 周道也'."

213) 鄭玄注 : "諡之, 由魯莊公始也."

214) 賈公彦疏 : "以士生時雖有爵, 死不合有諡, 若死而諡之, 正謂今周衰之時也."

215) 鄭玄注 : "古謂殷."

216) 賈公彦疏 : "古謂殷以前, 夏之時."

217) 《禮記》〈郊特牲〉鄭玄注 : "古謂殷以前也."

218) 鄭玄注 : "殷, 士生不爲爵, 死不爲諡. 周制, 以士爲爵, 死猶不爲諡耳, 下大夫也."

본편은 士가 처를 맞이하는 고대의 예를 기록하였다.

全文은 모두 39절로 이루어져 있으며, 3개 부분으로 구분할 수 있다.

첫째 부분은 1절부터 6절까지이다. 혼례 전의 下達, 納采, 問名, 納吉, 納徵, 請期 등 일련의 예를 기록하였다. 주로 남자 집에서 使者(중매인)를 여자 집에 보내어 진행한다.

둘째 부분은 7절부터 15절까지이다. 親迎과 成昏 및 혼례 뒤에 며느리가 시부모를 뵙는 예를 기록하였다. 이것은 〈사혼례〉의 중심 부분이다.

셋째 부분은 16절부터 39절까지이다. 이 부분은〈記〉文으로, 주로 혼례 각 절과 관련 있는 예와 致辭를 보충하여 기록하였고, 혼례의 여러 變例를 아울러 기록하였다.

사혼례 士昏禮

一. 昏禮前

1. 채택의 예를 보냄(納采)

昏禮①。
下達②。納采用鴈③。
主人筵于戶西④, 西上⑤, 右几⑥。
使者玄端至⑦。擯者出請事⑧, 入告。主人如賓服迎于門外⑨, 再拜。賓不答拜⑩。
揖入。至于廟門⑪, 揖入。三揖⑫, 至于階, 三讓, 主人以賓升⑬, 西面。賓升西階, 當阿⑭, 東面致命⑮。主人阼階上北面再拜⑯。授于楹間, 南面⑰。
賓降, 出。主人降⑱, 授老鴈⑲。

제후의 士가 혼인하는 禮이다.
남자의 집에서 먼저 여자의 집으로 使者(媒氏)를 보내 구혼의 뜻을 전한다.(議婚)
여자의 집에서 허락하면 남자의 집에서 納采(채택의 뜻을 보여주는 예를 보냄)를 하는데, 예물로 살아있는 기러기를 쓴다.

주인(여자의 아버지)의 집에서는 禰廟의 室戶 서쪽(당의 한가운데)에 神을 위한 돗자리를 남향으로 펴는데 서쪽을 상위로 하여 펴고, 신이 기댈 漆几를 돗자리의 오른쪽(서쪽)에 놓는다.

남자 집의 使者가 玄端服 차림으로 기러기를 들고 여자의 집 대문에 이른다.
擯者(주인의 명을 전하는 사람)가 대문을 나가 서향하여 무슨 일로 왔는지를 묻고 다시 들어가 동향하여 주인에게 고한다.

주인이 賓(使者)과 같은 현단복을 입고 대문 밖에서 빈을 맞이하여 서향하고 재배한다.
빈은 답배하지 않는다.

주인과 빈이 읍하고 대문 안으로 들어간다.
廟門에 이르면 읍하고 들어간다.
꺾어지는 곳마다 읍을 하여 모두 세 차례 읍을 하며 나아가서 계단 앞에 이르면 올라가는 것을 세 번 사양한다. 주인이 빈과 함께 당에 올라가 주인은 서향한다.
빈은 서쪽 계단으로 당에 올라가 대들보 아래에 이르면 동향하고 남자 집 주인의 명을 전한다.
주인이 당 위 동쪽 계단 윗쪽에서 북향하여 재배한다.
빈이 두 기둥 사이에서 기러기를 주는데 빈과 주인이 모두 남향한다.(竝授受)

빈이 서쪽 계단으로 당을 내려가 廟門을 나간다.
주인이 동쪽 계단으로 당을 내려가 老(家臣의 長)에게 기러기를 동향하여 건네주고 동쪽 계단 아래에서 서향한다.

① 昏禮

【按】 沈彤은 《의례》 각 편의 제목은 대체로 경문의 첫 구절과 같기 때문에 '昏禮' 앞에 '士'가 탈락되었다고 보았다.[1] 이때의 士는 정현에 따르면 제후의 士이다. 〈사관례〉 1 주 ③ 참조. 가공언의 소에 따르면 士가 처를 맞이하는 禮는 陽이 가고 陰이 오는 시간인 昏을 정해진 시간으로 삼기 때문에 '昏禮'라고 이름을 붙인 것이다. '昏'은 해가 들어가고 대략 3商, 즉 3刻이 되었을 때로, 엄밀하게 말하면 2刻 반이 되었을 때를 이른다.[2] 1刻은 대략 15분이다. 杜佑의 《通典》에 따르면 人皇氏(遂皇) 때 처음으로 부부의 도가 있게 되었고, 伏犧氏 때 시집가고 장가가는 제도를 만들어 두 장의 가죽을 예물로 썼고, 五帝 때 반드시 부모에게 고한 뒤에 아내를 맞이하도록 하였고, 夏나라 때 뜰에서 신부를 직접 맞이하는 제도가 생겼고, 殷나라 때에는 당에서 아내를 직접 맞이하였다. 그리고 周나라에 이르러 남자와 여자의 나이에 한정을 두고, 혼인하는 시기를 정하고, 室戶에서 아내를 직접 맞이하도록 하여 六禮가 비로소 구비되었다.[3]

1) 《儀禮小疏》 卷3 : "凡篇題皆用經首句, 故首句無不與篇題同.……此經昏禮上, 當脫士字."

2) 鄭玄注 : "士娶妻之禮, 以昏爲期, 因而名焉. 必以昏者, 陽往而陰來, 日入三商爲昏." 賈公彦疏 : "今云'三商'者, 據整數而言, 其實二刻半也."

3) 《通典》 卷58 禮18 嘉3 〈天子納妃后〉 : "遂皇始有夫婦之道. 伏犧氏制嫁娶, 以儷皮爲禮. 五帝馭時, 娶妻必告父母. 夏親迎於庭. 殷於堂. 周制限男女之歲, 定婚姻之時, 親迎於戶, 六禮之儀始備."

② 下達

'達'은 '통한다'는 뜻이다. 정현의 주에 "장차 저 여자 집과 혼인하고자 한다면 반드시 먼저 媒氏(중매인)를 보내 그 말을 통하게 해야 한다.〔將欲與彼合昏姻, 必先使媒氏下通其言.〕"라고 하였으니, 즉 남자 집에서 먼저 중매인을 여자 집으로 보내어 혼담을 꺼내는 것이다.

【按】 沈彤은 '下達' 앞에 '使媒氏' 3자가 있어야 《의례》의 다른 편들과 체례가 맞다고 보았다.[4] 정현의 주에 따르면 혼례에 중매인을 반드시 통하도록 한 것은 염치를 기르기 위한 것이다.[5] 그러나 朱熹는 주소의 설을 부정하고 '下達'을 다음 경문의 '用鴈' 때문에 쓴 것으로 보았다. 즉 일반적으로 서로 만날 때 들고 가는 예물로 대부는 기러기를 쓰고 士는 꿩을 쓰는데, 혼례 때 士가 기러기를 쓰는 것은 평소에 대부가 墨車를 타고 士는 棧車를 타지만 혼례 때에는 士가 묵거를 타는 것과 같이 攝盛(일시적으로 성대한 예를 쓰는 것)이라는 것이다. 따라서 여기에서 '下達'은 꿩을 써야 하는 士부터 匹(목. 집오리)을 써야 하는 庶人에 이르기까지 혼례 때에는 모두 기러기를 쓸 수 있다는 뜻이라고 하였다. 또한 혼례에는 죽은 것을 예물로 쓸 수 없기 때문에 꿩을 넘어 기러기를 쓸 수밖에 없다고 하였다.[6] 신분에 따른 예물은 〈사관례〉 16 주② 참조.

③ 納采用鴈

'納'은 '들이다'는 뜻이고, '采'는 '택하다'는 뜻이다. '納采'는 정현의 주에 따르면 "사람을 보내 그 채택하는 예를 들이는 것이다.〔使人納其采擇之禮.〕" 남자 집에서 이 여자를 택하여 혼인하기 위해 중매인을 보내 그 뜻을 전하게 하였는데, 여자 집에서 허락하였기 때문에 또 중매인을 여자 집에 보내 납채의 예를 행하는 것이다. '鴈'은 예물이니, 즉 사람을 만날 때 바치는 예물이다. 〈사관례〉 16 주② 참조.

【按】 주소에 따르면 기러기[鴈]를 예물로 쓰는 이유는, 기러기가 나뭇잎이 떨어지는 가을이 되면 남쪽으로 날아가고 얼음이 풀리는 봄이 오면 북쪽으로 날아와서 음양의 이치를 따라 오고가는 뜻을 취한 것이다. 즉 신랑을 陽, 신부를 陰으로 보아 처가 남편을 따르는 뜻을 취한 것이다.[7] 다만 근래의 학자 朱駿聲(1788~1858)은 《經史答問》에서 철새인 기러기를 수많은 사람의 혼인에 예물로 쓰도록 한 것은 聖人이 禮를 제정한 본래의 뜻이 아닐 것이라고 하여, 경문은 '雁'이 아닌 '鴈'이 되어야 하며, 이때 鴈은 거위[鵝]의 뜻이라고 하였다. 그 근거로 《시경》〈邶風 匏有苦葉〉의 "화락하게 우는 거위는 해 떠올라 아침이 될 제 우느니라.[雝雝鳴鴈, 旭日始旦.]"라는 구절을 들어, 여기의 鴈은 닭과 같이 시간을 알리는 거위이기 때문에 이런 구절이 나온 것이라고 하였다. 또 鴈은 家鵝(집 거위)인 舒鴈

4) 《儀禮小疏》 卷3 : "下達上亦有闕文. 玩鄭注'必先使媒氏下通其言', 及引《詩》'匪媒不得'諸語, 當脫 '使媒氏'三字, 則《昏禮》有其始而辭成, 與諸篇首句一例矣."

5) 鄭玄注 : "昏必由媒, 交接設紹介, 皆所以養廉恥."

6) 《儀禮經傳通解》 卷2 : "蓋大夫執鴈, 士執雉, 而士昏下達, 納采用鴈, 如大夫乘墨車, 士乘棧, 車而士昏親迎, 乘墨車也. 注疏知乘墨車爲攝盛, 而不知'下達'二字本爲用鴈一事而發, 言自士以下至於庶人, 皆得用鴈, 亦攝盛之意也. 蓋旣許攝盛, 則雖庶人不得用匹. 又昏禮摯不用死, 故不得不越雉而用鴈爾."

7) 鄭玄注 : "用鴈爲摯者, 取其順陰陽往來."
賈公彦疏 : "順陰陽往來者, 鴈木落南翔, 冰泮北徂, 夫爲陽, 婦爲陰, 今用鴈者, 亦取婦人從夫之義, 是以昏禮用焉."

과 野鵝(야생 거위)인 鴈으로 구분할 수 있으며, 《주례》〈天官 醢人〉의 '鴈醢(거위 젓갈)'나 《예기》〈內則〉의 '舒鴈翠(거위의 꽁짓살)' 구절 역시 거위를 말하고 있다고 하였다.[8] 王引之 역시 《經義述聞》에서 〈사혼례 記〉의 "예물은 죽은 것을 쓰지 않는다.[摯不用死.]"라는 구절에 대한 정현의 주에 "예물은 鴈이다.[摯, 鴈也.]"라는 구절을 근거로 들어, 만약 여기에서 鴈이 기러기라면 살아있는 야생 새를 산채로 길들일 수 없고, 잡으면 벌써 죽게 되니, 죽은 기러기를 예물로 쓸 수는 없다고 하였다. 더구나 기러기는 봄에 북쪽으로 날아왔다가 겨울에 날아가는 철새여서 사시사철 쓸 수 없는 생물이기 때문에 이것을 대부의 예물로 정하지는 않았을 것이라고 하였다.[9] 다만 여기에서는 기존의 통설이 대부분 기러기라고 보고 의미를 부여하였기 때문에 번역에서는 '기러기'로 해석하기로 한다.

④ 主人筵于戶西

'主人'은 여자의 아버지이다. '筵'은 정현의 주에 따르면 신을 위하여 돗자리를 펴는 것이다.[10] '戶西'는 禰廟의 室戶 서쪽, 당의 한 가운데를 가리킨다. (〈사관례〉 11 주①) 살펴보면 납채의 예는 녜묘 안에서 진행하는 것이다. 〈記〉에 이르기를 "일반적으로 일을 거행할 때에는……녜묘에서 조상의 명을 받은 뒤에 행한다.[凡行事……受諸禰廟.]"라고 하였다. 〈사혼례〉 16 참조.

【按】 敖繼公에 따르면 '主人'은 주인의 집을 가리키며, 이때 돗자리를 펴는 사람은 有司이다. 이것은 使者와 상대적으로 말하기 위한 것뿐으로, 〈覲禮〉에서 "천자 쪽에서는 도끼 무늬가 있는 依(일종의 병풍)를 室戶와 牖의 사이에 설치한다.[天子設斧依于戶牖之間.]"라고 말한 것과 비슷하다.[11] 이때 주인은 당 아래 동쪽 계단 동쪽에 서 있고, 擯者 역시 주인과 마찬가지로 玄端服을 입고 묘문 안의 東塾을 등지고 서 있는다.[12] '戶西'는 정현의 주에 따르면 존귀한 곳으로, 장차 조상의 遺體인 딸을 다른 사람에게 보내는 것이기 때문에 禰廟에서 그 禮를 받는 것이다.[13]

⑤ 西上

돗자리의 머리 쪽이 서쪽으로 가도록 펴는 것이다. 정현의 주에 "돗자리는 首尾가 있다.[席有首尾.]"라고 하였으니, 돗자리의 무늬를 통해 구분할 수 있었던 듯하다. 돗자리를 서쪽을 상위로 하여 펴는 이유는, 가공언의 소에 따르면 사람의 도는 동쪽을 상위로 삼고, 神의 도는 서쪽을 상위로 삼기 때문이다.[14]

【按】 敖繼公에 따르면 신을 위한 자리는 室 안에서는 주인의 자리에 마련하고 堂에서는 손님의 자리에 마련한다. 일반적으로 廟에서 禮를 받을 때 室戶와 牖 사이의 당 중앙, 즉 손님의 자리에서 예를 행하지 않을 경우에는 반드시 손님의 자리에 신의 자리를 마련함

8) 朱駿聲, 《經史答問》(華東師範大學出版社, 上海, 2010) 408쪽.

9) 朱駿聲, 《經史答問》(華東師範大學出版社, 上海, 2010) 409쪽 樊波成 注.

10) 鄭玄注 : "筵, 爲神布席也."

11) 《儀禮集說》 卷2 : "主人筵于戶西, 謂主人之家布席于廟之室戶西也. 筵之者, 有司也, 乃云主人者, 對使者立文也. 《覲禮》云'天子設斧依于戶牖之間', 其語意與此相類."

12) 《儀禮集說》 卷2 : "是時主人立于阼階東, 而擯者亦玄端負東塾. 下禮放此."

13) 鄭玄注 : "戶西者, 尊處, 將以先祖之遺體許人, 故受其禮於禰廟也."

14) 賈公彦疏 : "案《鄕射》、《燕禮》之等設席皆東上, 是統於人. 今以神尊, 不統於人, 取地道尊右之義, 故席西上, 几在右也."

으로써 그 일을 높이고 공경한다는 뜻을 보인다.[15]

⑥ 右几

'右'는 서쪽이다. 几는 오늘날의 장방형 앉은뱅이 탁지와 비슷한 것으로, 돗자리 위에 앉을 때 기댈 수 있는 것이다. 이 궤는 신이 기댈 수 있도록 놓는 것이다.

【按】 敖繼公에 따르면 '几'는 漆几이다. '右几'는 돗자리가 남향하고 있기 때문에 돗자리의 서쪽 끝에 놓는 것을 말한다.[16]

⑦ 使者玄端至

'使者'는 즉 남자 집에서 보낸 중매인이다. '玄端'은 즉 玄端服이다. 〈사관례〉 5 주⑬⑭ 참조.

⑧ 擯者出請事

'擯者'는 여자 집의 주인을 도와 예를 행하는 사람이다. '請事'는 使者에게 지금 무슨 일로 왔는지를 묻는 것이다. 정현의 주에 이르기를 "비록 알고 있더라도 묻는 것은 신중히 하기 위해서이다.〔雖知猶問之, 重愼也.〕"라고 하였다.

⑨ 迎于門外

【按】 주소에 따르면 '門'은 대문이다. 대부와 士는 오직 寢門과 대문밖에 없는데 廟는 침문 밖 동쪽에 있으니, 다음 경문에서 "묘문에 이르면[至于廟門]"이라고 한 것에 근거하면 여기의 '門'은 대문임을 알 수 있다고 하였다.[17]

⑩ 賓不答拜

정현의 주에 이르기를 "使者가 되어 그 융성한 예를 감당하지 못하는 것이다.〔奉使不敢當其盛禮.〕"라고 하였다. 淩廷堪의 《禮經釋例》 권1에 "일반적으로 다른 사람의 사자가 된 사람은 답배하지 않는다.〔凡爲人使者不答拜.〕"라고 하였다.

⑪ 廟

'庿'로 써야 하니, 쓰는 사람이 베끼면서 잘못 쓴 것이다. 張淳은 《儀禮識誤》에서 《의례》 안의 '庿'와 '廟' 자를 두루 살펴본 뒤에 말하기를 "《經典釋文》〈사관례〉에 '庿를 劉昌宗은 음이 廟라고 하였는데, 살펴보면 庿는 廟의 고문이다.'라고 하였다. 이 구절을 인용하여 경문을 증명하면, 경문에 다시는 朝에서 뜻을 취한 廟 자가 있어서는 안 된다.……〈사혼례〉 이후로 차츰차츰 朝에서 뜻을 취한 廟 자가 있게 된 것은, 아마도 뒤에 베껴 쓰

15) 《儀禮集說》 卷2 : "神位, 於室則居主位, 於堂則居客位. 凡受禮於廟, 而不於戶牖之間行禮者, 必設 神位於客位, 示有所尊且敬其事也."

16) 《儀禮集說》 卷2 : "几, 漆几也. 右几, 席南面, 几在席西端也. 席西上右几, 變於生人也."

17) 鄭玄注 : "門外, 大門外." 賈公彦疏 : "知門外是大門外者, 以其大夫(士)唯有兩門: 寢門、大門而已. 廟在寢門外之東, 此下有'至於廟門', 明此門外是大門外可知也."

고 교감하는 자가 살피지 않은데서 잘못된 것일 뿐인 듯하다.……지금 모두 庿로 고쳐 쓴 것은《경전석문》을 따른 것이다.〔《釋文·士冠禮》云: '庿, 劉昌宗音廟. 按庿, 古廟字.' 引此證經, 經不當復有從朝者.……自《昏禮》而下, 稍稍從朝, 是蓋後之傳抄校勘者失于不審而已.……今審改作庿.〕"라고 하였는데, 장순의 설이 옳다. 그러나 옛날 '庿' 자는 漢代에 이미 사용되지 않았기 때문에 쓰는 사람이 경문을 베껴 쓸 때 매번 '庿'를 漢代에 통용되던 '廟' 자로 고쳐 쓴 것이다. 漢代의 熹平石經에 남아 있는 글자 중에 또한 세 개의 '廟' 자가 보존되어 있지만 '庿' 자는 보이지 않는데, 아마도 당시 학자들이 경문의 글자를 바로잡을 때 고쳐 쓴 글자가 이미 많은 것을 보고 아예 당시의 글자를 따라 고친 듯하다. 지금 우선 장순의 설을 남겨두지만, 글자는 모두 주소본을 그대로 따른다.

⑫ 三揖

〈사관례〉 7 주⑤ 참조.

⑬ 以

吳廷華에 따르면 "'~와'라는 뜻이다.〔與也.〕"

【按】 가공언의 소에서는 일반적으로 賓과 주인이 대등한 신분일 경우에는 동시에 올라간다고 보았다.[18] 그러나 褚寅亮은 禮에 빈과 주인이 함께 올라가는 법은 없다고 하여 가공언의 소를 배척하였다. 즉 빈이 주인보다 낮거나 대등한 신분일 경우에는 주인이 먼저 올라가는데 이는 빈을 인도하는 것이며, 빈이 주인보다 높을 경우에만 빈이 먼저 올라간다고 보았다.[19]

⑭ 阿

정현의 주에 따르면 "대들보이다.〔棟也.〕" '棟'은 집의 대들보를 가리킨다. 胡培翬는 "〈향사례 記〉의 정현의 주에 이르기를 '五架屋의 제도에 한가운데 들보를 棟, 그 다음 들보를 楣, 가장 앞쪽 들보를 庪라 한다.'라고 하였다. 정현이 棟으로 경문의 阿 자를 해석한 것은 棟이 阿라는 이름이 있다고 말한 것이 아니라 집의 대들보라고 말한 것이니, 그 대들보 바로 아래를 阿라고 이름붙인 것뿐이다.〔《鄕射·記》注云: '制五架之屋, 正中曰棟, 次曰楣, 前曰庪.' 鄭以棟訓阿者, 非謂棟有阿名, 謂屋之中脊, 其當棟處名阿耳.〕"라고 하였다.

⑮ 致命

'命'은 〈覲禮〉에서 "색부가 명을 받든다.〔嗇夫承命.〕"라고 할 때의 '命'과 같

18) 賈公彦疏 : "禮之通例, 賓主敵者, 賓主俱升, 若《士冠》與此文是也."

19) 《儀禮管見》卷上2 : "賓降等者, 主人先升固已, 卽敵者, 亦主人先升也……先升者, 道之也. 道之, 故曰以. 若賓 尊於主, 則賓先升, 不必銜君命也. 《燕禮》、《大射禮》宰夫爲主人以闢正主, 故賓先升. 考之禮, 無賓主俱升法, 疏似失之."

으니, '辭'이다. 살펴보면 《의례》 안에서 일반적으로 '致命'이라고 말한 것은 모두 '致辭(명을 전함)'를 이른다.

【按】 張惠言의 〈納采納吉納徵〉 圖에는 賓이 西序 바로 아래에서 致命 하도록 되어 있고, 黃以周의 〈納采納吉納徵〉 圖에는 당의 중앙 쪽으로 조금 더 나와 서쪽 기둥의 북쪽 선상에서 치명하도록 되어 있다. 황이주는 그 근거로 淩廷堪의 "주인이 절할 때 빈은 물러나 序를 등진다.[主人拜時, 賓退負序.]"라는 설을 들었는데,[20] 옳을 듯하다.

⑯ 阼階上

胡培翬가 이르기를 "살펴보면 옛사람이 말한 '東階上'이나 '西階上'이라는 것은 반드시 계단 앞 數尺의 장소만을 가리키는 것은 아니다. 焦循은 '두 기둥이 楣와 棟 사이에 있으니, 동쪽 기둥의 동쪽, 서쪽 기둥의 서쪽, 계단에서부터 東房의 戶 앞까지를 통틀어 階上이라고 말할 수 있다.'라고 하였다.〔案古人所稱東階(卽阼階)上、西階上者, 非必僅指階前數尺之地. 焦氏循謂兩楹在楣棟之間, 東楹之東、西楹之西、自階至房戶之前, 通可謂之階上.〕"라고 하였다.

⑰ 授于楹間, 南面

'授'는 기러기를 주는 것을 이른다. '楹間'은 즉 동쪽 기둥과 서쪽 기둥 사이이다. '楹'은 즉 당의 앞쪽에 세운 기둥이다. 江永의 《儀禮釋宮增注》에 이르기를 "당 위 동쪽과 서쪽에 기둥이 있다.〔堂之上東西有楹.〕"라고 하였고, 또 "기둥을 세우는 곳은 아마도 앞쪽 楣의 아래에 세우는 듯하다.〔楹之設, 蓋於前楣之下.〕"라고 하였다. '南面'은 賓과 주인이 모두 남향하고 나란히 서서 주고받는 것을 가리킨다. 淩廷堪의 《禮經釋例》 권2에 따르면 "일반적으로 주고받는 예에, 두 사람이 같은 방향을 향하고서 주고받는 것을 竝授受라고 한다.〔凡授受之禮, 同面者謂之竝授受.〕"

【按】 張惠言의 〈納采納吉納徵〉 圖에는 주인과 빈이 기러기를 주고받는 위치가 당의 室戶와 牖 사이에 펴놓은 돗자리의 바로 남쪽에 그려져 있는데, '授于楹間'이라는 경문에 근거하면 오류이다. 黃以周의 〈納采納吉納徵〉 圖에는 당 위 두 기둥 사이에 그려져 있다. '授于楹間'에 대해, 정현은 빈과 주인이 기둥 사이에서 주고받는 것은 우호를 위해서임을 밝힌 것이라고 하였는데,[21] 가공언은 이를 해석하여 빈과 주인이 대등할 경우에 기둥 사이에서 주고받는데, 지금 使者가 주인과 대등하지 않는데도 기둥 사이에서 주고받기 때문에 '우호를 위해서'라고 말한 것이라고 하였다.[22] 또한 '南面'에 대해서도 가공언은 경문에서 '南面'이라고만 하여 빈과 주인을 밝히지 않았기 때문에 모두 남향하여

20) 《禮經釋例》 卷1 : "考《士昏禮》納采授鴈, 《聘禮》郊勞、歸饔餼、問卿、授幣, 皆略同聘享、授玉、授璧之例, 則拜時使者當亦三退負序歟!"

21) 鄭玄注 : "授於楹間, 明爲合好, 其節同也. 南面, 竝授也."

22) 賈公彦疏 : "賓以鴈授主人於楹間者, 明和合親好, 令其賓、主遠近節同也. 凡賓、主敵者, 授於楹間; 不敵者, 不於楹間……今使者不敵, 而於楹間, 故云'明爲合好'也."

나란히 주고받는 것임을 알 수 있다고 하였다.[23] 그러나 敖繼公은 빈과 주인이 모두 남향하여 주고받는다는 점에서는 동일하게 보았으나 그 이유는 주소와 다르다. 즉 이 구절은 주인이 주어인 구절을 잇는 것이기 때문에 경문의 '授'는 '受'가 되어야 하며, 주인이 남향하고 받는다면 일반적인 경우 使者는 북향하고 주어야 한다. 그러나 이것은 군주의 使者로 대부에게 갔을 때 使者가 남향하는 경우를 피하기 위해서이기 때문에 여기에서는 대등한 예를 써서 두 기둥 사이에서 주고받는다고 보았다. 즉 使者로 간 사람이 주인보다 신분이 낮기는 하지만 주인이 士이기 때문에 신분을 구분할 필요가 없어서 두 기둥 사이에서 주고받는 것이라고 하였다.[24]

⑱ 主人降

【按】 가공언의 소에서는 주인이 동쪽 계단으로 내려가 老에게 기러기를 건네준 뒤 '계단[階]'에 서서 뒷일을 기다린다고 보았다.[25] 敖繼公은 주인이 계단 아래에서 기러기를 건네주고 '뜰 가운데로 나아가' 서 있는다고 보았는데,[26] 대부분의 주석가들은 오계공의 설을 그대로 인용함으로써 이 설을 지지하고 있다. 張惠言과 黃以周의 〈納采納吉納徵〉圖에도 모두 주인이 동쪽 계단으로 내려가 뜰에서 老에게 기러기를 주고 그곳에 서서 뒷일을 기다리는 것으로 되어 있다. 종래의 주석가들이 가공언의 설을 오류로 지적하지 않은 것을 보면 가공언이 말한 '계단'을 '계단 아래[階下]'로 인식한 듯하다.

⑲ 授老鴈

'老'는 정현의 주에 따르면 "여러 하속 관리 중에 높은 사람이다.〔群吏之尊者.〕" 즉 주인의 家臣 중의 長이다.

【按】 胡匡衷은 정현이 士禮인 〈특생궤식례〉에서는 "宰는 여러 하속 관리 중에 長이다."라고 하고, 여기 〈사혼례〉의 주에서는 "老는 여러 하속 관리 중에 높은 사람이다."라고 한 것을 근거로, 老와 宰를 동일한 사람으로 보았다. 다만 주인집의 政敎를 주관하는 관점에서 보면 '宰'라 하고, 주인집의 귀한 신하라는 관점에서 보면 '老'라고 하는 것뿐으로, 宰는 그 직책을 드러낸 것이고, 老는 그 이름을 우대한 것이라고 하였다.[27] 黃以周의 〈納采納吉納徵〉圖에 따르면 주인은 동쪽 계단 동쪽에서 서향하고 있는 老에게 동향하여 기러기를 건네주고 몸을 돌려 그 자리에서 서향하고 뒷일을 기다린다.

23) 賈公彦疏："云'南面, 竝授也'者, 以經云'南面', 不辨賓、主, 故知俱南面, 竝授也."

24) 《儀禮集說》卷2："此文承主人之下, 則授宜作受. 受者南面, 則授者北面矣. 爲人使而授于堂, 乃不南面者, 辟君使於大夫之禮也. 授受于楹間, 敵也. 使者雖賤於主人, 然主人士也, 其爵卑, 未足以自別, 故使者無降等之嫌, 而得與主人於楹間相授, 用敵者禮也."

25) 賈公彦疏："主人降自阼階授老鴈, 於階立待後事也."

26) 《儀禮集說》卷2："授鴈於階下, 旣則進立於中庭."

27) 《儀禮釋官》卷1："案《特牲》注云'宰, 群吏之長', 此注云'老, 群吏之尊者', 老與宰, 當卽一人, 以 其主家之政敎謂之宰, 以其爲家之貴臣謂之老. 宰, 著其職也; 老, 優其名也."

2. 신부의 성씨를 물음(問名)

擯者出請①。賓執鴈②, 請問名③。主人許。賓入, 授, 如初禮④。

擯者(여자 집 주인의 명을 전하는 사람)가 廟門을 나가 賓(남자 집의 使者)에게 무슨 일이 또 있는지를 묻는다.
빈이 다른 기러기 한 마리를 예물로 들고 問名을 청한다.
주인이 허락한다.
빈이 묘문 안으로 들어가 기러기를 주인에게 주는데 納采 때의 예와 같이 한다.

① 擯者出請

살펴보면 納采를 한 뒤에 賓이 廟門을 나가서 아직 떠나지 않았기 때문에 여자 집의 주인이 擯者를 보내 나가서 또 무슨 일이 있는지를 묻게 하는 것이다. 가공언의 소에 이르기를 "이 때 한 번 使者로 가서 납채와 문명을 아울러 행하는 것이니, 두 일이 이어져 있기 때문이다.〔此之一使, 兼行納采、問名, 二事相因.〕"라고 하였다.

② 賓執鴈

吳廷華에 따르면 "이것은 또 한 마리의 기러기이다.〔此又一雁也.〕" 살펴보면 賓에게는 따르는 사람들이 있어서 빈을 위해 기러기를 들고 廟門 밖에서 기다리고 있는 것이다. 〈사혼례〉 3 주⑮ 참조.

③ 問名

여자의 성씨를 묻는 것이다. 성씨를 묻는 목적은, 정현의 주에 따르면 "장차 돌아가 그 길흉을 점치려는 것이다.〔將歸卜其吉凶.〕"

【按】 가공언은 여기의 '名'을 일종의 名號로 여자의 성씨를 가리키며, '태어나 3개월이 되었을 때 아버지가 지어주는 이름'이 아니라고 보았다. 그리고 〈사혼례 記〉 28의 "감히 여자가 어떤 성씨인지 여쭙겠습니다.[敢請女爲誰氏.]"라는 구절을 근거로 들어, 이는 굳이 주인의 딸일 필요가 없다는 말을 겸허하게 표현한 것이라고 보았다.[28] 다만 褚寅亮과 같이 〈사혼례 記〉 18의 "서향하여 대답한다.[西面對.]"라는 구절에 대한 정현의 주에 "빈에

28) 賈公彦疏 : "言問名者, 問女之姓氏, 不問三月之名, 故下《記》問名辭云: '某旣受命, 將加諸卜, 敢請女爲誰氏.' 鄭云: '誰氏者, 謙也. 不必其主人之女.' 是問姓氏也. 然以姓氏爲名者, 名有二種, 一者是名字之名, 三月之名是也; 一者是名號之名……今以姓氏爲名, 亦名號之類也."

게 여자의 이름으로 대답한다.[對賓以女名.]"라는 구절을 근거로 들어 가공언의 해석을 잘못으로 보는 설도 있다. 즉 '이름'을 물으면서 '誰氏'라고 물은 것은 감히 곧바로 가리켜 말하지 못해서일 뿐이라는 것이다.[29]

④ 賓入, 授, 如初禮

【按】 주인은 두 기둥 사이에서 남향하여 기러기를 받고 당 위 동쪽 계단 윗쪽으로 돌아가 서향하여 여자의 성씨를 말해준다. 빈은 서쪽 계단 윗쪽에서 동향하여 주인의 대답을 듣고 당을 내려간다. 〈사혼례〉 18 참조.

3. 賓에게 醴禮를 베풂(醴賓)

擯者出請①, 賓告事畢②。入告, 出請醴賓③。賓禮辭, 許。主人徹几、改筵④, 東上。側尊(준)甒(무)醴于房中⑤。主人迎賓于廟門外, 揖讓如初, 升。主人北面再拜。賓西階上北面答拜。主人拂几, 授校⑥, 拜送。賓以几辟⑦, 北面設于坐左⑧, 之西階上答拜。

贊者酌醴, 加角柶, 面葉⑨, 出于房。主人受醴, 面枋, 筵前, 西北面⑩。賓拜受醴, 復位。主人阼階上拜送。贊者薦脯醢。賓卽筵坐⑪, 左執觶, 祭脯醢, 以柶祭醴三⑫, 西階上北面坐, 啐醴, 建柶, 興, 坐, 奠觶, 遂拜。主人答拜。

賓卽筵, 奠于薦左, 降筵, 北面坐, 取脯⑬。主人辭⑭。賓降, 授人脯⑮, 出。主人送于門外, 再拜。

擯者(여자 집 주인의 명을 전하는 사람)가 廟門을 나가 賓(남자 집 使者)에게 또 무슨 일이 있는지 묻는다. 빈이 일이 끝났다고 고한다.

빈자가 들어가 주인에게 고하고, 다시 나가 빈에게 醴禮에 참석해 주기를 청한다.

빈이 한 번 사양하고 허락한다.

주인이 신을 위한 几를 거두고 빈을 위한 다른 돗자리를 다시 펴는

29) 《儀禮管見》 卷上2 : "《記》 '西面對', 注云'對賓以女名', 則孔氏穎達以爲問母姓者, 非矣. 問名而以誰氏問, 不敢斥言也."

데, 서쪽을 상위로 했던 것을 바꾸어 동쪽을 상위로 한다.
醴酒甒(무. 술 단지)를 玄酒甒 없이 단독으로 방 안에 진설한다.
주인이 묘문 밖에서 빈을 맞이하여 揖하고 사양하기를 納采 때의 예와 같이 세 번 읍하고 세 번 사양한 뒤 당에 오른다.
주인이 당 위 동쪽 계단 윗쪽에서 북향하여 재배한다.
빈이 당 위 서쪽 계단 윗쪽에서 북향하여 답배한다.
주인이 几의 먼지를 털고 두 기둥 사이에서 빈에게 궤의 다리 쪽이 앞으로 가도록 하여 서향하여 주고, 동쪽 계단 윗쪽으로 가서 궤를 준 것에 대해 북향하여 절한다.(拜送禮)
빈이 두 기둥 사이에서 가로로 궤를 동향하여 받아서 들고 주인의 拜禮를 피한 뒤, 북쪽으로 가서 궤를 세로로 잡고 북향하여 자신이 앉을 자리의 왼쪽(동쪽)에 내려놓고 다시 서쪽 계단 윗쪽으로 가서 북향하여 답배한다.(拜受禮)

贊者가 방 안에서 술잔(觶)에 醴酒를 따르고 뿔 숟가락을 잔 위에 올려놓는데 숟가락의 넙적한 부분이 앞으로 가도록 하여 들고 방에서 나와 남향한다.
주인이 예주를 찬자에게서 받아 숟가락의 손잡이가 앞으로 가도록 들고 빈의 돗자리 앞(남쪽)으로 가서 서북향하고 선다.
빈이 서쪽 계단 윗쪽에서 절하고 북쪽의 돗자리 앞으로 가서 예주를 받고 서쪽 계단 윗쪽의 서있던 자리로 돌아간다.
주인이 동쪽 계단 윗쪽에서 잔을 보낸 것에 대해 절한다.
贊者가 脯醢과 醢豆를 올린다.
빈이 돗자리로 나아가 남향하고 앉아서 왼손으로 잔을 들고, 오른손으로 포를 젓갈에 찍어 籩과 豆 사이에 祭(고수레)하고, 숟가락으로 예주를 두 번 떠서 세 번에 나누어 祭한다. 잔을 들고 서쪽 계단 윗쪽으로 가서 북향하고 앉아서 예주를 맛보고, 손잡이가 위로 가도록 숟가락을 잔에 꽂고 일어난다. 다시 북향하고 앉아 잔을 내려놓고 이어 절한다.
주인이 답배한다.

빈이 돗자리로 나아가 남향하고 잔을 薦(포변과 해두)의 왼쪽(동쪽)에 내려놓은 뒤 돗자리에서 내려가 북향하고 앉아서 포를 취한다.
주인이 겸양의 말을 한다.
빈이 오른손으로 포를 들고 왼손으로는 포를 함께 받쳐들고서 서쪽 계단으로 당을 내려가 빈을 따라온 사람에게 포를 건네주고 廟門을 나간다.
주인이 대문 밖에서 전송하여 재배한다.

① 擯者出請

살펴보면 賓이 問名(여자의 성씨를 묻는 예)을 한 뒤에도 廟門을 나갔기 때문에 擯者가 또 묘문을 나가 물은 것이다. 경문에서 빈이 묘문을 나간 것을 말하지 않은 것은 글을 생략한 것이다.

② 賓告事畢

살펴보면 賓이 일을 마쳤다고 고한 것은 즉 떠나고자 한 것이지만 擯者에 의해 만류된다. 胡培翬는 "빈은 일을 마쳤다고 고했으면 나갈 수 있는 것이다. 그런데 나가지 않은 것은 아마도 빈자가 만류해서일 것이다.〔告事畢, 則可以出矣. 不出者, 其擯者留之歟?〕"라고 하였다.

③ 醴賓

즉 賓에게 醴禮를 행하는 것이다. 그 예는, 주인이 빈에게 포와 젓갈을 올리고 예주를 주면, 빈은 포와 젓갈과 예주를 先人(이 음식을 처음 만든 사람)에게 祭(고수레)한 뒤에 예주를 맛보고 포를 취한다. 그러면 예가 바로 끝나니, 뜻이 먹고 마시는 데에 있지 않다.(〈사관례〉 11) 살펴보면 정현의 주에서는 여기의 '醴'는 '禮'가 되어야 한다고 하였는데, 〈사관례〉와 마찬가지로 잘못된 것이다. 〈사관례〉 14 주① 참조.

④ 徹几、改筵

'徹几'는 神이 기댈 수 있도록 놓아둔 几를 거두는 것을 이르니, 이것은 다른 또 하나의 궤로 바꾸어서 賓에게 주기 위한 것이다. 다음 경문에 자세하다. '改筵'은 几와 마찬가지로 다른 돗자리로 바꾸어서 다시 펴서 빈이 사용하도록 하는 것이다. 정현의 주에 "궤를 거두고 돗자리를 다시 펴는 것은, 앞에서는 神을 위해서였고 지금은 사람을 위한 것이다.〔徹几、改筵者, 鄕爲神, 今爲人.〕"라고 하였다. 살펴보면 궤를 거두고 돗자리를 다시 펴는 일은 모두 贊者가 한다.

⑤ 側尊甒醴于房中

【按】'側尊'은 주소에 따르면 玄酒 없이 단독으로 醴酒만 진설하는 것이다. 또한 경문에는 언급하지 않았으나 冠禮 때처럼 예주를 뜰 뿔 숟가락을 담을 篚 및 脯醢과 醢豆를 진설한다.[30]

⑥ 主人拂几, 授校

'拂几'는, 가공언의 소에 따르면 주인이 왼손으로 几를 들고 오른손 옷소매로 바깥쪽으로 세 번 닦아서 먼지를 제거하여 새로움을 보이는 것이니, 賓에 대한 존중을 표하는 것이다.[31] '校'는 几의 다리이다. 궤를 주고받는 법은, 만약 신분이 높은 사람이 낮은 사람에게 준다면 높은 사람이 궤의 가운데를 잡고 궤의 다리 쪽을 낮은 사람에게 주며, 신분이 낮은 사람이 높은 사람에게 준다면 낮은 사람이 궤의 양 끝을 잡고 궤의 중간 부분을 높은 사람에게 준다. 여기의 使者는 주인보다 낮기 때문에 주인이 궤의 다리 쪽을 준 것이다.

【按】'校'는 '사물의 다리'라는 뜻으로 쓰일 때는 '骹(발회목 교)'와 통용하며, '효'로 발음되기도 한다.

⑦ 賓以几辟

【按】가공언의 소에 따르면 이것은 使者로 온 賓의 신분이 여자 집 주인의 신분보다 낮기 때문에 피하는 것이다.[32]

⑧ 設于坐左

'坐'는 여기에서는 돗자리를 이른다. '左'는 돗자리가 남향하고 있으니 동쪽이 왼쪽이 된다.

【按】가공언의 소에 따르면 일반적으로 几를 받는 법은 궤의 다리 쪽을 가로로 받거나 상대방의 두 손 사이에서 가로로 받으며, 궤를 놓을 때에는 궤를 돌려서 세로로 잡고 돗자리의 남쪽에 앉아서 북향하고 놓는다. 여기에서 '왼쪽에 놓는다'고 한 것은 신은 오른쪽을 숭상하지만 사람은 왼쪽을 숭상하기 때문이다.[33] 〈사혼례〉 1 주⑥ 참조.

⑨ 面葉

〈사관례〉 11 주⑤ 참조.

【按】정현의 주에 따르면 〈사관례〉와 마찬가지로 이때에도 숟가락을 엎어놓는다.[34] 〈사관례〉 11 주④ 참조.

⑩ 筵前, 西北面

'筵前'은 賓의 돗자리 남쪽이다. '西北面'은, 살펴보면 이 때 빈은 당 위 서

30) 鄭玄注 : "側尊, 亦言無玄酒, 側尊於房中. 亦有篚有籩豆, 如冠禮之設."

賈公彦疏 : "鄭知此'亦有篚有籩豆如冠禮'者, 此下云'贊者酌醴, 加角柶', 明有篚盛之. 又云'贊者薦脯醢', 則有籩豆可知."

31) 賈公彦疏 : "云'主人拂几'者, 此拂几雖不言外拂、內拂, 又不言三, 案《有司徹》……注云: '衣袖謂之袂. 推拂, 去塵示新.' 云拂者, 外拂之也. 則此亦外拂之三也. 凡行敵禮者, 拂几皆若此. 卑於尊者, 則內拂之."

32) 賈公彦疏 : "云'賓以几辟'者, 以賓卑, 故以几辟."

33) 賈公彦疏 : "凡授几之法, 受時或受其足, 或受於手間, 皆橫受之. 及其設之, 皆旋几縱執, 乃設之於坐南, 北面陳之, 位爲神則右之, 爲人則左之, 爲異."

34) 鄭玄注 : "贊者亦洗酌, 加角柶, 覆之, 如《冠禮》矣."

쪽 계단 윗쪽에 있기 때문에 주인이 술잔(觶)을 들고 서북향을 하고서 빈을 기다리는 것이니, 빈에게 돗자리 앞으로 나아가 잔을 받기를 청하는 뜻을 표현한 것이다.

⑪ 賓卽筵坐

【按】 張惠言에 따르면 이때 賓은 돗자리의 서쪽을 통해 올라가고 내려간다.[35] 淩廷堪의 《禮經釋例》 권2 〈通例下〉에서도 "일반적으로 빈은 돗자리에 오를 때 서쪽으로 오른다.[凡賓升席自西方.]"라고 하였다.

⑫ 祭脯醢, 以柶祭醴三

〈사관례〉 11 주⑫ 참조.

⑬ 取脯

이것은 여자 집 주인이 내려준 脯를 소중히 여겨서 가지고 돌아가 남자 집 주인에게 보고하려는 것을 나타낸 것이다.

【按】 '脯'는 褚寅亮에 따르면 앞서 고수레했던 포가 아니라 籩에 담긴 포를 가리킨다.[36] 〈사관례〉 12 주②, 〈사혼례〉 19 참조.

⑭ 主人辭

이것은 주인이 겸양함을 표하는 것으로, "예가 박하니 소중히 여길 가치가 없다.〔禮薄, 不值得珍貴.〕"와 같은 말을 하는 것이다.

【按】 정현의 주에 따르면 주인은 빈이 직접 거두는 것을 사양하는 것이다.[37]

⑮ 賓降, 授人脯

'人'은 使者를 따라 온 사람이다.

【按】 이때 빈은 포를 오른손으로 들고 왼손으로는 포를 함께 받쳐들고 당을 내려온다. 〈사혼례〉 19 주② 참조.

4. 점친 결과를 들임(納吉)

納吉①, 用鴈, 如納采禮。 납길을 행하는데, 예물은 기러기를 쓰되 納采 때의 예와 같이 한다.

35) 《儀禮圖》 卷2 〈禮賓〉注 : "賓升降筵, 皆由西方."

36) 《儀禮管見》 卷上1 : "此篇下文卒醮云'取籩脯如初', 則是籩內之脯, 非祭脯也. 不敢取祭餘者, 以見毋 敬也. 凡已祭者, 不復實於籩."

37) 鄭玄注 : "辭者, 辭其親徹."

① 納吉

使者(남자 집 중매인)가 問名(여자의 성씨를 물음)을 하고 돌아온 뒤에 남자 집의 주인이 禰廟에서 여자의 성씨에 대하여 길흉을 점친다. 길한 징조를 얻으면 또 사자를 여자 집으로 보내어 길하다고 고하는데, 이것을 '納吉'이라고 한다.

【按】 주소에 따르면 납길을 하면 혼사가 정해진다. 이는 점을 쳐서 불길할 수도 있기 때문이다.[38]

5. 성혼의 예물을 들임(納徵)

> 納徵①, 玄纁束帛、儷(려)皮②, 如納吉禮。
>
> 납징을 행하는데, 검은색 비단 3필과 분홍색 비단 2필 및 2장의 사슴 가죽을 사용한다. 이때의 의절은 납길 때의 예와 같이 한다.

① 納徵

즉 여자의 집에 약혼의 禮를 보내는 것이다.

【按】 정현의 주에 따르면 납징을 하면 혼례가 이루어진다.[39] 가공언의 소에 "《춘추좌씨전》 莊公 22년 조에 '겨울에 공이 齊나라에 가서 納幣하였다.[冬, 公如齊納幣.]'라고 하여 '納徵'이라 하지 않은 것은, 공자가 《춘추》를 지으면서 周나라의 세련됨을 바꾸어 殷나라의 소박함을 따랐기 때문에 바치는 물건을 가리켜서 말한 것이다. 周나라는 세련되었기 때문에 의미를 가리켜서 말하였다. 즉 이것을 바치면 혼례가 이루어진다는 의미에서 '이루어지다'는 뜻을 가진 '徵'을 사용하여 '納徵'이라 한 것이다."라고 하였다.[40]

② 玄纁束帛、儷皮

'玄纁'은 검은색과 분홍색이다. '束帛'은, 胡培翬에 따르면 혼례에 쓰는 비단은 2丈을 1端으로 삼는데 2端을 마주보게 말면 1兩이 되니, 5兩이 1束이 된다.[41] 또 李如圭에 따르면 5량 중에 검은색이 3량이고 분홍색이 2량이니,[42] 5량이면 검은색과 분홍색의 두 가지 색이 있기 때문에 '玄纁束帛'이라고 한 것이다. '儷皮'는 두 장의 사슴 가죽이다.

37) 鄭玄注 : "辭者, 辭其親徹."

38) 鄭玄注 : "婚姻之事於是定." 賈公彦疏 : "未卜時恐有不吉, 婚姻不定, 故納吉乃定也."

39) 鄭玄注 : "使使者納幣以成昏禮."

40) 賈公彦疏: "案《春秋左氏》莊公二十二年: '冬, 公如齊納幣.' 不言納徵者, 孔子制《春秋》, 變周之文, 從殷之質, 故指幣體而言. 周文, 故以義言之. 徵, 成也, 納此則昏禮成, 故云徵也."

41) 《儀禮正義》 卷3 : "《雜記》云: '納幣一束, 束五兩, 兩五尋.' 然則每端二丈. 彼疏云: '古者二端相向卷之, 共爲一兩, 五兩, 故十端也.' 又案鄭《雜記》注云: '十个爲束, 貴成數. 兩兩者合其卷, 是謂五兩. 八尺曰尋, 五兩五尋, 則每卷二丈也, 合之則四十尺. 今謂之匹, 猶匹偶之云歟!' 彼疏云一束謂十个, 兩个合爲卷, 是束五兩也."

42) 《儀禮集釋》 卷2 : "五兩, 玄三纁二, 象陽奇陰偶也."

43) 《周禮》〈地官 媒氏〉 鄭玄注 : "士大夫乃以玄纁束帛, 天子加以穀圭, 諸侯加以大璋."

【按】 정현의 주에 따르면 이때의 예물로 사대부는 玄纁束帛을 쓰고, 천자는 여기에 穀圭를 더하고, 제후는 大璋을 더한다.[43] '束帛'은 〈사관례〉 17 주③ 참조. 사슴 가죽을 주고받는 예는 〈사혼례〉 20 참조.

6. 혼인날을 청함(請期)

請期①, 用鴈。
主人辭②, 賓許告期, 如納徵禮。

請期를 행하는데, 예물로 기러기를 쓴다.
주인(여자 집)이 사양하면 賓(남자 집 使者)이 허락하고 날짜를 고한다. 이때의 의절은 納徵의 예와 같이 한다.

① 請期

'期'는 혼인하는 날짜를 가리킨다. '請期'는 여자 집 주인에게 혼인 날짜를 확정해 주기를 청하는 것이다. 살펴보면 이때 남자 집 주인은 이미 점을 통해 혼인 날짜를 확정하였는데 또 여자 집에 날짜를 청하는 것은, 겸허하게 감히 자기 마음대로 하지 못한다는 뜻을 표시한 것이다.

② 辭

사양하는 것이니, 남자의 집에 "오직 당신의 명을 따르겠습니다.[唯命是聽.]"라는 뜻으로 사양하는 것이다. 〈사혼례 記〉 32 참조.

【按】 정현의 주에 따르면 여자 집 주인이 사양하는 이유는, 陽은 선창하고 陰은 화답하는 것이기 때문에 남자 집에서 정하도록 한 것이다. 남자 집에서는 여자 집에 使者를 보내기 전에 반드시 먼저 점을 쳐서 吉日을 정한 뒤에 사자를 보낸다. 이 때문에 여자 집 주인이 사양하면 곧바로 길일을 알려주는 것이다.[44]

44) 鄭玄注 : "主人辭者, 陽倡陰和, 期日宜由夫家來也. 夫家必先卜之, 得吉日, 乃使使者往, 辭卽告之."

二. 昏禮當日

7. 기물과 음식을 진설함(陳器饌)

期, 初昏①, 陳三鼎于寢門外東方, 北面②, 北上③。其實, 特豚④, 合升⑤, 去蹄⑥, 擧肺、脊二, 祭肺二⑦, 魚十有四⑧, 腊一肫(순)⑨, 髀不升⑩。皆飪⑪。設扃鼏(경멱)⑫。
設洗于阼階東南。
饌于房中, 醯醬(혜장)二豆⑬, 菹、醢四豆⑭, 兼巾之⑮, 黍、稷四敦(대)⑯, 皆蓋。
大羹湆(태갱읍)在爨⑰。
尊(준)于室中北墉下⑱, 有禁, 玄酒在西⑲, 綌冪(격멱)⑳, 加勺, 皆南枋(병)。
尊于房戶之東, 無玄酒㉑。篚在南, 實四爵㉒, 合巹(근)㉓。

〈신랑의 집 寢門 밖〉

혼인하는 날 初昏(술시. 오후 7~9시)에 3개의 鼎을 寢門 밖 동쪽에 북향으로 진열하는데, 북쪽을 상위로 하여 북쪽부터 豚鼎-魚鼎-腊鼎의 순으로 진열한다.

鼎에는 다음과 같이 음식을 담아둔다.

豚鼎에는 7體로 나눈 새끼 돼지 한 마리를 담는데, 좌반과 우반을 합쳐서 담고, 네 발굽은 제거한다. 擧肺(식용 폐) 2조각, 脊 2개, 祭肺(고수레용 폐) 2조각을 함께 담는다.

魚鼎에는 물고기(붕어) 14마리를 담는다.

腊鼎에는 말린 토끼고기의 좌반과 우반을 모두 담는데, 髀는 담지 않는다.

3개의 정에 담은 음식은 모두 이미 익힌 것이다.

鼎에 扃(경. 정을 드는 가로막대기)을 꿰고 鼏(멱. 정의 덮개)을 덮는다.

〈신랑의 집 寢의 뜰〉

洗를 동쪽 계단 동남쪽에 설치한다.

(물은 洗의 동쪽에 둔다.)

〈신랑의 집 寢의 東房 안〉

방 안에 다음과 같이 음식을 진열해 둔다.

醯醬(초장) 2豆, 葵菹(규저. 아욱 초절임)와 蝸醢(와해. 달팽이 젓갈) 각 2豆씩 모두 4豆를 진열해두고, 巾으로 6豆를 한꺼번에 덮어둔다.

黍飯(찰기장밥)과 稷飯(메기장밥)을 각각 2敦(대)씩 모두 4敦를 진열해 두는데, 모두 뚜껑을 덮어둔다.

〈신랑의 집 寢門 밖〉

大羹湆(태갱읍. 돼지고기를 삶은 육수)을 아궁이 위에 올려둔다.

〈신랑의 집 寢의 西室 안〉

室 안의 북쪽 벽 아래에 부부를 위한 2개의 술 단지를 진설하는데, 단지 밑에 禁(술 단지 받침대)을 두고, 玄酒를 淸酒의 서쪽인 상위에 놓는다. 술 단지 위에 각각 거친 갈포로 덮고 勺(술 국자)을 올려두는데 모두 손잡이가 남쪽으로 가도록 한다.

〈신랑의 집 寢의 당 위〉

당 위 房戶의 동쪽에 媵(잉)·御·贊者를 위한 술 단지를 진설하는데, 玄酒를 담은 술 단지는 없다.

篚를 술 단지 남쪽에 진열해 두는데, 篚의 안에는 爵(작. 술잔) 4개와 合巹(합근. 표주박) 잔을 담아둔다.

① 期, 初昏

'期'는 처를 맞이하는 날이다. '昏'은 황혼의 때이다. 이편의 큰 제목 아래 가공언의 소에서 정현의 《의례목록》을 인용하여 "士가 처를 맞이하는 예는 황혼을 정해진 시간으로 삼기 때문에 인하여 이름으로 삼은 것이다.〔士娶妻之禮, 以昏爲期, 因而名焉.〕"라고 하였다.

【按】'初昏'은 黃昏으로, 하루를 12時辰으로 나누었을 때 戌時, 즉 오후 7~9시를 가리킨다.[45]

② 陳三鼎于寢門外東方, 北面

'三鼎'은, 하나에는 豚을 담고, 하나에는 魚를 담고, 하나에는 腊을 담는데, 아래 경문에 자세하다. '寢'은 신랑의 寢을 가리키니,[46] 廟의 서쪽에 있다. 寢의 제도는 禰廟(녜묘)와 같다. 〈사관례〉 15 주⑤ 참조.

【按】 가공언의 소에 따르면 〈특생궤식례〉 5에서 鼎(익힌 牲體를 담아놓는 솥)을 진열할 때 廟門 밖 동쪽에 진열하지 않고 묘문과 마주하여 북향으로 진열한 것은 대부의 예(〈소뢰궤식례〉 5)를 피하기 위해서이니, 여기에서 동쪽에 진열한 것은 혼례를 중히 여겨 攝盛으로 대부의 예를 행한 것이다. 또 '寢'을 신랑의 침이라고 한 것은, 命士 이상은 아버지와 아들이 집을 달리 하기 때문이다. 만약 不命之士라면 아버지와 아들이 한 집에 살아 뜰을 같이 쓰기는 하나 이 경우에도 門戶는 달리한다.[47]

③ 北上

살펴보면 鼎은 담긴 음식의 尊卑에 따라서 그 존비를 구분하여 높은 정을 북쪽에 놓는 것이다. 吳廷華에 따르면 "上은 豚鼎을 북쪽에 놓는 것이다.〔上者, 豚鼎在北.〕" 다음에 魚鼎, 다음에 腊鼎을 차례대로 북쪽부터 남쪽으로 놓는 것이다.

④ 特豚

새끼 돼지 한 마리이다. 〈사관례〉 20 주② 참조.

⑤ 合升

좌반과 우반을 합쳐서 鼎에 담는 것이다. 〈사관례〉 20 주③ 참조.

⑥ 去蹄

발굽은 땅을 밟아 더럽기 때문에 제거하고 쓰지 않는 것이다.

⑦ 擧肺、脊二、祭肺二

'擧肺'는 즉 離肺이니, 먹는 데에 사용하는 폐이다. '祭肺'는 祭(고수레)하는 데에 사용하는 폐이다. 살펴보면 폐는 자르는 방식과 용도의 차이에 따라 두 종류로 구분한다. 한 종류는 자르기는 하지만 조금 남겨놓아서 폐의 중앙과 분리되지 않도록 하는 것이다. 이것을 離肺라고 하며, 또 擧肺라고도 한다.(〈사관례〉 20 주④) 이것은 먹는 데에 사용하는 폐이다. 그러나 먹기 전에 제폐와 마찬가지로 반드시 먼저 祭를 해야 하는데, 자를 때 조금 남겨놓아 폐 몸체와 분리되지 않도록 하는 것은 바로 먹기 전에 잘라서 祭하는

45) 《日知錄》 卷20 〈非三公不得稱公〉 : "《左氏傳》: 卜楚丘曰日之數十, 故有十時, 而杜元凱注, 則以爲十二時, 雖不立十二支之目, 然其曰夜半者, 卽今之所謂子也. 雞鳴者丑也, 平旦者寅也, 日出者卯也, 食時者辰也, 禺中者巳也, 日中者午也, 日昳者未也, 晡時者申也, 日入者酉也, 黃昏者戌也, 人定者亥 也."

46) 鄭玄注 : "寢, 壻之室也."

47) 賈公彦疏 : "言'東方, 北面', 是禮之正……《特牲》'陳鼎於門外, 北面, 北上', 當門而不在東方者, 辟大夫故也. 今此亦東方, 不辟大夫者, 重婚禮, 攝盛也……云'寢, 壻之室也'者, 命士以上之父子異宮, 自然別有寢. 若不命之士, 父子同宮, 雖大院同居, 其中亦隔別, 各有門戶, 故經總云'寢門外'也."

데 편리하게 하기 위해서이다. 여기에서 이른바 '먹는다〔食〕'라는 말은 또 한 맛을 한 번 보는 것뿐으로, 이 때문에 또 '嚌肺'(제폐)라고도 한다. 다른 한 종류의 폐는 폐의 몸체를 완전히 자른 것이다. 이것을 祭肺라고 하며, 또 刌肺·切肺라고도 한다. 이것은 오로지 祭하는 데에만 쓰는 폐이다. 《의례》 안에서 항상 이 두 종류의 폐를 언급하기 때문에 먼저 여기에 설명을 한 것이다. 胡培翬에 따르면 "새끼 돼지는 폐가 하나 뿐인데 여기에서 4개를 담는다고 한 것은, 4조각으로 자른 것이다.〔豚只一肺, 此有四者, 析之.〕" '脊二'는 豚의 脊骨을 둘로 나눈 것이다. 褚寅亮에 따르면 "脊은 두 개로 나누어서 부부가 각각 하나씩 갖도록 하는 것이다.〔脊則分爲二, 令夫婦各一.〕"

⑧ 魚十有四

【按】 주소에 따르면 일반적으로 물고기는 물에 사는 생물로 **陰物**이기 때문에 15일마다 차고 기우는 달을 중시하여 〈특생궤식례〉나 〈소뢰궤식례〉에서는 **正數** 15마리를 쓴다. 그런데 여기 〈사혼례〉에서 1마리를 줄여 14마리를 쓰는 것은 신랑과 신부를 대등하게 하고자 해서이다.[48] 이때 쓰는 물고기는 〈사혼례 記〉 16에 따르면 붕어이다.

⑨ 腊一肫

'腊'은 음이 '석'이다. 《說文解字》에서는 "건육이다.〔乾肉也.〕"라고 하였다. 《周禮》〈天官 腊人〉 정현의 주에서는 "腊은 작은 동물을 통째로 말린 것이다.〔腊, 小物全乾.〕"라고 하였다. '肫'은 '純'과 통하니 '온전하다'는 뜻이다. 즉 生體 전체이다. 정현의 주에 따르면 여기에서는 兎腊이니,[49] 바로 통째로 바람에 말린 토끼 전체이다.

⑩ 髀不升

'髀'는 牲體의 뒷다리 가장 상단 부분이다. 이것을 담지 않는 이유는, 정현의 주에 따르면 "항문에 가까워서 천하기 때문이다.〔近竅(肛門), 賤也.〕"

⑪ 飪

익히는 것이다.

⑫ 扃鼏

〈사관례〉 20 주⑤ 참조.

⑬ 醯醬

'醯'는 음이 '혜'이니, 식초이다. '醯醬'은 정현의 주에 따르면 "식초를 장에 섞은 것이다.〔以醯和醬.〕"

48) 鄭玄注："凡魚之正, 十五而鼎, 減一爲十四者, 欲其敵偶也."
賈公彦疏："據《特牲·記》云'魚十有五', 注云: '魚, 水物, 以頭枚數, 陰中之物, 取數於月十有五日而盈. 《少牢饋食禮》亦云十有五而俎. 尊卑同.' 則是尊卑同用十五而同鼎也."

49) 鄭玄注："腊, 兎腊也."

⑭ 菹、醢四豆

敖繼公에 따르면 '菹'는 즉 葵菹(규저. 아욱초절임)이고 '醢'는 즉 蝸醢(와해. 달팽이 젓갈)이다.[50] 〈사관례〉 20 주⑦ 참조.

⑮ 兼巾之

정현의 주에 따르면 "6개의 豆를 한꺼번에 巾으로 덮는 것이다.〔六豆共巾也.〕"

【按】 '巾'은 聶崇義에 따르면 사대부는 緇色 겉감에 赬色 안감을 댄 布를 사용하며, 천자와 제후는 玄色 겉감에 纁色 안감을 댄 비단을 사용한다.[51] 색에 대해서는 〈사관례〉 5 주⑧ 참조.

⑯ 黍、稷四敦

'黍'는 즉 오늘날의 찰기장〔黍子〕이니, 黃米라고도 한다. 생김새는 小米와 비슷한데 색이 누렇고 차지다. '稷'은 즉 오늘날의 小米이다. '敦(대)'는 고대의 식기로, 청동으로 만든다. 위의 덮개와 몸체를 모두 半球形으로 만드는데, 각각 3개의 다리가 있기 때문에 뚜껑을 바닥에 뒤집어 놓을 수가 있으며 뚜껑과 몸체를 합치면 球形이 된다.

【按】 《주례》에 따르면 일반적으로 음식을 조리할 때 밥은 봄날처럼 따뜻하게 하고, 국은 여름처럼 뜨겁게 하고, 醬은 가을처럼 시원하게 하고, 음료는 겨울처럼 차갑게 해야 한다.[52] 주소에 따르면 이 때문에 밥을 담는 그릇으로 뚜껑이 있는 敦를 사용하는 것이다.[53] 오른쪽 그림은 높이 약 7寸 8分의 춘추전국 시기의 출토문물이다.[54]

蟠紋敦 (商周彝器通考)

⑰ 大羹湆在爨

'湆'은 음이 '읍'이니, 국물이다. '大羹湆'은 정현의 주에 따르면 "고기를 삶아낸 육수이다.〔煮肉汁也.〕" 또 정현의 주에 따르면 이것은 일종의 소금이나 채소 등의 조미를 하지 않은 육수이다.[55] 胡培翬에 따르면 태갱읍은 돼지고기 육수이니, 즉 오늘날 이른바 '돼지고기 국〔大肉(猪肉)湯〕'이라는 것이다. '爨'은 음이 '찬'이니, 아궁이이다. 張惠言의 《儀禮圖》 권2 〈婦入室士匕載〉 圖에 따르면 아궁이는 寢門 밖에 진열해 놓은 鼎의 동쪽에 있다. 살펴보면 아궁이 위에는 솥을 걸어 여기에서 牲肉과 육수를 끓인다.

⑱ 尊

술 단지를 진설하는 것을 이른다. 가공언의 소에 따르면 여기의 술 단지

50) 《儀禮集說》 卷2 : "菹、醢, 葵菹、蝸醢也."

51) 《三禮圖集注》 卷12 : "覆饌巾, 士大夫以緇布赬裏, 諸侯、天子以玄帛纁裏."

52) 《周禮》〈天官 食醫〉: "凡食齊眂春時, 羹齊眂夏時, 醬齊眂秋時, 飮齊眂冬時."

53) 鄭玄注 : "《周禮》曰: '食齊視春時.'" 賈公彦疏 : "引《周禮》釋敦皆有蓋者, 飯宜溫, 比春時故也."

54) 《商周彝器通考》下篇 第1章 〈食器 敦〉 282쪽.

55) 鄭玄注 : "大古之羹無鹽、菜."

역시 甒이다.[56]

⑲ 玄酒在西

吳廷華가 말하기를 "여기에 근거하면 2개의 술 단지이다.〔據此, 則兩甒也.〕"라고 하였다. '玄酒'는 〈사관례〉 19 주⑤ 참조.

⑳ 綌冪

'綌'은 음이 '격'이니, 거친 갈포이다. '冪'은 음이 '멱'이니, 덮개이다.

㉑ 尊于房戶之東, 無玄酒

【按】 주소에 따르면 이때 玄酒를 두지 않는 것은 신랑과 신부는 아직 부부가 아니기 때문에 간략하게 한 것이다. 부부는 室 안에 설치한 內尊의 술을 사용하고 나머지 사람들은 방 밖에 설치한 外尊의 술을 사용한다.[57] '玄酒'는 〈사혼례〉 19 주⑤, 23 주② 참조.

㉒ 爵

【按】 가공언의 소에 따르면 爵은 1升, 觚(고)는 2승, 觶(치)는 3승, 角은 4승, 散은 5승이 들어가는 술잔이다.[58]

㉓ 合巹

'巹'은 음이 '근'이다. 1개의 박을 나눈 2개의 표주박이니, 고대에 혼례 때 사용하던 酒器이다. '合巹'은 吳廷華가 말하기를 "하나의 박을 나누어서 둘로 만든 것이니, 사용하지 않을 때에는 그대로 하나로 합쳐 놓는 듯하다.〔蓋分一匏爲二, 不用則仍合爲一也.〕"라고 하였다.

8. 신부를 맞이함(親迎)

主人爵弁①, 纁裳緇袘(이)②。從者畢玄端③。乘墨車④。從車二乘⑤, 執燭前馬⑥。婦車亦如之⑦, 有裧(첨)⑧。

至于門外, 主人筵于戶西⑨, 西上, 右几⑩。女次⑪, 純(치)衣纁袡(염)⑫, 立于房中南面。姆纚、笄、宵(초)衣⑬, 在其右。女從者畢袗玄⑭, 纚(사)、笄、被潁黼(경보)⑮, 在其後。
主人玄端, 迎于門外, 西面再拜。賓東面答拜。主人揖入, 賓執鴈從。至于廟(묘)門, 揖入⑯。三揖, 至于階。三讓, 主人

56) 賈公彦疏 : "《士冠》云甒, 此亦士禮, 雖不言甒, 然此尊亦甒也."

57) 鄭玄注 : "無玄酒者, 略之也. 夫婦酌於內尊, 其餘酌於外尊."
賈公彦疏 : "此對上文夫婦之尊有玄酒, 此尊非爲夫婦, 故略之也."

58) 賈公彦疏 : "《韓詩外傳》云'一升曰爵, 二升曰觚, 三升曰觶, 四升曰角, 五升曰散'是也"

升, 西面。賓升; 北面奠鴈, 再拜稽首⑰, 降, 出。
婦從降自西階。主人不降送⑱。
壻御婦車⑲, 授綏(수)⑳, 姆辭不受㉑。婦乘以几㉒。姆加景㉓。
乃驅㉔, 御者代。

壻乘其車, 先, 俟于門外。

〈신랑의 집〉

주인(신랑)이 군주의 제사를 도울 때 착용하는 爵弁을 쓰고 밑단에 검은색 가선을 두른 분홍색 下裳을 입는다.(上衣와 帶도 모두 緇色이다.)

주인의 從者는 모두 玄端服을 입는다.

주인이 墨車(검은색 옻칠한 대부의 수레)를 탄다.

주인을 뒤따르는 2대의 수레(棧車)에 從者들이 나누어 타고, 다른 종자는 횃불을 들고 주인의 말 앞에서 인도한다.

신부를 맞이하기 위한 수레도 주인과 똑같이 묵거·종거·횃불을 준비하는데, 다만 신부가 타는 묵거에는 휘장이 있다.

〈신부의 집〉

신랑의 수레가 신부 집의 대문 밖에 도착하면, 주인(신부의 아버지)이 禰廟(녜묘)의 室戶 서쪽(당의 한가운데)에 神을 위한 돗자리를 펴는데 서쪽을 상위로 하여 펴고 几를 돗자리의 오른쪽(서쪽) 끝에 놓는다.

신부가 머리에 가체를 얹고, 밑단에 분홍색 가선을 두른 純衣(치의. 검은색 명주옷)와 下裳을 입고, 방 안에서 房戶를 마주하여 남향하여 선다.

姆(모. 여스승)가 머리를 검은색 비단 끈으로 묶고, 비녀를 꽂고, 검은색 宵衣(초의. 검은색 비단옷)를 입고, 신부의 오른쪽(서쪽)에서 남향한다.

신부를 따라 함께 시집가는 媵妾(잉첩. 신부의 여동생과 조카)이 위아래 모두 玄衣(검은색 옷)를 입고, 머리를 검은색 비단 끈으로 묶고, 비녀를 꽂고, 黼(보. 흑색과 백색을 교차한 무늬)를 수놓은 披肩을 걸치고 신부 뒤에 남향하여 선다.

주인이 玄端服을 입고 대문 밖에서 賓(신랑)을 맞이하여 서향하고 재배한다.
빈이 동향하고 답배한다.
주인이 읍을 하고 대문을 들어가면 빈이 기러기를 들고 따라 들어간다.
廟門에 이르면 주인이 읍을 하고 앞장서서 묘문을 들어간다.
세 차례 읍을 하면서 계단 앞(주인은 동쪽 계단 앞, 빈은 서쪽 계단 앞)에 이르면, 세 차례 사양하고 주인이 먼저 당에 올라가 서향하고 선다.
빈이 당에 올라가 북향하여 기러기를 내려놓고, 再拜稽首하고, 당을 내려가 문을 나간다.
(이때 주인은 답배하지 않는다.)
신부가 신랑을 따라 서쪽 계단으로 당을 내려간다.
주인은 당을 내려가 전송하지 않는다.

신랑이 자신을 낮추어 신부가 탈 수레를 모는데, 마부의 예를 행하여 綏(수. 수레의 손잡이 끈)를 신부에게 건네주면 姆가 신부 대신 사양하고 받지 않는다.
(신랑이 綏를 놓으면 姆가 신부에게 綏를 건네준다.)
신부가 几(발판)를 밟고 수레에 오른다.
(신랑의 집에서 온 종자 두 사람이 무릎 꿇고 앉아 양쪽에서 几를 잡아준다.)
姆가 景(경. 홑 덧옷)을 걸쳐준다.
이어 신랑이 신부의 수레를 몰아서 세 바퀴 구르면 마부가 신랑을 대신하여 신부의 수레를 몬다.
(신부의 수레 앞에서도 말을 탄 종자들이 횃불을 들고 인도한다.)

〈신랑의 집〉
신랑이 자기 수레를 타고 앞장서 가서 자기 집 대문 앞에 이르면 수레에서 내려 신부를 기다린다.

① 主人爵弁

'主人'은 신랑이다. 신랑은 신부의 주인이기 때문에 '주인'이라고 칭한 것이다.[59] '爵弁'은 〈사관례〉 5 주⑦ 참조.

【按】 가공언의 소에 따르면 爵弁服은 士가 군주의 제사를 도와 지낼 때 입는 복이며, 스스로 자기 집 제사를 지낼 때에는 玄端服을 입는다. 지금 친영 갈 때 작변을 쓰는 것은 攝盛(임시 성대한 예를 사용함)이다.[60]

② 纁裳緇袘

'袘'는 음이 '이'이니, 下裳의 밑단 가선이다. 살펴보면 여기에서 上衣와 帶를 말하지 않은 것은, 정현의 주에 "그 글자를 비워둔 것은 袘와 함께 모두 검은색을 사용한다는 것을 밝힌 것이다.〔空其文, 明其與袘俱用緇.〕"라고 하였다.

③ 從者

가공언의 소에 따르면 신랑의 하인들이다.[61]

④ 墨車

검은색으로 옻칠한 수레이다. 가공언의 소에 따르면 묵거는 본래 대부의 수레이며 士는 棧車(잔거. 가죽을 사용하지 않고 대나무나 나무로 만든 수레)를 타야 한다. 여기에서 士인데도 묵거를 타는 것은 대부의 성대한 예를 빌려 쓴 것이니, 이것을 '攝盛'이라고 한다.[62]

【按】 敖繼公에 따르면 묵거는 검은색으로 옻칠한 것이고, 잔거는 검은색으로 옻칠하지 않은 차이만 있다.[63]

⑤ 從車

從者들이 타는 수레이다.

【按】 敖繼公에 따르면 종자들이 타는 수레는 士가 攝盛으로 타는 대부의 수레인 墨車가 아니라 본래 士의 수레인 棧車이다. 따라서 이때 士가 사용하는 수레는 본인이 타는 수레 1대와 종자들이 타는 수레 2대를 합쳐서 모두 3대이다.[64] 다만 가공언에 소에 따르면 원래 士에게는 貳車(뒤따르는 수레)가 없으나 이때에만 攝盛으로 둔 것이다.[65]

⑥ 執燭前馬

일꾼들에게 횃불을 들고 앞에서 길을 비추게 하는 것이다.

【按】 敖繼公에 따르면 횃불을 드는 사람 역시 從者에 포함된다.[66]

⑦ 婦車亦如之

'婦車'는 신랑의 집에서 신부를 위하여 준비하는 수레이다.

【按】 정현의 주에 따르면 대부 이상은 딸을 시집보낼 때 자체적으로 수레를 준비하여 전송한다.[67] '亦如之'는 敖繼公에 따르면 '從者畢玄端' 이하의 모든 의절을 이른다.[68] 즉

59) 鄭玄注 : "主人, 壻也, 壻爲婦主."

60) 賈公彦疏 : "士家自祭, 服玄端, 助祭, 用爵弁. 今爵弁用助祭之服親迎, 以爲攝盛."

61) 賈公彦疏 : "云'從者, 有司也. 乘貳車, 從行者也'者, 以士雖無臣, 其僕隸皆曰有司. 使乘貳車, 從壻."

62) 賈公彦疏 : "《周禮·巾車》云: '一曰玉輅, 以祭祀.' 又云: '金路, 同姓以封; 象路, 異姓以封; 革路, 以封四衛; 木路, 以封蕃國; 孤乘夏篆, 卿乘夏縵, 大夫乘墨車, 士乘棧車, 庶人乘役車.' 士乘大夫墨車爲攝盛, 則大夫當乘卿之夏縵, 卿當乘孤之夏篆."

63) 《儀禮集說》 卷2 : "墨車加黑色而漆之, 棧車不加黑色漆之而已."

64) 《儀禮集說》 卷2 : "從者棧車也. 從車二乘, 與乘車而三, 士之車數於此可見."

65) 賈公彦疏 : "大夫已下有貳車, 士無貳車, 此有者, 亦是攝盛也."

66) 《儀禮集說》 卷2 : "從者謂在車及執燭者也."

67) 鄭玄注 : "大夫以上嫁女, 則自以車送之."

68) 《儀禮集說》 卷2 : "如之者, 如從者畢玄端而下之儀也."

뒤따르는 從者들이 입는 옷, 이들이 타는 副車의 종류와 수, 횃불 등을 모두 포함한다. 張爾岐와 蔡德晉 역시 오계공의 설을 따르고 있다.[69]

⑧ 裧

음은 '첨'이니, 수레의 휘장이다.

⑨ 筵于戶西

이것은 禰廟(녜묘) 안에 神을 위해 돗자리를 펴놓는 것이다.

⑩ 西上, 右几

〈사혼례〉 1 주⑤⑥ 참조.

⑪ 次

정현의 주에 따르면 "머리 장식이니, 오늘날의 가체이다.〔首飾也, 今時髲也.〕" 살펴보면 '髲(피. 다리)'는 바로 가발이다. 〈소뢰궤식례〉 7 주② 참조.

⑫ 純衣纁袡

'純衣(치의)'는 검은색 명주옷이다.(〈사관례〉 5 주⑨) '袡'은 음이 '염'이니, 上衣와 下裳의 밑단에 두른 가선이다. 살펴보면 여기에서 신부의 옷에 대해 상의만을 말하고 하상은 말하지 않았는데, 가공언의 소에 따르면 부인의 상의와 하상은 색을 달리하지 않으니[70] 모두 검은색이 되어야 한다.

⑬ 姆纚、笄、宵衣

'姆'는 신부의 여스승이다. '宵'는 '綃(초)'와 통용된다. 《說文解字》에 "綃는 生絲이다.〔綃, 生絲也.〕"라고 하였는데, 段玉裁의 주에 "생사로 짠 비단으로 옷을 만들면 이것을 綃衣라고 한다. 古經에서는 대부분 宵로 되어 있거나 繡(소. 생초)로 되어 있다.〔以生絲之繒爲衣則曰綃衣. 古經多作宵, 作繡.〕"라고 하였다. 단옥재는 또 〈특생궤식례〉의 "주부가 纚(사. 검은색 비단 끈)로 머리를 묶고, 비녀를 꽂고, 宵衣를 입는다.〔主婦纚笄宵衣.〕"라는 구절에 대한 정현의 주를 인용하여 "宵衣는 검은색으로 염색하는데, 그 비단의 원래 이름은 綃이다.〔宵衣, 染之以黑, 其繒本名曰綃.〕"라고 하였다. 위 설들에 근거하면 '宵衣'는 즉 生絲로 짠 검은색 비단옷이다.

【按】 '姆'는, 정현의 주에 따르면 나이 50에 자식이 없어 쫓겨났는데 다시 재가하지 않은 부인으로, 능히 부녀자의 도리를 가르칠 수 있는 사람을 이른다.[71]

⑭ 女從者畢袗玄

'女從者'는 즉 〈사혼례〉 9에 이른바 '媵(잉)'이니, 시집가는 신부를 따라 시집가는 여자이다. 정현의 주에 따르면 "조카와 여동생을 이른다.〔謂姪娣

69) 《儀禮鄭註句讀》 卷2 : "如之者, 亦墨車及從車、執燭等也." 《禮經本義》 卷2 : "亦如之, 亦用墨車及執燭前馬也."

70) 賈公彦疏 : "不言裳者, 以婦人之服不殊裳."

71) 鄭玄注 : "姆, 婦人年五十無子, 出而不復嫁, 能以婦道教人者."

也.〕" 살펴보면 '姪'은 처의 형제의 딸이고 '娣'는 처의 여동생이니, 신부를 따라서 시집가 첩이 된다.(《사혼례》 12 주⑱) '畢袗玄'은 〈사관례〉 6 주③ 참조.

⑮ 被纇黼

'纇'은 음이 '경'이니, '褧(홑옷 경)'과 통한다. 안감이 없는 오늘날의 披肩과 비슷한 것인 듯하다. '黼'는 음이 '보'이니, 고대 예복에 흰색과 검은색이 교차되도록 만든 무늬이다. '纇黼'는 피견에 黼 문양을 수놓은 것을 이른다. 盛世佐는 "纇黼는 안감이 없는 옷깃으로, 그 위에 黼 문양을 수놓은 것인 듯하다 '被' 자를 자세히 살펴보면 여기의 옷깃은 일반적인 옷깃과는 같지 않다. 일반적인 옷깃은 상의와 연결되어 있는데, 여기의 옷깃은 아마도 별도로 생사로 만들어 옷깃 위에 덧붙이는 것인 듯하다.〔纇黼者, 蓋爲無裏之領, 而刺黼於其上也. 詳被字, 則此領與凡領不同. 凡領連於衣, 此蓋別以絲爲之, 而加於領上歟!〕"라고 하였다. 성세좌가 말한 '加於領上'의 '領'은 아마도 오늘날의 披肩과 비슷한 듯하다.

【按】 정현의 주에 따르면 '被'는 정해진 服이 아니라는 뜻이다. 즉 이때 士의 妻로 黼 문양을 수놓은 披肩을 걸치는 것 역시 대부의 처의 예를 攝盛으로 행한 것이다.[72]

⑯ 揖入

胡培翬에 따르면 "주인이 읍을 하고 들어간 뒤에는 '매번 꺾어질 때마다 읍을 하는' 의절이 있어야 하는데, 말하지 않은 것은 글을 생략한 것이다.〔揖入之後, 當有每曲揖之節, 不言者, 文略.〕"

⑰ 稽首

고대의 跪拜禮(무릎을 꿇고 하는 절)중 하나이다. 《춘추좌씨전》 僖公 5년 조의 "사위가 계수하였다.〔士蔿稽首.〕"라는 구절에 대한 공영달의 소에서는 '稽首'를 《尙書》에서 말한 '拜手稽首', 즉 손을 바닥에 짚고 머리가 먼저 손에 이르도록 절하고 이어서 머리를 바닥에 닿도록 절하는 것으로, 이로써 一拜의 禮를 이룬다고 하였다. 그러므로 일반적으로 '稽首'라는 말은 모두 머리가 먼저 손에 이르도록 절한 뒤에 머리를 조아리는 것이다. '再拜稽首'는 즉 稽首하는 拜禮를 두 번 행하는 것이다. 가공언의 소에 따르면 신랑은 이때 東房 밖, 北楣의 바로 아래에 있다.[73] 東房의 戶 입구이기도 한 이곳에서 북향하여 신부에게 절한다. 沈彤은 "이때 신부는 방 안에서 남향하고 서서 신랑을 기다리고 있고, 신랑은 楣의 아래에서 북향하여 기러기를 내려놓고 절한다. 이것이 이른바 '예물을 가지고 만난다.'라는 것이

72) 鄭玄注："天子、諸侯后夫人狄衣, 卿大夫之妻刺黼以爲領, 如今偃領矣. 士妻始嫁, 施禪黼於領上, 假盛飾耳. 言被, 明非常服."

73) 賈公彦疏："此時當在房外當楣北面."

다.〔此時女立在房中南面而俟壻, 壻當楣北面奠鴈拜, 所謂執摯以相見也.〕”라고 하였다.

【按】張惠言의 〈親迎〉 圖에는 신랑이 東楹의 북쪽에서 房戶를 마주하고 북향하여 기러기를 내려놓도록 되어 있고, 黃以周의 〈親迎〉 圖에는 신랑이 西序 앞, 西楹의 서쪽에서 북향하여 기러기를 내려놓도록 되어 있다. 가공언의 소에서는 “주나라 사람은 戶에서 빈을 맞이하였다.〔周人逆于戶.〕”라는 《春秋公羊傳》 何休의 주를 근거로, 신랑은 房 밖의 楣 아래에서 북향하여 기러기를 내려놓아야 한다고 하였는데, 장혜언은 이를 근거로 신랑은 阿, 즉 대들보 아래에 기러기를 내려놓아야 한다고 주장한 것이고,[74] 황이주는, 경문에서는 신랑이 당에 올라가 북향하고 기러기를 내려놓는다고만 했을 뿐, 東楹으로 가서 房戶 앞에서 신부를 맞이한다고 하지 않았다고 하여 가공언과 장혜언의 설을 모두 억설로 본 것이다.[75] 정현의 주에서는 신랑이 기러기를 내려놓고 절하는데도 신부의 아버지가 답배하지 않은 것은 이 기러기는 주로 신부에게 주는 것임을 밝히기 위한 것이라고 하였다.[76] 이에 따르면 장혜언의 설이 더욱 이치에 맞을 듯하다.

⑱ 主人不降送

정현의 주에 이르기를 “신부의 아버지가 당을 내려가 딸을 전송하지 않는 것은 예에 참여하지 않았기 때문이다.〔不降送, 禮不參.〕”라고 하였다. 胡培翬는 “아버지가 딸을 전송하는 예는 없다.〔父無送女之禮也.〕”라고 하였고, 또 “여기에서 신랑이 신부를 맞이하러 오면 신부가 따라가는 것은 신랑과 신부 두 사람이 예를 행하는 것이기 때문에 주인이 참여하지 않는 것이다.〔此壻迎女, 而女從之, 是壻、女二人爲禮矣, 故主人不參之.〕”라고 하였다.

⑲ 壻御婦車

‘壻’는 즉 사위이다. 신랑이 신부의 수레를 모는 것은, 신랑이 신부에 대해 친애하는 정을 표시하기 위해 하는 일종의 태도이다. 즉 본래 마부가 해야 할 일을 일부러 하는 것이다.

⑳ 授綏

‘綏’는 수레에 오를 때 잡는 끈으로, 손으로 이것을 잡고 수레에 오를 수 있다. ‘授綏’는 끈을 신부에게 주는 것이니, 이것은 본래 마부가 주인에게 수레에 오르기를 청하는 예이다.

㉑ 姆辭不受

이것은 姆가 신부를 대신하여 사양하는 것이다. 胡培翬에 따르면 신부가 직접 사양하지 않는 이유는, 부부가 처음으로 정을 나눌 때에는 부끄러움

74) 《儀禮圖》 卷2 〈親迎〉 注 : “賈引何休云‘周人逆于戶’, 賓當往房戶外, 當楣北面, 賓宜當阿.”

75) 《禮書通故》 卷48 〈禮節圖1 昏親迎〉原注 : “賓升, 北面奠雁, 無適東楹逆房戶之文. 賈疏當楣北面, 張云宜當阿, 皆臆說.”

76) 鄭玄注 : “賓升奠鴈拜, 主人不答, 明主爲授女耳.”

이 있어서 아직은 신랑과 직접 말하기가 불편하기 때문에 姆가 신부를 대신하여 사양하는 뜻을 전하는 것이다. 姆가 사양한 뒤에 신랑이 바로 綏를 느슨히 하면 姆가 이 끈을 건네받아서 신부에게 준다.[77]

㉒ 几

신부가 수레에 오르는 것을 돕는데 쓰는 것이다.

【按】 이때 신랑 집에서 따라온 從者 두 사람이 무릎 꿇고 앉아 양쪽에서 几를 잡아준다. 〈사혼례〉 22 참조.

㉓ 姆加景

'景'은 생사로 거칠고 성글게 짠 천으로 만든 일종의 홑 덧옷으로, 옷 밖에 걸치면 길을 갈 때 바람과 먼지를 막을 수 있다.

㉔ 乃驅

이것은 신랑이 신부를 위해 수레를 몰고 가는 것이니, 이것 역시 신랑이 신부에게 친애하는 정을 표시하는 일종의 예의이다. 정현의 주에 이르기를 "신랑이 수레바퀴가 세 번 구른 곳까지 몰고 가면 마부가 신랑을 대신하여 몬다.〔行車輪三周, 御者乃代壻.〕"라고 하였다.

9. 신부가 신랑의 집에 와서 同牢의 예를 이룸(婦至同牢)

婦至, 主人揖婦以入①。及寢門, 揖入, 升自西階②。媵(잉)布席于奧③。夫入于室卽席④。婦尊(준)西⑤, 南面。

媵、御沃盥交⑥。贊者徹尊冪(멱)⑦。擧者盥出⑧, 除冪⑨, 擧鼎入, 陳于阼階南⑩, 西面, 北上。匕、俎從設⑪。北面載, 執而俟⑫。匕者逆退⑬, 復位于門東⑭, 北面, 西上。

贊者設醬于席前, 菹、醢在其北。俎入設于豆東⑮, 魚次⑯, 腊特于俎北⑰。贊設黍于醬東, 稷在其東⑱, 設湆于醬南⑲。設對醬于東⑳, 菹、醢在其南㉑, 北上㉒。設黍于腊北, 其西稷㉓, 設湆于醬北。御布對席㉔。贊啓會却于敦(대)南㉕, 對敦于北。贊告具㉖。

揖婦卽對筵。皆坐。皆祭, 祭薦、黍、稷、肺㉗。贊爾黍㉘,

77) 《儀禮正義》卷3 : "婦不親辭者, 夫婦始接, 情有廉恥, 姆道其志也. 姆旣辭, 則壻當舍綏, 姆執綏以授女矣."

授肺、脊㉙。皆食, 以湇、醬㉚, 皆祭擧、食擧也㉛, 三飯卒食㉜。贊洗爵, 酌㉝, 酳(인)主人㉞。主人拜受。贊戶內北面答拜。酳婦, 亦如之㉟。皆祭㊱。
贊以肝從㊲。皆振祭㊳, 嚌肝, 皆實于菹豆。卒爵皆拜。贊答拜, 受爵。再酳如初, 無從㊴。三酳用巹, 亦如之㊵。
贊洗爵, 酌于戶外尊, 入戶, 西北面奠爵, 拜。皆答拜。坐祭, 卒爵, 拜。皆答拜。興㊶。主人出㊷。婦復位㊸。
乃徹于房中㊹, 如設于室。尊否㊺。主人說(탈)服于房㊻, 媵受。婦說(탈)服于室㊼, 御受。姆授巾㊽。御衽于奧㊾, 媵衽良席在東㊿, 皆有枕, 北止(51)。主人入, 親說(탈)婦之纓(52)。燭出。媵餕主人之餘(53), 御餕婦餘。贊酌外尊酳之(54)。媵待于戶外(55), 呼則聞。

〈신랑과 신부가 예를 행할 자리로 나아감〉

신부가 신랑 집의 대문 밖에 이르면 주인(신랑)이 읍하여 신부에게 들어가기를 청하고 문의 서쪽으로 앞장서 들어간다.

寢門에 이르면 주인이 신부에게 읍하고 먼저 들어가 서쪽 계단으로 당에 올라간다.

(신랑이 세 계단을 다 올라가면 신부가 뒤따라서 한 계단을 사이에 두고 올라가 당 위 서쪽 계단 윗쪽에서 신랑의 오른쪽에 나란히 서서 室에 돗자리를 펴기를 기다린다.)

媵(잉. 신부를 따라 시집온 사람)이 奧(오. 室 안 서남쪽 모퉁이)에 신랑을 위한 돗자리를 편다.(신부를 위한 돗자리는 아직 펴지 않는다.)

신랑이 室로 들어가 펴놓은 돗자리로 나아가 동향하여 선다.

신부가 室 안의 북쪽 벽 아래에 진설한 술 단지 서쪽에서 남향하고 선다.

〈室과 뜰 안의 준비〉

媵과 御(신랑을 시종하는 여자)가 洗에서 손을 씻도록 물을 부어준다.

(잉은 당 아래 南洗에서 신랑에게 부어주고 어는 방 안의 北洗에서 신부에게 물을 부어준다. 또는 잉과 어가 北洗에서 서로에게 물을 부어준다.)

贊者가 室 안 북쪽 벽 아래에 진설한 술 단지의 거친 葛布 덮개를 벗긴다.

擧者(鼎을 들 사람)가 南洗(동쪽 계단 동남쪽에 설치한 洗)에서 북향하여 손을 씻고 침문을 나가 정을 오른쪽에서 들 右人이 鼎(익힌 牲體를 담아 놓은 솥)의 鼏(멱. 덮개)을 벗긴다. 정을 들고 들어가 동쪽 계단 남쪽에 서향으로 진열하는데 북쪽을 상위로 하여 북쪽부터 豚鼎-魚鼎-腊鼎의 순으로 진열한다.

(진열을 마치면 右人은 정의 扃을 뽑아 정의 북쪽에 둔 뒤 정의 북쪽에서 서향하고 기다린다.)

鼎匕와 俎를 각각 하나씩 든 3명이 정을 따라 들어가서 각각 조를 정의 서쪽에 진열하고 정비를 손잡이가 동쪽으로 가도록 정 위에 올려둔다.

(진열이 끝나면 바로 물러간다.)

3명의 左人(鼎의 왼쪽에서 정을 든 사람)이 조의 남쪽에서 북향하여 右人(鼎의 오른쪽에서 정을 든 사람)이 꺼내준 牲體를 俎에 받아 담고서 조를 들고 豆가 먼저 진설되기를 기다린다.(3명의 右人이 정의 북쪽에서 서향하여 鼎匕로 정 안의 牲體를 꺼내 左人이 들고 있는 俎에 담는다.)

3명의 右人은 俎에 다 담으면 들어온 순서와 반대로 물러가 침문 안 동쪽 자리로 돌아가서 북향하여 서는데, 서쪽을 상위로 하여 서쪽부터 豚鼎-魚鼎-腊鼎을 들었던 사람의 순으로 선다.

〈室 안의 신랑을 위한 상차림〉

贊者가 신랑의 돗자리 앞에 醓醬(혜장. 초장)을 진설하고, 葵菹(규저. 아욱 초절임)와 蝸醢(와해. 달팽이 젓갈)를 혜장의 북쪽에 차례로 진설한다.

豚俎를 든 사람이 室로 들어가 豆(葵菹豆와 蝸醢豆)의 동쪽에 진설하고, 다음에는 魚俎를 돈조 동쪽에 진설하고, 腊俎를 돈조와 어조 북쪽에 단독으로 가로로 진설한다.

찬자가 黍敦(서대. 찰기장밥이 담긴 대)를 혜장의 동쪽에 진설하고, 稷敦(직대. 메기장밥이 담긴 대)를 서대의 동쪽에 진설하고, 大羹湆(태갱읍. 豚牲을 삶은 뒤 조미하지 않은 육수)을 혜장의 남쪽에 진설한다.

〈室 안의 신부를 위한 상차림〉

贊者가 對醬(신부를 위해 신랑의 자리 맞은편에 진설하는 醓醬)을 동쪽에 신랑의 醓醬과 대각선으로 진설하고, 葵菹와 蝸醢를 혜장의 남쪽에 북쪽을 상위로 하여 규저를 북쪽에 진설한다. 黍敦를 腊俎 북쪽의 동쪽에 진설하고, 서대 서쪽에 稷敦를 진설하고, 大羹湇을 혜장의 북쪽에 진설한다.

御가 對席(신부를 위한 돗자리)을 신랑과 마주보는 곳에 편다.

찬자가 신랑 자리의 서대와 직대의 뚜껑을 열어 각각 대의 남쪽에 뒤집어 놓고, 對敦(신부를 위한 대)의 뚜껑을 열어 각각 대의 북쪽에 뒤집어 놓는다.

찬자가 서향하여 진설이 갖추어졌다고 동향하고 있는 주인(신랑)에게 고한다.

〈신랑과 신부가 함께 동일한 희생을 먹는 예〉

신랑이 신부에게 읍하여 對席에 나아가기를 청한다.

신랑과 신부가 모두 각자의 돗자리에 앉는다.

신랑과 신부가 모두 祭(고수레)를 하는데, 薦(葵菹와 蝸醢)·黍飯·稷飯·祭肺(고수레용 폐)를 차례로 祭한다.

찬자가 黍敦를 신랑과 신부의 돗자리 위 오른쪽에 가깝게 옮겨놓고 擧肺(식용 폐)와 脊을 豚俎에서 들어 한꺼번에 건네준다.

(찬자는 신랑에게는 음식의 남쪽에서 서향하여 건네주고 신부에게는 음식의 북쪽에서 동향하여 건네준다. 신랑과 신부는 모두 마주하여 이를 오른손으로 받아서 고수레하고 먹는다.)

신랑과 신부가 모두 黍飯(찰기장밥)을 한 번 먹고 大羹湇을 마시고 醓醬을 손가락으로 찍어 맛보는데, 黍飯을 먹기 전에 먼저 모두 擧(擧肺와 脊)를 祭하고 擧를 맛본다.

각각 세 번 밥을 먹으면 食禮가 끝난다.

찬자가 당의 篚에서 술잔(爵)을 꺼내어 들고 방으로 들어가 北洗(방에 설치한 洗)에서 술잔을 씻은 뒤 술잔을 들고 室로 들어가 술을 따라서 주인(신랑)에게 입가심하도록 준다.

주인이 동향하여 절하고 앉아서 받는다.(拜受禮)

찬자가 室戶 안에서 북향하여 답배한다.(拜送禮)

찬자가 술을 따라 신부에게 입가심하도록 주는데, 신랑에게 술을 따라 줄 때와 같이 한다.(신부가 남향하여 절하고 앉아서 받는다.)

신랑과 신부가 모두 술을 祭한다.

찬자가 肝俎를 따라 올린다.

신랑과 신부가 모두 간을 소금에 찍어 振祭(소금을 털어서 고수레함)하고 간을 조금 맛본 뒤 모두 葵菹豆 위에 올려놓는다.

신랑과 신부가 잔의 술을 다 마시고 모두 찬자에게 절한다.(신랑은 동향하여 절하고, 신부는 남향하여 절한다.)

찬자가 북향하여 답배하고 신랑과 신부에게서 빈 잔을 받는다.

찬자가 두 번째 입가심하는 술을 올리기를 처음과 같이 한다. 다만 따라 올리는 肝俎가 없다.

찬자가 세 번째 입가심하는 술을 올리는데 巹(근. 표주박)을 사용한다. 이때에도 따라 올리는 肝俎가 없다.

찬자가 방 안의 北洗에서 잔을 씻어 室戶 밖의 술 단지에서 술을 따라 室 안으로 들어가 서북향하여 잔을 내려놓고 절한다.(신랑과 신부를 대신하여 스스로에게 답잔을 줌)

신랑과 신부가 모두 답배한다.

찬자가 앉아서 술을 祭하고 잔의 술을 다 마시고 절한다.

신랑과 신부가 모두 답배한다.

신랑과 신부와 찬자가 모두 일어난다.

주인(신랑)이 室을 나가 예복을 벗기 위하여 방으로 간다.

신부가 室 안 북쪽 벽 아래 술 단지의 서쪽에서 남향하고 서 있던 자리로 돌아간다.

〈室에서 신랑과 신부의 이부자리 준비〉

이어 찬자가 室의 음식을 거두어 방 안에 진설하는데, 室에서와 같이 진설한다. 다만 室 안의 술 단지는 거두기만 하고 방에 진설하지 않는다.

주인이 방에서 예복(작변복)을 벗으면 媵(잉)이 받는다.
신부가 室에서 예복(純衣纁袡)을 벗으면 御가 받는다.
姆(모. 신부의 여스승)가 신부의 오른쪽(서쪽)에서 신부에게 손수건을 준다.
御가 奧에 신부를 위한 이부자리를 펴고, 媵이 신부의 이부자리 동쪽에 남편(신랑)을 위한 이부자리를 편다. 모두 베개는 남쪽에 두고 발은 북쪽으로 가도록 한다.
방에 있던 주인이 室로 들어가 직접 신부의 纓을 벗긴다.
촛불이 나간다.

〈房에서 媵과 御가 대궁을 먹음〉
媵이 서쪽 자리에서 동향하여 주인(신랑)이 남긴 대궁을 먹고, 御가 동쪽 자리에서 서향하여 신부가 남긴 대궁을 먹는다.
찬자가 外尊(당 위 房戶의 동쪽에 진설한 술 단지)에서 술을 따라 들고 방으로 들어가 잉과 어에게 입가심하도록 준다.
(잉과 어는 拜受禮와 拜送禮는 행하지만 旣爵拜는 행하지 않는다.)
잉과 어가 室戶 밖에서 기다리고 있다가 신랑과 신부가 부르면 응한다.

① 主人揖婦以入

吳廷華에 따르면 주인이 읍을 마치면 마땅히 먼저 대문의 서쪽으로 들어가 신부를 위하여 인도해야 한다.[78]

② 升自西階

살펴보면 주인은 본래 동쪽 계단으로 당에 올라가야만 하는데 여기에서 서쪽 계단으로 올라간 것은, 정현의 주에 따르면 이것 역시 신부를 인도하는 뜻이다.[79]

【按】 **胡培翬**에 따르면 이것은 신랑과 신부가 함께 서쪽 계단으로 올라가는 것을 이른다. 즉 신랑이 세 계단을 올라가면 신부가 한 계단을 사이에 두고 약간 오른쪽으로 함께 올라간다. 당에 올라간 뒤에는 서쪽 계단 윗쪽에 함께 서서 돗자리를 펴는 것을 기다리는데, 신랑이 신부의 왼쪽에 선다.[80]

③ 媵布席于奧

'媵'은 음이 '잉'이다. 신부를 따라 시집가는 사람이니, 즉 신부의 조카딸이

78) 《儀禮章句》 卷2 : "壻先入大門, 道之由闑西."

79) 鄭玄注 : "道婦入也."

80) 《儀禮正義》 卷3 : "升自西階, 謂夫婦竝升西階也. 竝升之法, 夫升三等, 婦少右從之, 中等竝行, 夫在左旣立, 夫婦竝立於西階上, 俟布席乃入也."

나 여동생이다. '奧'는 室 안의 서남쪽 모퉁이다.

④ 入

阮元의 교감본에는 '人'으로 잘못되어 있다.

⑤ 婦尊西

이것은 신부가 술 단지의 서쪽에 서 있다는 말이다. '尊'은 즉 室 안 북쪽 벽 아래에 진설된 술 단지를 가리킨다.(〈사혼례〉 7) 살펴보면 이때 신부의 돗자리는 아직 펴지 않았기 때문에 신부가 여기에서 기다리고 서 있는 것이다.

⑥ 媵、御沃盥交

'御'는 신랑의 시종이다. 吳廷華는 御도 "媵과 마찬가지로 여자이다.〔亦婦女也.〕"라고 하였다. '沃'은 물을 부어주는 것이다. '盥'은 물을 부어 손을 씻도록 하는 것이다. 이 구절은 媵과 御가 서로 손을 씻도록 물을 부어주는 것을 이른다. 즉 잉이 물을 부어주면 어가 손을 씻고, 다시 어가 물을 부어주면 잉이 손을 씻는 것이다. 吳廷華는 "交는 잉이 물을 부어주면 어가 손을 씻고, 어가 물을 부어주면 잉이 손을 씻는 것을 이른다. 모두 北洗에서 손을 씻는다.〔交謂媵沃御盥, 御沃媵盥, 皆於北洗.〕"라고 하였다. 살펴보면 이편에서 "洗를 동쪽 계단 동남쪽에 설치한다.〔設洗于阼階東南.〕"라고만 말하고(〈사혼례〉 7) 북세를 진설한다는 말은 하지 않았는데 글을 생략한 것이다. '北洗'는 방 안의 세이다.(〈사관례〉 11 주②) 胡培翬에 따르면 "이것은 잉과 어가 예를 돕는 사람이니 마땅히 손을 씻어 청결함을 지극히 해야 하기 때문이다.〔媵、御佐禮, 當盥以致潔也.〕"

【按】'媵、御沃盥交'를 정현의 주에서는 다르게 보았다. 즉 媵은 동쪽 계단 동남쪽에 설치한 南洗에서 신랑에게 손을 씻도록 물을 부어주고, 御는 방안 서북쪽에 설치한 北洗에서 신부에게 손을 씻도록 물을 부어주는데, 이것은 부부가 처음 만날 때 염치가 있기 때문에 잉과 어가 그 뜻을 인도해주는 뜻으로 본 것이다.[81] 張惠言과 黃以周의 〈婦入室士匕載〉 圖에도 御는 北洗에서 동남향하여 물을 부어주고 신부는 북향하여 손을 씻으며, 媵은 南洗에서 서북향하여 신랑에게 물을 부어주도록 되어 있다.

⑦ 尊冪

즉 술 단지 위에 덮는 거친 葛布 덮개이다.

⑧ 擧者盥出

'擧者'는 鼎을 드는 사람이다. '盥'은, 敖繼公에 따르면 南洗, 즉 동쪽 계단 동남쪽에 설치한 洗에서 손을 씻는 것이다.[82]

81) 鄭玄注 : "媵沃壻盥於南洗, 御沃婦盥於北洗. 夫婦始接, 情有廉恥, 媵御交道其志."

82) 《儀禮集說》 卷2 : "盥, 北面盥於南洗也."

⑨ 除冪

【按】'冪'은 敖繼公에 따르면 '鼏(멱)'이 되어야 하며, 이때 鼎의 鼏을 벗기는 자는 右人(鼎을 오른쪽에서 드는 사람)이다. 또한 오계공에 따르면 침문 밖에서 먼저 정의 멱을 벗긴 뒤에 침문 안으로 들고 들어와 진열하는 것은 혼례가 길례이기 때문이다.[83]

⑩ 陳于阼階南

【按】敖繼公은 鼎을 진열한 뒤에 右人(鼎을 오른쪽에서 드는 사람)은 扃(경. 정의 귀에 꿰어 정을 드는 막대기)을 뽑아 정의 북쪽에 내려놓고 정의 동쪽에서 서향하여 기다린다고 하였다.[84] 다만 같은 길례인 〈特牲饋食禮〉 정현의 주에 "우인은 정을 내려놓은 뒤 모두 서향하고 기다린다.[右人……旣錯, 皆西面俟也.]"라고만 되어 있어, 정의 북쪽에서 서향하는지, 아니면 정의 동쪽에서 서향하는지에 대해서는 분명하게 말하지 않았다. 황이주의 설(아래 주⑫ 안설)에 따르면 우인은 정의 북쪽에서 서향하여 기다린다고 보아야 할 듯하다.

⑪ 匕、俎從設

'匕'는 음이 '비'이다. 고대에 음식을 취하는 기물로, 손잡이는 구부러지고 음식이 담기는 면은 얕으며 모양이 숟가락과 비슷하다. 또한 오늘날의 국을 뜨는 숟가락과 비슷한데 크다. '匕、俎從設'은, 敖繼公에 따르면 "鼎匕와 俎를 든 사람이 鼎을 따라 寢門을 들어가 그 정의 서쪽에 진열하는 것이다. 조를 진열하고 나면 각각 그 정에 정비를 올려놓는데 자루가 동쪽으로 가도록 하고, 이어 물러간다.[執匕俎者從鼎入, 而設於其鼎之西也. 旣設俎則各加匕於其鼎, 東柄, 遂退.]" 오계공에 따르면 3개의 정에 각각 한 사람씩 정비 하나와 조 하나를 들고 정을 따라 들어가 진열하고, 진열을 마치면 바로 물러간다.[85]

魚鼎匕
(春秋戰國. 商周彝器通考)

【按】〈사혼례〉에서는 〈특생궤식례〉·〈소뢰궤식례〉·〈유사철〉·〈공사대부례〉등과 같이 鼎과 鼎匕·俎를 드는 사람이 각각 별도로 있는데, 이것은 吉禮여서 威儀를 숭상하기 때문이다. 이와 달리 〈사상례〉와 같은 凶禮에서는 예를 간소하게 하기 때문에 右人(정을 오른쪽에서 드는 사람)이 오른손으로 정비를 들고 左人(정을 왼쪽에서 드는 사람)이 왼손으로 俎를 든다.[86] 오른쪽 그림은 길이 5寸 7分의 춘추전국 시기의 出土文物이다.[87]

⑫ 北面載, 執而俟

이것은 鼎을 든 사람이 하는 일이다. 정을 드는 사람은 정마다 좌우에 각

83) 《儀禮集說》 卷2 : "冪, 當作鼏. 除鼏者, 右人也. 除鼏而后擧鼎, 吉禮也."

84) 《儀禮集說》 卷2 : "旣陳鼎, 則右人抽扃, 委于鼎北, 而西面于鼎東以俟."

85) 《儀禮集說》 卷2 : "此三匕三俎從設, 則是有司三人各兼執一匕一俎與!"

86) 賈公彦疏 : "《特牲》《少牢》《公食》與《有司徹》, 及此《昏禮》等, 執匕俎、擧鼎各別人者, 此吉禮尙威儀故也. 《士喪禮》擧鼎, 右人以右手執匕, 左人以左手執俎, 擧鼎人兼執匕俎者, 喪禮略也."

87) 《商周彝器通考》 下篇 第1章 食器 286쪽.

각 1명씩 있다. 왼쪽 사람(즉 이른바 左人)은 진열된 俎의 남쪽에 서서 북향하고 조에 牲體를 담을 준비를 하며, 오른쪽 사람(즉 이른바 右人)은 정의 동쪽에 서서 서향하고 鼎匕로 생체를 끼내이 조에 담는다. 胡培翬가 말하기를 "《의례》에서는 대체로 右人이 정의 동쪽에서 서향하여 생체를 꺼내고, 左人은 정의 서쪽에 진열된 조의 남쪽에서 북향하여 생체를 조에 받아 담는다.〔《儀禮》大概右人於鼎東, 西面匕; 左人於鼎西俎南, 北面載.〕"라고 하였다. '執而俟'는 좌인이 牲俎를 들고서 올리기를 기다리는 것을 이른다. 정현의 주에 따르면 "豆가 먼저 진설되기를 기다리는 것이다.〔俟豆先設.〕"

【按】 張惠言의 〈婦入室士匕載〉 圖에는 右人이 鼎의 동쪽에서 서향하여 牲體를 꺼내도록 되어 있는데, 黃以周는 이를 오류로 보았다. 황이주는 "우인이 정을 내려놓은 뒤 서향하여 기다린다."라는 정현의 설을 근거로, 左人이 북향하고 있으니 右人은 마땅히 鼎의 북쪽에서 서향하여 생체를 꺼내야 한다고 본 것이다.[88] 장혜언의 그림대로라면 우인은 정의 동쪽에 있고 좌인은 정의 서쪽에 있어서 서로 너무 떨어져 있어 생체를 받기가 힘들다. 황이주의 설이 옳을 듯하다. 다만 가공언은 정의 북쪽에서 남향하여 생체를 꺼낸다고 하였고,[89] 胡培翬는 황이주와 마찬가지로 敖繼公의 설을 따라 우인이 정의 북쪽에서 서향하여 생체를 꺼낸다고 보았다.[90]

⑬ 匕者逆退

'匕者'는 즉 右人(鼎의 오른쪽에서 정을 든 사람)이다. '逆退'는, 살펴보면 匕者는 牲體를 鼎에서 꺼낸 뒤에 바로 일이 끝나서 물러가는데, 물러 나가는 순서가 먼저 들어온 사람이 뒤에 물러가기 때문에 '逆退'라고 한 것이다. 吳廷華에 따르면 "逆退는 鼎의 동쪽에서 서향하고(우인을 이른다) 생체를 꺼내는 일을 마치면 일이 없으니 맨 뒤에 들어온 사람이 먼저 물러가는 것이다.〔逆退者, 鼎東西面(謂右人), 匕畢無事, 後者先退也.〕" 들어온 순서와 반대로 물러가는 이유는, 정현의 주에 "편리함을 따른 것이다.〔由便.〕"라고 하였으니, 즉 물러나갈 때 편리하게 하기 위해서이다.

【按】 '右人이 鼎의 동쪽에서 서향하고 牲體를 꺼낸다'는 오정화의 설에 대해서는 위 주 ⑫ 안설 참조.

⑭ 復位于門東

살펴보면 여기에서 '復位'라고 말하였으니, 匕者가 아직 정을 들고 寢門을 들어가기 전에는 자리가 침문 밖 동쪽에 있었음을 알 수 있다. 경문에서는 글을 생략하고 말하지 않은 것이다.

88) 《禮書通故》〈禮節圖1 昏 婦入室士匕載〉 注 : "《特牲》注則右人'旣錯, 西面俟', 左人北面, 當是右人西面匕, 非南面也. 張《圖》右人匕在鼎東, 亦乖右義."

89) 賈公彦疏 : "右人於鼎北, 南面匕肉出之."

90) 《儀禮正義》 卷3 : "此鼎亦西面, 則敖氏謂西面匕……逆退者, 西面匕畢, 乃轉南面而退也."
《儀禮集說》 卷2 : "右人則西面匕."

【按】 '復位'에 대해서는 이설이 존재한다. 주소에서는 '復位'를 執匕者(匕를 들고 들어간 사람)가 침문 밖 동쪽의 자리로 돌아가는 것으로 보았는데,[91] 敖繼公은 匕者(牲體를 鼎에서 꺼낸 사람) 즉 右人(鼎을 오른쪽에서 들고 간 사람)이 침문 안 동쪽의 서쪽을 상위로 하여 북향하던 私臣의 자리로 돌아가는 것으로 보았다.[92] 胡培翬 역시 執匕者로 본 주소의 설을 오류로 단정하고 右人이 자기 자리로 돌아가는 것으로 보았다.[93] 張惠言과 黃以周의 〈婦入室士匕載〉 圖에는 모두 匕者가 침문 안 동쪽에서 북향하도록 되어 있다.

⑮ 俎入設于豆東

'俎'는 여기에서는 豚俎를 이른다. '豆東'은 즉 菹·醢의 동쪽이다. 살펴보면 醬과 菹·醢 모두 豆에 담겨 있는데, 다음 경문에서 장의 동쪽에 黍·稷을 둔다고 말했기 때문에 俎는 菹·醢의 동쪽에 있으며 장의 동쪽에 있지 않다는 것을 알 수 있다.

⑯ 魚次

魚俎는 또 豚俎의 동쪽에 있다는 말이다.

⑰ 腊特于俎北

'俎北'은 豚俎와 魚俎의 북쪽을 이른다. '特'은 단독으로 진설하는 것을 이르니, 돈조·어조와 나란히 진설하지 않고 단독으로 돈조·어조의 북쪽에 가로로 진설하는 것이다. 吳廷華에 따르면 腊俎는 "두 俎(돈조와 어조)의 북쪽, 醢의 동쪽에 있다.〔兩俎之北, 醢之東.〕"

⑱ 贊設黍于醬東, 稷在其東

살펴보면 黍飯과 稷飯은 모두 敦(대)에 담겨 있기 때문에 贊者가 서반과 직반을 진설하는 것은 실은 敦를 진설하는 것이다.

⑲ 湆

즉 태갱읍(豚牲을 삶은 뒤 조미하지 않은 육수)이다.

⑳ 設對醬于東

신랑의 돗자리와 마주보는 신부의 돗자리 앞의 상반되는 위치에 신부를 위하여 醬을 진설하는 것을 이른다. 盛世佐에 따르면 "이것은 신부를 위하여 진설하는 것이다. 신랑의 돗자리는 서쪽에, 신부의 돗자리는 동쪽에 있기 때문에 '마주본다〔對〕'고 한 것이다. 일반적으로 상차림은 모두 마주하도록 진설하는데 유독 장에 대해서만 '마주본다'고 말한 것은 장을 첫 번째로 진설하기 때문이다.〔此爲婦設也. 夫西, 婦東, 故云對. 凡饌皆對. 獨於醬言之者, 以其首設也.〕"

91) 鄭玄注 : "執匕者事畢逆退, 由便. 至此乃著其位, 略賤也."
賈公彦疏 : "於此初陳鼎門外時, 不見執匕者位, 至此乃著其位, 故言略賤也."

92) 《儀禮集說》 卷2 : "匕者, 乃右人以匕出鼎實者也. 以匕出物而謂之匕, 亦因其所用者稱之. 逆退, 則匕下鼎者在先, 匕上鼎者在後也. 言復位, 見其初位在此門東, 北面, 西上, 私臣之位也."

93) 《儀禮正義》 卷3 : "左人執俎而俟, 則退者爲右人明矣. 此亦擧鼎者謂之匕者, 以事命之, 且以別於載者也. 注以是爲執匕者, 恐非."

㉑ 菹、醢在其南

즉 醬의 남쪽에 놓는 것이다. 신랑의 상차림에는 "菹와 醢가 장의 북쪽에 있으니〔菹、醢在其北〕" 신부의 상차림 역시 마주하도록 진설하는 것이다.

㉒ 北上

살펴보면 진열하는 음식은 존비의 차이가 있어서 醬은 菹보다 높고 菹는 醢보다 높기 때문에 차례로 북에서 남으로 배열하여 높은 것을 북쪽에 두는 것이다. 신랑의 돗자리는 정반대로 남쪽을 높은 자리로 삼았으나 "남쪽을 상위로 한다.〔南上.〕"라고 말하지 않은 것은 글을 생략한 것이다.

㉓ 設黍于腊北, 其西稷

이 두 구절은 실제로는 腊俎의 북쪽에 동쪽에는 黍敦를 진설하고 서쪽에는 稷敦를 진설한다는 말이다. 살펴보면 신부의 직대는 남쪽으로 豚俎와 같은 열이 되고 신부의 서대는 남쪽으로 魚俎와 같은 열이 되도록 진설해야 하니, 이 역시 신랑의 서대·직대와 대각선으로 마주하도록 한 것이다.

㉔ 對席

즉 신부의 돗자리이니, 신랑의 돗자리 동쪽에 신랑의 돗자리와 바로 마주하는 자리이다. 살펴보면 신부의 상차림에 俎를 진설한다는 말을 하지 않았는데, 신부는 신랑과 俎를 함께 하기 때문이다.

㉕ 贊啓會却于敦南

'啓'는 '열다'는 뜻이다. '會'는 敦(대)의 뚜껑이다. '却'은 가공언의 소에 "뒤집어 놓는 것이니, 바닥에 뒤집어 놓는 것을 이른다.〔仰也, 謂仰於地也.〕"라고 하였다. 살펴보면 여기에서 열어놓은 것은 신랑을 위한 敦이고, 다음 경문의 '對敦'는 신부를 위한 敦이다.

㉖ 贊告具

【按】 주소에 따르면 贊者는 동향하고 있는 주인에게 서향하여 고한다.[94] 이 때의 同牢 상차림은 학자마다 차이가 있다. 오른쪽 그림은 양천우가 제시한 상차림이다. 張惠言의 상차림은 부록의 〈同牢〉 圖, 黃以周의 상차림은 〈鄭注對席饌式〉 圖와 〈新定對席式〉 圖 참조.

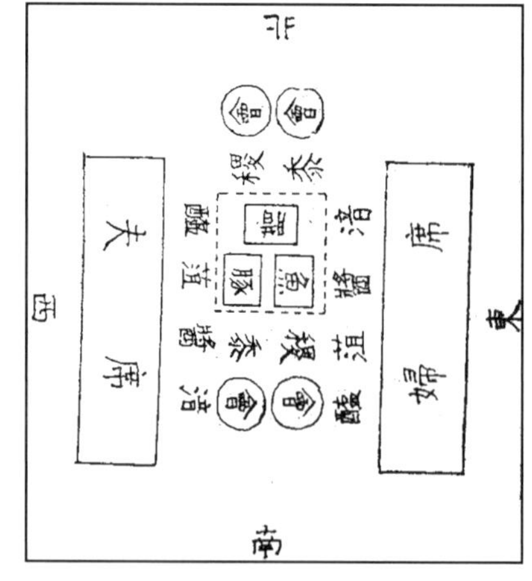

夫婦同牢共饌(양천우)

94) 鄭玄注 : "贊者西面告饌具也."
賈公彦疏 : "主人東面, 知西面告也."

㉗ 祭薦、黍、稷、肺

'祭'는 先人(이 음식을 최초로 만든 사람)에게 祭(고수레)하는 것이다. '薦'은 정현의 주에 "초절임과 젓갈이다.〔菹、醢也.〕"라고 하였으니, 즉 葵菹(규저. 아욱 초절임)와 蠃醢(라해. 달팽이 젓갈)이다. '肺'는 張爾岐에 따르면 祭肺(고수레용 폐)를 가리킨다.[95] 薦·黍·稷·肺는 모두 祭에 쓰는 것이다. 薦을 祭하는 법은, 菹를 취하여 醢에 찍어 저와 해가 담긴 2개의 豆 사이에 놓아 祭하는 것을 보이는 듯하다. 서·직·폐를 祭하는 법 역시 서·직·폐를 취하여 2개의 豆 사이에 놓아 菹와 함께 둠으로써 祭하는 것을 보이는 듯하다. 즉 이른바 "豆 사이에 菹를 祭한 곳에 함께 祭한다.〔同祭于豆祭.〕"라는 것이다. 〈소뢰궤식례〉 9 주⑤, 〈사우례〉 5 주④ 참조.

【按】 양천우는 '薦'을 葵菹와 蠃醢로 보았으나, 〈사혼례〉 7 주⑭에 근거하면 蠃醢는 蝸醢가 되어야 한다.

㉘ 贊爾黍

정현의 주에 따르면 "爾는 '옮기다'는 뜻이니, 돗자리 위로 옮겨놓아 먹기에 편하도록 하는 것이다.〔爾, 移也, 移置席上便其食也.〕"

【按】 敖繼公에 따르면 黍敦만을 가까이 옮기는 것은 黍(찰기장밥)와 稷(메기장밥) 중 높은 것만 취하여 먹도록 한 것이다. 또한 옮길 때에는 모두 돗자리 위의 오른쪽에 둔다.[96]

㉙ 授肺、脊

'肺'는 여기에서는 擧肺(식용 폐)를 가리킨다.

【按】 敖繼公에 따르면 肺와 脊을 한꺼번에 들어서 주는 것으로, 신랑에게는 음식의 남쪽에서 서향하여 건네주고, 신부에게는 음식의 북쪽에서 동향하여 건네준다. 신랑과 신부는 모두 마주하여 이를 오른손으로 받아서 먹고, 밥 먹을 때에는 이를 왼손으로 든다.[97]

㉚ 皆食, 以湆、醬

'食'은 밥을 먹는 것이니, 정현의 주에 따르면 黍飯을 먹는 것을 말한다.[98] 胡培翬에 따르면 黍는 稷보다 중하기 때문에 먹는 것은 黍를 위주로 한다.[99] '以'는 '쓰다'는 뜻이다. 정현의 주에 따르면 "입으로 태갱읍을 마시고 손가락으로 醬을 찍어 맛보는 것을 이른다.〔謂用口啜湆, 用指咂醬.〕" 啜은 '마신다'는 뜻이다. '咂(잡)'은 《一切經音義》 6에서 《通俗文》의 글을 인용하여 "입에 넣는 것을 '咂'이라 한다.〔入口曰咂.〕"라고 하였다.

【按】 敖繼公에 따르면 '皆食'은 一飯을 이른다.[100]

95) 《儀禮鄭註句讀》 卷2 : "肺, 指祭肺, 非擧肺也."

96) 《儀禮集說》 卷2 : "黍者, 夫婦各有二敦, 故但取其尊者而食之. 凡爾敦者, 皆右之於席上."

97) 《儀禮集說》 卷2 : "兼擧而授之也, 皆受以右手, 惟飯時則左執之也. 贊授夫於饌南西面, 婦則於饌北東面, 皆訝受之."

98) 鄭玄注 : "皆食, 食黍也."

99) 《儀禮正義》 卷3 : "可知不必偏食黍、稷矣, 且黍重於稷."

100) 《儀禮集說》 卷2 : "皆食, 謂一飯也."

㉛ 皆祭擧, 食擧

'擧'는 肺와 脊을 가리킨다. 胡培翬에 따르면 폐와 척은 먹기 전에 모두 먼저 들어서 祭(고수레)를 하기 때문에 '擧'로 이름을 삼은 것이다.[101] 살펴보면 擧肺는 비록 먹기 위해 진설하는 것이어서 祭肺와 구별되지만, 거폐 역시 먹기 전에 반드시 먼저 祭를 해야 한다. 호배휘에 따르면 "거폐 역시 祭한다.[擧肺亦祭.]" 거폐를 祭하는 법은 絕祭, 즉 폐의 끝부분을 조금 떼어내서 祭하는 법을 쓰는 듯하다. 吳廷華에 따르면 "맛보려고 할 때에 먼저 끝부분을 잘라서 祭하는 것이다.[將嚌, 先絕末以祭.]" 脊은 豆 사이에 놓아 祭하는 것을 보이는 듯하다. 이른바 '擧를 먹는다.[食擧.]'라는 것은 즉 嚌하는 것이니, 이것도 한번 조금 맛보는 것이다. 또 이 구절은 비록 "皆食, 以湆、醬"의 뒤에 있지만, 오정화와 호배휘 등에 따르면 일반적으로 음식을 먹을 때(黍飯을 먹는 것을 이른다.) 먼저 祭하지 않는 법이 없으니, 실제로는 먼저 "폐와 척을 고수레하고 폐와 척을 맛본[祭擧、食擧]" 뒤에 모두 밥을 먹는다. 여기에서는 "글이 뒤섞인 것이니, 선후의 순서가 잘못된 것이다.[錯綜之文, 非先後之序.]"

㉜ 三飯卒食

'三飯'은 세 번 黍飯을 먹는 것이다.(〈특생궤식례〉 8, 〈소뢰궤식례〉 9) '卒食'은 食禮가 이루어진 것을 이른다. 살펴보면 부부가 음식을 함께 먹는 것은 남편과 처가 서로 친애하는 일종의 예의를 표시하는 것으로, 뜻이 음식을 먹는 데에 있지 않다. 정현의 주에 "같은 희생을 먹는 것은 친애함을 보이는 것이고 밥 먹는 것을 위주로 행하는 것이 아니기 때문에 세 번 밥을 먹어서 예를 이루는 것이다.[同牢示親, 不主爲食起, 三飯而成禮.]"라고 하였다.

㉝ 贊洗爵, 酌

吳廷華에 따르면 "술잔을 당에서 취하여, 방에서 씻고, 室에서 술을 따르는 것이다.[取爵於堂, 洗於房, 酌於室.]" 살펴보면 술잔은 篚 안에 있는데 篚는 당에 있으며, 東房 안에 洗를 설치해 두었기 때문에 방에서 술잔을 씻는 것이며, 室 안 북쪽 벽 아래에 술 단지를 진설하였기 때문에 室에서 술을 따르는 것이다. 〈사혼례〉 7 참조.

【按】 敖繼公은 이때 동쪽 계단 동남쪽에 설치한 南洗에서 잔을 씻는다고 보았으며,[102] 盛世佐와 胡培翬 역시 이를 따랐다. 자세하지 않다.

101) 《儀禮正義》 卷3 : "擧謂肺、脊, 以其先食擧之, 因名之曰擧."

102) 《儀禮集說》 卷2 : "洗爵, 洗于庭也."

㉞ 酳

음은 '인'이니, 음식을 다 먹은 뒤에 술로 입안을 헹구는 것이다. 살펴보면 여기에서 이른바 '漱口'라는 것은 오늘날의 양치하는 것과는 같지 않아서 술을 마심으로써 입안을 깨끗하게 하는 것이다. 아울러 먹은 음식을 편안하게 안정시킨다는 뜻도 있다.

㉟ 酳婦, 亦如之

【按】 가공언의 소에 따르면 신부는 서향하는 자리에 있기 때문에 남향하여 절하고 술잔을 받아야 한다.[103] 敖繼公에 따르면 일반적으로 입가심으로 주는 술을 받을 때에는 모두 앉아서 받는다.[104]

㊱ 皆祭

胡培翬에 따르면 "술을 祭(고수레)하는 것을 이른다.〔謂祭酒.〕"

㊲ 以肝從

'肝'은 구워 익힌 간이다. '肝從'은 술을 올릴 때 간을 따라 올리는 것을 이른다. 살펴보면 한 마리의 새끼 돼지는 하나의 간이 있을 뿐이니, 이것을 나누어 둘로 만들어 부부에게 각 하나씩 올리는 것이다. 敖繼公이 말하기를 "간은 술을 올릴 때 따라 올리는 것이니, 간 두 조각이다.〔肝從於酒而進之, 二肝.〕"라고 하였다. '간 두 조각'은 즉 하나의 간을 둘로 나누었다는 뜻이다.

【按】 張惠言은 경문에서 肝俎의 소재를 언급하지는 않았으나 제례에 근거하면 內西塾에 준비해두었을 것이라고 추정하였다.[105]

㊳ 振祭

'擩祭'와 같은 것으로, 이것 역시 고대의 祭(고수레)하는 법 중 하나이다. 고수레하는 법은, 肝을 소금에 찍은 뒤 이를 들어 손에서 몇 번 흔들어 고수레하는 것을 표시한다. 이것은 동시에 간에 과다하게 찍은 소금을 털어서 간을 맛보기에 편리하게 하는 것이기도 하다. 吳廷華가 말하기를 "간을 소금에 찍은 뒤 이를 털어서 고수레하는 것이다. 반드시 털어내는 것은, 찍은 소금이 과다하여 털어서 소금을 제거하는 것이다.〔以肝擩鹽, 振之以祭也. 必振者, 擩鹽過多, 振而去之.〕"라고 하였다.

㊴ 無從

따라 올리는 肝이 없다는 말이다.

103) 賈公彦疏 : "婦拜當南面. 是以《少牢》云'簋皆答拜', 鄭注云: '在東面席者, 東面拜. 在西面席者, 皆南面拜.' 故知婦拜南面."

104) 《儀禮集說》 卷2 : "凡酳, 皆坐受爵."

105) 《儀禮圖》 卷2 〈同牢〉 原注 : "肝俎經不言所在, 依祭禮, 當在內西塾."

㊵ 亦如之

이때에도 따라 올리는 肝이 없다는 것이다.

㊶ 贊洗爵, 酌于戶外尊……興

이 몇 구절은 贊者가 술을 따라서 스스로에게 답잔을 주는 예를 기록하여 부부가 찬자에게 답잔의 술을 주는 것을 형상한 것이다. 敖繼公은 "스스로에게 답잔을 주는 예는 남을 대신하여 자기에게 답잔을 주는 것뿐이다. 술잔을 씻는 것은 자기를 위하여 씻는 것을 형상한 것이고, 술잔을 내려놓고 절하는 것은 술잔을 받은 것을 형상한 것이고, 부부가 모두 답배하는 것은 두 사람이 함께 답잔을 준 것을 형상한 것이다.〔自酢之禮, 代人酢己耳: 洗爵者, 象爲己洗也; 奠爵拜者, 象受也; 夫婦皆答拜, 則象同酢之也.〕"라고 하였고, 胡培翬는 "皆는 부부 모두라는 것이다. 첫 번째 답배는 拜送禮를 형상한 것이고, 두 번째 답배는 卒爵拜에 답하는 것을 형상한 것이다.〔皆者, 皆夫婦也: 始答拜, 象拜送也; 次答拜, 象答卒爵拜也.〕"라고 하였다. 살펴보면 찬자가 부부에게 술을 올린 뒤에는 부부가 찬자에게 답잔을 주어야 한다. 그러나 찬자는 지위가 낮아 감히 주인·주부와 대등한 예를 행할 수 없기 때문에 스스로에게 답잔을 주는 예를 행하여 주인·주부를 대신하여 자기에게 답잔을 줌으로써 이를 빌려 주인·주부의 뜻을 펴는 것이다. '興'은 호배휘에 따르면 "부부와 찬자 모두 일어서는 것이다.〔夫婦及贊者皆興也.〕"

【按】 가공언의 소에 따르면 이때 **贊者**는 당 위에 진열한 **外尊**의 술을 따르는데, 이것은 신랑과 신부를 대신하여 스스로 천한 신분인 자신에게 주는 답잔의 술이기 때문이다.[106] **吳廷華**에 따르면 이때에도 **房** 안의 **北洗**에서 잔을 씻는다.[107] **蔡德晉**에 따르면 찬자가 서북향하여 절하는 것은 신랑과 신부에게 한꺼번에 절하는 것이다.[108]

㊷ 主人出

【按】 가공언의 소에 따르면 신랑은 이때 **室**을 나가 **東房**으로 간다.[109]

㊸ 婦復位

처음 室에 들어갔을 때 술 단지 서쪽에서 남향하고 서 있던 자리로 돌아가는 것이다.

㊹ 徹于房中

室 안의 음식을 거두어 방 안으로 옮겨 진설하는데, 이때에도 贊者가 거둔다. 살펴보면 이것은 媵과 御가 대궁을 먹는 예를 위해 준비하는 것이다.

106) 賈公彦疏: "三酳, 乃酌外尊, 自酢者皆是略賤者也."

107) 《儀禮章句》 卷2: "亦洗于房."

108) 《禮經本義》 卷2: "西北面拜, 兼拜兩席也."

109) 賈公彦疏: "直云'主人出', 不云處所, 案下文云'主人說服於房'矣, 則此時亦向東房矣."

【按】王士讓에 따르면 방 안에서는 媵이 御보다 우선이기 때문에 잉의 돗자리를 서쪽 벽 아래에 펴서 신랑의 대궁을 먹기 편하도록 한다.[110] 아래 주㊸ 참조.

㊺ 尊否

【按】주소에 따르면 室의 음식을 방으로 거둘 때 室의 술 단지 역시 치우기는 하지만 이 술 단지를 방에는 진설하지 않는다는 뜻이다. 이는 당 위에 별도로 진설한 술 단지, 즉 外尊이 있기 때문이다.[111]

㊻ 說服

'說(탈)'은 '脫(벗다)'과 통한다. 이하의 '說'도 모두 같다. '服'은 禮服을 이르니, 즉 爵弁服이다

㊼ 婦說服

역시 예복, 즉 純衣纁袡(치의훈염. 분홍색 가선을 두른 검은색 상의)을 벗는 것이다.

㊽ 姆授巾

'巾'은 즉 손수건이다. 살펴보면 〈記〉에 "어머니가 衿(금)을 매주고 帨를 채워준다.〔母施衿結帨.〕"라고 하였는데(〈사혼례〉 36) 바로 이 손수건이다. 예복과 함께 벗었기 때문에 姆가 또 이를 들어 신부에게 주는 것이다. 정현의 주에 "巾은 스스로 청결하게 하기 위한 것이다.〔巾, 所以自潔淸.〕"라고 하였다.

㊾ 衽

음은 '임'이니, 요이다. 여기에서는 요를 펴는 것을 이른다.

㊿ 良

정현의 주에 따르면 "부인은 남편을 칭하여 '良'이라고 한다.〔婦人稱夫曰良.〕"

51 止

즉 '趾'이니, '발'이라는 뜻이다.

52 親說婦之纓

'纓'은 정현의 주에 "부인이 15세가 되면 혼인을 허락하고 비녀를 꽂아 성인의 예를 행하며, 이어서 纓을 착용하여 매여 있음을 밝힌다. 아마도 5가지 색으로 만드는 듯한데, 그 제도는 듣지 못하였다.〔婦人十五許嫁, 笄而禮之, 因著纓, 明有繫也. 蓋以五采爲之, 其制未聞.〕"라고 하였다. 吳廷華에 따르면 "纓은 몸에 차는 물건이다.〔纓, 佩屬.〕"

【按】가공언의 소에 따르면 纓은 두 종류가 있다. 하나는 《예기》〈內則〉의 "아들딸로서 아직 관례나 계례를 행하지 않는 자는 닭이 처음 울면……머리를 뿔처럼 묶고 향주머니

110) 《儀禮紃解》 卷2 : "房中媵先於御, 則媵席在西墉下, 直室東南隅西向布之, 於餕壻餘便也."

111) 鄭玄注 : "徹尊不設, 有外尊也."
賈公彦疏 : "經云'乃徹於房中, 如設於室', 雖據豆俎而言, 理兼於尊矣, 故云徹尊. '不設, 有外尊', 明徹中兼尊也. 云'尊否'者, 唯尊不設於房中而言也."

를 차고, 모두 향기 나는 물건을 차고……먼동이 틀 무렵에 부모를 뵙는다.[男女未冠笄者, 鷄初鳴……總角衿纓, 皆佩容臭……昧爽而朝.]"라는 구절에 보이는 것으로, 어렸을 때 착용하는 纓이다. 다른 하나는 〈내칙〉의 "며느리가 시부모를 섬기되 부모를 섬기듯이 하여 닭이 처음 울면……향주머니를 차고 신 끈을 매고서 부모와 시부모가 있는 곳에 간다.[婦事舅姑, 如事父母, 鷄初鳴……衿纓綦屨, 以適父母, 舅姑之所.]"라는 구절에 보이는 것으로, 혼인을 허락했을 때 착용하는 영이다.[112] 주인(신랑)이 纓을 직접 벗겨주는 이유는, 敖繼公에 따르면 이 영이 자신을 위하여 매고 있었다는 것을 밝히는 것이며 다른 한편으로는 친근히 대함을 보이기 위한 것이다.[113]

㊸ 媵餕主人之餘

'餕'은 음이 '준'이니, 먹고 난 음식이다. 여기에서는 동사로 쓰였으니, 남은 음식을 먹는 것을 이른다.

【按】 敖繼公에 따르면 이때 대궁하는 위치는 대체로 〈소뢰궤식례〉 22에서 대궁하는 사람들의 위치와 같이, 媵은 서쪽에서 동향하고 長者가 남쪽에 있으며, 御는 동쪽에서 서향하고 長者가 북쪽에 있다.[114]

㊹ 贊酌外尊酳之

'外尊'은 방 밖 房戶의 동쪽에 진설한 술 단지를 가리킨다. 〈사혼례〉 7 참조.

【按】 가공언의 소에 따르면 媵과 御는 신분이 낮아서 신랑이 사용했던 室 안의 술 단지, 즉 內尊에서 술을 따를 수 없기 때문이다.[115] 〈사혼례〉 7 주㉑ 참조. 敖繼公에 따르면 이때에는 신분이 낮기 때문에 술잔을 씻지 않고 바로 따르며, 절을 하고 술잔을 받는 拜受禮와 술잔을 보내고 절하는 拜送禮만 행할 뿐 술을 다 마신 뒤에 하는 절(旣爵拜)은 하지 않는다.[116]

㊺ 媵待于戶外

'待'는 원문에는 "侍"로 되어 있는데, 阮元의 교감본에 따라 수정하였다.

【按】 '媵'은 여기에서는 御를 포함하는 것으로 보아야 할 듯하다. 胡培翬는 媵이 신랑의 집에 이제 처음 와서 필요한 것이 있으면 반드시 御에게 부탁해야 하기 때문에 御 역시 같이 있어야 하며, 경문에서 이를 생략했을 뿐이라고 하였다.[117] 敖繼公 역시 경문에서 御를 시키지 않고 媵을 시키도록 한 것은 또한 신랑을 위주로 말한 것이라고 하였다.[118]

112) 賈公彦疏 : "纓有二時不同. 《內則》云: '男女未冠笄者, 總角衿纓, 皆佩容臭.'……此是幼時纓也. 《內則》又云, 婦事舅姑, 子事父母, '衿纓、綦屨'……是婦人女子有二時之纓. 《內則》示有繫屬之纓, 卽許嫁之纓, 與此說纓一也."

113) 《儀禮集說》 卷2 : "主人親說之者, 明此纓爲己而繫也, 亦示親之."

114) 《儀禮集說》 卷2 : "此餕之位, 媵當東面而長者在南, 御當西面而長者在北, 略如《少牢饋食》餕者之位也."

115) 賈公彦疏 : "云'酌外尊'者, 賤不敢與主人同酌內尊也."

116) 《儀禮集說》 卷2 : "不洗而酌, 略賤也. 此酳之儀, 惟拜受拜送而已, 不拜旣爵."

117) 《儀禮正義》 卷3 : "媵初至, 有徵求, 必資之御, 則御亦在焉, 經文省耳."

118) 《儀禮集說》 卷2 : "不使御而使媵者, 亦主於夫也."

10. 시부모를 알현함(婦見舅姑)

夙興, 婦沐浴①, 纚(사)、笄、宵(초)衣以俟見(현)②。
質明, 贊見(현)婦于舅姑③。席于阼, 舅卽席。席于房外④, 南面, 姑卽席。
婦執笲(번)棗、栗⑤, 自門入, 升自西階, 進拜, 奠于席⑥。舅坐撫之⑦, 興, 答拜。婦還(선)⑧, 又拜⑨。
降階, 受笲腶脩⑩, 升, 進, 北面拜, 奠于席。姑坐, 擧以興, 拜, 授人⑪。

다음 날 신부가 일찍 일어나 머리를 감고 몸을 씻고, 검은 색 비단 끈으로 머리를 묶고 비녀를 꽂고, 宵衣(초의)를 입고 시부모의 寢門 밖에서 시부모를 알현하기를 기다린다.

날이 밝으면 贊者가 신부를 시부모에게 알현시킨다.
찬자가 당 위 동쪽 계단 윗쪽에 돗자리를 서향으로 펴면 시아버지가 돗자리로 나아간다.
찬자가 房戶 밖 서쪽에 돗자리를 남향으로 펴면 시어머니가 돗자리로 나아간다.

신부가 대추와 밤이 담긴 笲(번. 폐백을 담은 그릇)을 두 손으로 들고 침문으로 들어가 서쪽 계단으로 당에 올라간다. 시아버지의 돗자리 앞으로 나아가 번을 들고 동향하여 절하고 번을 시아버지의 돗자리 앞에 내려놓는다.
시아버지가 앉아서 번을 어루만지고 일어나 조금 물러나서 답배한다.
신부가 몸을 돌려 피하고 또 절한다.(俠拜)
(宰가 북향하고 번을 거둔다.)

신부가 서쪽 계단으로 당을 내려가 서쪽 계단 아래 서쪽에서 기다리고 있는 자신의 종자에게서 腶脩(단수. 생강과 계피를 첨가한 육포)가 담긴

笲을 받아 다시 서쪽 계단으로 당에 올라간다. 시어머니의 돗자리 앞으로 나아가 북향하여 절하고 번을 시어머니의 돗자리 앞에 내려 놓는다.
시어머니가 앉아서 번을 들고 일어나 절하고 다른 사람에게 번을 건네준다.(번을 받는 사람은 서향하고 번을 받아서 거둔다.)

① 沐浴

'沐'은 머리를 감는 것이다. '浴'은 몸을 씻는 것이다.

② 纚、笄、宵衣以俟見

盛世佐에 따르면 "纚·笄·宵衣는 士의 妻가 입는 正服이다.〔纚、笄、宵衣, 士妻之正服也.〕" '俟'는 舅姑의 침문 밖에서 뵙기를 기다리는 것이다. 살펴보면 '舅姑'는 즉 시부모이니, 시부모는 아들·며느리와 室을 달리한다. 정현의 주에 따르면 "옛날에 命士 이상은 나이 15세가 되면 아버지와 아들이 집을 달리 하였다.〔古者命士以上, 年十五父子異宮.〕"

【按】 신부가 시부모를 알현할 때 혼인하는 날 입었던 純衣纁袡(치의훈염. 밑단에 분홍색 가선을 두른 緇衣)의 盛服을 입지 않는 것은, 가공언의 소에 따르면 어제 이미 혼례를 거행하여 성혼한 뒤이기 때문이다.[119]

③ 贊見婦于舅姑

吳廷華에 따르면 "찬자가 시부모에게 말을 전달하는 것이다.〔通言於舅姑.〕"

【按】 張惠言과 黃以周의 〈見婦〉 圖에 따르면 贊者는 며느리를 인도하여 시부모의 寢門을 들어가 당에 오른 뒤 서쪽 계단 윗쪽에서 북향하여 기다리며, 찬자가 절하는 자리 또한 이곳이다.[120] 또 장혜언과 황이주의 〈현부〉 圖에서는 《예기》〈雜記 下〉와 〈사관례〉를 근거로 형제·고모·자매 역시 이때 南洗의 동쪽 담장 아래에서 북쪽을 상위로 하여 북쪽에서부터 형제-고모-자매의 순으로 서향하여 서있도록 하였다.[121]

④ 房外

【按】 敖繼公에 따르면 房戶 밖 서쪽을 이른다.[122]

⑤ 笲棗、栗

'笲'은 음이 '번'이다. 물건을 담는 대나무 그릇으로, 그 形制는 자세하지 않다. 《예기》〈昏義〉의 '執笲' 아래 《釋文》에 이르기를 "갈대나 대나무로 만든다. 그 형태는 莒(거)와 같으며, 청색 비단을 입힌다.〔以葦若竹爲之, 其

119) 賈公彥疏 : "不著純衣纁袡者, 彼嫁時之盛服. 今已成昏之後, 不可使服, 故退從此服也."

120) 《儀禮圖》 卷2 〈見婦〉原注 : "贊蓋道婦以入, 旣升, 立西階上俟, 以下贊拜位, 在西階也."

121) 《儀禮圖》 卷2 〈見婦〉 原注 : "《雜記》: '婦見舅姑, 兄弟姑姊妹皆立于堂下, 西面, 北上, 是見已.' 準《冠禮》, 在洗東."

122) 《儀禮集說》 卷2 : "房外, 房戶外之西."

形如莒, 衣之以靑繒.]"라고 하였는데, 이 설이 참고할 만하다.

【按】敖繼公에 따르면 대추와 밤을 하나의 笲에 함께 담는다.[123] 이때 대추와 밤을 쓰는 것은, 가공언의 소에 따르면 일찍 일어나 삼가고 공경한다는 뜻을 취한 것이다.[124] 笲에 대해서는 〈사혼례〉 24 참조.

⑥ 進拜, 奠于席

郝敬에 따르면 "시아버지의 돗자리 앞에 이르러 동향하고 서서 절하는 것이다. 옛날에 부인은 절할 때에 바닥에 닿지 않았기 때문에 신부가 예물을 들고 절한 뒤에 예물을 돗자리 앞에 내려놓은 것이다.[至舅席前東面立拜. 古婦人拜不著地, 故執摯拜, 而後奠於席.]"

【按】'拜'는 蔡德晉 역시 서서 절한다고 보았다.[125] 그러나 敖繼公은 신부가 처음에는 두 손으로 笲(번)을 들었다가 절할 때가 되면 오른손으로 들고서 왼쪽 손바닥을 바닥에 대고 한다고 보았으며,[126] 吳廷華는 이때의 절을 肅拜로 보았다.[127] 숙배는 朱熹에 따르면 부인의 正拜로, 두 무릎을 함께 꿇고 손은 바닥에 대지만 머리는 숙이지 않는 것이다.[128] 惲敬은 숙배를 무릎을 꿇고 손을 들었다 내리는 것이어서 무릎을 꿇지 않고 손을 들었다 내리는 揖과 구별된다고 하였다.[129] 부인의 正拜는 숙배이기 때문에 신부는 이때 숙배를 해야할 듯하다. 다만 다음 경문에 시어머니가 일어나 절한다는 구절이 있고 보면 신부 역시 일어나 절하는 것으로 보이며, 이에 근거하면 숙배는 무릎을 꿇고 하는 절이 아닐 듯하다. '奠于席'은 정현의 주에 따르면 시아버지가 존귀하기 때문에 며느리가 예물을 감히 직접 주지 못하고 바닥에 내려놓은 것이다.[130] 가공언의 소에 따르면 경문에는 언급하고 있지 않지만 신부가 혼인한 다음날 시부모를 알현할 때 당 아래에는 시가의 형제와 고모와 자매가 모두 서향하고 서 있는데, 이것은 이미 신부가 이들을 알현한 것과 같기 때문에 별도로 알현하러 가지 않는다. 다만 諸父에게만은 旁尊이기 때문에 이때 참석하지 않은 사람들에게 별도로 그들의 寢에 가서 각각 알현한다.[131]

⑦ 撫之

張爾岐에 따르면 "대추와 밤이 담긴 笲(번)을 어루만지는 것이다. '撫之'는 받았음을 표시하는 것이다.[撫棗栗笲. 撫之者, 示受也.]"

⑧ 婦還

'還'은 '旋'과 통한다. 胡培翬에 따르면 "婦還은 몸을 돌려 피하는 것이니, 감히 시아버지의 절을 감당하지 못하기 때문이다.[婦還者, 盤旋以辟(避), 不敢當舅拜也.]"

【按】주소에서는 '還'을 며느리가 앞서 동향하여 절했던 곳으로 돌아가는 것으로 보았다.[132]

123) 《儀禮集說》卷2 : "笲棗、栗, 二物同一器也."

124) 賈公彦疏 : "棗、栗, 取其早自謹敬."
賈公彦疏 : "舅姑存時用棗、栗、腶脩, 義取早起肅栗, 治腶自脩."

125) 《禮經本義》卷2 : "謂手捧笲, 進至舅席前, 東面立拜. 古婦人拜不著地, 故執笲拜而後, 奠於席."

126) 《儀禮集說》卷2 : "始執笲用二手, 及拜時則惟右手執之. 凡婦人之拜, 以左掌據地, 故右手執物而可以拜也. 《內則》曰: '凡女拜尙右手.'"

127) 《儀禮章句》卷2 : "肅拜, 低手祗揖, 故可執笲而拜也."

128) 《朱子語類》卷91 : "問: 古者婦人以肅拜爲正, 何謂肅拜? 曰: 兩膝齊跪, 手至地而頭不下爲肅拜."

129) 《大雲山房文稿》初集卷1: "揖不跪, 肅亦不跪, 肅拜則跪……是故不跪而擧手下手曰揖, 曰肅; 跪而擧下手曰肅拜."

130) 鄭玄注 : "奠之者, 舅尊不敢授也."

131) 賈公彦疏 : "《雜記》云: '婦見舅姑, 兄弟姑姊妹皆立于堂下, 西面, 北上, 是見已.' 注云: '婦來爲供養也, 其見主於尊者, 兄弟以下在位, 是爲已見, 不復特見.' 又云: '見諸父, 各就其寢.' 注云: '旁尊也, 亦爲見時不來.' 今此不言者, 文略也."

132) 鄭玄注 : "還又拜者, 還於先拜處拜."

⑨ 又拜

이것이 바로 이른바 '俠拜'라는 것이다. 〈사관례〉 12 주⑥ 참조.

⑩ 受笲腵脩

'受'는 여기에서는 신부를 따라온 사람의 손에서 건네받는 것이다. 吳廷華에 따르면 이때 신부를 따라온 사람은 서쪽 계단 아래에서 기다리고 서있다.[133] '腵'은 음이 '단'이다. '腵脩'는 고기를 얇은 편으로 잘라 생강과 계피를 첨가한 뒤에 두드려서 만든 乾肉이다.

【按】 이때 腵脩를 쓰는 것은, 가공언의 소에 따르면 전심으로 바르게 닦는다는 뜻을 취한 것이다.[134] 張惠言과 黃以周의 〈見婦〉 圖에 따르면 腵脩가 담긴 笲(번)을 든 사람은 서쪽 계단 아래 서쪽에서 동향하고 기다린다.

⑪ 授人

'人'은 주인의 하속 관리이다. 정현의 주에 "人은 유사이다.〔人, 有司.〕"라고 하였고, 또 "유사에게 건네주어 거두도록 하는 것이다.〔授有司徹之.〕"라고 하였다.

【按】 '人'은 가공언의 소에 따르면 주인의 有司이다.[135] 그러나 方苞는 정현의 주를 오류로 보았다. 제사 때 주부를 도와 음식을 거두는 사람은 반드시 부인이기 때문에 이때 시어머니가 예물을 건네주는 사람 역시 內御라는 것이다.[136] 吳廷華와 胡培翬는 모두 '人'을 신부를 따라온 從者로 보았다.[137] 자세하지 않다. 정현의 주에 따르면 며느리가 시아버지에게 올린 대추와 밤이 든 笲(번)은 宰가 거둔다.[138]

11. 신부에게 醴禮를 베풀고(贊醴婦) 신부집에 포를 보냄(歸脯)

贊醴婦①:

席于戶牖間②, 側尊甒(준무)醴于房中③。婦疑(을)立于席西④。贊者酌醴, 加柶面枋, 出房, 席前北面。婦東面拜受⑤。贊西階上北面拜送。婦又拜⑥。薦脯醢⑦。婦升席⑧, 左執觶(치), 右祭脯醢, 以柶祭醴三, 降席, 東面坐, 啐醴, 建柶, 興, 拜。贊答拜。婦又拜, 奠于薦東, 北面坐, 取脯, 降, 出,

133) 《儀禮章句》 卷2 : "不言出門, 則從者隨至階下."

134) 賈公彦疏 : "取其斷斷自脩正."

135) 賈公彦疏 : "凡行事者, 皆主人有司也."

136) 《儀禮析疑》 卷2 : "註授有司, 非也. 祭祀, 助主婦薦徹者, 必婦人, 而況受婦之贄乎? 舅使宰徹, 則姑舉必授內御者."

137) 《儀禮章句》 卷2 : "從者也."
《儀禮正義》 卷3 : "人, 女從, 授女從."

138) 鄭玄注 : "舅則宰徹之."

授人于門外⑨。

贊者가 시부모를 대신하여 신부에게 醴禮를 베풀어 준다.
당 위 室의 戶와 牖 사이에 돗자리를 남향으로 펴고, 醴酒 한 단지를 玄酒 없이 단독으로 방 안에 진설한다.
신부가 당 위의 돗자리 서쪽에서 몸을 바르게 하고 동향하여 선다.
찬자가 방에서 서향하여 잔(觶)에 예주를 따르고 숟가락을 자루가 앞으로 가도록 잔 위에 올려놓는다. 이 잔을 들고 방에서 나가 당 위 신부의 돗자리 앞에서 북향하고 신부에게 준다.
신부가 시부모가 있는 쪽으로 동향하여 절한 뒤에 잔을 받는다.(拜受禮)
찬자가 잔을 보내고 서쪽 계단 윗쪽에서 북향하여 절한다.(拜送禮)
신부가 또 잔을 들고 절한다.(俠拜)
찬자가 포와 젓갈을 올린다.
신부가 돗자리의 서쪽으로 돗자리에 올라가 앉아서 왼손으로 잔을 잡고 오른손으로 포를 젓갈에 찍어 祭(고수레)한다. 이어 숟가락으로 예주를 두 번 떠서 세 차례로 나누어 祭한다. 돗자리 서쪽으로 돗자리에서 내려가 동향하고 앉아서 예주를 맛본다. 이어 숟가락을 잔에 꽂고 일어나 잔을 들고 절한다.
찬자가 답배한다.
신부가 또 잔을 들고 절하고(俠拜) 돗자리에 올라가 잔을 薦(포와 젓갈)의 동쪽에 내려놓는다. 이어 돗자리에서 내려가 북향하고 앉아서 포를 취하여 들고 서쪽 계단으로 당을 내려간다. 이어 침문을 나가 침문 밖에서 자기 친정집 사람에게 포를 건네준다.
(신부의 친정집 사람이 침문 밖 서쪽에서 동향하여 포를 받는다.)

① 贊醴婦

이것은 贊者가 시부모를 대신하여 신부에게 醴禮를 행하는 것이다.

② 戶牖間

室의 戶와 창문 사이, 즉 당의 정중앙 자리를 가리킨다.

【按】 이곳에서 신부에게 醴禮를 베풀어주는 이유는, 가공언의 소에 따르면 이곳은 존귀한 손님을 대접하는 자리이기 때문이다. 이 때문에 혼인하는 날 아들에게 맑게 거른 예

주로 초례를 베풀고(《사혼례》 34), 딸에게 거르지 않은 진한 예주로 초례를 베풀고(《사혼례》 21), 신랑집의 使者인 賓에게 醴禮를 베풀 때(《사혼례》 3) 모두 이곳에서 하는데, 이것은 존귀하게 대접하는 것이다.[139]

③ 側尊甒醴于房中

【按】 張惠言의 〈禮婦〉 圖에는 경문에서 언급하지 않은 北洗가 방 안에 설치되어 있고, 술 단지의 북쪽에 술잔을 넣어두는 篚(비. 대나무 상자)와, 비 북쪽에 脯·醢가 진설되어 있으며, 黃以周의 〈贊禮婦〉 圖에서도 이를 따르고 있다. 장혜언의 自注에 따르면 贊者가 술을 따르기 위해서는 반드시 먼저 술잔을 씻어야 하기 때문에 〈사관례〉에 의거하여 보충한 것이다.[140]

④ 疑立

몸을 바르게 하고 서는 것이다.

【按】 '疑'는 음이 '읕'이다.[141]

⑤ 婦東面拜受

【按】 가공언의 소에 따르면 이때 신부가 동향하여 절하는 이유는 동쪽에 시부모가 있기 때문이다.[142]

⑥ 婦又拜

【按】 敖繼公은 다음에 나오는 두 차례의 절과 함께 모두 신부가 잔을 들고 절하는 것으로 보았다.[143] 이때 사용하는 잔은 觶이다.

⑦ 薦脯醢

【按】 〈사관례〉 가공언의 소에 따르면 贊者가 올리는 것이다.[144]

⑧ 婦升席

胡培翬에 따르면 "升席 다음에 坐 자가 있어야 한다.〔升席下, 當有坐字.〕"

【按】 張惠言에 따르면 신부는 돗자리에 올라가 고수레를 하고, 돗자리에서 내려가 醴酒를 맛보고, 돗자리에 올라가 술잔을 내려놓고, 돗자리에서 내려가 포를 취할 때에 모두 돗자리의 서쪽으로 올라가고 내려간다. 〈사관례〉에서 冠者에게 醴禮를 베풀어줄 때와 같이 돗자리를 남향하도록 폈으니 동쪽이 상위이기 때문이다.[145] 〈사관례〉 11 주⑭ 참조.

⑨ 授人

정현의 주에 따르면 "人은 신부의 친정집 사람을 이른다.〔人, 謂婦氏人.〕" 胡培翬가 말하기를 "신부의 친정집 사람에게 주는 것은 돌아가 신부의 부모에게 보이게 하기 위해서이다.〔授婦氏人, 則歸示其父母矣.〕"라고 하였다. 살펴보면 '婦氏人'은 즉 시집가는 신부를 호종하여 온 신부의 친정집 사람이다.

139) 賈公彦疏 : "知義然者, 以其賓客位於此, 是以禮子、禮婦、禮賓客皆於此, 尊之故也."

140) 《儀禮圖》 卷2 〈禮婦〉 原注 : "贊者酌必洗, 故準《士冠禮》設北洗, 尊北篚、薦亦準之."

141) 《字典釋要》 "疑" : "[억]正立. 바루설억. [음]義仝."
《全韻玉篇》 "疑" : "[음]正立. [억]義仝."
"疑立" 陸德明音義 : "疑, 魚乞反."

142) 賈公彦疏 : "此東面者, 以舅姑在東, 亦面之拜也."

143) 《儀禮集說》 卷2 : "婦又拜, 蓋執觶拜也. 其下二拜亦然."

144) 賈公彦疏 : "《昏禮》 贊醴婦是贊者自酌自薦, 經雖不言側酌, 側自明也."

145) 《儀禮圖》 卷2 〈禮婦〉 原注 : "婦升席祭, 降席啐醴, 升席奠觶, 降席取脯, 升降皆當由席西, 席如《冠禮》 東上."

12. 시부모에게 식사를 올리고(婦饋) 대궁을 먹음(餕)

舅姑入于室。婦盥, 饋①。
特豚合升, 側載②。無魚、腊, 無稷, 竝南上③。其他如取女禮④。
婦贊成祭⑤。卒食一酳(인)⑥, 無從⑦。
席于北墉下⑧。婦徹, 設席前, 如初, 西上⑨。婦餕(준)⑩, 舅辭, 易醬⑪。婦餕姑之饌⑫。御贊祭豆、黍、肺、擧肺、脊⑬。乃食, 卒, 姑酳之⑭。婦拜受。姑拜送⑮。坐祭, 卒爵⑯。姑受, 奠之⑰。
婦徹于房中, 媵(잉)、御餕, 姑酳之。雖無娣, 媵先⑱。於是與始飯之錯(착)⑲。

〈시부모에게 처음으로 식사를 올리는 예〉

醴婦禮가 끝나면 시부모가 당 위에서 室 안으로 들어간다.

(돗자리를 함께 사용하여 시아버지는 室의 서남쪽 모퉁이에서 동향하고 시어머니는 그 북쪽에서 동향한다.)

며느리가 방 안의 北洗에서 북향하여 손을 씻고 나와 室 안의 시부모에게 식사를 대접한다.

새끼 돼지 한 마리를 좌반과 우반을 합쳐서 鼎에 담았다가 시부모의 俎에 각각 반쪽씩 담는다.
魚俎와 腊俎가 없고 稷敦가 없다.
음식은 모두 남쪽을 상위로 하여 진설한다.
나머지 음식(醬·太羹湆·葵菹·蝸醢)은 신부를 취하는 同牢(같은 종류의 희생을 함께 먹음)의 禮를 행할 때와 같이 醢를 가장 윗자리인 남쪽에 놓고 그 다음에 차례로 菹·醬·湆을 진설한다.

며느리가 시어머니를 도와 祭(고수레)하는 예를 이룬다.

(고수레할 음식을 시어머니에게 건네주고 또 이를 다시 시어머니에게서 받아 변과 두

사이에 두어 고수레한다.)

시부모가 세 번 밥 먹는 예를 다 마치고 나면 며느리가 시부모에게 각각 입가심하는 술을 한 번 올리는데, 이때 따라 올리는 肝俎는 없다.

〈며느리가 시부모의 대궁을 먹는 예〉

室 안 북쪽 벽 아래에 며느리를 위한 돗자리를 남향으로 편다.

며느리가 시부모가 남긴 음식을 거두어서 자기 돗자리 앞에 진설하는데, 시부모의 돗자리 앞에 진설할 때와 같이 진설하되 서쪽을 상위로 한다.

며느리가 대궁을 먹으려고 할 때 시아버지가 사양하고 醬을 바꾸어 준다.

며느리가 시어머니가 남긴 대궁을 먹는다.

御(신랑을 시종하는 여자)가 며느리에게 籩·豆(아욱 초절임과 달팽이 젓갈)·黍(찰기장밥)·祭肺(고수레용 폐)·擧肺(식용 폐)·脊을 건네주어 祭하는 것을 돕는다.

며느리가 이어 음식을 먹는다.

며느리가 음식을 먹고 나면 시어머니가 며느리에게 입가심하도록 술을 준다.

며느리가 자기 자리에서 남향하여 절하고 잔을 받는다.(拜受禮)

시어머니가 잔을 보내고 북향하여 절한다.(拜送禮)

며느리가 앉아서 술을 祭하고 잔의 술을 다 마신다.(旣爵拜는 하지 않는다.)

시어머니가 며느리에게서 빈 잔을 받아 들고 室을 나와 당 위의 篚 안에 넣는다.

〈媵과 御가 시부모의 대궁을 먹는 예〉

며느리가 室 안의 음식을 방 안으로 거두면 媵(잉. 신부를 따라 시집온 여자)과 御가 대궁을 먹는다.

시어머니가 당 위의 술 단지에서 술을 따라 잉과 어에게 입가심하도록 술을 준다.

비록 잉첩 중에 며느리의 여동생이 없다하더라도 잉첩으로 온 며느리의 조카가 어보다 먼저 대궁을 먹기 시작한다.
이에 잉과 어가 시부모가 처음 먹었던 음식을 교차하여 먹는다.(잉은 시아버지의 대궁을 먹고, 어는 시어머니의 대궁을 먹는다.)

① 婦盥, 饋

살펴보면 신부가 寢門을 나가 脯를 자기 친정집 사람에게 건네준 뒤에 또 침으로 돌아가 방 안의 北洗(〈사혼례〉 13 주③)로 나아가 손을 씻고 시부모에게 饋食禮를 행할 준비를 하는 것이다. '饋'는 음식을 올려 다른 사람에게 주는 것이다. 胡培翬가 말하기를 "시부모가 신부에게 醴禮를 베풀고 나면 신부가 곧바로 시부모에게 식사를 올리는데, 이것은 시부모에게서 받은 예에 보답하기 위한 것이며, 또 이것으로 며느리가 된 도리를 행하는 것이다.〔舅姑旣醴婦, 婦卽饋舅姑, 所以答舅姑之禮, 又以執爲婦之道也.〕"라고 하였다.

② 側載

'側'은 '단독'이라는 뜻이며 '하나'라는 뜻이다. 시부모의 俎에 각각 새끼 돼지의 반쪽씩을 담는 것을 이른다. 정현의 주에 따르면 "우반은 시아버지의 俎에 담고 좌반은 시어머니의 俎에 담아서 존비를 달리한다.〔右胖載之舅俎, 左胖載之姑俎, 異尊卑.〕"

③ 竝南上

정현의 주에 따르면 이때의 궤식례는 시부모가 돗자리를 함께 사용하는 것이니, 돗자리를 奧, 즉 室의 서남쪽 모퉁이에 편다.[146] 褚寅亮이 말하기를 "시아버지는 실의 서남쪽 모퉁이에 자리하고, 시어머니는 시아버지의 북쪽에 자리한다.〔舅居奧, 而姑居舅北.〕"라고 하였는데, 이것은 시부모가 모두 동향하고 나란히 앉는 것이다. 시부모의 돗자리 앞의 음식은 모두 그릇에 나누어 진설해서 각각 한 사람 분을 담는데, 진설하는 음식을 모두 남쪽을 상위로 하기 때문에 '竝南上'이라고 한 것이다.

【按】 張惠言의 〈盥饋〉 圖와 〈婦餕〉 圖에는 시아버지와 시어머니의 돗자리가 함께 사용하도록 하나로 되어 있으나, 黃以周의 〈婦饋〉 圖와 〈婦餕〉 圖에는 시어버지와 시어머니의 돗자리가 분리되어 있다. 정현의 주에 근거하면 황이주의 〈부궤〉 圖는 오류이다.

146) 鄭玄注："竝南上者, 舅姑共席於奧, 其饌各以南爲上."

④ 其他如取女禮

정현의 주에 따르면 "'其他'는 장·읍·저·해를 이른다. '女'는 신부를 이른다. '如取女禮'는 同牢의 예를 행할 때와 같이 하는 것이다.〔謂醬、湆、菹、醢. 女謂婦也. 如取婦禮同牢時.〕"

【按】 '其他如取女禮'는 이 앞에 언급한 경문의 내용은 同牢의 禮를 행할 때와 다르다는 말이다. 가공언의 소에 따르면 ⑴ 동뢰례 때에는 魚·腊·稷이 있었으나, 이때에는 없다. ⑵ 동뢰례 때에는 신랑이 동향하고 신부가 서향하여 돗자리를 달리 하였으나, 이때에는 시아버지와 시어머니가 돗자리를 함께 사용하여 동향한다. ⑶ 동뢰례 때에는 醬·菹·醢의 진설을 신랑은 남쪽을 상위로 하여 가장 남쪽에 醬을 진설하고 신부는 북쪽을 상위로 하여 가장 북쪽에 醬을 진설하였으나, 이때에는 모두 남쪽을 상위로 하여 가장 남쪽에 醬을 진설한다.[147] 〈사혼례〉 9 주㉒㉖ 참조. 黃以周의 〈婦饋〉 圖에는 시아버지와 시어머니의 상차림이 모두 남쪽을 상위로 하여 남쪽부터 차례로 湆–醬–菹–醢 순으로 진설되어 있는데, 이는 동뢰례 때 동향하는 신랑 자리 앞의 진설을 따른 것이다. 양천우는 醢를 가장 윗자리에 놓고 그 다음에 菹·醬·湆을 차례로 놓는다고 하였으나, 이는 〈사혼례〉 9에 따르면 오류이다.

⑤ 婦贊成祭

'祭'는 菹·醢·肺·黍를 고수레하는 것을 이르니, 모두 먹기 전에 하는 고수레이다. '成'은 先人(이 음식을 최초로 만든 사람)에게 고수레하는 예를 완성하는 것을 이른다. 胡培翬에 따르면 며느리는 고수레할 음식을 취하여 시어머니에게 주고, 또 시어머니를 도와서 고수레할 음식을 菹豆와 醢豆 사이에 놓아 고수레하기 때문에 "며느리가 시어머니를 도와 고수레하는 것을 완성한다."라고 한 것이다.[148]

【按】 敖繼公은 일반적으로 고수레를 도울 때에 반드시 고수레할 음식을 건네주는데 여기에서 '成'이라고 한 것은 대신 고수레를 하고 건네주지 않기 때문일 것이라고 하였다.[149]

⑥ 卒食一酳

'卒食'은 胡培翬에 따르면 "시어머니와 마찬가지로 며느리 역시 세 번 밥을 먹는 것이다.〔亦三飯矣.〕" 〈사혼례〉 9 주㉜ 참조.

【按】 이때 며느리가 시부모에게 입가심하도록 올리는 술잔은, 장혜언에 따르면 당 위의 篚에서 동향하여 술잔을 취하여 들고 방 안으로 들어가 北洗에서 북향하여 술잔을 씻은 뒤 이 잔을 들고 방을 나와 室로 들어가 실 안의 술 단지에서 북향하여 술을 따라 시부

147) 賈公彦疏 : "云'其他如取女禮'者, 則自'側載'以下, '南上'以上, 與取女異. 異者, 彼則有魚、腊竝稷, 此則無魚、腊與稷. 彼男東面, 女西面別席, 其醬、醢、菹, 夫則南上, 婦則北上; 今此舅姑共席東面, 俎及豆等皆南上. 是其異也."

148) 《儀禮正義》 卷3 : "成者, 謂旣授之, 又處置之, 使知當在豆間. 贊祭則其餘皆贊矣."

149) 《儀禮集說》 卷2 : "凡贊祭必授祭, 而此云成者, 其爲之祭而不授與!"

모에게 올리는 것이다.[150] 다만 며느리가 술잔을 올린 뒤에 하는 절이 장혜언의 〈盥饋〉 圖에는 室戶 서쪽에서 북향하여 하도록 되어 있고, 황이주의 〈婦饋〉 圖에는 실호 서쪽에서 서향하여 하도록 되어 있다. 자세하지 않다. 張惠言은 또 아래 경문에서 "시어머니가 며느리에게서 빈 잔을 받아 들고 나와 당 위의 篚 안에 넣는다.[姑受, 奠之.]"라고 한 것을 근거로, 경문에는 언급하지 않았으나 며느리 역시 이때 시부모에게서 빈 잔을 받아 들고 室에서 나와 당 위의 篚 안에 넣어둔다고 하였다.[151] 아래 주⑭ 참조.

⑦ 無從

술을 올릴 때 따라 올리는 肝이 없다는 말이다.

⑧ 席于北墉下

가공언의 소에 따르면 이것은 신부의 대궁을 위하여 돗자리를 펴놓는 것이다.[152]

⑨ 西上

신부의 돗자리는 남향하고 있지만 시부모의 돗자리가 室 안의 서쪽에 있기 때문에 서쪽을 상위로 삼는 것이다.

【按】 가공언의 소에 따르면 '西上'은 이때에도 오른쪽을 상위로 삼은 것이다.[153] 敖繼公은 술 단지의 서쪽에 동쪽을 상위로 하여 돗자리를 편다고 하였으며[154] 다수설이 이를 따르고 있다.[155] 그러나 褚寅亮은 돗자리를 남향이나 북향으로 펼 때에는 서쪽을 상위로 하기 때문에 여기에서도 서쪽을 상위로 하여 펴는 것이라고 하여, 오계공의 설을 오류로 보았다. 다만 남향이나 북향의 자리를 동쪽을 상위로 하여 펴기도 하는 것은 주인에게 통할되는 경우라고 하였다.[156]

⑩ 婦餕

【按】 정현의 주에 따르면 자리에 나아가 장차 대궁을 먹으려고 한다는 뜻이다.[157]

⑪ 舅辭, 易醬

'辭'는 신부에게 우선 먹지 말라고 권하는 것을 이른다. '易醬'은 신부를 위하여 다른 醬으로 바꾸어 주는 것이다. 정현의 주에 "사양하고 장을 바꾸어 주는 것은 손을 담가서 장이 더러워졌을까 혐의해서이다.〔辭, 易醬者, 嫌淬汚.〕"라고 하였는데, 가공언의 소에 "嫌淬汚는 그 장이 바로 손가락으로 찍어 먹어서 더러워졌기 때문이다.〔嫌淬汚者, 以其醬乃以指咂之, 淬汚也.〕"라고 하였다.

【按】 敖繼公은 시아버지가 사양할 때 며느리가 대답하지 않은 것은 尊者와 감히 예를 행하지 못하기 때문이며, '易醬'은 시어머니의 장을 바꾸어주는 것이라고 하였다. 오계공

150) 《儀禮圖》 卷2 〈盥饋〉 原注 : "婦取爵, 就北堂洗, 酌于室尊."

151) 《儀禮圖》 卷2 〈盥饋〉 原注 : "婦授, 姑酳之. 云'卒爵, 姑受, 奠之', 注云: '奠于篚'. 婦酳舅姑, 如贊酳夫婦儀. 前經雖不云'奠于篚', 而云'卒爵, 贊受', 則此舅姑之爵, 婦皆受之, 奠于篚可知."

152) 賈公彦疏 : "此席將爲婦餕之位處也."

153) 賈公彦疏 : "言西上者, 亦以右爲上也."

154) 《儀禮集說》 卷2 : "此席當在尊西而東上."

155) 《儀禮集編》 卷4 : "西上, 著其異者."

156) 《儀禮管見》 卷上2 : "席南向、北向, 以西方爲上, 其有東上者, 統於主席也. 敖氏謂此席東上, 誤."

157) 鄭玄注 : "婦餕者, 卽席將餕也."

은 또 이때 바꾸어주는 사람은 御일 것이라고 추정하였다.[158] 吳廷華는 시아버지의 醬을 바꾸는 것으로 보았다. 이 장을 바꾸는 이유는 바꾸지 않으면 尊者에 대해 설만하게 대한 것이 되기 때문이며, 시어머니는 친하기 때문에 장을 바꾸지 않는다고 하였다.[159]

⑫ 婦餕姑之饌

【按】 며느리가 시아버지의 대궁을 먹지 않는 것에 대해, 가공언은 시아버지가 존귀하기 때문에 설만해질까 혐의해서라고 하였다.[160] 그러나 吳廷華는 가공언의 설이 《예기》〈內則〉의 "아들과 며느리는 부모님께 더 드시기를 권하고 드신 나머지를 먹되, 항상 부모님이 드시고 남은 것을 다 먹는다.[子婦佐餕, 旣食恒餕.]"라는 구절과 맞지 않다고 보았다. 즉 시아버지가 남긴 음식을 며느리가 먹는 것은 常禮이니, 시아버지가 사양하는 것은 며느리가 아직 집안일을 받지 않았기 때문에 賓의 예로 대한 것이고, 며느리가 시어머니가 남긴 음식을 먹은 것은 스스로는 그 常禮를 행한 것이라고 하였다.[161]

⑬ 御贊祭豆、黍、肺、擧肺、脊

御가 신부의 祭(고수레)를 돕는 것을 이르니, 고수레할 음식을 취하여 신부에게 주어서 고수레하도록 하는 것이다. 盛世佐에 따르면 "남긴 음식을 대궁할 때에도 고수레를 하는 것은 尊者가 남긴 음식을 공경히 하는 것이다.[餕餘亦祭, 敬尊者之餘也.]" '豆'는 菹豆와 醢豆를 이른다. 첫 번째 '肺'는 祭肺(고수레용 폐)를 이른다.

【按】 吳廷華는 '贊'은 고수레할 음식을 건네주는 것이며, '豆'는 籩에 담긴 脯를 포함하여 말한 것이라고 하였다.[162] 그러나 敖繼公은 豆에 든 젓갈도 고수레하는 것에 근거하면 이것은 모두 건네주는 것이 아니라 곧바로 신부를 대신하여 御가 고수레를 하는 것이라고 하였다.[163]

⑭ 乃食, 卒, 姑酳之

앞의 경문 "시부모가 세 번 밥 먹는 예를 다 마치고 나면 신부가 시부모에게 각각 입가심하는 술을 한 차례씩 올린다.[卒食一酳.]"라는 구절의 뜻과 같으니, 이 구절 역시 세 번 밥을 먹고 나서 한 번 입가심하는 것이다.

【按】 敖繼公에 따르면 '食'은 黍飯을 먹는 것을 말한다.[164] 張惠言과 黃以周의 〈婦餕〉圖에 의하면 시어머니 역시 당 위의 篚에서 동향하여 술잔을 꺼내들고 방 안으로 들어가 北洗에서 손과 잔을 씻는다. 다시 방을 나와 室로 들어가서 북향하여 술잔에 술을 따라 며느리에게 준 뒤에 북향하여 절한다.

⑮ 婦拜受. 姑拜送

【按】 敖繼公에 따르면 며느리는 자기 자리에서 남향하고 절하며, 시어머니 역시 서쪽 벽

158) 《儀禮集說》 卷2 : "舅辭者, 見婦卽席將餕己饌, 故辭之. 婦不言對, 不敢與尊者爲禮也. 下經云'婦餕 姑之饌', 則是從舅命矣. 易醬, 易姑醬也, 蓋御爲之."

159) 《儀禮章句》 卷2 : "醬爲饌, 本旣經指, 不易則于尊者爲褻, 故易之, 猶《燕禮》不敢褻君爵之義也. 舅尊而姑親, 則不易矣, 故特言餕姑之饌以明之."

160) 賈公彦疏 : "不餕舅餘者, 以舅尊, 嫌相褻."

161) 《儀禮章句》 卷2 : "《內則》'子婦佐餕, 旣食恒餕', 則舅食婦餕, 其常也. 此辭者, 未受室使代, 尙行賓禮故也. 然婦則自率其常禮而已……疏謂不餕舅餘, 先儒又以易醬爲易姑之醬, 而餕其饌, 竝與《內則》之義不符."

162) 《儀禮章句》 卷2 : "脯、醢皆祭, 言豆以槪籩也. 贊亦授之."

163) 《儀禮集說》 卷2 : "豆祭亦贊之, 則是此三祭, 亦皆不授之, 而直爲之祭矣."

164) 《儀禮集說》 卷2 : "食謂食黍也."

아래 동향하는 자리에서 절한다.[165]

⑯ 卒爵

【按】敖繼公에 따르면 며느리는 잔의 술을 마신 뒤에 旣爵拜를 하지 않는데, 餕禮는 가볍기 때문이다.[166]

⑰ 奠之

爵을 篚 안에 넣는 것을 이른다.[167] 胡培翬에 따르면 "篚는 房戶의 동남쪽에 있다.〔篚在房戶之東南.〕"

⑱ 雖無娣, 媵先

정현의 주에 "옛날에 여자를 시집보낼 때에는 반드시 조카와 여동생이 따라갔는데, 이를 '媵(잉)'이라고 하였다. '姪'은 형의 딸이다. '娣'는 여동생이다.〔古者嫁女, 必姪娣從, 謂之媵. 姪, 兄之子(女兒). 娣, 女弟(卽妹)也.〕"라고 하였다. 또 정현의 주에 따르면 여동생과 조카 중에서는 여동생을 尊者로 삼는다. 그러나 여자 집에 반드시 모두 여동생이 있는 것은 아니니, 여동생이 없는 경우에는 잉은 오직 조카만 있게 된다. 잉과 御가 대궁을 먹을 때에 잉이 먼저 먹어야 하는데, 설령 잉 중에 여동생이 없다 하더라도 잉이 먼저 대궁을 먹는다. 이것은 어는 신랑의 從者이고 잉은 신부의 종자여서 잉에게 손님의 예로 대하기 때문에 잉을 먼저 먹게 하는 것이다.[168] 살펴보면 이른바 '先'이란 즉 오늘날의 젓가락을 먼저 든다는 뜻으로, 잉이 먼저 다 먹기를 기다린다고 말한 것이 아니다.

⑲ 與始飯之錯

'始飯'은 시부모가 처음 드신 음식을 이른다. 신부가 이미 대궁을 먹었기 때문에 시부모의 밥을 '始飯'이라고 칭한 것이다. '錯'은 '서로 엇갈리다〔交錯〕'라는 뜻이니, 媵과 御가 서로 엇갈려서 시부모가 남긴 대궁을 먹는 것을 이른다. 즉 媵은 시아버지가 남긴 대궁을 먹고 御는 시어머니가 남긴 대궁을 먹는 것이다.

165)《儀禮集說》卷2 : "婦拜于席, 南面. 姑亦拜于西墉下東面之位也."

166)《儀禮集說》卷2 : "卒爵而姑受, 亦不拜旣爵矣, 餕禮輕."

167)《儀禮章句》卷2 : "奠于篚."

168) 鄭玄注 : "娣尊姪卑. 若或無娣, 猶先媵, 客之也."

13. 신부에게 연향을 베풀고(饗婦) 신부집에 俎를 보냄(歸俎)

舅姑共饗婦, 以一獻之禮①:
舅洗于南洗②, 姑洗于北洗③。奠酬④。舅姑先降自西階, 婦降自阼階⑤。歸婦俎于婦氏人⑥。

시아버지와 시어머니가 함께 며느리에게 당 위 室의 戶와 牖 사이에서 연향을 베풀어 주는데, 一獻의 禮를 쓴다.
시아버지가 南洗(동쪽 계단 동남쪽에 설치한 洗)에서 獻酒에 사용할 술잔을 씻고 시어머니가 北洗(방 안 北堂에 설치한 洗)에서 酬酒에 사용할 술잔을 씻는다.
며느리가 시어머니가 준 酬酒를 포와 젓갈의 왼쪽(동쪽)에 내려놓는다.
시아버지와 시어머니가 먼저 서쪽 계단으로 당을 내려가면 며느리가 동쪽 계단으로 당을 내려간다.
시아버지와 시어머니가 有司를 시켜 며느리의 牲俎(特豚)를 며느리를 호종해온 친정집 사람에게 주어서 복명하도록 한다.

① 舅姑共饗婦, 以一獻之禮

'饗'은 정현의 주에 따르면 "술과 음식으로 다른 사람을 위로하는 것을 '饗'이라고 한다.〔以酒食勞人曰饗.〕" '一獻之禮'는 즉 一獻, 一酢, 一酬의 예이다.(〈사관례〉 17 주①) '共饗婦'는 가공언의 소에 따르면 시아버지가 獻酒하고, 시어머니가 포와 젓갈을 올리고, 시어머니가 또 며느리에게 酬酒를 주어서 함께 一獻의 禮를 이루는 것이다.[169] 며느리에게 饗禮를 베풀어 주는 곳은 마찬가지로 시부모의 寢의 당 위로, 신부에게 醴禮(〈사혼례〉 11)를 베풀어 줄 때와 같은 곳이다.

② 舅洗于南洗

시아버지가 손을 씻고 술잔을 씻는 것을 이르니, 장차 술을 따라 며느리에게 올리기 위해서이다. '南洗'는 동쪽 계단 동남쪽에 설치한 洗이다.

【按】 張惠言에 따르면 시아버지가 술잔을 씻기 위해 당을 내려가면 며느리는 방으로 피

169) 賈公彦疏: "下《記》云: '饗婦姑薦焉.' 注云: '舅姑共饗婦, 舅獻, 姑薦脯醢.' 但薦脯醢, 無盥洗之事, 今設此洗, 爲婦人不下堂也. 云'姑洗於北洗', 洗者洗爵, 則是舅獻姑酬, 共成一獻, 仍無妨姑薦脯醢 也."

한다.[170]

③ 北洗

北堂에 설치한 洗를 가리킨다.(《사관례》 11 주②) 胡培翬에 따르면 "지금 북세를 설치한 것은 부인은 당을 내려가지 않기 때문이다.〔今設北洗, 爲婦人不下堂也.〕"

④ 奠酬

'酬'는 시어머니가 며느리에게 주는 酬酒를 이른다. '奠酬'는 즉 酬酒를 포와 젓갈의 동쪽에 내려놓고 다시 마시지 않음으로써 一獻의 禮가 이미 이루어졌음을 보이는 것이다. 정현의 주에 "일반적으로 酬酒는 모두 薦(포와 젓갈)의 왼쪽에 내려놓고 들어서 마시지 않는다.〔凡酬酒皆奠於薦左, 不擧.〕"라고 하였다. 살펴보면 여기에 기록된 며느리에게 연향을 베풀어주는 예는 매우 소략하다. 朱熹의 설을 참고하면 그 과정은 대체로 다음과 같다. 시아버지가 술잔을 씻어서 술을 따라 며느리에게 주면, 며느리는 잔을 받아 그 술을 마신다. 며느리가 다시 새 잔으로 바꾸어서 술을 따라 시아버지에게 답잔을 올리면, 시아버지가 그 술을 마신다. 그런 뒤에 시어머니가 먼저 술을 따라 스스로 마시고 다시 술을 따라 며느리에게 酬酒를 주면, 며느리가 이 잔을 받아 포와 젓갈의 왼쪽에 내려놓고 다시 마시지 않는다. 이렇게 하면 禮가 이루어진다.

【按】 張惠言 역시 경에 기록된 禮가 소략하다 하여 시부모가 며느리에게 一獻之禮로 연향을 베풀어주는 의식을 다음과 같이 재구성하였다. 시아버지가 당을 내려가 南洗 서쪽의 篚에서 술잔을 꺼내 남세에서 잔을 씻는다. 이때 며느리는 방으로 피한다. 시아버지가 당에 올라가 당 위의 술 단지에서 술을 따라 들고 며느리의 돗자리 앞에 가서 북향하고 獻酒하면, 며느리가 돗자리의 서쪽에서 동향하여 절하고 잔을 받는다.(拜受禮) 시아버지가 며느리에게 잔을 준 뒤 동쪽 계단 윗쪽으로 가서 서향하고 절한다.(拜送禮) 며느리가 또 절하고(俠拜) 돗자리에 나아가면 시어머니가 포와 젓갈을 올리고 찬자가 牲俎를 진설한다. 며느리가 포와 젓갈을 고수레하고, 술을 고수레하고, 폐를 고수레하고, 돗자리에서 내려가 잔의 술을 다 마시고 절하면 시아버지가 답배한다. 며느리가 또 절한다. 며느리가 잔을 바꾸어서 잔을 씻은 뒤 술을 따라 당 위 동쪽 계단 윗쪽에서 시아버지에게 酢酒를 올린다. 시아버지가 서향하여 절하고 잔을 받으면, 며느리가 자기 자리로 돌아가 동향하여 술잔을 보낸 것에 대해 절한다. 며느리가 포와 젓갈을 올린다. 이때에도 당연히 희생을 담은 折俎가 있다. 시아버지가 고수레한 뒤 잔의 술을 다 마시고 절하면, 며느리가

170) 《儀禮圖》 卷2 〈饗婦〉 原注 : "舅降, 取爵于篚洗, 婦辟于房."

답배한다. 시어머니가 방 안의 北洗에서 잔을 씻은 뒤 술을 따라 며느리의 돗자리 앞으로 나아가 북향하고 며느리에게 酬酒를 올린다. 시어머니가 절하고 잔의 술을 다 마시면 며느리가 시어머니의 서쪽에서 북향하고 답배한다. 시어머니가 잔을 씻은 뒤 술을 따라 올리면 며느리가 북향하여 절하고 잔을 받는다. 시어머니가 북향하고 잔을 보낸 것에 대해 절한다. 시어머니가 자기 자리로 돌아간다. 며느리가 포와 젓갈의 왼쪽에 잔을 내려놓고 자기 자리로 돌아간다. 시아버지와 시어머니가 당을 내려가면, 며느리가 당을 내려간다.[171]

⑤ 舅姑先降自西階, 婦降自阼階

살펴보면 《예기》〈曲禮 上〉에 따르면 자식이 부모를 섬길 때에는 "당을 오르내리기를 동쪽 계단으로 하지 않는다.〔升降不由阼階.〕" 동쪽 계단은 주인인 尊者가 오르내리는 곳이기 때문이다. 그러나 여기에서 반대로 내려간 것은, 주소에 따르면 장차 며느리가 자기를 대신하여 집안일을 관장할 것임을 표시한 것이다.[172]

【按】 張惠言의 〈饗婦〉 圖에 따르면 시아버지와 시어머니는 며느리보다 먼저 서쪽 계단으로 당을 내려오고 며느리는 뒤이어 동쪽 계단으로 당을 내려오며, 당을 내려온 뒤 시아버지와 시어머니는 서쪽 계단 서쪽에서 동향하는데 북쪽을 상위로 하여 시아버지가 북쪽에 서며, 며느리는 당을 내려온 뒤 寢門을 나간다.[173]

⑥ 歸婦俎于婦氏人

'歸'는 '보낸다〔饋〕'는 뜻이니 有司를 시켜 보내도록 하는 것을 이른다. '婦俎'는 며느리에게 연향을 베풀어줄 때 사용한 牲俎를 가리킨다. 정현의 주에 "俎를 말했으니 饗禮에 희생이 있는 것이다.〔言俎, 則饗禮有牲矣.〕"라고 하였고, 또 "유사를 시켜 며느리의 俎를 보내는 것은, 이것을 가지고 며느리의 부모에게 복명하여 며느리가 예를 얻었음을 밝혀야 하기 때문이다.〔使有司歸以婦俎, 當以反命於女之父母, 明所得禮.〕"라고 하였다. '며느리가 예를 얻었음을 밝힌다'는 것은, 즉 며느리가 신랑 집 시부모에게 예를 받았음을 표명하는 것이다.

【按】 주소에 따르면 여기의 '婦氏人'은 신부를 호종해온 丈夫로, 신부에게서 포를 건네받았던 사람이다.[174] 〈사혼례〉 11 주⑨ 참조.

171) 《儀禮圖》 卷2 〈饗婦〉 原注 : "饗婦禮略, 以意言之. 舅降取爵于篚洗, 婦辟于房. 舅升酌, 筵前北面, 婦筵西東面拜受, 舅阼階西面拜送, 婦又拜, 卽席, 姑薦脯醢, 贊者設俎. 婦祭脯醢, 祭酒祭肺降席, 東面卒爵, 拜, 舅答拜, 婦又拜. 更爵洗酌, 阼階上酢舅, 舅西面拜受, 婦復位東面拜送, 婦薦脯醢, 亦宜有折俎. 舅祭, 卒爵拜, 婦答拜. 姑洗于北洗, 酌, 筵前北面酬婦, 拜卒爵, 婦北面于姑西答拜. 姑洗酌, 婦北面拜受, 姑北面拜送, 姑復位, 婦奠爵于薦左, 復位. 舅姑降, 婦降."

172) 鄭玄注 : "授之室, 使爲主, 明代己."
賈公彦疏 : "《曲禮》云子事父母, '升降不由阼階', 阼階是主人尊者升降之處. 今舅姑降自西階, 婦降自阼階, 是授婦以室之事也. 云'授之室', 《昏義》文也."

173) 《儀禮圖》 卷2 〈饗婦〉 原注 : "舅姑降, 蓋階西東面, 北上, 婦降則出也."

174) 鄭玄注 : "婦氏人, 丈夫送婦者." 賈公彦疏 : "此婦氏人, 卽上婦所授脯者也."

14. 신부를 호종해온 사람들에게 연향을 베풂(饗送者)

舅饗送者①, 以一獻之禮②, 酬以束錦③。姑饗婦人送者④, 酬以束錦。若異邦⑤, 則贈丈夫送者以束錦⑥。

시아버지가 신부를 호종해온 사람들(며느리의 친정집 有司)에게 연향을 베풀어준다. 一獻의 禮를 쓰는데, 酬의 예를 행할 때 5필의 무늬 있는 비단으로 보답한다.
시어머니가 신부를 호종해온 여자들(친정아버지의 자제의 처첩)에게 연향을 베풀어준다. 一獻의 禮를 쓰는데, 酬의 예를 행할 때 5필의 무늬 있는 비단으로 보답한다.
며느리가 다른 나라에서 온 경우에는 신부를 호종하고 온 남자들에게 5필의 비단을 더 준다.

① 饗送者

【按】 주소에 따르면 일반적으로 연향을 베풀 때에는 상대가 묵고 있는 관사에 사람을 보내 초청한다. 따라서 여기에서도 신부를 호종해온 남자들은 주인(시아버지)이 직접 가서 초청하고, 신부를 호종해온 여자들은 이들이 관사의 문을 나와 주인을 직접 맞이할 수 없기 때문에 별도로 다른 사람을 보내 초청한다.[175] '送者'는 정현의 주에 따르면 "여자(신부) 집의 유사이다.[女家有司也.]"

② 一獻之禮

【按】 〈사관례〉 17 주① 참조.

③ 酬以束錦

'束錦'은 10端의 錦이니, 즉 20丈의 비단이다. 〈사혼례〉 5 주② 참조.

【按】 '酬'는 정현의 주에 따르면 一獻之禮 중의 酬를 가리킨다.[176] '一獻之禮'는 〈사관례〉 17 주① 참조. 예물로 사용하는 '錦'과 '帛'의 차이에 대하여, 孔廣森은 禮經에서는 모두 大事에는 帛을 쓰고 小事에는 錦을 쓴다고 하였다. 예를 들면 《周禮》에 보이는 六幣는 帛이 錦보다 먼저 나오며, 《의례》〈聘禮〉에서는 享禮에 束帛을 쓰고 私覿에 束錦을 쓰며, 제후가 대부에게 식사를 대접할 때에는 束帛으로 흥을 돕고 대부들이 서로 식사를 대접할 때에는 束錦으로 흥을 돕는다. 또한 〈사관례〉에서 賓에게 醴禮를 베풀어줄

175) 鄭玄注 : "凡饗, 速之." 賈公彦疏 : "凡速者, 皆就館速之……若然, 婦人送者, 亦當有館. 男子則主人親速, 其婦送者不親速, 以其婦人迎客不出門, 當別遣人速之."

176) 鄭玄注 : "爵至酬賓, 又從之以束錦, 所以相厚."

때에는 束帛을 쓰고 〈사혼례〉에서 신부를 호종해온 從者들에게 饗禮를 베풀어줄 때에는 束錦을 쓴다. 이것은 옛사람이 순수함을 숭상하여 무늬가 있는 錦을 帛보다 낮은 것으로 보았기 때문이다.[177]

④ 婦人送者

정현의 주에 따르면 "예자제의 처첩이다.〔隸子弟之妻妾.〕" 살펴보면 시어머니가 신부를 호종해온 여자에게 연향을 베풀어 줄때에도 一獻의 예를 써야 하는데 글을 생략했기 때문에 말하지 않은 것이다.

【按】 양천우는 '婦人送者'를 '여자 집의 노복[婦家的女奴僕]'으로 보았다. 그러나 주소에 따르면 '隸子弟'는 신분이 낮아서 신하가 없는 士가 자신의 子弟를 노복으로 삼는다는 뜻에서 '士의 자제'를 부르는 칭호이다. 따라서 '婦人送者'는 예자제의 처첩이 된다.[178]

⑤ 異邦

士가 다른 나라의 여자에게 장가드는 것을 이른다.

【按】 옛날에 대부는 국경을 넘어 장가 들지 않았는데 여기에서 다른 나라의 여자에게 장가 드는 것을 언급한 것은, 가공언의 소에 따르면 대부는 존귀하여 다른 나라의 여자에게 장가 들면 다른 나라와 사귄다는 혐의가 있지만, 士는 신분이 낮아서 이런 혐의가 없기 때문에 허용하는 것이다.[179]

⑥ 贈丈夫送者以束錦

'丈夫送者'는 며느리의 친정집에서 시집가는 딸을 호종하기 위하여 보낸 남자를 이른다. 胡培翬에 따르면 여기에서 비단을 주는 것은 보답으로 주는 비단 외에 또 더 주는 것이다.[180] 정현의 주에 따르면 이것은 호종해온 남자의 館舍에 나아가 주는 것이다.[181]

【按】 호배휘에 따르면 며느리가 다른 나라에서 왔을 경우 며느리를 호종해온 여자에게도 비단을 더 준다.[182]

15. 시부모가 계시지 않을 경우 禰廟에 알현함(三月奠菜)

若舅姑既沒, 則婦入三月①, 乃奠菜②:
席于廟奧(묘오)③, 東面, 右几④。席于北方⑤, 南面。
祝盥⑥, 婦盥于門外⑦。婦執笲(번)菜⑧。祝帥婦以入。祝告,

177)《禮學卮言》卷3 : "六幣, 帛先於錦, 考之禮典, 皆大事用帛, 小事用錦. 如《聘禮》享以束帛, 私覿 以束錦; 公食大夫, 侑以束帛, 大夫相食, 侑以束錦; 《冠禮》醴賓, 酬以束帛; 《昏禮》饗從者, 酬以束錦. 大氐古人尚純, 於幣亦然. 錦有雜文, 斯次帛之下矣."

178) 鄭玄注 : "婦人送者, 隸子弟之妻妾."
賈公彦疏 : "《左氏傳》云: '士有隸子弟.' 士卑無臣, 自以其子弟爲僕隸, 竝己之子弟之妻妾, 但尊無送卑, 故知婦人送者, 是隸子弟之妻妾也."

179) 賈公彦疏 : "鄭注《喪服》亦云: '古者大夫不外娶.' 今言異邦得外娶者, 以大夫尊, 外娶則外交, 故不許. 士卑不嫌, 容有外娶法, 故有異邦送客也."

180)《儀禮正義》卷3 : "贈錦, 又在酬錦外, 丈夫送者贈以束錦." 則婦人亦贈可知, 不言婦人者, 文略.

181) 鄭玄注 : "贈, 送也. 就賓館."

182)《儀禮正義》卷3 : "婦人亦贈可知, 不言婦人者, 文略."

稱婦之姓曰: "某氏來婦⑨, 敢奠嘉菜于皇舅某子⑩。" 婦拜扱(삽)地⑪, 坐, 奠菜于几東席上⑫, 還, 又拜如初⑬。
婦降堂⑭, 取笲菜入⑮。祝曰: "某氏來婦, 敢告于皇姑某氏。" 奠菜于 席, 如初禮。婦出。祝闔牖戶⑯。
老醴婦于房中⑰, 南面, 如舅姑醴婦之禮⑱。壻饗婦送者丈夫、婦人⑲, 如舅姑饗禮。

시부모가 이미 돌아가신 경우에는 며느리가 들어온 지 석 달이 되면 마침내 奠菜禮(禰廟에 나물을 올리는 예)를 행한다.

祝이 禰廟(녜묘)의 奧(오. 室의 서남쪽 모퉁이)에 시아버지 神을 위한 돗자리를 동향으로 펴고 几를 오른쪽(남쪽)에 놓는다.
축이 시어머니 神을 위한 돗자리를 室의 북쪽 벽 아래에 남향으로 편다.

축이 南洗(동쪽 계단 동남쪽에 설치한 洗)에서 손을 씻고 廟門을 나가고, 며느리가 묘문 밖에서 손을 씻는다.
며느리가 나물이 담긴 笲을 든다.
축이 며느리를 인솔하여 室 안으로 들어간다.
축이 시아버지 신에게 고하는데, 며느리의 성씨를 일컬어 다음과 같이 고한다. "某氏(며느리의 성씨)가 며느리로 와서 감히 맛좋은 나물을 皇舅 某(시아버지의 姓)子께 올립니다."
며느리가 손이 바닥에 닿도록 절하고 돗자리 앞으로 나아가 앉아서 나물이 담긴 번을 几의 동쪽 돗자리 위에 놓고, 절했던 자리로 돌아가 또 절하기를 처음과 같이 한다.

며느리가 서쪽 계단으로 당을 내려가 계단 위에서 나물이 담긴 笲을 건네받아 들고 室로 들어간다.
축이 시어머니 신에게 다음과 같이 고한다. "某氏(며느리의 성씨)가 며느리로 와서 감히 皇姑 某氏(시어머니의 성씨)께 고합니다."
며느리가 나물이 담긴 번을 돗자리 위에 올리기를 처음 시아버지께 올릴 때의 예와 같이 한다.
며느리가 室을 나간다.
축이 室의 牖와 戶를 닫는다.

老(家臣의 長)가 돌아가신 시부모를 대신하여 방 안에서 며느리에게 醴禮를 베풀어주는데, 며느리가 남향하고 앉으면 시부모가 며느리에게 예례를 베풀어 줄 때의 예와 같이 한다.
신랑이 신부를 호종해온 남자와 여자에게 연향을 베풀어 주는데, 시부모가 연향을 베풀어 줄 때의 예와 같이 한다.

① 若舅姑旣沒, 則婦入三月

【按】 반드시 3개월을 기다리는 이유는, 가공언의 소에 따르면 3개월은 하나의 계절로 天氣가 변하여서 婦道를 이룰 수 있기 때문이다.[183] 또 가공언의 소에 따르면 시아버지가 죽고 시어머니가 살아있으면 혼인한 다음날 시어머니를 알현하고 3개월이 지났을 때 禰廟에서 시아버지의 신을 알현하며, 시아버지가 살아있고 시어머니가 죽었으면 시어머니를 위한 廟가 없을 뿐 아니라 후처로 들어온 시어머니가 있을 수 있기 때문에 평소대로 혼인한 이튿날 시부모를 알현한다.[184] 다만 胡培翬는 혼인한 뒤로 3개월이 못 되어 時祭를 지내게 될 경우에는 3개월이 못되었더라도 먼저 廟見을 한 뒤 時祭 때 참여할 수 있다고 보았다. 즉 호배휘는 시제가 3개월을 넘길 수 없기 때문에 경문에서는 가장 긴 기간을 들어서 말한 것뿐이라고 본 것이다.[185]

② 奠菜

나물로 제사 지내는 것이다. 사용한 채소가 어떤 채소인지는 자세하지 않다. 정현의 주에 "아마도 미나리를 사용한 듯하다.[蓋用菫.]"라고 하였다.

【按】 菫(근)을 사용하는 것은, 가공언의 소에 따르면 시부모가 살아있을 경우 며느리로서 올리는 棗·栗·腶脩와 같이 삼가고 공경한다는 뜻을 취한 것이다.[186] 棗·栗·腶脩의 의미에 대해서는 〈사혼례〉 10 주⑤⑩ 참조.

③ 席于廟奧

'廟'는 禰廟(아버지의 사당)를 가리킨다. '奧(오)'는 室의 奧(서남쪽 모퉁이)이다. '席于奧'는 시아버지 신을 위해 돗자리를 펴는 것이다.

④ 右几

几를 돗자리의 남쪽 끝에 놓는 것을 이른다. 살펴보면 돗자리가 동향하고

183) 賈公彦疏 : "必三月者, 三月一時天氣變, 婦道可以成之故也."

184) 賈公彦疏 : "若舅沒姑存, 則當時見姑, 三月亦廟見舅. 若舅存姑沒, 婦人無廟可見, 或更有繼姑, 自然如常禮也."

185) 《儀禮正義》 卷3 : "若舅姑沒, 則無所受矣, 故於時祭之先, 行廟見之禮, 以明其職之有所, 自受然後, 可以助祭也. 必三月者, 時祭無過三月, 故以久者言之. 若昏期近於時祭, 則不必三月矣."

186) 賈公彦疏 : "蓋用菫者, 舅姑存時用棗、栗、腶脩, 義取早起肅栗, 治腶自脩, 則此亦取謹敬."

있으니 남쪽을 상위로 삼은 것이다.

⑤ 席于北方

즉 室의 북쪽 벽 아래에 돗자리를 펴는 것이다. 張爾岐에 따르면 이것은 시어머니의 신을 위해 돗자리를 펴는 것이다.[187] 돗자리를 펴는 사람은 祝이다.

【按】 가공언의 소에 따르면 이 廟見은 시부모가 살아있을 때 며느리가 알현하는 예를 형상한 것이기 때문에 시부모가 살아있을 때처럼 돗자리의 방향을 달리한다. 이것은 시아버지와 시어머니의 돗자리 방향이 똑같은 평상시의 제사와 다르게 한 것이다.[188] 張惠言은 시어머니를 위해 북쪽 벽 아래에 편 돗자리에도 시아버지를 위해 서남쪽에 편 돗자리와 같이 几를 두었을 것으로 추정하였다.[189] 그러나 敖繼公은 살아있는 시아버지를 알현할 때에는 几를 사용하지 않았는데 이때 궤를 둔 것은 신으로 대하여 달리한 것이며, 시어머니의 돗자리에 궤를 두지 않은 것은 几는 尊者를 위주로 하기 때문이라고 하여 궤를 두지 않은 것을 옳게 보았다. 아울러 경문에서 동향으로 편 시아버지의 돗자리 남쪽에 几를 두도록 한 것은 일반적으로 궤는 돗자리의 상단에 두기 때문에 남쪽이 상위라는 것을 보인 것이라고 하였다. 이에 근거하면 남향으로 편 시어머니의 돗자리 역시 서쪽을 상위로 하였을 것으로 추정하였다. 다만 室 안에 살아있는 사람을 위해 돗자리를 펼 경우, 동향으로 펼 경우에는 북쪽을 상위로 하고 남향으로 펼 경우에는 동쪽을 상위로 하는데, 여기에서는 신으로 대하여 이와 달리한 것이라고 하였다.[190]

⑥ 祝盥

'祝'은 胡匡衷에 따르면 "신과 교접하는 관리이다.〔接神之官.〕" '祝盥'은 盛世佐에 따르면 동쪽 계단 동남쪽의 洗에서 손을 씻는 것이다.[191]

【按】 가공언의 소에서는 祝이 며느리와 같이 廟門 밖의 洗에서 손을 씻는다고 보았다.[192] 그러나 성세좌는 경문에서 祝이 손 씻는 곳을 언급하지 않았다는 점에서 축이 常祭와 같이 동쪽 계단 동남쪽의 南洗에서 손을 씻는다는 것을 알 수 있으며, 며느리가 묘문 밖에서 손을 씻는다고 한 것은 축과 장소를 달리 한 것을 드러내 보인 것이라고 하여 가공언의 설을 오류로 보았다.[193]

⑦ 婦盥于門外

'門外'는 廟門 밖을 가리킨다. 살펴보면 묘문 밖에 설치된 洗가 있는데, 張惠言의 《儀禮圖》 권2 〈三月奠菜〉 圖에 따르면 묘문 밖의 洗는 東塾의 남쪽에 북향으로 설치되어 있으니, 며느리는 바로 여기에서 손을 씻는 것이다.

【按】 가공언의 소에 따르면 이것은 常祭와 다르게 함으로써 시부모가 살아있을 때 며느리가 밖에서 머리를 감고 몸을 닦은 뒤 시부모의 寢에 들어와 알현하는 것을 형상한 것

187) 《儀禮鄭注句讀》 卷2 : "席于北方者, 姑席也."

188) 賈公彦疏 : "此旣廟見, 若生時見舅姑, 舅姑別席異面, 是以今亦別席異面, 象生, 不與常祭同也."

189) 《儀禮圖》 卷2 〈三月奠菜〉 原注 : "北方席蓋無几, 亦同几也."

190) 《儀禮集說》 卷2 : "右几, 見席南上也. 凡設几, 例在席之上端. 舅席東面而南上, 姑席南面, 其西上與! 生人室中之席, 東面者北上, 南面者東上, 鬼神則變之. 生時見舅, 姑舅不用几, 此有之者, 異其神也. 姑席無几, 几主於尊者也. 是亦質明行事."

191) 《儀禮集編》 卷4 : "祝先入筵几於室中, 降盥于阼階東南之洗."

192) 賈公彦疏 : "洗在門外, 祝與婦就而盥之者, 此亦異於常祭."

193) 《儀禮集編》 卷4 : "祝盥, 不言其處, 如常祭可知也. 婦盥于門外, 著其異也. 蓋祝先入筵几於室中, 降盥于阼階東南之洗, 乃出廟門, 帥婦以入也. 疏謂祝盥亦于門外, 非."

이다.[194] 장혜언은 廟門 밖에 설치한 洗의 위치를 위와 같이 추정함과 동시에 贊者와 며느리의 洗는 의당 달라야 할 것이나 자세하지 않다고 하였다.[195] 위 주⑥ 안설 참조.

⑧ 笲菜

笲에 나물을 담은 것이다.

⑨ 某氏

'某'는 신부의 姓이다. '某氏'는 姬氏·姜氏 등으로 말하는 것과 같다.

⑩ 敢奠嘉菜于皇舅某子

'敢'은 무릅씀을 표시하는 말이다. '嘉'는 '맛있다'는 뜻이다. '皇'은 죽은 사람에 대한 敬稱이다. '某'는 시아버지의 姓이다. '某子'는 가공언의 소에 따르면 "張子나 李子와 같이 말하는 것이다.〔言若張子、李子也.〕" 살펴보면 여기에서 皇舅에게 고하는 말은 다음에 나오는 皇姑에게 고하는 말과 그 뜻을 互文으로 보아야 한다.

⑪ 婦拜扱地

'扱'은 음이 '삽'이다. 여기에서는 '及(이르다)'과 통하니, 拜手하여 손이 바닥에까지 닿는 것이다. 정현의 주에 "부인이 손이 바닥에 닿도록 절하는 것은 남자의 稽首와 같다.〔婦人扱地, 猶男子稽首.〕"라고 하였다. 손이 바닥에 닿도록 하는 절은 부인의 重한 절임을 알 수 있다. 이것은 시아버지 신을 위해 펴놓은 돗자리를 향하여 손이 바닥에 닿도록 절하는 것이다.

⑫ 坐, 奠菜于几東席上

【按】 '坐'는 '跪'의 오류로, '東'은 '北'의 오류로 보기도 한다.[196]

⑬ 還, 又拜如初

'還'은 손이 바닥에 닿도록 절했던 자리로 돌아가는 것이다. 나물을 올릴 때에는 앞으로 나가서 돗자리에 가까이 가야 했기 때문에 이때 또 원래의 자리로 돌아가는 것이다.[197] '如初'는 손이 바닥에 닿도록 절했던 것과 같이 하는 것이다.

⑭ 降堂

이것은 당에서 내려가 계단에 이르렀지만 아직 땅에는 내려가지 않는 것이다. 정현의 주에 따르면 "降堂은 계단 위이다.〔降堂, 階上也.〕" 살펴보면 이것은 서쪽 계단이다.

⑮ 取笲菜

張惠言의 《儀禮圖》 권2 〈三月奠菜〉 圖에 따르면 나물이 담긴 笲을 든 사

194) 賈公彦疏 : "此亦異於常祭, 象生見舅姑, 在外沐浴, 乃入舅姑之寢, 故洗在門外也."

195) 《儀禮圖》 卷2 〈三月奠菜〉 原注 : "門外之洗, 所設無文, 或宜在此. 然贊與婦當別洗, 未詳其審."

196) 《儀禮正義》 卷3 : "吳氏廷華云: 坐當爲跪. 盧氏弨弓曰: 李疑東字爲誤, 蓋當言北." 《儀禮集釋》 卷2 : "几東東字疑."

197) 《儀禮章句》 卷2 : "言還, 則坐奠時, 進而近席矣. 初, 謂扱地."

람은 서쪽 계단 아래에서 북향하고서 며느리가 받아가기를 기다리고 있다.

⑯ 闔牖戶

정현의 주에 따르면 "일반적으로 廟는 일이 없으면 닫아놓기 때문이다.〔凡廟無事則閉之.〕"

⑰ 老醴婦于房中

'老'는 家臣의 長이다.(〈사혼례〉 1 주⑲) 즉〈사혼례〉 11의 贊者이기도 하다. 盛世佐에 따르면 "시부모가 예를 행하는 것을 돕기 때문에 '贊'이라고 한 것이다. 여기에서는 돕는 일이 없으므로 그 사람을 곧바로 지칭하여 말한 것이다.〔以其助舅姑行禮, 故曰贊. 此無助, 故直指其人言之.〕" 살펴보면 시부모가 살아계실 때에는 며느리에게 醴禮를 당에서 베풀어 주었는데 여기에서처럼 돌아가신 경우에는 방에서 행하니, 이것만 다를 뿐이다.

【按】 敖繼公에 따르면 며느리에게 당이 아닌 방에서 醴禮를 베풀어주는 것은 尊者가 계신 곳을 피하기 위해서이다.[198] 다만 여기의 老는 시부모가 살아있을 때 대신 예례를 베풀어주도록 한 贊者(〈사혼례〉 11)와 함께 모두 남자인데도 신부와 예를 행하도록 한 것에 대해 의심하는 학자도 있다. 盛世佐는 이에 대해 老는 덕망과 연치가 높은 사람이기 때문에 돌아가신 시부모를 대신하도록 한 것이어서 혐의할 필요가 없다고 하였다.[199]

⑱ 如舅姑醴婦之禮

'舅姑醴婦'는 〈사혼례〉 11에 자세하다.

⑲ 壻饗婦送者丈夫、婦人

살펴보면 이 구절이 여기에 있는 것은 매우 의심스럽다. 아마도 錯簡이 있는 듯하다. 신부를 호종해온 사람들이 신랑의 집에서 3개월 동안 머물 리가 없기 때문이다. 褚寅亮은 "이 예는 실제로는 신부가 처음 왔을 때에 행하는 것이고 老가 신부에게 醴禮를 베풀어준 뒤에 행하는 것이 아니다. 경문에서는 아마도 묘에 알현하는 것을 말함으로 인해 이것까지 언급한 것뿐인 듯하다.〔此禮實行於婦始來時, 不在老醴婦後, 經蓋因言廟見而及之耳.〕"라고 하였다. 묘에 알현하는 것을 말함으로 인해 왜 이것까지 언급했단 말인가? 저인량의 설 역시 통하지 않는다.

198) 《儀禮集說》 卷2 : "不于堂, 辟尊者在之處也."

199) 《儀禮集編》 卷4 : "郝氏(郝敬)于醴婦章, 嘗以男女不親授受, 今用男子酌新婦, 而禮文不言用何等男子獻疑. 張氏(張爾岐)亦云: 嘗疑此老與前贊者竝是男子, 乃使與新婦爲禮, 在前聖必自有說, 非末學所可臆度. 愚謂老, 家臣之長, 必有德而年高者爲之, 故使之醴婦, 所以代舅姑也. 行禮, 固不以爲嫌, 後儒不之疑而獨疑昏禮, 何居?"

三. 記

16. 六禮의 거행 시간, 주인과 賓이 주고받는 말, 六禮에 쓰는 예물과 희생

記。
士昏禮。
凡行事, 必用昏昕①, 受諸禰廟(녜묘)②。辭無不腆、無辱③。摯不用死④。皮帛必可制⑤。腊必用鮮⑥, 魚用鮒(부)⑦, 必殽(효)全⑧。

〈記〉이다.
士의 昏禮이다.
일반적으로 혼사를 진행할 때에는 반드시 황혼 무렵(親迎)이나 새벽 시간(納采·問名·納吉·納徵·請期)을 사용하고 禰廟(녜묘. 아버지 사당)에서 명을 받는다.
賓과 주인이 주고받는 말에 빈은 '변변치 못하다'라는 말이 없고 주인은 '욕되다'라는 말이 없다.
예물(기러기)은 죽은 것을 쓰지 않는다.
폐백으로 사용하는 가죽과 비단은 반드시 의복을 만들 수 있는 것이어야 한다.
腊은 반드시 신선한 것을 쓰고, 물고기는 붕어를 써야 하며, 殽(희생의 骨體)는 반드시 온전한 것을 써야 한다.

① 用昏昕

'昕'은 음이 '흔'으로 동틀 무렵이다. 정현의 주에 따르면 "새벽 시간을 쓰는 사람은 使者이고, 황혼의 시간을 쓰는 사람은 신랑이다.〔用昕, 使者; 用昏, 壻也.〕"

② 受諸禰廟

禰廟에서 점을 쳐 돌아가신 아버지의 신에게서 命을 받은 뒤에 혼사를 진행하는 것을 이른다. 胡培翬가 말하기를 "녜묘에서 명을 받은 뒤에 혼사를 진행하는 것을 이른다.〔謂命於禰廟然後行事也.〕"라고 하였다.

③ 辭無不腆、無辱

'腆'은 '풍성하다'는 뜻이다. '辱'은 '더럽다'·'욕되다'는 뜻이다. '不腆'과 '辱'은 모두 상투적으로 하는 인사치레이다. 이 구절의 뜻은, 일종의 상투적인 인사치레는 하지 않는다는 것이다. 그 목적은, 가공언의 소에 따르면 딸에게 정직과 성실함으로 다른 사람을 섬기도록 가르치는 데에 있다.[200]

④ 摯

여기에서는 기러기를 가리킨다.

⑤ 皮帛必可制

'皮'는 儷皮(려피. 2장의 사슴 가죽)이다. '帛'은 束帛(5필의 비단)이다. '可制'는 가공언의 소에 따르면 "의복을 만들 수 있다는 뜻이니, 이것 역시 딸에게 성실함을 가르치는 뜻이다.〔可制爲衣物, 此亦是敎婦以誠信之義也.〕

⑥ 腊必用鮮

가공언의 소에 따르면 "腊으로 신선한 것을 쓰는 것은 부부가 날마다 새로워진다는 뜻을 취한 것이다.〔腊用鮮者, 義取夫婦日新之義.〕"

⑦ 魚用鮒

'鮒'는 즉 붕어이다. 가공언의 소에 따르면 "물고기로 붕어를 쓰는 것은 부부가 서로 의지한다는 뜻을 취한 것이다.〔魚用鮒者, 義取夫婦相依附者也.〕"

⑧ 必殽全

豚俎의 骨體가 온전하여 잘라지지 않은 것을 이른다. 盛世佐에 따르면 "殽全은 豚俎를 이른다. '殽'는 骨體라는 뜻이며, '全'은 자르지 않았다는 뜻이다. 하나의 骨을 2개로 나누는 것을 '折'이라고 한다.〔殽全謂豚俎也. 殽, 骨體也. 全者不折. 一骨分爲二曰折.〕" 가공언의 소에 "'殽는 반드시 온전한 것을 쓴다'고 한 것은 부부가 절조를 온전히 하여 이지러짐이 없다는 이치에서 뜻을 취한 것이다.〔云殽必全者, 義取夫婦全節無虧之理.〕"라고 하였다. 살펴보면《의례》중에 혼례를 제외하고 기타의 예에 사용하는 俎는, 俎에 담는 牲肉을 모두 뼈마디에 따라 잘라서 덩어리로 만들기 때문에 이로 인해 또 '折俎'라고 칭한다.

200) 賈公彦疏: "知辭無不腆者,《郊特牲》云: '告之以直、信. 信, 事人也. 信, 婦德也.' 注云'此二者所以教婦正直信也', 是賓納徵之時, 不得謙虛爲辭."

17. 혼인을 허락한 뒤 행하는 笄禮

女子許嫁①, 笄而醴之②, 稱字。
祖廟未毁③, 教于公宮三月④。
若祖廟已毁⑤, 則教于宗室⑥。

여자가 혼인을 허락하면(납징을 받음) 笄禮를 행하고 醴禮를 베풀어 준 뒤에 字로 칭한다.
祖廟가 아직 훼철되지 않은 경우에는(고조 이하의 조상 중에 군주가 있는 경우) 公宮(군주의 종묘)에서 3개월 동안 가르친다.
만약 조묘가 이미 훼철되었으면 大宗의 집에서 가르친다.

① 許嫁

정현의 주에 따르면 "이미 納徵의 예를 받은 것이다.〔已受納徵禮也.〕"(〈사혼례〉 5) 가공언의 소에서는 여자가 혼인을 허락하는 나이를 15세 이상 19세 이하라고 하였다.[201]

【按】 가공언의 소에 따르면 여자가 혼인을 허락하지 않았다 하더라도 20세가 되면 笄禮를 거행하는데, 이때에는 禮가 가볍기 때문에 주부와 女賓이 거행하지 않고 婦人이 주관하며, 일찌감치 예를 얻은 것을 공경하는 의미에서 醮禮 때 醴酒를 쓰지 않고 淸酒를 쓴다.[202]

② 笄而醴之

'笄'는 비녀를 꽂아주는 禮를 행하는 것을 이른다. 이것은 여자가 혼인을 허락한 특별한 법으로, 여자가 이미 成人이 되었음을 표시하는 것이기 때문에 정현의 주에 "남자에게 관을 씌워 주는 것과 같다.〔猶冠男子也.〕"라고 한 것이다. 만일 여자가 아직 혼인을 허락하지 않았다면, 《예기》〈雜記〉에 따르면 "나이가 20이 되기를 기다렸다가 笄禮를 행한다.〔年二十而笄〕" '醴之'는 이미 비녀를 꽂아 준 여자에게 醴禮를 베풀어 주는 것을 이른다.

【按】 정현의 주에 따르면 許嫁한 여자의 笄禮는 주부와 女賓이 주관한다.[203]

③ 祖廟未毁

'祖'는 여기에서는 士族의 4대 조상 중에 가장 존귀한 사람을 가리킨다.

201) 賈公彦疏 : "女子許嫁, 謂年十五已上, 至十九已下."

202) 賈公彦疏 : "《雜記》云: '女雖未許嫁, 年二十而笄, 禮之, 婦人執其禮.' 鄭注云: '言婦人執其禮, 明非許嫁之笄.' 彼以非許嫁笄輕, 故無主婦、女賓, 使婦人而已……又許嫁者, 用醴禮之; 不許嫁者, 當用酒醮之, 敬其早得禮也."

203) 鄭玄注 : "笄女之禮, 猶冠男也, 使主婦、女賓執其禮."

즉 혼인을 허락한 여자의 위로 4대 이내의 조상 중에 한 나라의 군주로 있었던 조상, 즉 아버지·할아버지·증조할아버지·고조할아버지를 가리킨다. '祖廟未毁'는 즉 아직 체천하지 않았다는 뜻이다. 이러한 경우 혼인을 허락한 여자는 여전히 군주의 五服 내의 친속에 속한다. 살펴보면 古禮에 제후는 5廟(《예기》〈喪服小記〉 및 정현의 주)였다. 태조(즉 처음 봉해진 군주)의 묘는 훼철하지 않았으며, 이하의 군주는 고조를 넘어가면 그 묘는 훼철하여 체천해야 한다. 즉 그 신위를 태조의 묘로 모두 옮겨야 한다. 고조 이하 4廟, 즉 이른바 四親廟는 훼철하지 않는다. 이렇게 廟를 옮기는 제도가 있음으로 인해 시종일관 제후의 5廟 제도를 유지할 수 있었던 것이다. 정현의 주에 "祖廟는 여자의 고조로 군주였던 사람의 묘이다.〔祖廟, 女高祖爲君者之廟.〕"라고 하였다. 여기에서 이른바 '고조로 군주였던 사람'은 가공언의 소에 따르면 실제로는 고조 이하 중에 군주였던 사람을 가리킨다. 아래의 주 ④ 참조.

④ 敎于公宮

'敎'는 정현의 주에 따르면 "婦德(부인의 덕)·婦言(부인의 말씨)·婦容(부인의 용모)·婦功(부인의 솜씨)으로 가르치는 것이다.〔敎以婦德、婦言、婦容、婦功.〕" 《예기》〈昏義〉 정현의 주에 이 4德을 해석하여 "婦德은 곧고 순한 것이고, 婦言은 응대하는 말이고, 婦容은 얌전하고 정숙한 것이고, 婦功은 생사와 삼을 다루는 것이다.〔婦德, 貞順也; 婦言, 辭令也; 婦容, 婉娩也; 婦功, 絲麻也.〕"라고 하였다. '公宮'은 앞 경문의 '祖廟'를 가리킨다. '公'은 제후국 군주의 통칭이다. '宮'은 廟이다. 살펴보면 고대에는 종묘 역시 '宮'이라고 칭하였다. 《시경》〈雲漢〉에 "교외에서 궁으로 간다.〔自郊徂宮.〕"라고 하였는데, 정현의 箋에 "宮은 종묘이다.〔宮, 宗廟也.〕"라고 하였다.

【按】 가공언의 소에 따르면 경문의 '未毁'와 '已毁'는 모두 고조를 기준으로 말한 것으로, 정현의 주에 "緦麻親으로 尊者의 廟에 간다.[以有緦麻之親, 就尊者之宮.]"라고 한 것은 가장 먼 친척을 들어서 말한 것뿐이다. 즉 4대가 함께 고조를 모신다면 시마친이며, 3대가 함께 증조를 모신다면 小功親, 2대가 함께 할아버지를 모신다면 大功親, 아버지를 함께 모신다면 齊衰親이니, 이들은 모두 제후의 廟에서 가르침을 받는다.[204]

⑤ 祖廟已毁

혼인을 허락한 여자의 4대조 이내(즉 고조 이내)에 이미 군주가 된 사람이 없게 된 것을 이른다. 즉 일찍이 군주였던 조상의 묘가 이미 훼철되어 이 여

204) 賈公彦疏 : "云'未毁'與'已毁', 是據高祖之廟而言, 故云'祖廟, 女高祖爲君者之廟也'. 共承高祖, 是四世緦麻之親. 若三世共曾祖, 是小功之親; 若共祖, 是大功之親; 若共禰廟, 是齊衰之親, 則皆敎於公宮. 今直言緦麻者, 擧最疏而言親者, 自然敎於公宮可知也."

자가 이미 당대 군주의 오복친 밖에 있어서 지손 중의 한 사람이 되었다는 말이다.

【按】 위 주④ 참조.

⑥ 宗室

정현의 주에 따르면 "대종의 집이다.〔大宗之家.〕" 《예기》〈喪服小記〉에 "별자는 祖가 되고 별자를 이은 자손은 宗이 된다.〔別子爲祖, 繼別爲宗.〕"라고 하였다. 여기의 '별자'는 군주의 적장자 아래의 여러 아들로서 갈라져 나와 경대부가 된 사람을 가리킨다. 이들은 각각 支族을 세워서 이 族의 시조가 되는데, 이 경대부의 지위는 대대로 그 적장자가 계승하여 '大宗'이라고 칭하니, 즉 이른바 '별자를 이은 자손은 宗이 된다.'라는 것이다. 그러므로 대종의 집은 즉 경대부의 집이다.

18. 問名 때 기러기를 받는 예

> 問名, 主人受鴈, 還①, 西面對②。賓受命乃降③。
>
> 問名(여자의 성씨를 묻는 예)을 행할 때에 주인(여자 집)은 당 위 두 기둥 사이에서 남향하여 기러기를 받고, 동쪽 계단 윗쪽으로 돌아가 서향하여 대답한다.
> 賓(남자 집 使者)은 서쪽 계단 윗쪽에서 동향하여 命(여자의 성씨)을 받고 이어 당을 내려간다.

① 還

돌아가는 것이다. 살펴보면 주인은 기러기를 당 위 두 기둥 사이에서 받으며(〈사혼례〉 1·2), 받은 뒤에는 또 당 위 동쪽 계단 윗쪽으로 돌아간다.

② 對

답하는 것이니 賓에게 혼인할 여자의 성씨〔名〕로 대답하는 것이다.

③ 命

성씨〔名〕이다.

19. 醴酒를 고수레하는 법과 賓이 포를 취하는 법

祭醴, 始扱(삽)壹祭, 又扱再祭①。
賓右取脯, 左奉之。乃歸, 執以反命②。

醴酒를 祭(고수레)할 때에는 처음 떠서 한 차례 제하고, 또 떠서 두 차례 제한다.
賓이 오른손으로 포를 취하고 왼손으로 받쳐 든다.
(당에서 내려가 계단 아래에서 從者에게 건네준다)
빈이 이어 남자의 집으로 돌아가서 남자 집 주인에게 이 포를 들고 복명한다.

① 始扱壹祭, 又扱再祭

'扱'은 숟가락으로 술잔〔觶〕 안에서 醴酒를 뜨는 것이다. 가공언의 소와 阮元의 교감본에 따르면 이 두 구는 처음 뜬 예주로는 한 차례 고수레〔祭〕하고 또 뜬 예주로는 두 차례에 나누어 고수레하여 모두 세 차례 고수레한다는 말이다.[205] 胡培翬에 따르면 "일반적으로 예주를 고수레하는 법은 모두 이와 같다.〔凡祭醴之法皆如此.〕"

② 賓右取脯……反命

〈사혼례〉 3 참조.

【按】 가공언의 소에 따르면 賓(남자 집 使者)은 먼저 오른손으로 脯를 들고 이어 왼손으로 포를 함께 받쳐 들고 당을 내려가 서쪽 계단 아래에서 수종한 자에게 건네주었다가 남자의 집으로 돌아가 이 포를 들고 복명한다.[206]

205) 賈公彦疏 : "云'祭醴'者, 謂贊醴賓之時, 禮成於三, 其爲三祭之時. 始祭醴云初, 故云始扱壹祭, 後祭 醴又扱爲再祭也."

206) 賈公彦疏 : "謂先用右手取得脯, 乃用左手兼奉之, 以降授從者於西階下, 乃歸, 執以反命."

20. 納徵 때 예물로 들고 간 사슴 가죽을 잡는 법과 주고받는 예

納徵, 執皮, 攝之內文①, 兼執足②, 左首。隨入③, 西上④, 參分庭一在南⑤。賓致命, 釋外足見(현)文⑥。主人受幣⑦。士受皮者自東出于後⑧, 自左受, 遂坐, 攝皮, 逆退, 適東壁。

納徵(성혼의 예물을 들이는 예)을 행할 때에 사슴 가죽을 잡는데 무늬가 안쪽으로 가도록 접어서 양쪽 다리를 한꺼번에 잡고(앞다리는 왼손으로 겹쳐서 들고 뒷다리는 오른손으로 겹쳐서 든다) 머리는 왼쪽(서쪽)으로 가도록 든다.
두 사람이 묘문을 따라 들어가 서쪽을 상위로 하여 사슴의 머리 쪽이 서쪽으로 가도록 들고 뜰의 3분의 1이 되는 남쪽 지점에 선다.
賓(남자 집의 使者)이 당 위에서 남자 집 주인의 命을 전하면 가죽을 든 사람이 뜰에서 사슴 가죽의 다리를 바깥쪽으로 펼쳐서 무늬가 드러나도록 한다.
주인(여자의 아버지)은 당 위에서 폐백을 받는다.
士(주인의 屬吏)는 동쪽에서 와서 가죽을 든 사람의 뒤로 나와 그의 왼쪽에서 가죽을 받는다. 이어 앉아서 가죽을 접어 들고 일어나 들어온 순서와 반대로 물러가 동쪽 담장 아래로 간다.

① 攝之內文

'攝'은 '접는다'는 뜻이다. '文'은 가죽 털 위의 무늬이다.

② 兼執足

'兼'은 '아우르다〔竝〕'는 뜻이니 두 손을 모두 사용한다는 말이다. 이 구의 뜻은, 두 손으로 각각 사슴 가죽의 앞뒤 다리 부분을 들어서 왼손으로는 앞다리를 잡고 오른손으로는 뒷다리를 잡는 것이다.

③ 隨入

사슴 가죽을 든 두 사람이 앞뒤로 따라 들어가는 것이다. 사슴 가죽이 두 장이기 때문에(〈사혼례〉 5) 두 사람이 들어야 한다.

④ 西上

'上'은 사슴 가죽의 머리 부분을 가리킨다. '西上'은 머리를 왼쪽으로 한다는 뜻과 같으니, 廟門을 들어갈 때에는 왼쪽을 서쪽으로 삼는다. 吳廷華가 말하기를 "서쪽이 왼쪽이 된다. '上'은 머리가 왼쪽으로 오도록 하는 것이다.〔西爲左. 上者, 首在左也.〕"라고 하였다. 이미 '西上'이라고 말했다면 사슴 가죽을 든 사람은 반드시 북향해야 한다.

⑤ 參分庭一在南

뜰을 남북으로 3등분 했을 경우 남쪽으로 3분의 1에 해당하는 장소에 있다는 뜻이다. 가죽을 든 사람이 묘문으로 들어간 뒤에 두 사람 모두 바로 이곳에 나란히 서는 것이다.

⑥ 釋外足見文

두 손으로 바깥쪽으로 향해 있는 사슴 가죽의 두 다리를 벌려서 사슴 가죽을 펼친 뒤에 다시 뒤집어서 가죽의 털 무늬가 드러나게 한다는 뜻이다. 敖繼公이 말하기를 "가죽은 무늬를 아름다움으로 삼기 때문에 주고받을 때에 마땅히 문양을 보여야 한다.〔皮以文爲美, 故當授受之節, 宜示之.〕"라고 하였다.

⑦ 幣

吳廷華에 따르면 "5필의 비단이다.〔束帛也.〕" 즉 玄纁束帛이다. 〈사혼례〉 5 주② 참조.

⑧ 士

주인의 屬吏(하급관리)이니, 정현의 주에 따르면 中士나 下士이다.[207] 그렇다면 주인은 上士가 된다.

【按】 가공언의 소에 따르면 제후의 士는 각 나라마다 上士 9명, 中士 9명, 下士 9명, 모두 27명이다. 만약 주인이 상사라면 여기의 士는 중사·하사·不命之士(주인인 士가 임용)이며, 주인이 중사라면 士는 하사, 주인이 하사라면 士는 不命之士·府(창고 담당)·史(문서 담당)가 된다.[208]

207) 鄭玄注："士謂若中士、下士、不命者, 以主人爲官長."

208) 賈公彦疏："但諸侯之士, 國皆二十七人. 依《周禮·典命》侯、伯之士一命, 子、男之士不命. 命與不命, 國皆分爲三等: 上九、中九、下九……今言士, 謂若中士、下士、不命者, 據上士爲官長者. 若主人是中士, 則士是下士; 若主人是下士, 則士是不命之士、府、史之等. 此不命, 與子、男之士不命者別, 彼雖不得君簡策之命, 仍得人君口命爲士. 此則不得君命, 是官長自辟除者也. 案《旣夕》宰擧幣, 是士之府、史, 則庭實, 胥、徒爲之云."

21. 친영하는 날 부모가 딸에게 醴禮를 베풀고 당부하는 예

父醴女而俟迎者①。
母南面于房外。女出于母左②。父西面戒之③, 必有正焉④, 若衣若笄⑤。母戒諸西階上⑥。不降⑦。

〈신랑이 오기 전〉

親迎하는 날 禰廟의 東房 안에서 아버지가 남향하여 딸에게 醴酒를 따라주고 딸을 맞이해갈 사위를 기다린다.

(어머니는 포와 젓갈을 올리며, 딸은 술을 고수레하고 조금 맛본 뒤 술잔을 포와 젓갈의 동쪽에 내려놓고 자리에 서서 신랑을 기다린다.)

〈신랑이 도착한 뒤〉

(아버지가 방에서 나와 대문 밖에서 사위를 맞이하여 들어와 당 위 동쪽 계단 윗쪽으로 가서 서향한다.)

어머니가 방에서 나와 방 밖에서 남향한다.

딸이 방에서 나와 어머니의 왼쪽으로 지나간다.

(딸은 당 위 서쪽 계단 윗쪽으로 가서 동향하였다가 아버지가 있는 동쪽 계단 윗쪽으로 가서 동향한다.)

아버지가 동쪽 계단 윗쪽에서 서향하고 딸에게 당부하는 말을 한다. 이때 반드시 의탁할 물건을 두어야 하는데, 예를 들면 의복이나 비녀 같은 것이다.

어머니가 당 위 서쪽 계단 윗쪽에서 (아버지의 당부를 들은 뒤 서쪽 계단 윗쪽으로 돌아온 딸에게) 동향하고 당부하는 말을 한다.

어머니 역시 아버지와 마찬가지로 당을 내려가 딸을 전송하지 않는다.

① 父醴女

이것은 친영하는 날 딸이 머리에 가체를 쓰고 純衣(치의)를 입은 뒤에 東房

안에서 행하는 것이다. 정현의 주에 "딸이 이미 머리에 가체를 얹고 치의를 입었으면 아버지가 방 안에서 醴禮를 베풀어 준다.〔女旣次、純衣, 父醴之于房中.〕"라고 하였다. 〈사혼례〉 8 참조.

【按】 정현의 주에 따르면 아버지가 딸에게 醴酒를 주면 어머니는 포와 젓갈을 올림으로써 혼례를 중히 여기는 뜻을 밝힌다. 딸은 술을 조금 맛본 뒤 술잔을 포와 젓갈의 동쪽에 내려놓고 자리에 서서 신랑을 기다린다. 사위가 도착하면 아버지는 방을 나와서 擯者를 보내 무슨 일로 왔는지를 묻게 한 뒤 대문을 나가 사위를 맞이하여 들어와 동쪽 계단 윗쪽으로 가서 동향하며, 어머니는 방을 나와서 방 밖에서 남향함으로써 사위에게 딸을 직접 주는 뜻을 보이고 아울러 딸에게 당부의 말을 해줄 준비를 한다.[209] 딸은 아래 경문에 따르면 방에서 나와 어머니의 왼쪽을 지나 서쪽 계단 윗쪽으로 간다.

② 女出于母左

가공언의 소에 따르면 어머니가 방에서 나와 남향하고 房戶의 서쪽에 서면 딸이 방에서 나와 서쪽으로 가는데 먼저 어머니의 왼쪽을 지나가기 때문에 "방에서 나와 어머니의 왼쪽으로 지나간다.〔出于母左〕"라고 한 것이다.[210] 살펴보면 이 이하는 신랑이 신부의 집에 친영하러 와서 기러기를 내려놓고 再拜稽首를 한 뒤에 신부가 신랑을 따라서 갈 때의 의절을 보충하여 기록하였다.

③ 父西面戒之

이때 딸은 이미 서쪽 계단 윗쪽으로 가서 동향하여 서 있고 아버지는 동쪽 계단 윗쪽에 있기 때문에 아버지가 서향하여 당부의 말을 하는 것이다.

【按】 盛世佐에 따르면 이때 딸은 아버지가 있는 동쪽 계단 윗쪽으로 가서 동향하여 아버지로부터 당부의 말을 듣는다.[211]

④ 必有正焉

'正'은 당부하는 말을 의탁하는 물건을 가리키니, 딸을 일깨워서 아버지가 당부한 말을 잊지 않을 수 있도록 하는 물건을 가리킨다. 정현의 주에 "必有正焉은 당부하는 말을 의탁해서 잊지 않도록 하는 것이다.〔必有正焉者, 以託戒之使不忘.〕"라고 하였다. 盛世佐는 "물건으로 의탁을 삼는 것이 正이다.〔以物爲憑爲正.〕"라고 하였다.

⑤ 若衣若笄

의복이나 비녀가 바로 당부하는 말을 의탁하는 물건이다.

209) 鄭玄注："女旣次純衣, 父醴之于房中, 南面, 蓋母薦焉, 重昏禮也. 女奠爵于薦東, 立于位而俟壻. 壻至, 父出, 使擯者請事. 母出, 南面房外, 示親授壻, 且當戒女也."

210) 賈公彦疏："以母出房戶之西南面, 女出房西行, 故云'出于母左'."

211) 《儀禮集編》卷4："是時父在阼, 女就而受戒. 父西面, 女當東面也."

⑥ 母戒諸西階上

가공언의 소에 따르면 이때 어머니도 딸과 마찬가지로 서쪽 계단 윗쪽으로 가기 때문에 여기에서 딸에게 당부하는 말을 하는 것이다.[212]

【按】 敖繼公에 따르면 어머니는 서쪽 계단 윗쪽에서 동향하고 딸이 아버지로부터 당부를 들은 뒤 서쪽 계단 윗쪽으로 돌아오기를 기다렸다가 당부하는 말을 한다.[213]

⑦ 不降

살펴보면 〈사혼례〉 8에서 "주인이 당을 내려가 전송하지 않는다.〔主人不降送.〕"라고 한 것은 아버지를 말한 것이니, 여기에서는 어머니 역시 당을 내려가 전송하지 않음을 말한 것이다.

【按】 가공언의 소에 따르면 《春秋穀梁傳》에 "예에 따르면 딸을 전송할 때 아버지는 당을 내려가지 않고 어머니는 廟門을 나가지 않는다.〔禮, 送女, 父不下堂, 母不出祭門.〕"라는 구절이 있는데, 이것은 제후의 예이기 때문에 士禮와 다른 것이다.[214]

22. 친영 때 신부가 수레에 오르는 법

婦乘以几, 從者二人①, 坐持几相對②。

신부가 几를 이용하여 수레에 오를 때 신랑 집의 종자 두 사람이 무릎 꿇고 신부가 디딜 궤를 양쪽에서 마주하여 붙잡아 준다.

① 從者

신랑 집의 隨從者들을 가리킨다.

② 坐持几

살펴보면 고대에 '앉는다〔坐〕'는 것은 오늘날의 '무릎을 꿇는다〔跪〕'는 것과 같다. 그러므로 盛世佐가 "종자가 무릎을 꿇고 붙잡는다.〔從者跪而持之.〕"라고 한 것이다. '持'는 여기에서는 '붙잡아 준다'는 뜻이다.

212) 賈公彦疏 : "云'母戒諸西階上'者, 母初立房西, 女出房, 母行至西階上, 乃戒之也."

213) 《儀禮集說》 卷2 : "女旣就父, 則母東面于西階上, 俟女至而戒之."

214) 賈公彦疏 : "《穀梁傳》曰: '禮, 送女, 父不下堂, 母不出祭門.' 祭門則廟門, 言不出廟門, 則似得下堂者, 彼諸侯禮, 與此異. 以其大夫、諸侯、天子, 各有昏禮, 故不同也."

23. 신부가 신랑 집의 寢門에 들어간 뒤 贊者가 玄酒를 단지에 붓는 예

> 婦入寢門, 贊者徹尊(준)冪①。
> 酌玄酒, 三屬(촉)于尊②, 棄餘水于堂下階間③。
> 加勺④。
>
> 신부가 신랑 집의 침문에 들어가면 贊者가 玄酒尊과 淸酒尊을 덮었던 갈포 덮개를 걷는다.
> 찬자가 玄酒를 따르는데, 다른 그릇에 담긴 涚水를 술 국자로 세 차례 떠서 玄酒尊에 붓는다. 현주에 쓰고 남은 세수는 당 아래 동쪽 계단과 서쪽 계단 사이에 버린다.
> 현주준과 청주준 위에 술 국자를 올려놓는다.

① 徹尊冪

【按】 敖繼公에 따르면 玄酒尊과 淸酒尊의 덮개를 모두 걷는 것이다.[215]

② 酌玄酒, 三屬于尊

'玄酒'는 〈사관례〉 19 주⑤ 참조. 살펴보면 현주로 사용하는 물은 일종의 잿물에 거른 깨끗한 물로, 涚水(세수)라고 부른다. 즉 《周禮》〈考工記 㡛氏〉 정현의 주에서 말한 "세수는 재로 거른 물이다.〔涚水, 以灰所泲水也.〕"라는 것이다. 이 세수는 현주로 쓰기 전에 먼저 별도의 용기에 담아 둔다. '酌玄酒'는 즉 술 국자로 세수가 담긴 용기에서 세수를 떠서 현주로 삼는 것이다. 〈사혼례〉 7에서 "室 안의 북쪽 벽 아래에 2개의 술 단지를 진설하는데, 단지 밑에 禁(술 단지 받침대)을 두고, 현주를 청주의 서쪽에 놓는다.〔尊于室中北墉下, 有禁, 玄酒在西.〕"라고 한 것은 실제로는 신부가 도착하기 전에 현주준은 빈 단지로 두었다가 신부가 신랑 집의 寢門을 들어온 뒤에 비로소 贊者가 세수를 단지에 부어 현주로 삼는 것이다. 그 원인은, 정현의 주에 따르면 현주는 "새로움을 귀하게 여기는데, 혼례도 또 새로움을 귀하게 여기기 때문에 일이 닥쳐서야 비로소 가져오는 것이다.〔貴新, 昏禮又貴新, 故事至乃取之.〕" '屬'은 정현의 주에 따르면 "들이붓는 것이다.〔注也.〕" '尊'은

215) 《儀禮集說》 卷2 : "徹冪、加勺, 兼指二尊而言."

즉 술 단지이다.

【按】 盛世佐에 따르면 '酌'은 술 국자로 뜨는 것이다.[216] 가공언의 소에 따르면 玄酒와 涚水는 동일한 것으로, 현주는 색의 관점에서 말한 것이고, 涚水는 '새로이 가져왔다'는 뜻에 근거하여 이름을 붙인 것일 뿐이다. 또 明水라는 것이 있는데, 陰鑑을 사용하여 달에서 취한 물로, 가공언의 소에 따르면 '주인이 깨끗이 재계하여 이 물을 얻을 수 있게 되었다'는 뜻을 취한 것이다. 상고 시대에는 술이 없어 물을 사용했기 때문에 근본을 잊지 않는다는 뜻에서 예를 행할 때 술 단지 옆에 물을 짝지어 진설하는데, 보통 三酒에는 玄酒를 짝지어 진설하고, 울창주와 五齊에는 明水를 짝지어 진설한다. 상대적으로 말하면 현주와 명수는 다르지만, 통틀어서 말할 때에는 명수를 현주라고도 한다.[217] '三酒'와 '五齊'는 〈특생궤식례〉 6 주⑦ 참조.

③ 餘水

玄酒를 따른 뒤에 남은 涚水를 가리킨다. 남은 물을 버려야 하는 이유는, 敖繼公에 따르면 "남들이 함부로 사용하지 못하도록 하기 위해서이다.〔不欲人褻用之也.〕"

④ 加勺

【按】 敖繼公에 따르면 玄酒尊과 淸酒尊 위에 모두 술 국자를 올려두는 것이다.[218]

24. 婦見舅姑, 醴婦, 饗婦에 관련된 예

笲(번), 緇被纁裏, 加于橋①。舅答拜, 宰徹笲。
婦席、薦饌于房②。饗婦, 姑薦焉。婦洗在北堂, 直(치)室東隅③。篚在東。北面盥④。婦酢舅, 更爵自薦⑤。不敢辭洗⑥。舅降, 則辟于房⑦。不敢拜洗⑧。凡婦人相饗, 無降⑨。

〈현구고례〉

머느리가 드는 笲(번. 폐백을 담는 그릇)은 겉감이 검은색이고 안감이 분홍색인 비단으로 옷을 입혀서 橋(번을 올려두기 위한 물건) 위에 올려 둔다.

시아버지가 답배하면 宰가 번을 거둔다.

216) 《儀禮集編》 卷4 : "云酌, 則以勺也."

217) 賈公彦疏 : "至禮有玄酒、涚水、明水三者, 各逐事物生名. 玄酒, 據色而言, 涚水據新取爲號, 其實一也. 以上古無酒, 用水爲酒, 後代雖有酒, 用之配尊, 不忘本故也. 明水者, 案《周禮》〈秋官·司烜 氏〉云: '以陰鑒取明水於月.' 《郊特牲》云: '其謂之明水也, 由主人之潔著此水也.' 注云: '著, 猶成也. 言主人齊潔, 此水乃成可得也.' 配尊之酒, 三酒加玄酒, 鬱鬯與五齊皆用明水配之. 《郊特牲》云五齊加明水, 三酒加玄酒, 不言鬱鬯者, 記人文略也. 相對, 玄酒與明水别, 通而言之, 明水亦名玄酒."

218) 《儀禮集說》 卷2 : "徹冪、加勺, 兼指二尊而言."

〈예부례, 향부례〉

며느리를 위한 돗자리와 薦(脯와 醢)은 방에 진열해 둔다.

(향부례 때에는 牲俎가 있으나 방에 진열해 두지는 않는다.)

며느리에게 饗禮를 베풀 때에는 시어머니가 薦을 올린다.(시아버지는 며느리에게 헌주한다.)

며느리의 洗(北洗)는 北堂(방의 중반 이북)에 두는데, 室의 동쪽 모퉁이와 일직선상에 설치한다. 篚는 세의 동쪽에 둔다.

며느리는 북향하고 손을 씻는다.

며느리가 시아버지께 답잔을 올릴 때에는 시아버지에게서 받은 술잔을 다른 잔으로 바꾸어 자신이 직접 올린다.

시아버지가 술잔을 씻는 것에 대해 며느리는 감히 사양하지 못한다.

시아버지가 술잔을 씻기 위해 당을 내려가면 며느리는 피하여 방으로 들어간다. 시아버지가 술잔을 씻은 것에 대해 감히 절하지 못한다.

일반적으로 부인이 향례를 베풀 때에는 당을 내려가지 않는다.

① 笲, 緇被纁裏, 加于橋

정현의 주에 따르면 "笲(번)에 옷을 입히는 것은 며느리가 시부모를 알현할 때에 꾸밈을 공경으로 삼기 때문이다.〔笲有衣者, 婦見舅姑, 以飾爲敬.〕" '緇被纁裏'는 즉 笲의 옷이다. '被'는 '겉'이다. 《예기》〈昏義〉의 "執笲" 조 아래 《經典釋文》에 이르기를 "청색 비단으로 옷을 입히는 것이다.〔衣之以青繒.〕"라고 하였다. 청색과 검은색은 비슷하니 여기에서는 겉감의 색을 가리킨다. 번을 입히는 옷은 비단으로 만드는데, 겉감이 있고 안감이 있어서 겉은 검은색이고 속은 분홍색임을 알 수 있다.(〈사혼례〉 10) 郝敬은 "橋는 번의 뚜껑이 다리처럼 굽어져 올라온 것이니, 천으로 번의 뚜껑을 덮어서 받들어 올리는 것이다.〔橋, 笲蓋曲起如橋, 以被覆其上, 奉以進.〕"라고 하였다.

【按】 盛世佐는 경문의 '加于橋'라는 구절을 근거로, 정현의 주를 따라서 "번을 올려두기 위한 물건이다.[所以庪笲.]"라고 하였다. 또한 성세좌는 학경이 '橋'를 '笲蓋'라고 하여 '번의 뚜껑'으로 보았으나 笲이 '木'을 부수로 하지 않는 것을 보면 '그 형태가 다리와 같다'는 설도 무시할 수 없다고 하였다.[219] 여기에서는 우선 정현의 주를 따르기로 한다.

219) 《儀禮集編》 卷4 : "經云'加于橋', 則所以庪笲也, 當從註. 云'笲蓋'者, 非字從木, 則以木爲之, 當從圖. 命名之意, 或取其狀相似, 則如橋之說, 亦未可盡廢. 特其所稱橋衡之義, 亦與鄭異, 鄭註《曲禮》云: '橋, 井上桔槔.'"

② 婦席、薦饌于房

살펴보면 〈사혼례〉 11에서는 시부모가 며느리에게 醴禮를 베풀어주는 것을 기록하였고, 〈사혼례〉 13에서는 시부모가 며느리에게 饗禮를 베풀어주는 것을 기록하였는데, 모두 당 위에서 행하였다. 그러나 모두 며느리에게 예례와 향례를 베풀어주기 전에 돗자리와 薦(脯·醢)을 어디에 진열한다는 말이 없어서 여기에 보충하여 기록한 것이다.

③ 婦洗在北堂, 直室東隅

살펴보면 〈사혼례〉 12에서 며느리가 시부모에게 饋食禮를 행하는 것을 기록하였는데, 오직 "며느리가 손을 씻는다.〔婦盥.〕"라고만 말하고 어디에서 손을 씻는다고는 말하지 않았기 때문에 여기에 보충하여 기록한 것이다.

【按】 敖繼公에 따르면 여기의 '洗'는 內洗 또는 北洗라고도 한다. 여기에서 '婦洗'라고 한 것은, 일반적으로 북세의 설치 장소와 북세에서 손을 씻는 사람의 위치는 모두 동일하나 여기의 〈記〉는 주로 며느리를 위한 예를 기록한 것이기 때문에 '婦'만을 언급한 것이다.[220] 洗를 설치하는 위치는, 정현의 주에 따르면 남북으로는 室의 동쪽 모퉁이와 일직선이 되는 곳이며, 동서로는 房戶 및 모퉁이 사이와 일직선이 되는 곳이다.[221]

④ 篚在東, 北面盥

【按】 敖繼公에 따르면 뜰에 설치하는 南洗의 경우 물을 洗의 동쪽에 두고 篚를 洗의 서쪽에 두는 것과 비교하면, 방의 北堂에 설치하는 여기의 北洗는 물을 洗의 서쪽에 두고 篚를 洗의 동쪽에 둔다. 또한 며느리가 손을 씻는 이유는 술잔을 씻어 시아버지에게 답잔을 올리기 위한 것이기 때문에 경문에는 잔을 씻는다는 말이 없지만 '손을 씻는다[盥]'는 것만으로도 그 뒤에 잔을 씻는다는 것을 알 수 있다고 하였다.[222]

⑤ 婦酢舅, 更爵自薦

이것은 시부모가 며느리에게 饗禮를 베풀 때에 시아버지가 며느리에게 獻酒한 뒤에 며느리가 술을 따라 시아버지에게 답잔을 올릴 때 시아버지가 자기에게 헌주하면서 사용한 술잔을 감히 사용하지 못하고 다른 잔으로 바꾼다는 말이다. 〈사혼례〉 13 참조. '薦'은 올리는 것이다.

【按】 敖繼公에 따르면 일반적으로 신분이 낮은 자가 신분이 높은 자의 헌주를 받았을 경우에는 감히 답잔을 올리지 못하나, 여기에서 며느리가 시아버지에게 답잔을 올릴 수 있는 것은 饗婦禮 때에는 며느리를 賓과 같이 보기 때문이다.[223] 다만 '薦'을 오계공은 脯·醢를 올리는 것으로 보았다. 즉 '自薦'은 시어머니가 며느리에게 직접 脯·醢를 주었기 때문에 이에 걸맞게 하기 위해 다른 사람을 시키지 않고 며느리가 직접 시아버지에게

220) 《儀禮集說》 卷2 : "此洗, 內洗也, 亦曰北洗. 凡其設之與盥者之位, 皆如此, 記主爲婦禮發之, 故惟云婦洗."

221) 鄭玄注 : "洗, 南北直室東隅, 東西直房戶與隅間."

222) 《儀禮集說》 卷2 : "室之東隅有二, 云'在北堂', 故無嫌於南. 篚盛爵、觶, 爲婦酢姑酬也. 庭中設洗, 水在洗東, 篚在洗西. 此篚在洗東, 則水在洗西矣. 盥爲將洗爵以酢舅也, 無嫌於不洗, 故惟以盥見之."

223) 《儀禮集說》 卷2 : "凡卑者受尊者獻, 則不敢酢, 此婦乃酢舅者, 饗婦則婦如賓也."

脯·醢를 올린다고 본 것이다.[224] 張爾岐나 蔡德晉 역시 脯·醢를 올리는 것으로 보았다.[225]

⑥ 不敢辭洗

살펴보면 시아버지가 며느리에게 獻酒하기 전에 먼저 술잔을 씻어야 한다. 만약 賓과 주인이 지위가 대등하면 빈은 (당을 내려가) 잔을 씻는 것에 대해 사양해야 한다. 즉 주인에게 자기를 위해 술잔을 씻는 것에 대해 마음을 쓸 필요가 없다고 하여 그만두게 하는 것이다. 그러나 며느리는 지위가 낮으니 정현의 주에 따르면 "감히 尊者와 예를 행하지 못한다.〔不敢與尊者爲禮.〕" 이 때문에 시아버지가 술잔을 씻는 것에 대해 며느리가 감히 사양하지 못하는 것이다.

⑦ 舅降, 則辟于房

이것은 시아버지가 당을 내려가 며느리를 위해 술잔을 씻을 때에, 며느리는 이때에도 辭洗 때처럼 감히 따라 내려가지 못하지만, 또 감히 당 위의 자리에 편안히 있을 수도 없기 때문에 할 수 없이 '방으로 피한다〔辟于房〕'는 말이다.

⑧ 不敢拜洗

살펴보면 賓과 주인이 지위가 대등하면 주인이 빈을 위해 술잔을 씻은 뒤에 빈은 拜禮를 행하여 주인에게 자기를 위해 술잔을 씻은 것에 대해 감사해야 한다. 즉 이른바 '씻은 것에 대해 절한다〔拜洗〕'는 것이다. 그러나 며느리는 지위가 낮기 때문에 이때에도 술잔을 씻은 것에 대해 감히 절하지 못한다.

⑨ 凡婦人相饗, 無降

敖繼公에 따르면 시어머니가 며느리를 호종하고 온 부인들에게 饗禮를 베풀어주거나, 시아버지는 돌아가시고 시어머니만이 며느리에게 향례를 베풀어 주는 것 등을 이른다.[226] 살펴보면 여기의 '相'은 동사를 표시하는 것으로, 오늘날의 '相請(청하다)' '相煩(번거롭게 하다)'의 '相'과 비슷하다. '無降'의 '降'은 손을 씻기 위해 내려가거나 술잔을 씻기 위해 내려가는 것을 이르니, 여자의 洗는 北堂에 있기 때문에 내려갈 필요가 없다는 것이다.

【按】 '凡'은 가공언의 소에 따르면 시부모가 함께 며느리에게 향례를 베풀어주는 경우와 시어머니가 며느리를 호종하고 온 부인들에게 향례를 베풀어주는 경우 모두를 가리킨다.[227] '無降'은 오계공에 따르면 이것은 부인이 서로에게 향례를 베풀어줄 때 당을 내려

224) 《儀禮集說》 卷2 : "自薦者, 爲姑親薦己, 故不敢使人薦舅, 行禮欲其稱也."

225) 《儀禮鄭註句讀》 卷2 : "婦得獻卒爵, 更爵酢舅, 自薦脯、醢, 不以人贊也." 《禮經本義》 卷2 : "脯、醢自薦, 不敢使人代也."

226) 《儀禮集說》 卷2 : "此謂姑饗婦人送者, 與舅沒而姑特饗婦者也, 故以凡言之."

227) 賈公彦疏 : "言凡者, 欲見舅姑共饗婦, 及姑饗婦人送者皆然, 故言凡也."

가지 않는다는 말로, 남자와 여자가 서로에게 향례를 베풀어줄 때에는 앞의 경문처럼 '시아버지가 술잔을 씻기 위해 내려가는[舅降]' 경우가 있을 수 있다는 것이다.[228]

25. 며느리가 제사에 참여하는 시기

婦入三月, 然後祭行①。

며느리는 남편의 집에 들어온 지 석 달이 된 뒤에 남편을 도와 사시의 제사를 지낸다.

① 祭行

정현의 주에 따르면 "제사를 돕는 것을 이른다.〔謂助祭也.〕" '제사를 돕는다'는 것은 남편을 도와서 종묘 제사의 예를 행하는 것을 이른다. 韋協夢이 말하기를 "만약 그렇다면 3개월 전에는 비록 제사가 있더라도 며느리는 거행하지 못한다. 거행하지 못하는 이유는 아직 며느리가 되지 못했기 때문이다.〔若然, 則三月之前, 雖有祭事, 婦亦不行. 不行者, 未成婦也.〕"라고 하였다. '아직 며느리가 되지 못했다'는 것은 아직 정식으로 며느리의 명분을 얻지 못했다는 뜻이다.

【按】 이에 대해서는 설이 분분하여 정론이 없다. 가공언은 이것을 시아버지가 살아 있고 시어머니가 없거나, 시아버지가 돌아가시고 시어머니가 60세 이상이 되어 집안일을 適婦에게 전해주어야 할 경우에 근거하여 말한 것으로 보았다.[229] 沈彤 역시 가공언의 설을 따랐다.[230] 敖繼公은 시부모의 생존 여부에 상관없이 모두 이렇게 한다고 보았다.[231] 盛世佐는 이에 대해 이때의 며느리는 반드시 適婦만을 말한 것이 아니며, 또한 며느리가 主婦로서 남편을 도와 제사를 지낼 수 있는 경우는 시부모가 모두 돌아가셨거나 늙어서 집안일을 전해준 경우라고 하여 가공언의 소를 오류로 보고, 오계공의 설을 미비한 것으로 보았다.[232]

228) 《儀禮集說》 卷2 : "言婦人相饗無降. 明男女相饗, 則有降者, 如上記所謂'舅降'是也."

229) 賈公彦疏 : "此據舅在無姑, 或舅沒姑老者. 若舅在無姑, 三月不須廟見, 則助祭. 案《內則》云'舅沒 則姑老'者, 謂姑六十亦傳家事, 任長婦…… 此亦謂適婦, 其庶婦無此事."

230) 《儀禮小疏》 卷3 : "此見適婦之入未三月, 雖遇時祭, 不往助也. 舅姑並歿, 三月而奠菜, 經已言之, 則此自指舅姑之偏歿者. 若舅姑並存, 而助祭于祖, 其必以三月亦明矣."

231) 《儀禮集說》 卷2 : "凡舅姑之存若沒, 其禮皆然."

232) 《儀禮集編》 卷4 : "《特牲》、《少牢禮》 婦人助祭者, 內賓、宗婦皆與此, 不專指適婦. 若謂助夫祭爲主婦, 必舅姑旣沒, 或老而傳者, 乃得謂之, 舅在無姑, 婦仍不得爲主婦也, 疏誤矣. 敖氏知此禮, 該舅姑之存沒, 而不兼庶婦, 言亦未爲備."

26. 庶婦가 시부모를 알현하는 예

> 庶婦則使人醮之①。婦不饋②。
>
> 庶婦에게는 다른 사람을 시켜 시부모를 대신하여 醮禮를 베풀어준다. 서부는 시부모에게 饋食禮를 행하지 않는다.

① 庶婦則使人醮之

'庶婦'는 庶子가 장가든 신부이다. '醮'는 醮禮를 베풀어주는 것을 이른다. 〈사관례〉 19 주① 참조.

【按】 주소에 따르면 庶婦에게는 다른 사람을 시켜 醮禮를 베풀어준다는 것은, 饗婦禮를 베풀어주지 않는다는 말이며, 또한 淸酒를 사용하고 醴酒를 사용하지 않는다는 말이다. 그러나 초례를 베풀어주는 의식은 適婦에게 향부례를 베풀어줄 때와 동일하여, 적부의 경우 客位에서 동향하여 拜受禮를 행하면 贊者가 북향하여 拜送禮를 행하는데, 서부는 비록 방 밖 서쪽에서 초례를 행하지만 적부와 마찬가지로 동향하여 배수례를 행하고 醮者 역시 북향하여 배송례를 행한다.[233]

② 婦不饋

시부모에게 饋食禮를 행하지 않는 것을 이른다. 張爾岐가 말하기를 "며느리가 시부모에게 궤식례를 행하지 않으면 시부모 역시 庶婦에게 饗禮를 베풀지 않는다.〔婦不饋, 則舅姑亦不饗也.〕"라고 하였다.

27. 納采 때 오가는 말

> 昏辭曰①: "吾子有惠, 貺室某也②。某有先人之禮③, 使某也④, 請納采。"
> 對曰⑤: "某之子惷(준)愚⑥, 又弗能教。吾子命之⑦, 某不敢辭。"
> 致命曰⑧: "敢納采。"

233) 鄭玄注 : "適婦酌之以醴, 尊之; 庶婦酌之以酒, 卑之. 其儀則同."
賈公彦疏 : "云其儀則同者, 適婦用醴於客位, 東面拜受, 醴贊者北面拜送. 今庶婦雖於房外之西, 亦東面拜受, 醮者亦北面拜送, 故云其儀則同也."

〈신부의 집 禰廟 밖〉

신랑의 使者는 구혼의 뜻을 다음과 같이 전한다.

"당신(신부의 아버지)께서 은혜롭게도 某(신랑의 이름)에게 따님을 처로 주신다고 하셨습니다. 某(신랑의 아버지)는 先人의 예가 있어 某(사자의 이름)를 보내어 납채를 청합니다."

신부의 아버지가 擯者(여자 집 주인의 명을 전하는 사람)를 통해 다음과 같이 대답한다.

"某(신부 아버지의 이름)의 여식이 사리에 어둡고 어리석으며 또 잘 가르치지도 못했습니다. 그러나 당신(사자)께서 납채를 청하시니 某는 감히 사양하지 못하겠습니다."

〈신부의 집 禰廟 안 당 위〉

使者가 동향하여 신랑 아버지의 명을 전한다.

"감히 채택의 예를 바칩니다."

① 昏辭

使者가 納采하러 왔을 때 여자 집 주인에게 남자 집 주인의 말을 전하는 것이다.

② 吾子有惠, 貺室某

'吾子'는 여자의 아버지이니, 즉 여자 집의 주인이다. '貺'은 음이 '황'이니, '준다〔賜〕'는 뜻이다. '室'은 妻이다. '某'는 신랑의 이름이다.

③ 某

신랑 아버지의 이름이다.

④ 某

使者의 이름이다.

⑤ 對曰

이것은 여자의 아버지가 대답하는 말이다.

⑥ 某之子惷愚

'某'는 여자 아버지의 이름이다. '子'는 즉 딸이다. '惷'은 '蠢(준)'의 이체자이다.

⑦ 吾子命之

'吾子'는 使者를 가리킨다. '命之'는 사자가 納采를 청하는 것을 가리킨다.

⑧ 致命

使者가 廟門을 들어가 당에 오른 뒤에 여자 집 주인에게 남자 집 주인의 납채의 말을 전하는 것이다. 살펴보면 이보다 앞서 사자가 여자 집 주인과 나눈 대화는 사실은 모두 여자 집 擯者(주인의 명을 전하는 가신)가 중간에서 말을 전한 것이니, 사자가 아직 廟에 들어가지 않았다가 이때가 되어서야 사자가 묘문을 들어가 당에 올라 納采를 행하는 것이다.

28. 問名 때 오가는 말

> 問名曰: "某既受命①, 將加諸卜, 敢請女爲誰氏②?"
> 對曰: "吾子有命③, 且以備數而擇之④, 某不敢辭⑤。"
>
> 〈신부의 집 禰廟 밖〉
>
> 신랑 집 使者가 여자의 성씨를 묻는다.
>
> "某(신랑 아버지의 이름)가 이미 納采의 명을 받았으니 돌아가 점을 치려고 합니다. 감히 여자가 어떤 성씨인지 여쭙겠습니다."
>
> 신부의 아버지가 擯者(여자 집 주인의 명을 전하는 사람)를 통해 다음과 같이 대답한다.
>
> "당신(사자)께서 問名의 명을 하시고 또 수를 채워 선택해 주셨으니 某(신부 아버지의 이름)는 감히 사양하지 못하겠습니다."

① 某既受命

'某'는 남자의 아버지 이름이다. '受命'은 남자 아버지의 겸사이다. 일반적으로 남자 집에서 예를 행하면 여자 집에서 받아들이는데, 남자 집 주인이 여자 집 주인에게 공경을 표하기 위하여 스스로 겸손하게 '명을 받았다[受命]'고 한 것이다. 다음에 나오는 '貺命'·'嘉命'·'賜命' 등의 뜻은 모두 이와 같다. 여기에서는 구체적으로 이전의 납채례가 여자 집 주인에게 받아들여졌다는 것을 가리킨다.

【按】'某'를 정현의 주에서는 使者의 이름으로 보았으며,[234] 다수설도 정현의 주를 따르

234) 鄭玄注 : "某, 使者名也."

고 있다. 그러나 호배휘는 정현의 주를 오류로 보았다. 이것은 納吉 때의 '某加諸卜'(〈사혼례〉 30), 請期 때의 '某既申受命矣'(〈사혼례〉 32)의 '某'와 같이 신랑의 아버지 이름을 가리킨다는 것이다. 호배휘에 따르면 비록 사자가 이때에는 아직 신랑의 집으로 돌아가 복명하지는 않았지만 納采와 問名은 모두 신랑 아버지의 명을 받아와서 동일한 날 행하는 것이니, 사자가 이미 신부 아버지의 명을 받았다면 신랑 아버지가 명을 받은 것과 다름없으며 '將加諸卜'은 사자가 점친다고 할 수 없다. 이와 마찬가지로 納徵 때의 '某敢納徵'(〈사혼례〉 31) 역시 신랑 아버지의 명을 전하는 것이기 때문에 '某'는 신랑 아버지의 이름을 가리킨다.[235]

② 誰氏

이것은 여자의 성씨를 묻는 일종의 겸손하고 완곡한 말이다. 즉 정현의 주에 이른바 "誰氏라는 것은 겸사이니 반드시 주인의 딸일 필요가 없다.〔誰氏者, 謙也, 不必其主人之女.〕"라는 것이다. 감히 반드시 지체 높은 이 주인의 딸만을 맞아가려고 하지 못한다는 뜻이다.

③ 吾子有命

'吾子'는 使者를 가리킨다. '有命'은 問名을 이른다.

④ 且以備數而擇之

이것은 여자 아버지의 겸사이니, 자기 딸이 숫자를 갖추어 상대방이 선택하도록 제공한 것에 불과할 뿐이라는 뜻이다.

⑤ 某

여자 아버지의 이름이다.

29. 問名 후 使者에게 醴禮에 참석해줄 것을 청하는 말

> 醴①, 曰: "子爲事故②, 至于某之室③。某有先人之禮, 請醴從者④。"
> 對曰: "某既得將事矣⑤, 敢辭。"
> "先人之禮, 敢固以請。"
> "某辭不得命, 敢不從也⑥?"

235) 《儀禮正義》 卷3 : "注以某爲使者名, 亦非也. 此與'某加諸卜'、'某既申受命矣'兩處, 語意相似, 某字皆當指壻父名. 時雖未反命, 而使者已受命, 卽如壻父親受命矣, '將加諸卜', 不可謂使者卜也. 一使兼行二禮, 皆出自壻父之命, 故辭必稟之. '某敢納徵'之某, 亦當指壻父名, 以此是致壻父之命也."

〈신부의 집 禰廟 밖〉

신부의 아버지가 신랑의 使者를 위해 醴禮를 베풀고자 하여 擯者(여자 집 주인의 명을 전하는 사람)를 통해 다음과 같이 말한다.

"당신이 某(신부 아버지의 이름)의 딸 혼사 때문에 某의 室(禰廟)에 오셨습니다. 某는 先人의 예가 있어 당신의 從者에게 醴禮를 베풀어 드리기를 청합니다."

신랑의 사자가 대답한다.

"某(사자의 이름)는 이미 할 일을 마쳤기에 감히 사양합니다."

신부의 아버지가 擯者를 통해 다시 말한다.

"이것은 선인의 예이니 감히 굳이 청합니다."

신랑의 사자가 대답한다.

"某(사자의 이름)가 사양해도 허락을 받지 못했으니 감히 따르지 않겠습니까."

① 醴

여자 집 주인이 使者에게 醴禮를 받아주기를 청하는 것을 이른다. 〈사혼례〉 3 참조.

② 事

혼사를 이른다.

③ 某之室

'某'는 여자 아버지의 이름이다. '室'은 즉 宮이니, 또한 禰廟(녜묘. 아버지 사당)이다. 《爾雅》〈釋宮〉에 "宮은 室이라 하고, 室은 宮이라 한다.〔宮謂之室, 室謂之宮.〕"라고 하였다. 郝懿行의 《爾雅義疏》에 "옛날에는 宗廟 역시 宮室이라고 칭하였다.〔古者宗廟, 亦稱宮室.〕"라고 하였다.

④ 從者

본래는 使者의 隨從者를 지칭하나 여기에서는 바로 사자를 가리킨다. 주인이 겸사로 감히 직접 사자를 지칭하지 못하기 때문에 사자의 從者를 빌려 칭한 것이다. 정현의 주에 이르기를 "從者라고 말한 것은 겸양하여 감히 곧바로 사자를 가리키지 못한 것이다.〔言從者, 謙不敢斥也.〕"라고 하였다.

⑤ 某既得將事

'某'는 使者의 이름이다. '將'은 정현의 주에 "행한다는 뜻이다.〔行.〕"라고 하였다. '旣得將事'는 이미 할 일을 다 했다는 뜻이다.

⑥ 某辭不得命, 敢不從

'某'는 使者의 이름이다. '命'은 허락하는 명이니, 즉 윤허이다.

30. 納吉 때 오가는 말

納吉曰: "吾子有貺命①, 某加諸卜②, 占曰吉, 使某也敢告③。" 對曰: "某子之不敎④, 唯恐弗堪⑤。子有吉⑥, 我與在⑦, 某不敢辭。"

〈신부의 집 禰廟 밖〉

신랑의 使者가 納吉을 행할 때 다음과 같이 말한다.

"당신(신부의 아버지)께서 問名에 대한 답을 말씀해주셨기에 某(신랑 아버지의 이름)가 점을 쳤는데 점괘가 '길하다'고 나왔습니다. 이에 某(사자의 이름)를 보내 감히 고합니다."

신부의 아버지가 擯者(여자 집 주인의 명을 전하는 사람)를 통해 다음과 같이 대답한다.

"某(신부 아버지의 이름)가 딸을 잘 가르치지 못해 오직 신의 선택을 감당하지 못할까 두려웠습니다. 그러나 아드님이 길함이 있어서 우리 딸이 그 길함에 참여하게 되었으니 某가 감히 사양하지 못하겠습니다."

① 吾子有貺命

'吾子'는 여자의 아버지를 가리킨다. '貺命'은 겸사이니, 이전에 問名할 때 여자의 아버지가 여자의 성씨를 고해준 것을 가리킨다.

② 某

남자 아버지의 이름이다.

③ 某

使者의 이름이다.

④ 某

여자 아버지의 이름이다.

⑤ 弗堪

점친 결과, 즉 신의 선택을 감당하지 못한다는 말이다.

⑥ 子

【按】 가공언의 소에 따르면 신랑을 가리킨다.[236] 양천우는 '使者'를 가리킨다고 하였으나 가공언을 비롯한 통설에 따르면 오류이다.

⑦ 與

'참여하다', '그 안에 있다'는 뜻이다.

31. 納徵 때 오가는 말

納徵曰: "吾子有嘉命①, 貺室某也②。某有先人之禮③, 儷皮、束帛, 使某也④, 請納徵。"
致命曰: "某敢納徵⑤。"
對曰⑥: "吾子順先典⑦, 貺某重禮⑧, 某不敢辭, 敢不承命?"

〈신부의 집 禰廟 밖〉

신랑의 使者가 納徵을 행할 때 다음과 같이 말한다.

"당신(신부의 아버지)께서 아름다운 명을 주시어 某(신랑의 이름)에게 따님을 처로 주셨습니다. 某(신랑 아버지의 이름)는 先人의 예가 있어 儷皮束帛(려피속백. 2장의 사슴 가죽과 5필의 비단)으로 某(사자의 이름)를 시켜 감히 납징을 청합니다."

〈신부의 집 禰廟 안 당 위〉

사자가 명을 전한다.

"某(신랑 아버지의 이름)가 감히 성혼의 예물을 바칩니다."

〈신부의 집 禰廟 밖〉

236) 賈公彦疏 : "云'我與在', 以其夫婦一體, 夫旣得吉, 婦吉可知, 故云我兼在, 占吉中也."

신부의 아버지가 擯者(여자 집 주인의 명을 전하는 사람)를 통해 다음과 같이 대답한다.
"당신께서 先人의 법도에 따라 某(신부 아버지의 이름)에게 중한 예를 베풀어주시니 某가 감히 사양하지 못하겠습니다. 감히 명을 받들지 않겠습니까."

① 吾子

여자의 아버지를 가리킨다.

② 某

신랑의 이름이다.

③ 某

남자 아버지의 이름이다.

④ 某

使者의 이름이다.

⑤ 某

남자 아버지의 이름이다.

⑥ 對曰

살펴보면 여기의 '對曰……'은 앞의 '致命曰……'과 뒤바뀐 듯하니 昏辭의 例에 근거하여 바로잡아야 한다.(〈사혼례〉 27) 盛世佐는 "致命의 말은 '敢不承命'의 뒤에 있어야 한다. '對曰吾子順先典……'은 '致命曰某敢納徵'의 앞에 있어야 한다.〔致命之辭宜在'敢不承命'之後. '對曰吾子順先典'云云, 當在'致命曰某敢納徵'之上.〕"라고 하였다.

【按】 가공언의 소에서는 이것을 묘문 안 당 위에서 주인이 대답하는 말로 보았다.[237] 그러나 성세좌 뿐만 아니라 **敖繼公**[238]을 비롯하여 **蔡德晋** 등 다수설은 **錯簡**으로 보아 '**對曰**……'을 '**致命曰**……' 앞으로 보내야 하며 **擯者**를 통한 신부 아버지의 대답으로 보고 있다. 여기에서도 이를 따르기로 한다.

⑦ 吾子順先典

'吾子'는 남자의 아버지를 가리킨다. '順'은 '따르다〔循〕'는 뜻이다. '典'은 법이니, 즉 예법제도이다.

⑧ 某

여자 아버지의 이름이다. 다음에 나오는 '某'도 이와 같다.

237) 賈公彦疏 : "云'對曰'者, 是堂上主人對辭也."

238) 《儀禮集說》 卷2 : "此亦擯者傳主人辭也."

32. 請期 때 오가는 말

請期曰: "吾子有賜命①, 某旣申受命矣②。惟是三族之不虞③, 使某也④, 請吉日。"
對曰: "某旣前受命矣⑤, 唯命是聽。"
曰: "某命某聽命于吾子⑥。"
對曰: "某固唯命是聽⑦。"
使者曰: "某使某受命, 吾子不許, 某敢不告期⑧? 曰某日⑨。"
對曰: "某敢不敬須⑩?"

〈신부의 집 禰廟 밖〉

신랑의 使者가 請期를 행할 때 다음과 같이 말한다.

"당신께서 納徵을 허락하는 명을 내려주셔서 某(신랑 아버지의 이름)가 이미 거듭 명을 받았습니다. 三族 중에 예상치 못한 喪事가 없기에 某(使者의 이름)를 보내 길일을 청합니다."

신부의 아버지가 擯者(여자 집 주인의 명을 전하는 사람)를 통해 다음과 같이 대답한다.

"某(신부 아버지의 이름)가 이미 이전에 명을 받았으니 오직 당신의 명을 따르겠습니다."

신랑의 사자가 말한다.

"某(신랑 아버지의 이름)가 某(使者의 이름)에게 명하여 당신에게서 명을 받으라고 하였습니다."

신부의 아버지가 擯者를 통해 대답한다.

"某(신부 아버지의 이름)는 참으로 오직 명하신 대로 따르겠습니다."

사자가 말한다.

"某(신랑 아버지의 이름)가 某(使者의 이름)를 보내 명을 받으라고 하였는데 당신께서 허락하지 않으시니 某가 감히 길일을 고하지 않겠습니까. 날짜는 某日입니다."

신부의 아버지가 擯者를 통해 대답한다.

"某(신부 아버지의 이름)가 감히 길일을 공경히 기다리지 않겠습니까."

① 吾子有賜命

'吾子'는 여자의 아버지를 가리킨다. '賜命'은 겸사이니, 이전의 納徵이 여자의 아버지에게 받아들여진 것을 가리킨다. 이것은 두 집안의 혼례가 성립되었다는 표시이니, 여자의 아버지가 이미 딸을 마지막으로 허락한다는 것을 설명한 것이다.

② 某旣申受命

'某'는 신랑 아버지의 이름을 가리킨다. '申'은 가공언의 소에 "거듭한다는 뜻이다. 이전에 納采가 끝난 뒤로 매번 주인의 명을 신부 아버지가 거듭 받은 것을 이른다.〔重也. 謂前納采已後, 每度重受主人之命也.〕"라고 하였다.

③ 惟是三族之不虞

'惟'는 '생각한다'는 뜻이다. '三族'은 정현의 주에 따르면 "아버지 형제, 자기 형제, 아들의 형제를 이른다.〔謂父昆弟, 己昆弟, 子昆弟.〕" '虞'는 '추측하다', '예상하다'라는 뜻이다. '不虞'는 예상하기 어려운 일이 발생할 가능성이 있음을 이르니, 여기에서는 특히 三族의 사람들 중에 喪이 나는 것을 가리킨다. 吳廷華는 "죽고 사는 것은 예측할 수가 없으니 갑자기 사망하는 일이 생기면 혼례를 치르지 못할 수도 있기 때문에 지금과 같이 길한 때에 치르고자 한다는 말이다.〔言死生不可料, 恐猝有死亡. 將不得取(娶). 故及今吉時行之.〕"라고 하였다.

【按】《예기》〈雜記〉에 "9개월의 大功喪 말에는 아들의 관례를 행할 수 있고 딸을 시집보낼 수 있다.[大功之末, 可以冠子、嫁子.]"라고 하였다.

④ 某

使者의 이름이다.

⑤ 某旣前受命

'某'는 여자 아버지의 이름이다. '前受命'은 納采 이후로 모두 남자 집의 명을 따라 일을 행한 것을 이른다.

⑥ 某命某聽命于吾子

첫 번째 '某'는 남자 집의 주인 이름이다. 두 번째 '某'는 使者의 이름이다. '吾子'는 여자의 아버지를 가리킨다.

⑦ 某

여자 아버지의 이름이다.

⑧ 某

使者의 이름이다.

⑨ 某

날짜의 干支를 대신 기록한 것이다. 가공언의 소에 따르면 "갑자·을축·병인·정묘 등으로 말하는 것과 같다.〔若云甲子、乙丑、丙寅、丁卯之類.〕"

⑩ 須

'기다린다'는 뜻이다.

33. 신랑의 使者가 돌아가 복명하는 말

> 凡使者歸①, 反命曰: "某旣得將事矣, 敢以禮告②。"
> 主人曰: "聞命矣③。"
>
> 일반적으로 使者는 돌아가 다음과 같이 복명한다.
> "某가 이미 할 일을 마쳤기에 감히 받은 예물(脯)을 들고 고합니다."
> 주인이 말한다.
> "알았다."

① 凡使者

주인에게 부림을 받는 것을 범범히 가리키며 혼례의 使者만을 가리키는 것은 아니다. 張爾岐는 "凡이라고 한 것은 五禮의 使者가 모두 그렇다는 것이다.〔云凡, 五禮使者皆然.〕"라고 하였다.

② 敢以禮告

정현의 주에 "예를 고하는 것은 들고 있는 포를 말한다.〔告禮, 所執脯.〕"라고 하였다. 살펴보면 〈사혼례〉 19에서 "빈이 오른손으로 포를 취하고 왼손으로 받쳐 든다. 이어 신랑의 집으로 돌아가서 이 포를 들고 주인에게 복명한다.〔賓右取脯, 左奉之. 乃歸, 執以反命.〕"라고 하였으니, 이것이 바로 '받은 예물을 들고 고한다〔以禮告〕'는 사례이다. 들고 있는 포로써 자기가 예우를 받아서 使命를 욕되게 하지 않았다는 것을 설명하는 것을 의미한다.

③ 聞命

겸사이니, 使者가 아뢴 것을 자기에 대한 명으로 삼는 것이다.

34. 아버지가 아들에게 醮禮를 베풀어줄 때 하는 말

父醮子①, 命之曰: "往迎爾相②, 承我宗事③。勖帥(솔)以敬④, 先妣之嗣⑤。若則有常⑥。"
子曰: "諾。唯恐弗堪, 不敢忘命。"

〈신랑의 집 寢 안〉

아버지가 친영을 앞둔 아들에게 초례를 베풀어주면서 다음과 같이 명한다.

"가서 너를 도울 사람을 맞이하여 우리 종묘의 제사를 계승하도록 하라. 힘써 공경함으로써 인도하여 先妣의 덕행을 잇게 하라. 너는 행동에 일정함이 있게 하라."

아들이 대답한다.

"예, 그렇게 하겠습니다. 다만 감당하지 못할까 두려울 뿐, 감히 명을 잊지 않겠습니다."

① 父醮子

'子'는 신랑을 가리킨다. '父醮子'는 신랑이 신부 집으로 가서 친영하기 전에 아버지가 아들을 위해 초례를 베풀어주는 것을 이른다. 초례는 아버지가 술을 따라 아들에게 주면 아들이 술을 祭(고수레)하고 술을 맛보면 예가 이루어진다.(〈사관례〉 19 주①) 가공언의 소에 따르면 아버지가 아들에게 초례를 베풀 때에는 寢에서 한다.

【按】 정현의 주에 이르기를 이때의 초례가 관례의 초례와 동일하며 장소만 寢과 廟의 차이가 있을 뿐이라고 하였으니,[239] 그렇다면 침의 당 위 室戶 서쪽에서 예를 행하는 것이다. 가공언의 소에 따르면 신부의 아버지가 딸에게 醮禮를 베풀어줄 때 醴酒를 쓰고 禰廟에서 행하는 것과 달리, 신랑의 아버지가 아들에게 초례를 베풀어줄 때에는 淸酒를

239) 鄭玄注 : "醮之禮如冠醮! 與其異者, 於寢爾."

쓰고 寢에서 행한다. 이렇게 달리하는 이유는, 신부의 아버지는 선조의 遺體인 딸을 남에게 허락하여 다른 族人에게 보내는 것이기 때문에 예를 중히 하는 것이지만, 신랑의 아버지는 단지 아들이 신부를 집으로 데려오는 것뿐이어서 되돌아오지 않는 경우가 없기 때문에 예를 가볍게 행하는 것이다.[240] 敖繼公에 따르면 이때에도 신랑의 어머니가 올리는 포와 젓갈이 있다.[241]

② 相

신부를 이른다. 신부는 아들을 돕는 사람이기 때문에 '相'이라고 이름 지은 것이다.

③ 宗事

정현의 주에 따르면 "宗事는 종묘의 일이다.〔宗事, 宗廟之事.〕" 즉 종묘 제사의 일이다.

④ 勖帥

'勖'은 '힘쓴다'는 뜻이다. '帥'은 '인도한다'는 뜻이다.

⑤ 先妣之嗣

'先妣'는, 吳廷華에 따르면 여기에서는 이미 작고한 어머니나 할머니를 가리킨다.[242] '之'는 '是'와 같다. '嗣'는 '계승한다'는 뜻이다.

⑥ 若則有常

'若'은 '너〔汝〕'이다. '有常'은 吳廷華에 따르면 "힘써 인도하는데 일정함이 있어야 한다는 말이다.〔言勖帥有常.〕"

35. 신랑이 親迎 가서 하는 말

賓至①, 擯者請②, 對曰③: "吾子命某以玆初昏④, 使某將, 請承命⑤。"
對曰⑥: "某固敬具以須⑦。"

〈신부의 집 대문 밖〉

賓(신랑)이 친영하기 위해 신부의 집 대문 밖에 도착하면 擯者(여자 집 주인의 명을 전하는 사람)가 대문을 나가 무슨 일로 오셨는지 청한다.

240) 賈公彦疏 : "女父禮女, 用醴, 又在廟. 父醮子, 用酒, 又在寢. 不同者, 父禮女子, 以先祖遺體許人, 以適他族, 婦人外成, 故重之而用醴, 復在廟告先祖也. 男子直取婦入室, 無不反之, 故輕之而用酒在寢."

241) 《儀禮集說》 卷2 : "亦母薦焉."

242) 《儀禮章句》 卷2 : "先妣, 以歿者言, 或父之母及壻母也."

빈이 다음과 같이 대답한다.

"당신(신부의 아버지)께서 某(신랑 아버지의 이름)에게 명하시어 오늘 초저녁에 某(신랑의 이름)로 하여금 친영을 행하게 하셨기에 명을 받들기를 청합니다."

주인이 擯者를 통해 다음과 같이 대답한다.

"某(신부 아버지의 이름)는 참으로 공경히 갖추고서 기다리고 있습니다."

① 賓至

'賓'은 신랑을 가리킨다. '至'는 친영을 위해 신부의 집 대문 밖에 도착한 것이다.

② 請

賓에게 무슨 일로 왔는지 묻는 것이다. 비록 알고 있어도 묻는 것은, 예는 신중함을 중하게 여기기 때문이다. 〈사혼례〉 1 주⑧ 참조.

③ 對曰

살펴보면 이 이하는 擯者가 廟門을 들어가 주인에게 신랑의 말을 전한 것이다. 그러므로 다음 경문에 주인을 칭하여 '吾子'라고 한 것이다. 만일 賓이 직접 擯者에게 대답한 말이라면 다음 경문에 "吾子命某……"라고 해서는 안 된다.

④ 吾子命某

'吾子'는 신부의 아버지를 가리킨다. '某'는 신랑 아버지의 이름이다.

⑤ 使某將, 請承命

'某'는 신랑의 이름이다. '將'은 '간다〔行〕'는 뜻이다. '承'은 '받든다〔奉〕'는 뜻이다. 정현의 주에 "某로 하여금 혼례를 치르기 위해 와서 신부를 맞이해가도록 한 것이다.〔使某行昏禮來迎.〕"라고 하였다. 吳廷華는 "직접 맞이하러 온 것인데도 '명을 받든다'고 한 것은 말을 하는 방법이다.〔親迎而曰承命, 立言之法也.〕"라고 하였다. '말을 하는 방법'이란 하는 말이 겸손하고 공경히 하는 법에 합당함을 이른다.

⑥ 對曰

살펴보면 이 이하는 擯者가 다시 나와서 신랑을 인도하여 안으로 들어가려고 할 때 신랑에게 신부 아버지의 말을 전한 것이다.

⑦ 某

신부 아버지의 이름이다.

36. 부모가 시집가는 딸을 전송할 때 하는 말

父送女, 命之曰①: "戒之敬之②, 夙夜毋違命③。"
母施衿(금)結帨曰④: "勉之敬之, 夙夜無違宮事⑤。"
庶母及門內施鞶(반)⑥, 申之以父母之命, 命之曰: "敬恭聽, 宗爾父母之言⑦, 夙夜無愆⑧, 視諸衿鞶⑨。"

아버지가 딸을 전송하면서 다음과 같이 명한다.
"경계하고 공경하여 이른 아침부터 저녁 늦게까지 시아버지께서 명하신 것을 어기지 말라."
어머니가 딸에게 衿(금. 衣小帶)을 매주고 손수건을 채워주면서 다음과 같이 명한다.
"부지런하고 공경하여 이른 아침부터 저녁 늦게까지 시어머니께서 명하시는 집안일을 어긋남이 없게 하라."
庶母가 廟門 안 바로 앞까지 나와 鞶(반. 생사로 짠 주머니)을 매주고 부모의 명을 거듭 일러서 다음과 같이 명한다.
"네 부모님의 말씀을 공경히 따르고 높이 받들어 이른 아침부터 저녁 늦게까지 허물이 없도록 해야 할 것이니, 衿과 鞶으로 그 경계하는 뜻을 보여주신 것이다."

① 父送女, 命之

즉 〈사혼례〉 21의 "아버지가 당 위 동쪽 계단 윗쪽에서 서향하고 딸에게 당부하는 말을 한다.〔父西面戒之.〕"라는 것이다.

② 戒

'삼가하다〔愼〕'라는 뜻이다.

③ 夙夜毋違命

'夙夜'는 이른 아침부터 늦은 저녁까지이니, 시시각각이라고 말하는 것과 같다.

【按】 '命'을 양천우는 '시부모의 가르침'으로 보았으나, 가공언의 소에 따르면 '시아버지의 명'만을 가리킨다. 정현의 주에 "命은 시부모의 가르침이다.〔命, 舅姑之教命.〕"라고 하였으나, 阮元은 '姑'를 衍文으로 보았으며, 가공언 역시 傳寫하면서 잘못된 글자로 보았다.[243]

④ 毋施衿結帨

즉 〈사혼례〉 21의 "어머니가 당 위 서쪽 계단 윗쪽에서 동향하고 딸에게 당부하는 말을 한다.〔母戒諸西階上.〕"라고 할 때의 당부하는 말이다. '衿'은 음이 '금'이니, 張爾岐는 '의소대(衣小帶)'라고 하였는데,[244] 衣小帶가 무슨 물건인지 자세하지 않다. '帨'는 음이 '세'이니, 차는 수건이다. 盛世佐는 "띠를 몸에 매주고 손수건을 띠에 채워 주어 이것으로 표지를 삼는 것이다.〔施帶於身而結巾於帶, 以爲識也.〕"라고 하였다.

⑤ 宮事

즉 室事이니, 오늘날 이른바 '집안일'이라는 것과 같다.

⑥ 庶母及門內施鞶

'庶母'는 정현의 주에 따르면 "아버지의 첩이다.〔父之妾也.〕" '門內'는 廟門의 안이다. '鞶'은 음이 '반'이다. 정현의 주에 "鞶은 주머니이다. 남자의 주머니는 가죽으로 만들고 여자의 주머니는 생사로 짜서 만든다. 손수건 등을 담기 위한 것으로, 삼가함과 공경함을 위해서이다.〔鞶, 囊也. 男鞶革, 女鞶絲, 所以盛帨巾之屬, 爲謹敬.〕"라고 하였다.

【按】 '鞶'은 가공언의 소에 따르면 손수건을 담는 것으로, 시부모를 섬기기 위해 필요한 것이기 때문에 '謹敬'이라고 한 것이다.[245]

⑦ 宗

정현의 주에 따르면 "높인다는 뜻이다.〔尊也.〕" 여기에서는 '따르고 받든다'는 뜻이다.

⑧ 愆

음은 '건'이니, '허물〔過〕'이라는 뜻이다.

⑨ 視諸衿鞶

'視'는 '보여 준다〔示〕'는 뜻이다. '諸'는 '之'이니, 부모의 명을 대신한 것이

243) 賈公彦疏："父戒之, 使無違舅命；母戒之, 使無違姑命, 故父云'命', 母云'戒'也. 然若此注有云'命舅 姑之教命', 有'姑'字者, 傳寫誤也."

244) 《儀禮鄭註句讀》卷2："衿, 衣小帶. 一云衣領."

245) 賈公彦疏："鞶以盛帨巾之屬. 此物所以供事舅姑, 故云謹敬也."

다. '視諸衿鞶'은 정현의 주에 따르면 "衿과 鞶으로 보여 주신 것이다.[示之以衿鞶.]"

【按】 정현의 주에 따르면 이것은 모두 경계의 말을 이 물건들에 가탁하여 기억하도록 한 것이다.[246]

37. 신부의 姆가 신랑의 綏를 사양하는 말

壻授綏(수), 姆辭曰①: "未教, 不足與爲禮也②。"

신랑이 綏(수. 수레의 손잡이 끈)를 신부에게 건네주면 姆(모. 여스승)가 다음과 같이 사양한다.
"아직 가르치지 못하여 함께 예를 행하기에 부족합니다."

① 壻授綏, 姆辭

〈사혼례〉 8 주⑳㉑ 참조.

② 足

~할 가치가 있다는 뜻이다.

38. 신랑의 使者에게 명을 내리는 사람

宗子無父①, 母命之②。親皆沒, 己躬命之③。支子則稱其宗④。弟稱其兄⑤。

宗子(적장자)에게 아버지가 안 계실 경우에는 어머니가 使者에게 명한다.
양친이 모두 돌아가셨을 경우에는 종자 자신이 직접 使者에게 명한다.
支子일 경우에는 종자의 명의를 빌려 사자에게 명한다.
아우는 종자인 형의 명의를 빌려 사자에게 명한다.

246) 鄭玄注 : "示之以衿鞶, 皆託戒使識之也."

① 宗子無父

적장자를 이른다.[247]

【按】 정현의 주에 따르면 '宗子無父'라고 말한 것은 宗子일지라도 아버지가 있는 경우가 있다는 말이다. 禮에 따르면 70세가 되면 집안일을 자식에게 물려주고 80세가 되면 재계나 喪事를 주관하지 않기 때문에 아들이 아버지를 대신하여 宗子가 되며, 이런 경우에는 종자가 아내를 맞이할 경우 아버지가 명한다.[248] 〈사관례〉 1 주① 참조. '적장자'라는 것은 가공언의 소에 따르면 大宗과 小宗 모두 嫡妻 소생 長子를 가리킨다.[249]

② 命之

使者에게 명하는 것을 이르니, 즉 중매인을 보내는 것이다.

③ 躬

'몸소〔親〕'라는 뜻이다.

④ 支子則稱其宗

'支子'는 宗子의 庶兄弟이다. '稱其宗'은 지자 역시 스스로 使者에게 명하지만 종자에 대한 존중을 표시하기 위하여 종자의 명의를 빌려야 한다는 말이다. 즉 사자가 여자 집에 가면 응당 종자의 대리인의 신분으로 말해야 한다는 것이다. 정현의 주에 "지자가 종자의 이름을 빌려 사자에게 명하는 것이다.〔支子稱其宗子命使者.〕"라고 하였다.

⑤ 弟稱其兄

'弟'는 宗子의 同母弟를 이른다. '兄'은 적장자 형이니, 또한 宗子이기도 하다.

39. 親迎하지 않았을 경우 신랑이 신부의 부모를 알현하는 예

若不親迎①, 則婦入三月, 然後壻見(현)②, 曰③: "某以得爲外昏姻④, 請覿(적)⑤。"
主人對曰⑥: "某以得爲外昏姻之數⑦, 某之子未得濯漑於祭祀⑧, 是以未敢見⑨。今吾子辱, 請吾子之就宮⑩, 某將走見⑪。"
對曰: "某以非他故⑫, 不足以辱命⑬, 請終賜見。"

247) 鄭玄注 : "宗子者, 嫡長子也."

248) 鄭玄注 : "言宗子無父, 是有有父者. 禮, 七十老而傳, 八十齊喪之事不及. 若是者, 子代其父爲宗子, 其取也, 父命之."

249) 賈公彦疏 : "宗子者…… 大宗、小宗皆是適妻所生長子也."

對曰："某得以爲昏姻之故⑭，不敢固辭⑮，敢不從?"
主人出門左⑯，西面。壻入門⑰，東面，奠摯⑱，再拜，出。
擯者以摯出⑲，請受。壻禮辭，許，受摯，入⑳。主人再拜受。壻再拜送，出。
見主婦㉑。主婦闔扉，立于其内㉒。壻立于門外，東面。主婦一拜。壻答再拜。主婦又拜。
壻出㉓，主人請醴㉔。及揖讓入㉕。醴以一獻之禮。主婦薦。奠酬。無幣㉖。
壻出，主人送，再拜。

〈신부의 집 대문 밖〉

친영을 하지 못했을 경우에는 신부가 시집에 들어와 석 달이 된 뒤에 사위가 신부의 부모를 알현하러 가서 다음과 같이 말한다.

"某(사위의 이름)가 外昏姻이 되었기에 뵙기를 청합니다."

주인(신부의 아버지)이 擯者(주인의 명을 전하는 사람)를 통해 다음과 같이 대답한다.

"某(신부 아버지의 이름)가 外昏姻의 수를 채우게 되었으나, 某의 딸이 아직 제사 때 제기를 씻을 수 없으니 이 때문에 그대에게 만나보러 가지 못했습니다. 이제 그대가 욕되이 찾아왔지만 그대가 그대의 집으로 가 있으면 某가 빨리 만나보러 가겠습니다."

사위가 대답한다.

"某(사위의 이름)는 남이 아니기 때문에 욕되이 찾아오신다는 명을 감당하지 못하겠습니다. 끝내 뵙도록 해주십시오."

주인이 擯者를 통해 대답한다.

"某(신부 아버지의 이름)가 혼인이 된 연고로 감히 한사코 사양하지 못하겠습니다. 감히 따르지 않겠습니까."

〈신부의 집 寢門 밖〉

주인이 침문을 나가 왼쪽에서 서향한다.

사위가 자식의 禮를 써서 대문 동쪽으로 들어가 대문 안 서쪽에서 동향하였다가 中庭으로 옮겨가서 북향하여 예물(꿩)을 내려놓고 재배한 뒤 대문을 나간다.

〈신부의 집 대문 밖-안〉

擯者가 예물을 들고 대문을 나가 동향하여 사위에게 예물을 되돌려 받기를 청한다.

사위가 서향하여 한번 사양한 뒤 허락하고 예물을 받아들고 賓의 禮를 써서 대문 서쪽으로 들어가 中庭에서 북향한다.

주인이 침문 밖 동쪽에서 사위에게 서향하여 재배하고(拜受禮) 中庭으로 옮겨가서 남향하여 예물을 받는다.(訝授受)

사위가 앞으로 나아가 예물을 건네주고 대문 안 서쪽의 자리로 돌아가 예물을 보낸 것에 대해 동향하여 재배하고(拜送禮) 다시 대문을 나간다.

〈신부의 집 寢門 밖〉

사위가 주부(신부의 어머니)를 알현한다.

주부가 침문의 왼쪽(서쪽) 문짝을 닫고 그 안쪽에 선다.

사위가 침문 밖에 서서 동향한다.

주부가 일배한다.

사위가 동향하여 답배로 재배한다.

주부가 또 절한다.(俠拜)

〈신부의 집 寢門 안〉

사위가 대문을 나가려고 하면 주인이 醴禮에 참여해 주기를 청한다.

주인이 사위와 함께 揖하고 사양하면서 침문을 들어간다.

醴禮를 베풀기를 一獻의 禮로 한다.

주부가 薦(포와 젓갈)을 올린다.

사위가 주인이 준 酬酒를 내려놓고 마시지 않는다.

일반 賓과 달리 폐백은 주지 않는다.

〈신부의 집 대문 밖〉

사위가 대문을 나가면 주인이 전송하여 재배한다.

① 若不親迎

사위가 연고(예컨대 질병 등) 때문에 친영을 하지 못하는 경우를 말하는 듯하다.

② 壻見

신부의 부모, 즉 가공언의 소에 이른바 '장인과 장모〔外舅姑〕'를 알현하는 것을 이른다.[250]

【按】 敖繼公에 따르면 신랑이 친영을 하지 않았을 경우 반드시 3개월이 되기를 기다렸다가 신부의 부모를 찾아뵙는 이유는, 시부모가 없는 경우 신부가 시집간 지 3개월이 되었을 때 廟見을 하기 때문이다. 오계공은 다음에 이어지는 '某의 딸이 아직 제사 때 제기를 씻을 수 없다'는 구절을 근거로, 신랑이 신부의 부모를 찾아뵙는 구체적인 시기를 신부가 시부모의 廟에 알현한 뒤, 제사를 지내기 전으로 추정하였다.[251]

③ 曰

살펴보면 여기서부터 이하 '敢不從' 까지는 모두 擯者가 중간에서 오가며 전하는 말이다. 이때 사위는 대문 밖에 있고 신부의 아버지는 寢에 있다.

④ 某以得爲外昏姻

'某'는 사위 이름이다. '外昏姻'은 吳廷華가 말하기를 "혼인은 외인과 통하는 것이니 외혼인은 다른 족인이다.〔昏姻通外, 別族也.〕"라고 하였다. 이에 근거하면 '外昏姻'은 즉 밖으로 혼인이 된 族이다.

⑤ 覿

음이 '적'이니, '만나본다〔見〕'는 뜻이다.

⑥ 主人

신부의 아버지이다.

⑦ 某以得爲外昏姻之數

'某'는 신부 아버지의 이름이다. 이것은 신부 아버지의 겸사이니, 수를 채워 그대의 혼인의 族이 될 수 있었다는 뜻이다.

⑧ 某之子未得濯漑於祭祀

'子'는 딸이다. '濯漑'는 '세척하다'는 뜻이니 제사를 지내기 전에 제기를 씻는 것을 이른다. 제사를 지낼 때 아직 제기를 씻을 수 없다는 것은 〈사혼례〉 25에서 말한 "신부는 들어온 지 석 달이 된 뒤에 신랑을 도와 제사를 지낸다.〔婦入三月, 然後祭行.〕"라는 것이다. 그러므로 이때 신부의 아버지가 자기 딸이 아직 시가의 제사에 참여하지 못했다고 말한 것이다.

250) 賈公彦疏 : "自此已下至篇末, 論壻不親迎, 過三月及壻往見婦父母事也."

251) 《儀禮集說》 卷2 : "若不親迎, 則壻須別見, 故於此時爲之. 必俟三月者, 婦無舅姑者, 三月而廟見, 故此壻之行禮於婦家, 亦以之爲節也. 下文云'某之子未得濯漑於祭祀', 然則此在廟見之後'祭行之前乎!"

⑨ 未敢見

신부의 아버지가 아직까지 감히 사위를 만나보러 가지 못했다고 겸손하게 말한 것이다.

⑩ 之就宮

'之'는 '간다'는 뜻이다. 가공언의 소에 따르면 "사위에게 도로 자기 집으로 가라고 하는 것이다.〔使壻還就家.〕" 살펴보면 이것은 〈士相見禮〉에서 주인이 "그대는 그대의 집으로 도로 가 계십시오.〔請吾子之就家也.〕"라고 말한 뜻과 같다. 賓이 자신을 만나보러 온 것을 감당할 수 없으니 마땅히 자신이 빈의 집으로 만나보러 가야한다는 뜻이다.

⑪ 走見

'走'는 〈士相見禮〉 정현의 주에 "往과 같다.〔猶往也.〕"라고 하였는데, 가공언의 소에 "走라고 말한 것은, 단지 급히 만나보러 가겠다는 뜻을 취했을 뿐이다.〔言走, 直取急往相見之意.〕"라고 하였다.

⑫ 某以非他故

'某'는 사위의 이름이다. '非他'는 '타인이 아니다'라는 뜻이니, 즉 外人이 아니라 바로 至親이라는 것이다. 정현의 주에 "非他故는 더욱 가깝게 여기는 말이다.〔非他故, 彌親之辭.〕"라고 하였다.

⑬ 不足以辱命

'命'은 정현의 주에 따르면 "빨리 만나보러 가겠다는 말을 이른다.〔謂將走見之言.〕" '不足以辱'은 즉 감당하지 못한다는 말이다.

⑭ 某

'某'는 신부 아버지의 이름이다.

⑮ 固辭

재차 사양하는 것이다.

⑯ 出門

정현의 주에 따르면 이것은 內門 즉 寢門을 나가는 것이다.[252] 정현의 주에서는 또 "주인이 대문을 나가지 않는 것은 빈객과 달리 한 것이다.〔不出大門者, 異於賓客也.〕"라고 하였다. 살펴보면 이때 사위는 아직 대문 밖에 있다.

【按】 주소에 따르면 이때 신랑이 適寢에서 신부의 부모를 알현하는 이유는 賓의 신분으로 온 것도 아니고 親迎하기 위해 온 것도 아니기 때문이다.[253]

252) 鄭玄注 : "出門, 出內門."

253) 鄭玄注 : "壻見於寢." 賈公彥疏 : "此壻見外舅姑, 非賓, 非親迎, 故知在適寢."

⑰ 壻入門

대문 안으로 들어가는 것을 이른다.[254]

【按】 黃以周는 사위가 대문 안으로 들어가 동향했다면 대문 왼쪽(서쪽)을 통해 들어갔다는 것을 알 수 있다고 하였다. 따라서 가공언의 소에서 〈聘禮〉의 글을 근거로 처음에는 문 오른쪽(동쪽)으로 들어가고 나중에는 문 왼쪽으로 들어갔다고 한 것은, 경문에 없는 말을 첨가한 것으로 오류라고 하였다.[255] 그러나 처음에는 자식의 도로 예를 행하는 것이기 때문에 주인이 드나드는 문 동쪽으로 들어가고, 나중에는 빈의 도로 예를 행하여 문 서쪽으로 들어갔다고 보아야 할 듯하다. 張惠言의 〈壻見外舅姑〉 圖에서도 가공언의 설을 따랐다.

⑱ 奠摯

이것은 寢門 밖에 예물을 내려놓는 것이다. 살펴보면 사위가 신부의 아버지를 알현하는 禮는 침문 밖에서 행한다. 이 때문에 바로 침문 밖에 예물을 내려놓는 것이다. 예물을 내려놓아야 하는 이유는, 정현의 주에 "사위는 자식의 도가 있어 감히 직접 주지 못하기 때문이다.〔壻有子道, 不敢授也.〕"라고 하였다. 이것은 〈사관례〉에서 이른바 "예물(꿩)을 바닥에 내려놓아 군주를 알현한다.〔奠摯見于君.〕"라는 뜻과 같다.(〈사관례〉 16) 정현의 주에 따르면 여기의 예물은 꿩이다.[256]

⑲ 擯者以摯出

이것은 예물을 다시 사위에게 돌려주기 위한 것이다. 주인은 겸허하여 사위가 예물을 내려놓아 자식의 도로 자신을 만나보는 禮를 감히 감당하지 못하기 때문에 사위에게 다시 賓禮로 자신을 만나도록 하여 사위에 대한 존중을 표시하려는 것이다. 정현의 주에 "빈객의 예로 만나보게 하려는 것이다.〔欲使以賓客禮相見.〕"라고 하였다. 凌廷堪의 《禮經釋例》 권13에 "일반적으로 신부의 아버지가 사위를 만날 때에는 대체로 빈객을 만날 때의 예와 같이 한다.〔凡女父見壻, 略如見賓客之禮.〕"라고 하였다.

⑳ 入

사위가 재차 대문 안으로 들어가 賓禮로 신부의 아버지를 알현하고자 하는 것을 이른다.

㉑ 見主婦

'主婦'는 즉 신부의 어머니이다. 사위가 주부를 알현할 때에도 擯者가 먼저 문을 나가 무슨 일로 왔는지를 묻고, 안으로 들어가 말을 전한 뒤에 다

254) 鄭玄注 : "入門, 入大門."

255) 《禮書通故》 卷48 〈禮節圖1 昏 壻見外舅姑〉 原注 : "主人出門左西面, 壻入門東面, 則入由門左可 知也……賈疏據《聘禮》文, 初入門右, 後入門左. 經外添說, 非. 張氏沿賈."

256) 鄭玄注 : "摯, 雉也."

시 대문을 나가 사위를 데리고 안으로 들어가 알현하도록 하는데, 글이 모두 생략되었다. 살펴보면 사위가 주부를 알현할 때에도 사위는 침문 밖에 있고 주부는 침문 안에 서 있는데, 다음 글에 자세하다.

【按】 주소에서는 《爾雅》〈釋親 婚姻〉에 "母黨과 妻黨은 형제가 된다.[母與妻之黨爲兄弟.]"라는 구절을 근거로, 사위가 신부의 어머니도 알현하는 이유는 형제의 도가 있기 때문이라고 하였다.[257] 《이아》에 따르면 신랑의 아버지는 姻, 신부의 아버지는 婚이 되며, 아버지의 黨은 宗族, 어머니와 처의 黨은 兄弟가 된다. 신부의 부모와 신랑의 부모는 서로 婚姻이라고 말한다. 또한 신부의 黨은 婚兄弟, 신랑의 黨은 姻兄弟가 된다.[258]

㉒ 主婦闔扉, 立于其內

'扉'는 문짝이다. '闔扉'는 張惠言의 《儀禮圖》 권2 〈壻見外舅姑〉 圖에 근거하면 주부는 왼쪽 문짝(즉 동쪽 문짝)을 닫고 寢門 안 정중앙의 闑(얼. 작은 말뚝)이 있는 곳에 서서 남향한다. 사위는 침문의 閾(역. 문지방) 밖 서쪽에 서서 동향한다. 闑과 閾은 〈사관례〉 1 주⑨ 참조.

【按】 가공언의 소[259]와 敖繼公은 〈사상례〉의 "동쪽 문짝을 닫고 주부가 그 안에 선다.[闔東扉, 主婦立於其內.]"라는 구절을 근거로 여기에서도 주부가 침문의 동쪽 문짝을 닫고 그 안에서 서향하는 것으로 보았으며,[260] 黃以周의 〈壻見外舅姑〉 圖에도 이와 같이 되어 있다. 그러나 盛世佐는 문은 堂을 향하는 것을 올바름으로 삼기 때문에 정현의 주에서 말한 '左扉'는 서쪽 문짝이며, 서쪽 문짝을 닫고 그 안쪽에 서는 것은 주부의 올바른 위치라고 하였다. 이것은 남편은 동쪽에, 부인은 서쪽에 있는 뜻을 취한 것으로, 〈사상례〉의 구절은 흉례이기 때문에 길례와 다르게 한 것이라고 하였다. 그리고 오계공과 가공언의 설을 모두 오류로 보았다.[261]

㉓ 壻出

이것은 대문을 나가려고 하는 것이어서 실제로는 아직 나가지 않은 것이다.

㉔ 請醴

살펴보면 여기의 '醴'와 다음 경문의 '醴以一獻之禮'의 '醴'는 모두 '禮'로 써야 한다. 이것은 주인이 淸酒로 사위를 대접하는 것이고 醴禮를 행하는 것이 아니기 때문이다. 그러므로 敖繼公이 "이것은 대체로 시부모가 며느리에게 饗禮를 베풀어주는 예와 같다.〔此略如舅姑饗婦之禮.〕"라고 한 것이다. 〈사혼례〉 13 참조.

㉕ 及揖讓入

'及'은 정현의 주에 "함께라는 뜻이다.〔與也.〕"라고 하였다. '入'은 寢門 안으

257) 鄭玄注 : "見主婦者, 兄弟之道, 宜相親也."
賈公彦疏 : "云'見主婦者, 兄弟之道, 宜相親也'者, 《爾雅》'母與妻之黨爲兄弟', 故知主婦於壻者, 兄弟之道也, 故云宜相親也."

258) 《爾雅》〈釋親 婚姻〉: "壻之父爲姻, 婦之父爲婚. 父之黨爲宗族, 母與妻之黨爲兄弟. 婦之父母、壻之父母相謂爲婚姻……婦之黨爲婚兄弟, 壻之黨爲姻兄弟."

259) 鄭玄注 : "扉, 左扉." 賈公彦疏 : "云'扉, 左扉'者, 《士喪禮》卜葬云: '闔東扉, 主婦立於其內.' 旣言東扉, 卽是左扉, 故知是左扉也."

260) 《儀禮集說》卷2 : "闔東扉, 立于其內, 示內外之限也. 不言西面, 可知."

261) 《儀禮集編》卷4 : "門以向堂爲正, 左扉, 西扉也. 闔西扉, 立于其內, 主婦之正位也, 蓋取夫東婦西之義. 《士喪禮》云'闔東扉, 主婦立于其內', 凶禮變于吉也. 敖氏据之, 而以此扉爲東扉, 誤矣. 疏謂東 扉卽左扉, 尤誤."

로 들어가는 것이다. '揖讓入'은 즉 읍하고 들어가고, 사양하고 계단을 올라간다는 뜻이다.

㉖ 無幣

사위에게 醴禮를 베풀어준 뒤에 束帛은 주지 않는다는 말이다. 정현의 주에 "無幣는 빈객과 달리 대접한 것이다.〔無幣, 異於賓客.〕"라고 하였다.

•참고문헌•

국내

正祖(朝鮮),《全韻玉篇》, 影印本, 大田:學民文化社, 1998.

池錫永(朝鮮),《(增補)字典釋要》(1909年 滙東書館本 影印), 서울:아세아문화사, 1975.

국외

甘肅省博物館·中国科学院考古研究所,《武威漢簡》, 北京:文物出版社, 1964.

江永(淸),《儀禮釋宮增注》, (文淵閣)四庫全書 109, 臺北:商務印書館, 民國72(1983).

江永(淸),《鄕黨圖考》, (文淵閣)四庫全書 210, 臺北:商務印書館, 民國72(1983).

姜兆錫(淸),《儀禮經傳(內編·外編)》, 續修四庫全書 87, 上海:上海古籍出版社, 1995.

顧寶田·鄭淑媛(臺灣),《新譯儀禮讀本》, 臺北:三民書局, 2002.

顧炎武(淸),《日知錄 》, (文淵閣)四庫全書 858, 臺北:商務印書館, 民國72(1983).

高宗(淸),《欽定儀禮義疏》, (文淵閣)四庫全書 106-107, 臺北:商務印書館, 民國72(1983).

孔廣森(淸),《禮學卮言》, 續修四庫全書 110, 上海:上海古籍出版社, 1995.

段玉裁(淸),《說文解字注》, 續修四庫全書 205-208, 上海:上海古籍出版社, 1995.

杜佑(唐),《通典》, 北京:中華書局, 2016.

劉沅(淸),《儀禮恒解》, 續修四庫全書 91, 上海:上海古籍出版社, 1995.

劉熙(東漢),《釋名》, (文淵閣)四庫全書 221, 臺北:商務印書館, 民國72(1983).

陸德明(唐),《經典釋文》, (文淵閣)四庫全書 182, 臺北:商務印書館, 民國72(1983).

淩廷堪(淸),《禮經釋例》, 北京:北京大學出版社, 2012.

方苞(淸),《儀禮析疑》, (文淵閣)四庫全書 109, 臺北:商務印書館, 民國72(1983).

方苞(淸),《周官集注》, (文淵閣)四庫全書 101, 臺北:商務印書館, 民國72(1983).

聶崇義(宋),《三禮圖集注》, (文淵閣)四庫全書 129, 臺北:商務印書館, 民國72(1983).

盛世佐(淸),《儀禮集編》, (文淵閣)四庫全書 111, 臺北:商務印書館, 民國72(1983).

沈彤(淸),《儀禮小疏》, (文淵閣)四庫全書 109, 臺北:商務印書館, 民國72(1983).

十三經注疏整理委員會,《毛詩正義》, 毛亨(漢)傳, 鄭玄(漢)箋, 孔穎達(唐)正義, 北京:北京大學出版社, 2000.

十三經注疏整理委員會,《禮記正義》, 鄭玄(漢)注, 孔穎達(唐)正義, 北京:北京大學出版社, 2000.

十三經注疏整理委員會,《儀禮注疏》, 鄭玄(漢)注, 賈公彦(唐)疏, 北京:北京大學出版社, 2000.

十三經注疏整理委員會,《爾雅注疏》, 郭璞(晉)注, 邢昺(宋)疏, 北京:北京大學出版社, 2000.

十三經注疏整理委員會,《周禮注疏》, 鄭玄(漢)注, 賈公彦(唐)疏, 北京:北京大學出版社, 2000.

楊復(南宋),《儀禮圖》, (文淵閣)四庫全書 104, 臺北:商務印書館, 民國72(1983).

楊復(南宋),《儀禮旁通圖》, (文淵閣)四庫全書 104, 臺北:商務印書館, 民國72(1983).

楊天宇(中國),《鄭玄三禮注研究》, 天津:天津人民出版社, 2007.

敖繼公(元),《儀禮集說》, (文淵閣)四庫全書 105, 臺北:商務印書館, 民國72(1983).

吳廷華(淸),《儀禮章句》, (文淵閣)四庫全書 109, 臺北:商務印書館, 民國72(1983).

吳浩(淸),《十三經義疑》, (文淵閣)四庫全書 191, 臺北 :臺灣商務印書館, 未詳.

王力(中國),《王力古漢語字典》, 北京: 中華書局, 2005.

王士讓(淸),《儀禮紃解》, 續修四庫全書 88, 上海:上海古籍出版社, 1995.

王肅(魏),《孔子家語》, 大田:學民文化社, 2001.

王引之(淸),《經義述聞》, 續修四庫全書 175, 上海:上海古籍出版社, 1995.

姚際恒(淸),《儀禮通論》, 續修四庫全書 86, 上海:上海古籍出版社, 1995.

容庚(中國),《商周彝器通考》, 上海:上海人民出版社, 2008.

惲敬(淸),《大雲山房文稿》, 臺北:臺灣商務印書館, 民國57(1968).

熊朋來(元),《五經說》, (文淵閣)四庫全書 184, 臺北:商務印書館, 民國72(1983)..

俞樾(淸),《群經平議》, 續修四庫全書 178, 上海: 上海古籍出版社, 1995.

李如圭(南宋),《儀禮釋宮》, (文淵閣)四庫全書 103, 臺北:商務印書館, 民國72(1983).

李如圭(南宋),《儀禮集釋》, (文淵閣)四庫全書 103, 臺北:商務印書館, 民國72(1983).

張淳(南宋),《儀禮識誤》, (文淵閣)四庫全書 103, 臺北:商務印書館, 民國72(1983).

張爾岐(淸),《儀禮鄭注句讀》, (文淵閣)四庫全書 108, 臺北:商務印書館, 民國72(1983).

張惠言(淸),《儀禮圖》, 續修四庫全書 91, 上海:上海古籍出版社, 1995.

褚寅亮(淸),《儀禮管見》, 北京:中華書局, 1985.

錢玄(中國), 《三禮通論》, 南京:南京師範大學出版社, 1996.

鄭居中(北宋), 《政和五禮新儀》, (文淵閣)四庫全書 647, 臺北:商務印書館, 民國72(1983).

程瑤田(淸), 《儀禮喪服文足徵記》, 上海:上海書店, 1994.

曹元弼(淸), 《禮經校釋》, 續修四庫全書 94, 上海:上海古籍出版社, 1995.

周祈(明), 《名義考》, (文津閣)四庫全書 283, 北京:商務印書館, 2005.

朱駿聲(淸), 《經史答問》, 上海:華東師範大學出版社, 2010.

朱熹(南宋), 《儀禮經傳通解》,《朱子全書》2-5, 上海:上海古籍出版社·安徽敎育出版社, 2002.

朱熹(南宋), 《朱子語類》, 《朱子全書》14-18, 上海:上海古籍出版社·安徽敎育出版社, 2002.

池田末利(日本), 《儀禮》Ⅰ-Ⅴ, 東京:東海大學出版會, 昭和52(1977).

陳祥道(北宋), 《禮書》, (文淵閣)四庫全書 130, 臺北:商務印書館, 民國72(1983).

陳澔(元), 《禮記集說》, (文淵閣)四庫全書 121, 臺北:商務印書館, 民國72(1983).

蔡德晉(淸), 《禮經本義》, (文淵閣)四庫全書 109, 臺北:商務印書館, 民國72(1983).

夏炘(淸), 《學禮管釋》, 續修四庫全書 93, 上海:上海古籍出版社, 1995.

郝敬(明), 《儀禮節解》, 續修四庫全書 85, 上海:上海古籍出版社, 1995.

許愼(東漢) 原著, 湯可敬(中國) 撰, 《說文解字今釋》, 長沙: 岳麓書社, 2002.

惠士奇(淸), 《禮說》, (文淵閣)四庫全書 101, 臺北 :商務印書館, 民國72(1983).

胡匡衷(淸), 《儀禮釋官》, 續修四庫全書 89, 上海:上海古籍出版社, 1995.

胡培翬(淸), 《儀禮正義》, 續修四庫全書 92, 上海:上海古籍出版社, 1995.

黃幹(南宋), 《儀禮經傳通解續》, (文淵閣)四庫全書 131-32, 臺北:商務印書館, 民國72(1983).

黃以周(淸), 《禮書通故》, 續修四庫全書 112, 上海:上海古籍出版社, 1995.

•부록 1• 내용 분석표

〈사관례〉

<table>
<tr><th>날짜</th><th>과정</th><th>시간</th><th>장소</th><th>의복, 음식, 기물</th></tr>
<tr><td rowspan="2"></td><td rowspan="2">筮日</td><td rowspan="2"></td><td>주인의 집
禰廟門 밖 闑西閾外</td><td></td></tr>
<tr><td>주인의 집
外西塾堂–闑西閾外</td><td>饌(筮·席·所卦者)</td></tr>
<tr><td></td><td>戒賓</td><td></td><td>빈의 집 대문 밖</td><td></td></tr>
<tr><td>3일전</td><td>筮賓</td><td></td><td>주인의 집
녜묘문 밖</td><td></td></tr>
<tr><td>2일전</td><td>宿賓
宿贊冠者</td><td></td><td>빈과 찬관자의 집 대문 밖</td><td></td></tr>
<tr><td>1일전</td><td>爲期</td><td>저녁</td><td>녜묘문 밖</td><td></td></tr>
<tr><td rowspan="10">관례
당일</td><td rowspan="3">陳器服</td><td rowspan="3">아침</td><td>녜묘 안 뜰 동쪽</td><td>南洗</td></tr>
<tr><td>녜묘의
방 안 西壁下</td><td>脯醢, 醢豆
篚: 勺, 觶, 角柶
醴酒甒
爵弁服: 纁裳, 純衣, 緇帶, 韎韐
皮弁服: 素積, 素衣, 緇帶, 素韠
玄端服: 玄裳(또는 黃裳·雜裳), 純衣, 緇帶, 爵韠
篋: 緇布冠缺項(靑組纓), 緇纚, 皮弁笄, 爵弁笄, 緇組紘纁邊2
簞: 櫛(梳, 篦)
蒲筵2</td></tr>
<tr><td>녜묘의
당 아래 西坫南</td><td>有司執: 爵弁匴, 皮弁匴, 緇布冠匴</td></tr>
<tr><td rowspan="4">卽位</td><td rowspan="4"></td><td>주인: 阼階下</td><td>玄端, 爵韠</td></tr>
<tr><td>형제: 뜰 안 洗東</td><td>玄衣, 玄裳, 緇帶, 緇韠</td></tr>
<tr><td>擯者: 묘문 안 東塾北</td><td>玄端</td></tr>
<tr><td>將冠者: 방 안</td><td>采衣, 紒</td></tr>
<tr><td rowspan="3">迎賓</td><td rowspan="3"></td><td>주인: 阼階下–大門外–東序端</td><td></td></tr>
<tr><td>빈: 大門外–西序端</td><td>玄端, 爵韠</td></tr>
<tr><td>賓贊者: 大門外–南洗–방 안</td><td>玄端
盥洗</td></tr>
</table>

관례 당일	始加		주인: 東序端–堂下–東序端	
			주인찬자: 東序少北	布筵(서향)
				*庶子: 房外布筵(남향)
			빈: 西序端–南洗–筵前–降西階一等–筵前–西序端	盥洗–正纚–祝辭–加緇布冠
			빈찬자: 筵南端–筵前	奠(纚 · 笄 · 櫛)–櫛–設纚–卒冠
			有司: 당 아래 西坫南–升西階一等	執緇布冠匴
			將冠子: 방 안–房戶西–卽筵–入房–房戶西	加冠前: 采衣, 紒 加冠後: 玄端, 爵韠
	再加		빈: 西序端–南洗–筵前–降西階二等–筵前–西序端	盥洗–正纚–祝辭–加皮弁
			빈찬자: 筵前	櫛–設笄–卒紘
			유사: 당 아래 西坫南	執皮弁匴
			冠者: 房戶西–卽筵–入房–房戶西	加冠前: 玄端 · 爵韠 加冠後: 素積, 素韠
	三加		빈: 西序端–南洗–筵前–降西階三等–筵前–西序端	盥洗–正纚–祝辭–加爵弁
			빈찬자: 筵前–방 안	櫛–設笄–卒紘–徹(皮弁 · 緇布冠 · 櫛 · 筵)
			유사: 당 아래 西坫南	執爵弁匴
			관자: 房戶西–卽筵–入房–房戶西	加冠前: 素積, 素韠 加冠後: 纁裳, 韎韐
			주인찬자: 筵前–방 안	徹(皮弁 · 緇布冠 · 櫛 · 筵)
	醴冠者 (醮禮)		주인찬자: 室戶西	布筵(남향) *庶子: 房外布筵(남향)
			빈찬자: 北洗–室戶東–筵前	洗觶–酌醴–授醴–薦脯醢
			빈: 西序端–室戶東–筵前–西序端	受醴–授醴
			관자: 筵西–卽筵–筵末–降筵	受醴–祭脯醢–祭醴–啐醴
	見母		관자: 降筵–降階–適東壁–闈門外	奠觶–取脯
			어머니: 闈門外	受脯 *母不在: 使人受脯西階下

<table>
<tr><td rowspan="12">관례
당일</td><td rowspan="3">字冠者</td><td rowspan="3"></td><td>주인: 당 아래 阼階下(서향)</td><td></td></tr>
<tr><td>빈: 당 아래 直西序(동향)</td><td></td></tr>
<tr><td>관자: 당 아래 西階下東(남향)</td><td></td></tr>
<tr><td rowspan="2">賓出就次</td><td rowspan="2"></td><td>주인: 묘문 밖</td><td>送賓</td></tr>
<tr><td>빈: 묘문 밖 次</td><td>就次</td></tr>
<tr><td rowspan="4">見兄弟
見姑姊</td><td rowspan="4"></td><td>관자: 庭東壁下–西階西–寢</td><td></td></tr>
<tr><td>형제: 庭東壁下</td><td></td></tr>
<tr><td>빈찬자: 西階西</td><td></td></tr>
<tr><td>姑姊: 寢</td><td></td></tr>
<tr><td>見君
見卿大夫
見鄕先生</td><td></td><td></td><td>관자: 易服(玄冠·玄端·爵韠)–奠摯(꿩)</td></tr>
<tr><td>醴賓</td><td></td><td>녜묘 안</td><td>醴酒, 束帛、儷皮</td></tr>
<tr><td>歸賓俎</td><td></td><td>대문 밖</td><td>送賓–歸俎</td></tr>
<tr><td colspan="2">참여자의 복장</td><td colspan="3">주인·빈·유사·찬관자: 玄冠, 朝服, 緇帶, 素韠
(장)관자
관례전: 紒, 采衣
시가: 緇布冠, 玄裳(또는 黃裳·雜裳), 純衣, 緇帶, 爵韠, 黑屨(靑絇·繶·純)
재가: 皮弁, 素積, 素衣, 緇帶, 素韠, 白屨(緇絇·繶·純)
삼가: 爵弁, 纁裳, 純衣, 緇帶, 韎韐, 纁屨(黑絇·繶·純)
見君: 玄冠, 玄裳(또는 黃裳·雜裳), 玄端, 爵韠, 黑屨(靑絇·繶·純)
*여름에는 葛屨, 겨울에는 皮屨 가능</td></tr>
<tr><td colspan="2">醴冠者 때
청주를 쓰는 경우</td><td colspan="3">초례를 세 차례 행함(玄酒를 더 진설하고 爵을 사용)
시초: 玄酒, 淸酒, 脯, 醢
재초: 현주, 청주, 포, 해
삼초: 현주, 청주, 乾肉折俎</td></tr>
<tr><td colspan="2">醴冠者 때
희생을 쓰는 경우</td><td colspan="3">特豚을 씀
시초: 현주, 청주, 포, 해
재초: 현주, 청주, 2豆(葵菹·蠃醢), 2籩(栗·脯)
삼초: 현주, 청주, 豚俎</td></tr>
</table>

〈사혼례〉

날짜	과정	시간	장소	의복, 음식, 기물
	議婚		신부의 집	
	納采	새벽	신부의 집 禰廟의 당 위 두 기둥 사이	예물: 鴈
	問名		신부의 집 녜묘의 당 위 두 기둥 사이	예물: 鴈
	醴賓		신부의 집 녜묘의 당 위 室戶와 牖 사이	醴酒(觶), 脯, 醢
	復命		신랑의 집	脯
	納吉	새벽	신부의 집 녜묘의 당 위 두 기둥 사이	예물: 鴈
	納徵	새벽	신부의 집 녜묘의 당 위 두 기둥 사이	예물: 玄纁束帛, 儷皮
	笄禮 (許嫁)		신부의 집	醴酒, 脯, 醢
	教女 (3개월)		祖廟未毁: 군주의 종묘 祖廟已毁: 大宗의 집	
	請期	새벽	신부의 집 녜묘의 당 위 두 기둥 사이	예물: 鴈
혼례 당일	陳器饌	황혼	신랑의 집 침문 밖	豚鼎: 特豚七體 左右胖, 擧肺2, 脊2, 祭肺2 魚鼎: 붕어14 腊鼎: 兔腊 左右胖(髀×) 太羹湇
			신랑의 집 寢의 뜰	南洗, 篚(爵)
			신랑의 집 寢의 방 안	6豆: 醯醬2, 葵菹2, 蝸醢2 4敦: 黍飯2, 稷飯2 北洗, 篚
			신랑의 집 寢의 室 안	2尊: 玄酒, 酒(有禁)
			신랑의 집 寢의 당 위 房戶東	1尊: 酒 篚: 爵4, 合巹
	醮子	황혼	신랑의 집 寢의 당 위 室戶西	淸酒, 脯, 醢
	親迎		신부의 집	墨車2(하나는 有裧), 棧車4, 燭: 신랑집에서 준비
	醴女		신부의 집 녜묘 방 안	醴酒, 脯, 醢

혼례 당일	戒女		신부의 집 녜묘의 당 위 阼階上	아버지: 衣 또는 笄
			신부의 집 녜묘의 당 위 西階上	어머니: 施衿結帨
			신부의 집 묘문 안	庶母: 施鞶
	奠鴈		신부의 집 녜묘의 당 위	예물: 鴈
	壻御婦車 授綏		신부의 집 대문 밖	
	婦至同牢		신랑의 집 寢의 室奧	신랑: 席, 3豆(醓醬·葵菹·蝸醢), 3俎(豚·魚·腊), 2敦(黍飯·稷飯), 太羹湆, 酒(爵2, 巹1), 肝俎1 신부: 席, 3豆(醓醬·葵菹·蝸醢), (3俎), 2敦(黍飯·稷飯), 太羹湆, 酒(爵2, 巹1), 肝俎1
	設衽		신랑의 집 寢의 室奧	衽2
	媵御餕		신랑의 집 寢의 방 안	잉: 신랑이 남긴 음식, 酒 어: 신부가 남긴 음식, 酒
혼례 이튿날	婦見舅姑	아침	시부모의 寢 당 위 阼階上	시아버지: 1笲(棗·栗) 시어머니: 1笲(腶脩)
	贊醴婦		시부모의 寢 당 위 戶牖間	醴酒(觶), 脯, 醢 *庶婦: 使人醮(淸酒)
	歸脯		시부모의 침문 밖	脯(婦氏人)
	婦饋		시부모의 寢 室奧	시아버지: 席, 3豆(醓醬·葵菹·蝸醢), 1俎(豚), 1敦(黍飯), 太羹湆, 酒 시어머니: 席, 3豆(醓醬·葵菹·蝸醢), 1俎(豚), 1敦(黍飯), 太羹湆, 酒 *庶婦: 饋食禮가 없음
	婦餕		시부모의 寢 室 안 北墉下	시부모가 남긴 음식, 酒
	媵御餕		시부모의 寢 방 안	잉: 시아버지가 남긴 음식, 酒 어: 시어머니(며느리)가 남긴 음식, 酒
	饗婦		시부모의 寢 당 위 戶牖間	酒(一獻之禮), 脯, 醢, 豚俎 *庶婦: 饗婦禮가 없음
	歸俎		시부모의 寢門 밖	豚俎(婦氏人)
	饗送者		시부모의 寢	酒(一獻之禮), 束錦
			丈夫送者館舍	異邦일 경우: 束錦을 더 보냄

혼례 후 3개월 (舅姑既沒)	三月奠菜		녜묘의 室奧(舅)·北墉下(姑)	席2, 几, 筓2(菜)
	老醴婦		녜묘의 방 안	醴酒(觶), 脯, 醢
	壻饗婦送者		–	–
혼례 후 3개월 (不親迎)	壻見		신부의 집 침문 밖 中庭	예물: 雉
	醴壻		신부의 집 寢의 당 위	酒(一獻之禮), 脯, 醢
참여자의 복장		□ 혼례 당일 신랑: 爵弁, 纁裳緇袘 신랑 종자: 玄端 신부: 次, 純衣纁袡, (景) 姆: 纚, 笄, 宵衣 媵: 袗玄, 纚, 笄, 潁黼 女父: 玄端 □ 혼례 이튿날 신부: 纚, 笄, 宵衣		

士冠禮

1. 凡卜筮皆于廟門.

일반적으로 점을 치는 것은 모두 묘문에서 친다.[1]

2. 凡冠于禰廟.

일반적으로 관례는 녜묘(아버지 사당)에서 행한다.[2]

3. 凡衣與冠同色, 裳與韠同色, 屨與裳同色.

일반적으로 상의와 冠은 같은 색이며, 下裳과 폐슬은 같은 색이며, 신발과 하상은 같은 색이다.[3]

4. 凡卜筮于門者皆西面, 筮宅於兆南則北面.

일반적으로 廟門에서 점을 칠 때에는 모두 서쪽을 향하고 묘역의 남쪽에서 묘지를 점칠 때에는 북쪽을 향하여 한다.[4]

5. 凡筮吉事, 先旬內近日, 不吉則筮旬以外遠日.

일반적으로 길사를 점칠 때에는 열흘 안의 가까운 날을 먼저 점치고, 점을 쳐서 불길하다고 나오면 열흘 밖의 먼 날을 점친다.[5]

6. 凡拜送之禮, 送者拜, 去者不答拜.

일반적으로 배송하는 예는, 전송하는 사람은 절하고 떠나는 사람은 답배하지 않는다.[6]

7. 凡飮酒必洗爵, 洗爵必宜先洗手也.

일반적으로 술을 마실 때에는 반드시 먼저 잔을 씻어야 하고 잔을 씻을 때는 반드시 먼저 손을 씻어야 한다.[7]

---

1) 〈사관례〉 1. 주② 凌廷堪.
2) 〈사관례〉 1. 주② 凌廷堪.
3) 〈사관례〉 1. 주③ 凌廷堪.
4) 〈사관례〉 1. 주⑬ 敖繼公.
5) 〈사관례〉 1. 주⑲ 吳廷華.
6) 〈사관례〉 2. 주③ 凌廷堪.
7) 〈사관례〉 5. 주② 孔穎達.

8. 凡設水用罍, 沃盥用枓.

일반적으로 물을 진설할 때에는 罍(뢰)를 사용하고, 손 씻을 물을 부어줄 때에는 枓(주. 구기)를 사용한다.[8]

9. 凡入門, 賓入自左, 主人入自右, 皆主人先入.

일반적으로 문을 들어갈 때 빈은 왼쪽(서쪽)으로 들어가고 주인은 오른쪽(동쪽)으로 들어가는데, 모두 주인이 먼저 들어간다.[9]

10. 凡賓爲燕飮而至者, 主人有拜至之禮, 其餘否.

일반적으로 빈이 燕飮 때문에 온 경우에는 주인이 당에 올라가 拜至禮(빈이 와준 것에 대해 절하는 예)를 행하지만 나머지 경우에는 하지 않는다.[10]

11. 凡禮盛者, 必先盥.

일반적으로 예가 성대한 경우에는 반드시 먼저 손을 씻는다.[11]

12. 凡降洗、降盥, 皆壹揖、壹讓升.

일반적으로 술잔을 씻으려고 당을 내려갔을 때와 손을 씻으려고 당을 내려갔을 때에는 모두 한 번 읍하고 한 번 사양을 한 뒤에 당에 올라간다.[12]

13. 凡盥, 尊者南面, 卑者北面.

일반적으로 손을 씻을 때 신분이 높은 자는 남향하여 씻고, 신분이 낮은 자는 북향하여 씻는다.[13]

14. 凡盥, 主人南面, 其餘賓、尸皆北面.

일반적으로 손을 씻을 때 주인은 남향하여 씻고, 이 밖에 빈이나 시동은 모두 북향하여 씻는다.[14]

15. 凡階, 上等卽堂廉.

일반적으로 계단은 가장 윗계단이 바로 堂廉(당의 가장자리)이다.[15]

16. 凡南北面授受爲君臣禮, 敵者竝受, 其次捂受.

일반적으로 남북으로 마주보고 물건을 주고받는 것은 군신 간의 예이며, 신분이 대등한 경우에

---

8) 〈사관례〉 5. 주④ 鄭玄.
9) 〈사관례〉 7. 주④ 凌廷堪.
10) 〈사관례〉 7. 주⑧ 盛世佐.
11) 〈사관례〉 8. 주④ 凌廷堪.
12) 〈사관례〉 8. 주⑦ 凌廷堪.
13) 〈사관례〉 8. 주⑦ 張惠言.
14) 〈사관례〉 8. 주⑦ 黃以周.
15) 〈사관례〉 8. 주⑧ 張惠言.

는 나란히 같은 방향을 보고 서서 옆으로 건네주며, 그 다음은 捂受法을 쓴다.[16]

17. 凡祭於脯醢之豆間.

일반적으로 고수레는 脯籩과 醢豆 사이에 한다.[17]

18. 凡醴不卒觶, 啐之而禮成.

일반적으로 예주는 잔을 다 비우지 않으며 약간 맛을 보면 예가 이루어진다.[18]

19. 凡脯、醢謂之薦.

일반적으로 포와 젓갈을 '薦'이라고 한다.[19]

20. 凡奠爵, 將擧者於右, 不擧者於左.

일반적으로 술잔을 내려놓을 때 앞으로 마실 것은 포와 젓갈의 오른쪽에 내려놓고, 마시지 않을 것은 포와 젓갈의 왼쪽에 내려놓는다.[20]

21. 凡已祭者, 不復實於籩.

일반적으로 이미 고수레한 음식은 다시 籩에 담지 않는다.[21]

22. 凡廟在寢左.

일반적으로 묘는 침의 동쪽에 있다.[22]

23. 凡婦人於丈夫皆俠拜.

일반적으로 부인은 장부에 대해 모두 협배한다.[23]

24. 凡卑者於尊者, 皆奠而不授.

일반적으로 지위가 낮은 사람이 지위가 높은 사람에게 물건을 줄 때에는 모두 바닥에 놓아두고 직접 주지 않는다.[24]

25. 凡摯, 天子鬯, 諸侯圭, 卿羔, 大夫鴈, 士雉, 庶人之摯匹(鶩).

일반적으로 폐백은, 천자는 鬯, 제후는 命圭, 경은 양, 대부는 기러기, 士는 꿩을 쓰며, 서인의 폐백은 집오리이다.[25]

---

16) 〈사관례〉 11. 주⑧ 黃以周.
17) 〈사관례〉 11. 주⑫ 鄭玄.
18) 〈사관례〉 11. 주⑮ 胡培翬.
19) 〈사관례〉 12. 주① 敖繼公.
20) 〈사관례〉 12. 주① 淩廷堪.
21) 〈사관례〉 12. 주② 褚寅亮.
22) 〈사관례〉 12. 주③ 黃以周.
23) 〈사관례〉 12. 주⑥ 淩廷堪.
24) 〈사관례〉 16. 주② 淩廷堪.
25) 〈사관례〉 16. 주② 《禮記》〈曲禮下〉.

26. 凡主人進賓之酒, 謂之獻. 凡賓報主人之酒, 謂之酢. 凡主人先飮, 以勸賓之酒, 謂之酬.

일반적으로 주인이 빈에게 올리는 술을 '獻'이라고 한다. 일반적으로 빈이 주인에게 보답하는 술을 '酢'이라고 한다. 일반적으로 주인이 먼저 마심으로써 빈에게 권하는 술을 '酬'라고 한다.[26]

27. 凡飮皆有酬酢, 醴無酬酢.

일반적으로 술을 마실 때에는 酬酢이 있으나 醴禮에는 수작이 없다.[27]

28. 凡醴事, 質者用糟, 文者用淸

일반적으로 醴酒를 사용할 경우, 예를 질박하게 할 경우에는 거르지 않은 진한 예주를 쓰고, 문식을 할 경우에는 맑게 거른 예주를 쓴다.[28]

29. 凡物十曰束, 玄纁之率, 玄居三, 纁居二.

일반적으로 물건 10개를 束이라고 하며, 束帛은 검은색 비단 3필과 붉은색 비단 2필로 이루어져 있다.[29]

30. 凡送賓, 主人敵者于大門外, 主人尊者于大門內.

일반적으로 빈을 전송할 때, 주인이 빈과 지위가 대등할 경우에는 대문 밖에서 전송하고, 주인이 빈보다 지위가 높을 경우에는 대문 안에서 전송한다.[30]

31. 凡載牲體之器曰俎.

일반적으로 생체를 담는 기물을 '俎'라고 한다.[31]

32. 凡設尊, 賓、主人敵者于房戶之間, 君臣則於東楹之西.

일반적으로 술 단지를 진설할 때, 빈과 주인이 지위가 대등한 경우에는 東房과 室戶 사이에 놓고, 군신 간이라면 당위 동쪽 기둥의 서쪽에 놓는다.[32]

33. 凡醯醬所和, 細切爲齏, 全物若牒爲菹.

일반적으로 음식물을 식초에 버무려서 가늘게 채 썬 것을 '齏(제)', 음식물을 식초에 버무려서 온전히 그대로 두거나 얇고 평평하게 저민 것을 '菹'라고 한다.[33]

---

26) 〈사관례〉 17. 주① 淩廷堪.
27) 〈사관례〉 17. 주① 夏炘.
28) 〈사관례〉 17. 주① 鄭玄.
29) 〈사관례〉 17. 주③ 鄭玄.
30) 〈사관례〉 18. 주② 淩廷堪.
31) 〈사관례〉 18. 주③ 淩廷堪.
32) 〈사관례〉 19. 주② 淩廷堪.
33) 〈사관례〉 20. 주⑦ 鄭玄.

34. 凡拜, 北面于阼階上.. 賓亦北面于西階上答拜.

일반적으로 절은 주인이 당 위 동쪽 계단 위쪽에서 북향하고 한다. 賓 역시 당 위 서쪽 계단 위쪽에서 북향하고 답배한다.[34]

35. 凡堂上之拜皆北面.

일반적으로 당 위에서 하는 절은 모두 북향하고 한다.[35]

36. 凡言長子者, 則不獨長子之弟爲衆子, 而妾子亦爲衆子; 言適子, 則不獨妾子爲庶子, 而適子之同母弟亦爲庶子.

일반적으로 '長子'라고 말했을 경우에는 장자의 아우만이 아니라 첩의 아들도 衆子의 범주에 들어가며, '適子'라고 말했을 경우에는 첩의 아들만이 아니라 적자의 同母弟 역시 庶子의 범주에 들어간다.[36]

37. 凡醮者不祝.

일반적으로 청주를 사용하여 초례를 행할 경우에는 축사를 하지 않는다.[37]

士昏禮

1. 凡受禮於廟, 而不於戶牖之間行禮者, 必設神位於客位, 示有所尊且敬其事也.

일반적으로 廟에서 禮를 받을 때 室戶와 牖 사이의 당 중앙에서 예를 행하지 않을 경우에는 반드시 손님의 자리에 신의 자리를 마련함으로써 그 일을 높이고 공경한다는 뜻을 보인다.[38]

2. 凡授受之禮, 同面者謂之竝授受.

일반적으로 주고받는 예에, 두 사람이 같은 방향을 향하고서 주고받는 것을 竝授受라고 한다.[39]

---

34) 〈사관례〉 21. 經文.
35) 〈사관례〉 21. 주⑥ 淩廷堪.
36) 〈사관례〉 22. 주① 胡培翬.
37) 〈사관례〉 30. 주① 鄭玄.
38) 〈사혼례〉 1. 주⑤ 敖繼公.
39) 〈사혼례〉 1. 주⑰ 淩廷堪.

3. 凡賓升席自西方.

일반적으로 빈은 돗자리에 오를 때 서쪽으로 오른다.[40]

4. 凡授几之法, 受時或受其足, 或受於手間, 皆橫受之. 及其設之, 皆旋几縱執, 乃設之於坐南, 北面陳之.

일반적으로 几를 주고받는 법은, 받을 때 궤의 다리 쪽을 받거나 상대방의 두 손 사이에서 받는데 모두 가로로 받는다. 궤를 놓을 때에는 모두 궤를 돌려서 세로로 잡고, 이어 돗자리의 남쪽에 앉아서 진설하는데 북향하고 진설한다.[41]

5. 凡食齊眂春時, 羹齊眂夏時, 醬齊眂秋時, 飮齊眂冬時.

일반적으로 밥을 조리할 때에는 봄날처럼 따뜻하게 하고, 국을 조리할 때에는 여름처럼 뜨겁게 하고, 장을 조리할 때에는 가을처럼 시원하게 하고, 음료를 조리할 때에는 겨울처럼 차갑게 한다.[42]

6. 凡酳, 皆坐受爵.

일반적으로 입가심으로 받는 술은 모두 앉아서 잔을 받는다.[43]

7. 凡醽酒皆奠於薦左, 不擧.

일반적으로 醽酒는 모두 薦(포와 젓갈)의 왼쪽에 내려놓고, 이를 들어서 마시지 않는다.[44]

8. 凡設几, 例在席之上端.

일반적으로 几를 진설할 때에는 으레 돗자리의 상단에 놓는다.[45]

9. 凡廟無事則閉之.

일반적으로 廟는 일이 없으면 닫아놓는다.[46]

10. 凡行事, 必用昏昕 受諸禰廟.

일반적으로 혼사를 진행할 때에는 반드시 황혼 무렵(親迎)이나 새벽 시간(納采·問名·納吉·納徵·請期)을 사용하고 禰廟(녜묘. 아버지 사당)에서 명을 받는다.[47]

---

40) 〈사혼례〉 3. 주⑪ 淩廷堪.
41) 〈사혼례〉 3. 주⑧ 賈公彦.
42) 〈사혼례〉 7. 주⑯ 《周禮》〈天官 食醫〉.
43) 〈사혼례〉 9. 주㉟ 敖繼公.
44) 〈사혼례〉 13. 주④ 鄭玄.
45) 〈사혼례〉 15. 주⑤ 敖繼公.
46) 〈사혼례〉 15. 주⑯ 鄭玄.
47) 〈사혼례〉 16. 經文.

11. 凡婦人相饗, 無降.

일반적으로 부인이 향례를 베풀 때에는 당을 내려가지 않는다.[48]

12. 凡卑者受尊者獻, 則不敢酢.

일반적으로 신분이 낮은 자가 신분이 높은 자의 헌주를 받았을 경우에는 감히 답잔을 올리지 못한다.[49]

13. 凡使者歸, 反命曰: 某旣得將事矣, 敢以禮告.

일반적으로 使者는 돌아가 다음과 같이 복명한다. "某가 이미 할 일을 마쳤기에 감히 받은 예물(脯)을 들고 고합니다."[50]

14. 凡女父見壻, 略如見賓客之禮.

일반적으로 신부의 아버지가 사위를 만날 때에는 대체로 빈객을 만날 때의 예와 같이 한다.[51]

---

48) 〈사혼례〉 24. 經文.

49) 〈사혼례〉 24. 주⑤ 敖繼公.

50) 〈사혼례〉 33. 經文.

51) 〈사혼례〉 39. 주⑲ 淩廷堪.

通例 上

1. 凡迎賓, 主人敵者于大門外, 主人尊者于大門內.

일반적으로 빈을 맞이할 때, 주인이 빈과 지위가 대등할 경우에는 대문 밖에서 맞이하고, 주인이 빈보다 지위가 높을 경우에는 대문 안에서 맞이한다.

2. 凡君與臣行禮, 皆不迎.

일반적으로 군주가 본국의 신하와 예를 행할 때는 모두 군주가 맞이하지 않는다.

3. 凡入門, 賓入自左, 主人入自右, 皆主人先入.

일반적으로 문을 들어갈 때, 빈은 문의 왼쪽으로 들어가고 주인은 문의 오른쪽으로 들어가는데, 모두 주인이 먼저 들어간다.

4. 凡以臣禮見者, 則入門右.

일반적으로 신하의 예로 알현할 경우에는 문의 오른쪽으로 들어간다.

5. 凡入門, 將右曲, 揖; 北面曲, 揖; 當碑, 揖: 謂之三揖.

일반적으로 문을 들어가서 오른쪽으로 꺾어지려고 할 때 읍하고, 북쪽으로 꺾었을 때 읍하고, 碑와 일직선상에 당도했을 때 읍하는데, 이것을 三揖이라고 한다.

6. 凡升階皆讓, 賓､主敵者俱升, 不敵者不俱升.

일반적으로 계단을 올라갈 때 모두 양보를 하는데, 빈과 주인이 지위가 대등할 경우에는 함께 올라가고, 대등하지 않을 경우에는 함께 올라가지 않는다.

7. 凡升階皆連步,[1] 唯公所辭則栗階.[2]

일반적으로 계단을 올라갈 때에는 모두 連步로 올라가고, 오직 신하가 계단 아래에서 절하는 것을 군주가 사양할 경우에만 栗階로 올라간다.

---

1) 連步 : 한 발을 들어 한 계단을 오른 뒤 다른 발을 들어 나란히 모았다가 다시 올라가는 것으로, 계단을 오르는 방법 중 가장 느린 步法이다. 계단을 올라가는 법에는 모두 4가지가 있다. 첫째는 連步이고, 두 번째는 栗階, 세 번째는 歷階, 네 번째는 越階이다. 歷階는 처음부터 끝까지 連步 없이 한 계단에 한 발씩만 딛고 올라가는 것이고, 越階는 세 계단을 뛰어넘어 가는 것이다. 그러나 越階에 대해서는 설이 분분한데, 淩廷堪은 越階를 歷階와 같은 것으로 보았다.

2) 栗階 : 散等이라고도 한다. 처음에는 連步로 올라갔다가 두 번째 계단부터는 좌우 발을 각각 한 계단씩 올라가는 步法으로, 급히 가는 것을 표시한다. 일반적으로 신하가 계단 아래에서 절하는 것을 군주가 사양할 경우에만 이 방법으로 계단을 올라가지만, 또 두 계단을 한꺼번에 올라가지는 못한다.

8. 凡門外之拜皆東､西面, 堂上之拜皆北面.

일반적으로 문 밖에서 하는 절은 모두 동서향으로 마주하여 절하고, 당 위에서 하는 절은 모두 북향하여 절한다.

9. 凡室中､房中拜以西面爲敬, 堂下拜以北面爲敬.

일반적으로 室 안과 방 안에서의 절은 서향을 공경으로 삼고, 당 아래에서의 절은 북향을 공경으로 삼는다.

10. 凡臣與君行禮, 皆堂下再拜稽首, 異國之君亦如之.

일반적으로 신하가 군주와 예를 행할 때에는 모두 당 아래에서 재배계수하고, 다른 나라의 군주에게도 마찬가지로 한다.

11. 凡君待以客禮, 下拜則辭之, 然後升成拜.[3]

일반적으로 군주가 빈객의 예로 대할 경우에는 신하가 당을 내려가 절하면 군주가 사양하고, 그런 뒤에 신하가 당 위에 올라가 다시 재배계수한다.

12. 凡爲人使者不答拜.

일반적으로 남의 使者가 된 사람은 답배하지 않는다.

13. 凡拜送之禮, 送者拜, 去者不答拜.

일반적으로 절하여 전송하는 예는, 전송하는 사람은 절하고 떠나는 사람은 답배하지 않는다.

14. 凡丈夫之拜坐, 婦人之拜興; 丈夫之拜奠爵, 婦人之拜執爵.

일반적으로 장부의 절은 앉아서 하고 부인의 절은 일어나서 하며, 장부의 절은 술잔을 내려놓고 하고 부인의 절은 술잔을 들고 한다.

15. 凡婦人于丈夫皆俠拜.[4]

일반적으로 부인은 장부에 대해 모두 협배한다.

16. 凡婦人重拜則扱地.[5]

일반적으로 부인이 중한 절을 할 때에는 扱地한다.

17. 凡推手曰揖, 引手曰厭.

일반적으로 拱手하고 손을 밖으로 미는 것을 揖이라고 하고, 공수하고 손을 안으로 당기는 것을 厭이라고 한다.

---

3) 升成拜 : 신하가 당 아래에서 절한 뒤에 군주의 사양을 받으면 당 위에 올라가 다시 절하는 것을 이른다.

4) 俠拜 : 부인이 절하고, 장부가 절하고, 부인이 또 절하는 것을 이른다.

5) 扱地 : 손을 바닥에 닿게 하고 절하는 것으로, 다만 머리는 바닥에 닿지 않도록 한다. 부인의 절은 肅拜를 正拜로 삼아 모두 서서 하는데, 이 扱地만은 앉아서 한다. 남자의 稽首처럼 중한 부인의 절이다.

18. 凡送賓, 主人敵者于大門外, 主人尊者于大門內.

일반적으로 빈을 전송할 때, 주인이 빈과 지위가 대등할 경우에는 대문 밖에서 전송하고, 주인이 빈보다 지위가 높을 경우에는 대문 안에서 전송한다.

19. 凡君與臣行禮皆不送.

일반적으로 군주가 본국의 신하와 예를 행할 때에는 모두 전송하지 않는다.

通例 下

1. 凡授受之禮, 同面者謂之竝授受.

일반적으로 주고받는 예에, 두 사람이 같은 방향을 향하고서 주고받는 것을 竝授受라고 한다.

2. 凡授受之禮, 相鄉者謂之訝授受.

일반적으로 주고받는 예에, 두 사람이 마주보고 주고받는 것을 訝授受라고 한다.

3. 凡授受之禮, 敵者于楹間, 不敵者不于楹間.

일반적으로 주고받는 예에, 지위가 대등할 경우에는 당 위의 두 기둥 사이에서 주고받으며, 지위가 대등하지 않을 경우에는 두 기둥 사이에서 주고받지 않는다.

4. 凡相禮者之授受皆訝授受.

일반적으로 예를 돕는 사람이 주고받을 때에는 모두 訝授受로 주고받는다.

5. 凡卑者於尊者, 皆奠而不授; 若尊者辭, 乃授.

일반적으로 지위가 낮은 사람이 지위가 높은 사람에게는 모두 바닥에 놓아두고 직접 주지 않는데, 만약 높은 사람이 사양을 하면 이에 직접 준다.

6. 凡佐禮者, 在主人曰擯, 在客曰介.

일반적으로 예를 돕는 사람은, 주인 쪽에 있는 사람은 擯이라 하고 손님 쪽에 있는 사람은 介라고 한다.

7. 凡賓、主人禮, 盛者專階, 不盛者不專階.

일반적으로 빈과 주인의 예는, 성대할 경우에는 계단을 단독으로 차지하고, 성대하지 않을 경우에는 계단을 단독으로 차지하지 않는다.

8. 凡戒賓、宿賓, 宿者必先戒, 禮殺者則不宿.

일반적으로 戒賓(빈에게 알림)과 宿賓(빈에게 재차 알림)할 때, 숙빈을 하는 경우에는 반드시 먼저 계빈을 하고, 예를 줄일 경우에는 숙빈을 하지 않는다.

9. 凡賓升席自西方, 主人升席自北方.

일반적으로 빈은 자리에 오를 때 서쪽으로 오르고, 주인은 자리에 오를 때 북쪽으로 오른다.

10. 凡禮盛者必先盥.

일반적으로 예를 성대히 할 경우에는 반드시 먼저 손을 씻는다.

11. 凡降洗、降盥, 皆壹揖、壹讓升.

일반적으로 술잔을 씻으려고 당을 내려올 때와 손을 씻으려고 당을 내려올 때에는 모두 한 번 읍하고 한 번 사양을 한 뒤에 당에 올라간다.

12. 凡賓、主人敵者, 降則皆降.

일반적으로 빈과 주인이 지위가 대등할 경우, 당을 내려가야 할 경우에는 양쪽 모두 내려간다.

13. 凡一辭而許曰禮辭, 再辭而許曰固辭, 三辭不許曰終辭.

일반적으로 한번 사양하고 허락하는 것을 禮辭라 하고, 두 번째 사양하고 허락하는 것을 固辭라 하고, 세 번째 사양하고 허락하지 않는 것을 終辭라고 한다.

14. 凡庭洗設于阼階東南, 南北以堂深, 天子、諸侯當東霤, 卿、大夫、士當東榮, 水在洗東.

일반적으로 뜰에 놓아두는 南洗는 동쪽 계단의 동남쪽에 설치한다. 남북의 거리는 당의 깊이만큼 떨어지게 놓으며, 동서의 위치는 천자와 제후는 東霤와 일직선이 되는 곳에 놓고 경과 대부와 士는 東榮과 일직선이 되는 곳에 놓으며, 물은 세의 동쪽에 놓는다.

15. 凡內洗設于北堂上, 南北直室東隅, 東西直房戶與隅間.

일반적으로 內洗(北洗)는 北堂(東房의 북쪽) 위에 설치하는데, 남북으로는 室의 동쪽 모퉁이와 일직선상에 놓고, 동서로는 房戶와 모퉁이 사이 일직선상에 놓는다.

16. 凡設尊, 賓、主人敵者于房戶之間, 君臣則於東楹之西, 並兩壺, 有玄酒, 有禁.

일반적으로 술 단지를 진설할 때, 빈과 주인이 지위가 대등한 경우에는 東房과 室戶 사이에 놓고 군신 간이라면 당위 동쪽 기둥의 서쪽에 놓는다. 두 개의 술 단지를 나란히 놓는데, 그 중 하나에는 현주를 담으며, 禁(술 단지 받침대)을 둔다.

17. 凡醴尊皆設于房中, 側尊, 無玄酒.

일반적으로 예주를 담은 술 단지는 모두 東房 안에 진설하는데, 술 단지를 단독으로 놓고 현주는 없다.

18. 凡堂上之篚, 在尊南, 東肆.

일반적으로 당 위에 놓는 篚(대광주리)는 술 단지의 남쪽에 놓는데, 서쪽에서 동쪽으로 놓는다.

19. 凡堂下之篚, 在洗西, 南肆.

일반적으로 당 아래에 놓는 篚는 洗의 서쪽에 놓는데, 북쪽에서 남쪽으로 놓는다.

20. 凡陳鼎, 大夫·士, 門外北面, 北上; 諸侯, 門外南面, 西上. 反吉, 則西面.

일반적으로 鼎을 진열할 때, 대부와 士는 문 밖에 북향으로 북쪽을 상위로 하여 놓고, 제후는 문 밖에 남향으로 서쪽을 상위로 하여 놓는다. 길례와 반대로 할 경우(흉례)에는 서향으로 진설한다.

21. 凡設席, 南鄉·北鄉, 于神則西上, 于人則東上: 東鄉·西鄉, 于神則南上, 于人則北上.

일반적으로 자리를 진설할 때, 남향이나 북향으로 펼 때에는 신의 자리에 있어서는 서쪽을 상위로 하고 사람의 자리에 있어서는 동쪽을 상위로 하며, 동향이나 서향으로 펼 때에는 신의 자리에 있어서는 남쪽을 상위로 하고 사람의 자리에 있어서는 북쪽을 상위로 한다.

飮食之禮 上

1. 凡主人進賓之酒, 謂之獻.

일반적으로 주인이 빈에게 올리는 술을 獻이라고 이른다.

2. 凡賓報主人之酒, 謂之酢.

일반적으로 빈이 주인에게 보답하는 술을 酢이라고 이른다.

3. 凡主人先飮, 以勸賓之酒, 謂之酬.

일반적으로 주인이 먼저 마심으로써 빈에게 권하는 술을 酬라고 이른다.

4. 凡正獻旣畢之酒, 謂之旅酬.

일반적으로 正獻을 마친 뒤의 술을 旅酬라고 이른다.

5. 凡旅酬旣畢之酒, 謂之無算爵.

일반적으로 여수례를 마친 뒤의 술을 無算爵이라고 이른다.

6. 凡獻酒皆有薦, 禮盛者則設俎.

일반적으로 술을 올릴 때에는 모두 薦(포와 젓갈)이 있는데, 예를 성대히 할 경우에는 俎를 더 진설한다.

7. 凡薦脯·醢在升席先, 設俎在升席後.

일반적으로 포와 젓갈을 올리는 것은 자리에 올라가기 전에 있고, 俎를 진설하는 것은 자리에 올라간 뒤에 있다.

8. 凡獻酒, 禮盛者受爵于席前, 拜與卒爵于階上.

일반적으로 헌주례에, 예를 성대히 할 경우에는 자리 앞에서 술잔을 받고, 절하는 것과 잔의 술을 다 마시는 것은 당 위 동쪽 계단 윗쪽에서 한다.

9. 凡獻酒, 禮盛者則啐酒, 告旨.

일반적으로 헌주례에, 예를 성대히 할 경우에는 술을 조금 맛보고 맛이 좋다고 고한다.

10. 凡啐酒于席末, 告旨則降席拜.

일반적으로 술을 조금 맛보는 것은 자리 끝에서 하고, 맛이 좋다고 고하는 것은 자리에서 내려와 절하고 한다.

11. 凡獻酒, 禮盛者受爵、告旨、卒爵皆拜, 酢主人; 禮殺者不拜告旨; 又殺者, 不酢主人.

일반적으로 헌주례에, 예를 성대히 할 경우에는 술잔을 받을 때와, 맛이 좋다고 고할 때와, 잔의 술을 다 마셨을 때에 모두 절하고 주인에게 보답하는 술잔을 올린다. 예를 줄일 경우에는 절하고 맛이 좋다고 고하는 예를 행하지 않고, 예를 더욱 줄일 경우에는 주인에게 보답하는 술잔을 주지 않는다.

12. 凡酢, 如獻禮, 崇酒, 不告旨; 禮殺者, 則以虛爵授之.

일반적으로 보답하는 술을 올리는 것은 헌주할 때의 예와 같이 하지만, 맛없는 술을 소중하게 여겨준 데 대해 감사의 뜻을 표하고 맛이 좋다고 고하지는 않는다. 예를 줄일 경우에는 빈 술잔을 주고 스스로 술을 따라주지 않는다.

13. 凡賓告旨在卒爵前, 于席西拜. 主人崇酒在卒爵後, 于階上拜.

일반적으로 빈이 맛이 좋다고 고하는 것은 술을 다 마시기 전에 자리의 서쪽에서 절한 뒤에 행하고, 주인이 맛없는 술을 소중하게 여겨준 데 대해 감사의 뜻을 표하는 것은 술을 다 마신 뒤에 당위 계단 윗쪽에서 절을 하고 행한다.

14. 凡禮盛者坐卒爵, 禮殺者立卒爵.

일반적으로 예를 성대히 할 경우에는 앉아서 잔의 술을 다 마시고, 예를 줄일 경우에는 서서 잔의 술을 다 마신다.

15. 凡酬酒, 先自飮, 復酌, 奠而不授. 擧觶、媵爵亦如之.

일반적으로 수주는 먼저 자신이 스스로 술을 따라서 마시고 다시 술잔에 술을 따라서 놓아둘 뿐 직접 주지는 않는다. 잔을 들어 술을 권하거나 헌주례가 끝난 뒤 다시 헌주하여 술을 권할 때에도 이와 같이 한다.

16. 凡酬酒, 奠而不擧, 禮殺者則用爲旅酬、無算爵始.

일반적으로 수주는 술잔을 내려놓고 들어서 마시지는 않는다. 예를 줄일 경우에는 이 잔으로 여수례와 무산작례의 시작을 행한다.

17. 凡酬酒, 不拜洗.

일반적으로 수주례에는 잔을 씻는 것에 대해 절하지 않는다.

18. 凡獻工與笙, 于階上; 獻獲者與釋獲者, 于堂下; 獻祝與佐食, 于室中.

일반적으로 악공과 생황 연주자에게 술을 올리는 것은 당 위 계단 윗쪽에서 하고, 획자(과녁에 적중했는지를 알려주는 사람)와 석획자(점수를 기록하는 사람)에게는 당 아래에서, 축과 좌식에게는 室 안에서 술을 올린다.

飮食之禮 中

1. 凡一人擧觶爲旅酬始, 二人擧觶爲無算爵始.

일반적으로 한 사람이 觶를 들어 술을 권하는 것이 여수례의 시작이 되고, 두 사람이 치를 들어 술을 권하는 것이 무산작례의 시작이 된다.

2. 凡旅酬, 皆以尊酬卑, 謂之旅酬下爲上.[6]

일반적으로 여수례에는 모두 尊者가 낮은 사람에게 酬酒를 주니, 이를 일러 여수례는 아랫사람이 위가 된다고 이른다.

3. 凡旅酬, 不及獻酒者不與.

일반적으로 여수례에는 正獻 때 술잔을 받지 못한 사람은 여수례에 참여하지 못한다.

4. 凡旅酬, 皆拜, 不祭, 立飮.

일반적으로 여수례에는 모두 절하고, 고수레는 하지 않으며, 서서 마신다.

5. 凡旅酬, 不洗, 不拜旣爵.

일반적으로 여수례에는 잔을 씻지 않고 술을 채우며, 잔의 술을 다 마시고 난 뒤의 절을 하지 않는다.

6. 凡無算爵, 必先徹俎、降階.

일반적으로 무산작례는 반드시 먼저 俎를 거두고 계단을 내려온 뒤에 한다.

---

6) 《儀禮》〈鄕射禮〉 鄭玄注 : "旅酬下爲上, 尊之也." 賈公彦疏 : "云'旅酬下爲上, 尊之也'者, 以旅酬者少長以齒, 逮下之道, 前人雖卑, 其司正命之飮酒, 呼之稱謂尊於酬者, 故受酬者爲某子, 酬他爲某也.……何休云'爵最尊也', 鄭引之者, 證旅酬下爲上之義."
《與猶堂全書》〈中庸講義補〉 : "今按旅酬之法, 自君而賓, 次卿、次大夫、次士、次庶子、次小臣, 明明由尊而及卑, 自上而達下. 今乃曰'旅酬下爲上', 此千古疑按, 必不可解者. 天子、諸侯之祭禮, 今無存者, 然祭以象燕, 燕可以推祭也. 今按燕禮, 宰夫爲主人, 宰夫者大夫也. 以大夫之尊, 自降自洗, 以獻爵于樂工, 獻爵于諸士, 獻爵于庶子, 獻爵于小臣. 夫自上惠下曰賜, 自下供上曰獻, 而今乃以大夫之尊, 獻于工士, 獻于庶子, 以貴下賤, 孰有然者? 旅酬之下爲上, 其謂是矣. 其禮之以下爲上, 若是明著, 而古今諸家都無明解, 蕭山之說, 乃欲訓爲作被, 不亦迂矣."

7. 凡無算爵, 皆說屨升坐乃羞.

일반적으로 무산작례는 모두 신을 벗고 당에 올라가 앉으면 이어서 음식을 내온다.

8. 凡無算爵, 不拜, 唯受爵於君者拜.

일반적으로 무산작례에는 절하지 않으며, 오직 군주에게서 잔을 받을 경우에만 절한다.

9. 凡無算爵, 堂上、堂下執事者皆與.

일반적으로 무산작례에는 당 위와 당 아래의 집사자가 모두 참여한다.

10. 凡奠爵, 將擧者于右, 不擧者于左.

일반적으로 잔을 내려놓을 때 장차 들어서 마실 잔은 오른쪽에 놓고, 들어서 마시지 않을 잔은 왼쪽에 놓는다.

11. 凡君之酒曰膳, 臣之酒曰散.

일반적으로 군주의 술을 膳酒라 하고, 신하의 술을 散酒라 한다.

12. 凡食禮, 初食三飯, 卒食九飯.

일반적으로 식례 때 初食(正饌)에는 3번 밥을 먹고, 卒食(加饌)에는 9번 밥을 먹는다.

13. 凡設饌以豆爲本.[7]

일반적으로 음식을 진설하는 것은 豆를 근본으로 삼는다.

14. 凡正饌先設, 用黍、稷、俎、豆; 加饌後設, 用稻、粱、庶羞.

일반적으로 정찬은 먼저 진설하며 서·직·조·두를 쓰고, 가찬은 뒤에 진설하며 도·량·서수를 쓴다.

15. 凡初食加饌之稻、粱, 則用正饌之俎、豆; 卒食正饌之黍、稷, 則用加饌之庶羞.

일반적으로 初食에 가찬의 도·량을 썼으면 侑食에 정찬의 조·두를 쓰고, 卒食에 정찬의 서·직을 썼으면 侑食에 가찬의 서수를 쓴다.

16. 凡正饌醯醬、大羹湇, 加饌簠粱, 皆公親設.

일반적으로 정찬에는 혜장과 태갱읍을 쓰고 가찬에는 보에 담은 량을 쓰는데, 모두 공이 직접 진설한다.

17. 凡公親設之饌, 必坐遷之. 公親臨食, 必辭之.

일반적으로 공이 직접 진설한 음식은 빈이 반드시 앉아서 이 음식을 조금 옮긴다. 공이 食禮에 직접 참여하면 빈은 반드시 사양한다.

---

7) 두 가지 의미가 있다. 하나는 豆의 개수에 따라 다른 음식, 즉 籩·鉶·壺 등의 숫자도 豆를 기준으로 결정된다는 것이다. 예를 들어 豆가 8개면 簋는 8개, 鉶은 6개, 簠는 2개, 壺는 8개가 되며, 豆가 6개면 簋는 6개, 鉶은 4개, 簠는 2개, 壺는 6개가 된다. 다른 하나는 음식을 진설할 때 豆를 가장 먼저 진설한 뒤에 다른 음식들을 진설한다는 뜻이다.

18. 凡食禮有豆無籩, 飮酒之禮豆、籩皆有.

일반적으로 食禮에는 豆는 있고 籩이 없으며, 음주례에는 두와 변이 모두 있다.

19. 凡食賓以幣曰侑幣, 飮賓以幣曰酬幣.

일반적으로 빈에게 음식을 대접할 때 올리는 예물을 侑幣, 빈에게 술을 대접할 때 올리는 예물을 酬幣라고 한다.

20. 凡燕禮使宰夫爲主人, 食禮公自爲主人.

일반적으로 연례에는 재부에게 주인이 되도록 하고, 食禮에는 공이 스스로 주인이 된다.

飮食之例 下

1. 凡醴皆設柶, 用籩、豆.

일반적으로 예주를 쓸 때에는 모두 柶(숟가락)를 놓고 籩·豆의 음식을 진설한다.

2. 凡醴皆用觶, 不卒爵

일반적으로 예주를 쓸 때에는 모두 치를 사용하고 치 안의 술을 다 마시지 않는다.

3. 凡祭醴, 始扱一祭, 又扱再祭, 謂之祭醴三.

일반적으로 예주로 先人에게 祭(고수레)할 때에는 처음 술을 떠서 한 번 祭하고, 다시 술을 떠서 두 번에 나누어 제한다. 이것을 祭醴三이라고 한다.

4. 凡酌而無酬、酢曰醮.

일반적으로 따라주기만 하고 酬酒와 酢酒가 없는 것을 醮라고 한다.

5. 凡執爵皆左手, 祭薦皆右手.

일반적으로 祭할 때 잔을 잡는 것은 모두 왼손으로 하고, 薦(脯·醢 또는 菹·醢)을 祭하는 것은 모두 오른손으로 한다.

6. 凡祭薦者坐, 祭俎者興. 祭薦者執爵, 祭俎者奠爵.

일반적으로 薦을 祭할 경우에는 앉아서 하고, 俎의 음식을 祭할 경우에는 일어서서 한다. 천을 祭할 경우에는 잔을 잡고 하고, 俎의 음식을 祭할 경우에는 잔을 내려놓고 한다.

7. 凡祭薦不挩手, 祭俎則挩手.

일반적으로 천을 祭했을 때에는 손을 닦지 않고, 俎의 음식을 祭했을 때에는 손을 닦는다.

8. 凡祭酒, 禮盛者啐酒, 不盛者不啐酒; 祭肺, 禮盛者嚌肺, 不盛者不嚌肺.

일반적으로 술을 祭할 때, 예가 성대할 경우에는 술을 맛보고, 성대하지 않을 경우에는 술을 맛보지 않는다. 폐를 祭할 때, 예가 성대할 경우에는 폐를 맛보고, 성대하지 않을 경우에는 폐를 맛보지 않는다.

9. 凡祭皆于籩､豆之間,[8] 或上豆之間.[9]

일반적으로 祭는 모두 籩과 豆 사이에 하거나 上豆 사이에 한다.

10. 凡餕者亦祭.

일반적으로 대궁하는 경우에도 祭한다.

11. 凡飮酒, 君臣不相襲爵, 男女不相襲爵.

일반적으로 음주례에 군신 사이에는 상대방이 쓰던 술잔을 그대로 쓰지 않고, 남녀 간에는 상대방이 쓰던 술잔을 그대로 쓰지 않는다.

12. 凡脯､醢謂之薦, 出自東房.

일반적으로 포와 해를 薦이라고 이르니, 薦은 東房에서 내온다.

13. 凡牲皆用右胖, 唯變禮反吉用左胖.

일반적으로 희생은 모두 우반을 쓰고 변례와 흉례에만 좌반을 쓴다.

14. 凡牲二十一體, 謂之體解.

일반적으로 희생을 21체로 나누는 것을 體解라고 한다.

15. 凡牲七體, 謂之豚解.

일반적으로 희생을 7체로 나누는 것을 豚解라고 한다.

16. 凡肺皆有二, 一擧肺, 一祭肺.

일반적으로 폐는 모두 2종류가 있다. 하나는 擧肺(식용 폐)이고 다른 하나는 祭肺(고수레용 폐)이다.

17. 凡牲, 殺曰饔(옹), 生曰餼(희). 饔之屬皆陳于堂上下, 餼之屬皆陳于門內外.

일반적으로 희생은 죽인 것을 饔이라 하고, 살아 있는 것을 餼라고 한다. 죽인 희생들은 모두 당 위나 당 아래에 진열하고, 살아있는 희생들은 모두 문 안이나 밖에 진열한다.

18. 凡食于廟, 燕于寢, 鄕飮酒于庠.

일반적으로 食禮는 廟에서 행하고, 연례는 寢에서 행하고, 향음주례는 庠에서 행한다.

---

8) 祭皆于籩､豆之間 : 脯·醢·殽·羞·食·羹·酒·醴의 祭를 모두 포함한다.

9) 上豆 : 韭菹(부추 초절임), 醓醢(육즙장), 昌本(창포 뿌리), 麋臡(고라니고기 젓갈), 菁菹(순무 초절임), 鹿臡(사슴고기 젓갈)의 正饌 6豆를 이른다.《儀禮 公食大夫禮》

賓客之例

1. 凡賓至, 則使人郊勞.

일반적으로 빈이 도착하면 군주가 使者를 근교에 보내 위로한다.

2. 凡郊勞畢皆致館.

일반적으로 근교에서 위로하는 예가 끝나면 모두 빈에게 머물 숙소를 잡아 준다.

3. 凡賓至廟門, 皆設几筵.

일반적으로 빈이 祖廟의 문에 도착하면 모두 신을 위한 几筵을 진설한다.

4. 凡賓､主人相見, 皆行受摯之禮.

일반적으로 빈과 주인이 만날 때에는 모두 예물을 받는 예를 행한다.

5. 凡賓､主人受摯畢, 禮盛者則行享禮.[10)]

일반적으로 빈과 주인이 예물을 받는 예가 끝난 뒤 예가 성대할 경우에는 享禮를 행한다.

6. 凡賓､主人行禮畢, 主人待賓, 用醴則謂之醴, 不用醴則謂之儐.

일반적으로 빈과 주인이 예를 마치면 주인이 빈을 대접하는데, 이때 醴酒를 쓰면 醴라 하고 예주를 쓰지 않으면 儐이라고 한다.

7. 凡爲人使者, 正禮畢, 則行私覿或私面之禮.

일반적으로 사신으로 간 사람은 正禮가 끝나면 그 나라의 군주를 만나는 私覿이나 그 나라의 경대부를 만나는 私面의 예를 행한다.

8. 凡賓､主人禮畢, 皆還其摯.

일반적으로 빈과 주인은 예가 끝나면 모두 받은 예물을 되돌려준다.

9. 凡庭實之皮, 皆攝之, 內文. 入設于庭, 賓致命于堂, 則張皮于庭. 主人受幣, 則受皮者受之.

일반적으로 庭實로 바치는 가죽은 모두 접어서 털 무늬가 안쪽으로 가게 한다. 문을 들어가 뜰에 진열하는데, 빈이 당 위에서 명을 전하면 뜰에서는 무늬가 보이도록 가죽을 펼친다. 주인이 당 위에서 폐백을 받으면 가죽을 받는 사람이 뜰에서 가죽을 받는다.

10. 凡庭實之馬, 右牽之, 入設于庭, 賓授幣于堂則受馬者受馬于庭, 主人授其屬幣則馬出.

일반적으로 庭實로 바치는 말은 오른손으로 끌고 들어가 뜰에 늘어세운다. 빈이 당 위에서 주인에게 폐백을 주면 말을 받는 사람이 말을 뜰에서 받고, 주인이 그 屬吏에게 폐백을 주면 뜰에서는 말을 끌고 나간다.

---

10) 享禮 : 사신이 조빙한 나라의 군주에게 예물을 올리는 禮를 이른다.

11. 凡聘、覲禮畢,[11] 主人皆親勞賓.

일반적으로 빙례와 근례가 끝나면 주인이 모두 직접 빈을 위로한다.

12. 凡禮畢勞賓後, 則使人致禮于賓.

일반적으로 예가 끝나고 빈을 위로한 뒤에는 사람을 보내 빈에게 예를 베푼다.

13. 凡會同之禮, 四傳擯, 皆如覲禮.

일반적으로 會同의 예는 4명의 擯을 써서 명을 전하는데, 모두 근례 때처럼 한다.

14. 凡會同、巡守之禮, 皆祀方明.[12]

일반적으로 회동할 때와 순수할 때의 예는 모두 方明에 제사한다.

15. 凡天子於諸侯則傳擯, 諸侯於聘賓則旅擯.

일반적으로 천자가 제후에 대해서는 擯에게 명을 전하고, 제후가 빙문 온 賓에 대해서는 擯을 늘어세우기만 한다.

16. 凡相大禮皆上擯之事.

일반적으로 大禮를 돕는 것은 모두 上擯의 일이다.

17. 凡諸侯使人于諸侯謂之聘, 使人于大夫謂之問, 小聘亦謂之問.

일반적으로 제후가 제후에게 사람을 보내는 것을 聘이라고 한다. 제후가 대부에게 사람을 보내는 것을 問이라고 하며, 小聘도 問이라고 한다.

18. 凡聘、問、覲皆于廟, 會同于壇, 士相見于寢.

일반적으로 빙·문·근은 모두 廟에서 하고, 회동은 壇에서 하고, 士끼리 만날 때에는 寢에서 한다.

射例

1. 凡射皆三次, 初射, 三耦射, 不釋獲; 再射, 三耦與衆耦皆射; 三射, 以樂節射, 皆釋獲, 飮不勝者.

일반적으로 射禮는 모두 세 차례 쏜다. 初射 때는 三耦(2인 3조)가 쏘는데, 맞힌 수를 계산하지 않는다. 再射 때는 삼우와 衆耦가 모두 쏜다. 三射 때는 음악의 박자에 맞추어 쏘고 모두 맞힌 수를 계산하며 이기지 못한 사람에게 술을 먹인다.

---

11) 聘、覲禮 : '聘禮'는 제후국들 간에 서로 사자를 보내 우호를 다지는 예를 이르며, '覲禮'는 제후가 가을에 천자를 조현하는 예를 이른다.

12) 方明 : 上下四方의 神明을 형상한 것이다. 사방 4尺의 나무로 만들었으며, 6면의 각 면마다 그 방위에 맞는 색을 칠하고 옥을 박아 넣는다. 제후가 천자를 조현하거나 會盟할 때 또는 천자가 제사할 때 설치한다.

2. 凡再射､三射, 皆先升射, 次取矢加楅(복), 次數獲, 次飮不勝者, 次拾取矢, 唯初射不數獲, 不飮.

일반적으로 再射와 三射 때에는 모두 먼저 당에 올라가 쏜다. 다음에는 화살을 가져와서 楅(화살을 꽂아두는 나무틀)에 올려놓고, 다음에는 맞힌 수를 계산하고, 다음에는 이기지 못한 사람에게 술을 먹이고, 다음에는 쏠 화살을 직접 교대로 가져온다. 初射 때만 맞힌 수를 계산하지 않고 술도 먹이지 않는다.

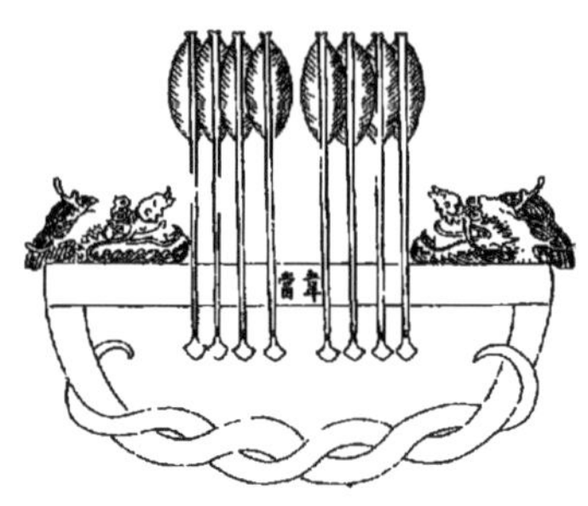

楅 (欽定儀禮義疏)

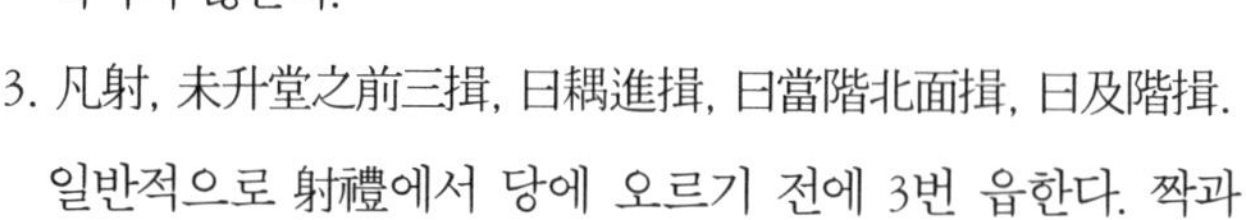

3. 凡射, 未升堂之前三揖, 曰耦進揖, 曰當階北面揖, 曰及階揖.

일반적으로 射禮에서 당에 오르기 전에 3번 읍한다. 짝과 나란히 동쪽으로 나아가려고 할 때 읍하고, 동쪽으로 나아오다가 서쪽 계단과 일직선상에 왔을 때 읍하고, 북쪽으로 나아가다가 계단 앞에 이르렀을 때 읍한다.

4. 凡射, 旣升堂之後三揖, 曰升堂揖, 曰當物北面揖, 曰及物揖.

일반적으로 射禮에서 당에 올라간 뒤에 3번 읍한다. 당에 올랐을 때 읍하고, 동쪽으로 나아가다가 物(활 쏘는 자리)과 일직선상에 왔을 때 읍하고, 북쪽으로 나아가다가 物 앞에 이르렀을 때 읍한다.

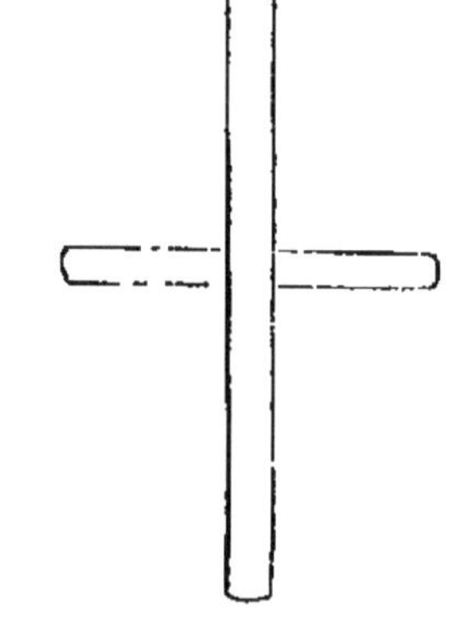

物 (欽定儀禮義疏)

5. 凡射後二揖 , 曰卒射揖, 曰降階與升射者相左交于階前揖.

일반적으로 활을 쏜 뒤에 2번 읍한다. 활을 다 쏘고 나서 읍하고, 계단을 내려오는 사람과 활을 쏘려고 올라가는 사람이 서쪽 계단 앞에서 서로 왼쪽 어깨가 교차할 때 읍한다.

6. 凡拾取矢前四揖, 曰耦進揖, 曰當楅北面揖, 曰及楅揖, 曰上射進坐揖.

일반적으로 화살을 교대로 가져오기 전에 4번 읍한다. 짝과 나란히 나아가려할 때 읍하고, 동쪽으로 나아가다가 楅과 일직선상에 왔을 때 읍하고, 북쪽으로 나아가다가 복에 이르렀을 때 읍하고, 上射가 나아가 복 앞에 앉으려 할 때 읍한다.

7. 凡拾取矢, 上射､下射各四揖. 若兼取矢, 則上射､下射各一揖.

일반적으로 화살을 교대로 가져올 때 상사와 하사가 각각 4번씩 읍한다. 만약 4개의 화살을 한꺼번에 가져오게 되면 상사와 하사가 각각 1번씩 읍한다.

8. 凡拾取矢後四揖, 曰旣拾取矢揖, 曰左還揖, 曰北面搢三挾一个揖, 曰旣退與進者相左揖.

일반적으로 화살을 교대로 가져온 뒤 4번 읍한다. 화살을 교대로 가져온 뒤에 읍하고, 왼쪽으로 돌아서 읍하고, 남쪽으로 나아오다가 북향하고 화살 3개는 허리에 꽂고 남은 1개는 손가락에 끼우고서 읍하고, 물러나오는 짝과 나아가는 다음 짝이 서로 왼쪽 어깨가 교차할 때 읍한다.

9. 凡飮不勝者, 未升堂之前三揖, 日耦進揖, 日當階北面揖, 日及階揖.

일반적으로 이기지 못한 사람에게 술을 먹일 때 당에 올라가기 전에 3번 읍한다. 짝과 나란히 나아가려 할 때 읍하고, 서쪽 계단과 일직선상에 왔을 때 북향하여 읍하고, 서쪽 계단에 이르렀을 때 읍한다.

10. 凡飮不勝者, 旣飮之後二揖, 日卒觶揖, 日降階與升飮者相左交于階前揖.

일반적으로 이기지 못한 사람에게 술을 먹일 때, 술을 다 마신 뒤에 2번 읍한다. 觶(술잔)의 술을 다 마신 뒤에 읍하고, 계단을 내려오는 사람과 술을 마시려고 올라가는 사람이 서쪽 계단 앞에서 서로 왼쪽 어깨가 교차할 때 읍한다.

11. 凡設楅于中庭, 南當洗, 東肆.

일반적으로 楅을 동서로는 뜰의 중앙에, 남북으로는 洗와 일직선이 되는 곳에 설치하는데, 楅을 서쪽에서 동쪽으로 가도록 놓는다.

鹿中
(欽定儀禮義疏)

12. 凡設中, 南當楅, 西當西序, 東面.

일반적으로 中(산대를 담아두는 통)을 설치하는데, 남북으로는 楅과 일직선이 되고 동서로는 西序와 일직선이 되는 곳에 동향하도록 놓는다.

13. 凡有事于射則袒, 無事于射則襲.

일반적으로 활을 쏠 때 일이 있으면 袒(겉옷 왼쪽 소매를 벗음)을 하고 활을 쏠 때 일이 없으면 왼쪽 소매를 다시 껴입는다.

14. 凡飮不勝者, 尊者不勝則卑者不升, 卑者不勝則升堂特飮.

일반적으로 이기지 못한 사람에게 술을 먹일 때, 尊者가 이기지 못하면 卑者는 당에 올라가지 않으며 卑者가 이기지 못하면 당에 올라가 혼자 마신다.

15. 凡公射, 小射正贊決拾, 小臣正贊袒, 大射正授弓, 小臣師授矢; 卒射, 小臣正贊襲.

일반적으로 군주가 射禮에 참여하면 小射正이 군주의 決과 拾을 돕고 小臣正이 군주의 袒을 도우며 大射正이 군주에게 활을 주고 小臣師가 화살을 준다. 활을 다 쏘고 나면 소신정이 군주의 襲을 돕는다.

16. 凡公不勝飮公, 則侍射者飮夾爵.[13]

일반적으로 군주가 이기지 못하여 군주에게 술을 먹일 경우에는 모시고 쏜 사람이 夾爵을 마신다.

---

13) 夾爵 : 군주에게 벌주를 마시게 할 때는 賓이 먼저 한 잔을 마시고 군주가 술을 다 마시기를 기다렸다가 다시 한잔을 마시는 것을 이른다.

17. 凡大射, 三耦拾取矢, 則司射命之; 諸公卿大夫拾取矢, 則小射正作之.

일반적으로 대사례에 三耦가 화살을 교대로 가져올 때는 司射가 명하고, 여러 공·경·대부가 화살을 교대로 가져올 때는 小射正이 명한다.

18. 凡射者之事及釋獲者之事, 皆司射統之.

일반적으로 射者의 일과 석획자의 일은 모두 사사가 통솔한다.

19. 凡獲者之事, 皆司馬統之.

일반적으로 획자의 일은 모두 사마가 통솔한다.

20. 凡鄕射于序, 大射于澤宮.

일반적으로 향사례는 序에서 하고 대사례는 澤宮에서 한다.

變例

1. 凡始卒于室, 小斂後則奉尸于堂.

일반적으로 始卒은 정침의 適室에서 하고, 소렴 후에는 시신을 당으로 모신다.

2. 凡大斂于阼階上, 旣殯則于西階上.

일반적으로 대렴은 당 위의 동쪽 계단 윗쪽에서 하고, 殯을 마치는 것은 당 위의 서쪽 계단 윗쪽에서 한다.

3. 凡尸柩皆南首, 唯朝祖及葬始北首.

일반적으로 시신을 넣은 널은 모두 머리를 남쪽으로 두는데, 조묘에 알현할 때와 매장을 시작할 때만은 머리를 북쪽으로 둔다.

4. 凡楔齒、綴足爲奉體魄之始, 奠脯、醢爲事精神之始.

일반적으로 楔齒와 綴足은 시신의 체백을 받드는 시작이고, 脯와 醢를 올리는 것은 死者의 정신을 섬기는 시작이다.

5. 凡始卒、小斂、大斂、朝夕哭、朔月薦新、遷柩朝廟、祖、大遣, 皆奠.

일반적으로 始卒 때, 소렴 때, 대렴 때, 조석곡 때, 매달 초하루와 천신을 올릴 때, 널을 옮겨 조묘에 알현할 때, 묘지로 길을 떠나기 시작할 때, 발인할 때 모두 전을 올린다.

6. 凡奠, 小斂以前皆在尸東, 大斂以後皆在室中, 遷祖以後皆在柩西, 旣還車則在柩東.

일반적으로 奠은 소렴을 행하기 전에는 모두 시신의 동쪽에 올리고, 대렴을 행한 후에는 모두 室 안에 올리며, 널을 옮겨 조묘에 알현한 후에는 모두 널의 서쪽에 올리고, 廟에서 떠나려고

수레의 방향을 돌린 뒤에는 널의 동쪽에 올린다.

7. 凡奠席皆東面設之, 無席之奠則統于尸.

일반적으로 席에 奠을 올릴 때에는 모두 동향으로 진설하고, 席 없이 전을 올릴 때에는 시신을 기준으로 올린다.

8. 凡奠于殯宮, 皆饋于下室, 唯朔月及薦新不饋.

일반적으로 殯宮(정침)에 올리는 奠은 모두 下室(내당)에서 서직을 올리는데, 삭월전과 천신은 이미 殷奠이기 때문에 서직을 올리지 않는다.

9. 凡朝廟奠、祖奠、大遣奠, 皆薦車馬.

일반적으로 조묘전·조전·대견전에는 모두 거마를 늘어세운다.

10. 凡將奠, 皆先饌於東方, 徹則設于西方.

일반적으로 奠을 올리려 할 때에는 모두 먼저 東方에 진열하고, 거둔 것은 西方에 진열한다.

11. 凡奠于堂室者, 陳、徹皆升自阼階, 降自西階. 奠于庭者, 陳由重北而西, 徹由重南而東.

일반적으로 당이나 室에 奠을 올릴 경우, 진설하거나 거둘 때 모두 동쪽 계단으로 당에 오르고 서쪽 계단으로 당을 내려온다. 뜰에 奠을 올릴 경우, 진설할 때는 重의 북쪽을 돌아 서향하여 진설하고, 거둘 때에는 重의 남쪽을 돌아 동향하여 거둔다.

12. 凡奠, 升自阼階, 丈夫踊; 降自西階, 婦人踊; 奠者由重南東, 丈夫踊; 謂之要節而踊.

일반적으로 奠을 올릴 때, 전을 올리는 사람이 동쪽 계단으로 당에 올라갈 때 장부가 踊을 하고, 전을 올리고 서쪽 계단으로 당을 내려올 때 부인이 踊을 하며, 전을 올린 사람이 重의 남쪽으로 돌아 동쪽 자리로 돌아갈 때 장부가 踊을 한다. 이것을 踊을 할 순서가 되면 踊을 한다고 이른다.

13. 凡柩朝祖如大斂奠, 朝禰如小斂奠.

일반적으로 널을 조묘에 알현시킬 때 올리는 奠은 대렴전과 같이하고, 녜묘에 알현시킬 때는 소렴전과 같이 올린다.

14. 凡重置于中庭, 三分庭一在南.

일반적으로 重을 中庭에 둘 때에는 뜰을 3등분하여 남쪽으로 3분의 1되는 지점에 둔다.

15. 凡凶事無洗, 或設盥于堂下, 或設盥于門外.

일반적으로 흉사에는 洗가 없고 당 아래에 盥을 두거나 문 밖에 盥을 둔다.

16. 凡君使人弔、襚、賵, 主人皆拜稽顙成踊, 非君之弔、襚、賵則拜而不踴.

일반적으로 군주가 사람을 보내 조문하거나, 襚衣를 보내거나, 賵物(車馬)을 보내면 주인은 모두 배수계상하고 成踊(세 번씩 세 차례 踊하는 것)을 한다. 군주의 조·수·봉이 아니면 절은 하지만 踊은 하지 않는다.

17. 凡君臨大斂, 則主人拜稽顙成踊.

일반적으로 군주가 직접 대렴을 보러 오면 주인은 배수계상하고 成踊한다.

18. 凡弔、襚、賵、贈、奠, 於死者皆不拜.

일반적으로 조·수·봉·증(死者에게 보내는 부장물)·奠을 올릴 경우에 死者에게는 모두 절하지 않는다.

19. 凡主人之位, 小斂前在尸東, 小斂後在阼階下, 謂之內位; 旣殯在門外, 謂之外位.

일반적으로 주인의 자리는 소렴하기 전에는 시신의 동쪽에 서고 소렴한 후에는 동쪽 계단 아래에 서는데, 이것을 內位라고 한다. 殯을 마치고 나면 묘문 밖에 서는데, 이것을 外位라고 한다.

20. 凡婦人之位, 小斂前在尸西, 小斂後至旣殯皆在阼階上, 柩將行, 始降在階間.

일반적으로 부인의 자리는 소렴하기 전에는 시신의 서쪽에 있고, 소렴한 후부터 殯을 마칠 때까지는 모두 당의 동쪽 계단 윗쪽에 있으며, 널이 출행하려고 할 때 비로소 당을 내려와 계단 사이에 선다.

21. 凡凶事交相右, 吉事交相左.

일반적으로 흉사에는 당을 오르내릴 때 올라가는 사람과 내려오는 사람이 서로 오른쪽 어깨가 교차되도록 하고, 길사에는 왼쪽 어깨가 교차되도록 한다.

祭例 上

1. 凡士祭, 尸九飯. 大夫祭, 尸十一飯.

일반적으로 士의 제사에는 시동이 9반 하고, 대부의 제사에는 시동이 11반 한다.

2. 凡尸飯, 擧脊爲食之始, 擧肩爲食之終.

일반적으로 시동이 밥을 먹을 때 희생의 脊을 먹는 것이 食禮의 시작이 되고, 肩을 먹는 것이 食禮의 마지막이 된다.

3. 凡尸所食, 皆加于肵俎, 若虞祭, 則以篚代之.

일반적으로 시동이 먹던 음식은 모두 肵俎 위에 올려놓는데, 우제 때는 篚로 대신한다.

4. 凡肵俎皆載心、舌, 尸未入, 先設于阼階西.

일반적으로 肵俎에는 모두 희생의 염통과 혀를 담아서 시동이 室로 들어가기 전에 먼저 동쪽 계단의 서쪽에 진열한다.

5. 凡尸所食之肺、脊, 必先奠于菹豆, 尸卒食, 佐食始受之, 加于肵俎.

일반적으로 시동이 먹고 남은 희생의 폐와 正脊은 반드시 먼저 菹豆 위에 올려놓았다가 시동이 밥을 다 먹고 난 뒤에야 좌식이 시동에게서 받아 肵俎 위에 올려놓는다.

6. 凡尸未食前之祭, 謂之墮祭, 又謂之挼祭.

일반적으로 시동이 음식을 먹기 전에 하는 祭(이 음식을 최초로 만든 先人에게 고수레하는 것)를 墮祭라고 하고 또 挼祭라고 한다.

7. 凡主人受尸嘏挼祭, 尸酢主婦亦挼祭.

일반적으로 주인이 시동에게 嘏辭를 받을 때 挼祭하며, 시동이 주부에게 답잔을 줄 때에도 타제한다.

8. 凡尸未入室之前, 設饌于奧, 謂之陰厭.

일반적으로 시동이 아직 室에 들어가기 전에 실의 奧(서남쪽 모퉁이)에 음식을 진설하는 것을 '음염'이라고 한다.

9. 凡尸旣出室之後, 改饌于西北隅, 謂之陽厭.

일반적으로 시동이 室을 나간 뒤에 실의 서북쪽 모퉁이(屋漏)에 다시 진설하는 것을 陽厭이라고 한다.

10. 凡卒食酳尸, 皆主人初獻, 主婦亞獻, 賓長三獻.

일반적으로 시동이 음식을 다 먹고 나면 시동에게 입가심하도록 술을 올리는데, 모두 주인이 초헌하고 주부가 아헌하고 빈장이 삼헌한다.

11. 凡獻尸畢, 皆獻祝及佐食.

일반적으로 시동에게 헌주한 뒤에 모두 祝과 佐食에게 헌주한다.

12. 凡主人初獻, 從俎皆以肝; 主婦亞獻、賓長三獻, 從俎皆以燔; 主人、主婦獻祝亦如之.

일반적으로 주인이 초헌할 때 따라 올리는 俎는 모두 肝俎를 올리고, 주부가 아헌할 때와 빈장이 삼헌할 때 따라 올리는 俎는 모두 燔俎를 올린다. 주인과 주부가 축에게 술을 올릴 때도 마찬가지로 한다.

13. 凡餕, 士禮二人, 大夫禮四人, 餕畢亦有獻酢.

일반적으로 준례에 士禮는 2명이 대궁을 먹고 대부례는 4명이 대궁을 먹는다. 준례가 끝나면 마찬가지로 헌주와 酢酒의 예가 있다.

14. 凡祭, 尸不就洗, 別設槃匜待之.

일반적으로 제사 때 시동은 洗가 있는 곳으로 나아가지 않으며 시동을 위해 별도로 槃匜를 진설해 놓고 기다린다.

祭例 下

1. 凡儐尸之禮, 唯尸、侑及主人備三獻, 自主婦以下皆一獻禮成.

일반적으로 빈시례(시동을 빈객으로 대접하는 예)는 시동·유·주인에게만 三獻을 갖추고 주부 이하의 사람에게는 모두 一獻으로 예가 이루어진다.

2. 凡儐尸, 主人獻, 其從獻皆用羊; 主婦獻, 其從獻皆用豕; 上賓獻, 其從獻皆用魚.

일반적으로 빈시례에 주인이 헌주할 때 따라 올리는 음식은 모두 羊牲을 사용하고, 주부가 헌주할 때 따라 올리는 음식은 모두 豕牲을 사용하며, 상빈이 헌주할 때 따라 올리는 음식은 모두 물고기를 사용한다.

3. 凡儐尸, 羊俎爲正俎, 其餘皆以二俎益送之.

일반적으로 빈시례에 羊俎가 正俎가 되며, 나머지 俎는 모두 2개씩의 조를 더 보태서 올린 것이다.

4. 凡士祭, 正獻後加爵三; 下大夫祭, 正獻後加爵二; 儐尸, 則正獻後加爵一.

일반적으로 士의 제사는 正獻 뒤에 加爵이 3번이고, 하대부의 제사는 정헌 뒤에 가작이 2번이며, 빈시례는 정헌 뒤에 가작이 1번이다.

5. 凡致爵, 皆在賓三獻之間, 加爵亦致. 若儐尸, 則於堂上獻尸、侑時行之.

일반적으로 주인과 주부가 서로에게 술잔을 보내는 것은 모두 빈장이 시동에게 삼헌을 올리는 사이에 있으며, 중빈장과 장형제가 加爵할 때에도 주인과 주부에게 술잔을 보낸다. 儐尸 때에는 당 위에서 시동과 侑에게 헌주할 때 주인과 주부에게 술잔을 보낸다.

6. 凡不儐尸之祭, 賓三獻爵止, 則均神惠于室; 加爵者爵止, 則均神惠于庭.

일반적으로 儐尸하지 않는 제사(하대부의 제사) 때 빈장이 三獻하면 시동이 마시지 않고 술잔을 내려놓는 것은 신의 은혜를 室 안에 있는 사람들과 고루 나누기 위해서이고, 加爵했을 때 마시지 않고 술잔을 내려놓는 것은 신의 은혜를 뜰에 있는 사람들과 고루 나누기 위해서이다.

7. 凡祭, 陰厭則薦豆設俎, 尸飯則加豆, 亞獻則薦籩. 若將儐尸, 則正獻不薦.

일반적으로 제례에 음염 때는 豆를 올리고 俎를 진설하며, 시동이 밥을 먹을 때는 두를 더 올리고, 아헌 때는 籩을 올린다. 儐尸를 행하려면 正獻 때는 변을 올리지 않는다.

8. 凡始虞之祭謂之祫事, 再虞之祭謂之虞事, 三虞卒哭之祭謂之成事.

일반적으로 초우의 제사를 祫事, 재우의 제사를 虞事, 삼우졸곡의 제사를 成事라고 한다.

9. 凡卒哭明日祔廟之祭謂之祔.

일반적으로 졸곡제를 지낸 다음날 조묘에 합부하는 제사를 부제라고 한다.

10. 凡朞而祭謂之小祥, 又朞而祭謂之大祥, 大祥間一月之祭謂之禫.

일반적으로 죽은 지 일주년이 되었을 때 지내는 제사를 소상제라 하고, 다시 일주년이 되었을 때 지내는 제사를 대상제라 하며, 대상제를 지낸 뒤 한 달을 걸러 지내는 제사를 담제라고 한다.

11. 凡虞祭, 無肵俎, 不致爵、不加爵. 獻尸畢, 不獻賓、不旅酬、不養.

일반적으로 우제에는 시동을 위한 肵俎가 없으며, 주인과 주부가 서로에게 술잔을 보내는 예를 행하지 않으며 加爵도 하지 않는다. 또한 시동에게 삼헌한 뒤에 빈에게 헌주하지 않고, 여수례를 하지 않으며, 준례(대궁하는 예)도 하지 않는다.

12. 凡卒哭祭畢, 餞尸于廟門外, 亦三獻.

일반적으로 졸곡제가 끝난 뒤 묘문 밖에서 시동을 전별하는 예를 행하는데, 이때에도 삼헌을 한다.

13. 凡士祭, 加爵後, 嗣子入擧奠. 大夫祭, 則不擧奠.

일반적으로 士의 제사에는 加爵한 뒤에 嗣子가 室로 들어가 음염 때 祝이 올렸던 술을 마신다. 대부의 제사에는 嗣子가 擧奠을 하지 않는다.

14. 凡正祭于室, 儐尸則于堂.

일반적으로 正祭는 室 안에서 행하고 儐尸는 당 위에서 행한다.

15. 凡尸在室中皆東面, 在堂上則南面.

일반적으로 시동은 室 안에서는 모두 동향하고 당 위에서는 남향한다.

16. 凡祭畢告利成, 士禮則祝、主人立于戶外, 大夫禮則祝、主人立于階上.

일반적으로 제사가 끝나면 주인에게 "공양하는 예가 이루어졌습니다."라고 고하는데, 士의 제사에는 祝과 주인이 室戶 밖에 서서 행하고, 대부의 제사에는 축과 주인이 당 위 계단 위쪽에 서서 행한다.

器服之例 上

1. 凡所以馮者曰几, 所以藉者曰席.

일반적으로 기대는 기물을 几라 하고, 바닥에 까는 기물을 席이라고 한다.

2. 凡盛水之器曰罍, 斞水之器曰枓, 棄水之器曰洗.

일반적으로 물을 담아놓는 기물을 罍(뢰)라 하고, 물을 뜨는 기물을 枓(주)라 하며, 물을 버리는 기물을 洗라고 한다.

3. 凡盛酒之器曰尊, 斞酒之器曰勺.

일반적으로 술을 담아놓는 기물을 尊(준)이라 하고, 술을 뜨는 기물을 勺이라고 한다.

4. 凡酌酒而飲之器曰爵.

일반적으로 술을 따라 마시는 기물을 爵이라고 한다.

5. 凡亨牲體之器曰鑊.

일반적으로 생체를 익히는 기물을 鑊이라고 한다.

6. 凡升牲體之器曰鼎, 出牲體之器曰朼.

일반적으로 생체를 담아놓는 기물을 鼎이라 하고, 생체를 정에서 꺼내는 기물을 朼라고 한다.

7. 凡載牲體之器曰俎.

일반적으로 생체를 담는 기물을 俎라고 한다.

8. 凡盛濡物之器曰甕, 實濡物之器曰豆.

일반적으로 젖은 음식을 담아놓는 기물을 甕(옹)이라 하고, 젖은 음식을 담는 기물을 豆라고 한다.

9. 凡實乾物之器曰籩.

일반적으로 마른 음식을 담는 기물을 籩이라고 한다.

10. 凡盛黍、稷之器曰簋、曰敦, 盛稻、粱之器曰簠.

일반적으로 黍와 稷을 담아놓는 기물을 簋(궤) 또는 敦(대)라 하고, 稻와 粱을 담아놓는 기물을 簠(보)라고 한다.

11. 凡實羹之器曰鉶, 實大羹之器曰鐙.

일반적으로 갱(육수에 채소를 넣은 국)을 담는 기물을 鉶(형)이라 하고, 태갱(육수에 조미하지 않은 국)을 담는 기물을 鐙(등)이라 한다.

12. 凡扱醴、扱羹之器皆曰柶.

일반적으로 예주를 뜨거나 갱을 뜨는 기물을 모두 柶라고 한다.

13. 凡相見, 君則以玉爲摯, 臣則以禽幣爲摯.

일반적으로 상견례에 군주는 옥을 예물로 쓰고, 신하는 금수와 束帛을 예물로 쓴다.

14. 凡相見, 婦人則以棗、栗、腶脩爲摯.

일반적으로 상견례에 신부는 대추·밤·腶脩(생강과 계피를 첨가한 육포)를 예물로 쓴다.

15. 凡藉玉之器曰繅.

일반적으로 옥을 받치는 기물을 繅(조)라고 한다.

16. 凡盛婦摯之器曰笲, 夫人則曰竹簋方.

일반적으로 신부의 예물을 담는 기물을 笲(번)이라 하고, 부인의 예물을 담는 기물을 竹簋方이라고 한다.

17. 凡射者之器曰弓、曰矢、曰決、曰拾.

일반적으로 활 쏘는 사람의 기물을 弓·尸·決(손가락에 끼는 깍지)·拾(팔 토시)이라고 한다.

18. 凡獲者之器曰旌、曰乏、曰侯.

일반적으로 獲者(적중 여부를 알려주는 사람)의 기물을 旌(깃발)·乏(화살을 막는 보호 장구)·侯(과녁)라고 한다.

19. 凡釋獲者之器曰中、曰籌.

일반적으로 釋獲者(점수를 기록하는 사람)의 기물을 中(산가지를 담는 통)·籌(주. 산가지)라고 한다.

20. 凡取矢之器曰楅, 飮不勝者之器曰豐.

일반적으로 화살을 가져다가 꽂아놓는 기물을 楅(복)이라 하고, 이기지 못한 사람에게 술을 마시게 할 때 사용하는 기물을 豐(굽이 달린 잔대)이라고 한다.

器服之例 下

1. 凡衣與冠同色, 裳與韠同色, 屨與裳同色.

일반적으로 상의와 冠은 같은 색으로 하고, 下裳과 韠(필. 폐슬)은 같은 색으로 하며, 신발과 下裳은 같은 색으로 한다.

2. 凡士冠禮, 賓、主人、兄弟、擯者、贊者及冠者初加, 見君與卿大夫、鄕先生, 皆用玄端.

일반적으로 士의 관례에 빈·주인·형제·擯者·贊者 및 冠者가 始加할 때, 관자가 관례를 마치고 군주·경대부·향선생을 알현할 때 모두 현단복을 입는다.

3. 凡士昏禮, 使者、主人、壻從者, 皆用玄端.

일반적으로 士의 혼례에 신랑의 使者·주인·신랑을 따라온 有司는 모두 현단복을 입는다.

4. 凡鄕飮酒、鄕射之禮, 息司正, 皆用玄端.

일반적으로 향음주례와 향사례에 의식을 마치고 司正을 위로할 때 모두 현단복을 입는다.

5. 凡士祭禮, 筮日、筮尸、宿尸、宿賓、視濯、視殺, 正祭, 尸、主人、祝、佐食, 皆用玄端.

일반적으로 士의 제례에 筮日(제사지낼 날을 시초점으로 정함), 筮尸(시동을 시초점으로 정함), 宿尸(시동에게 하루 전에 재차 알림), 宿賓(빈에게 하루 전에 재차 알림), 視濯(제기가 정갈한지 살핌), 視殺(희생 잡는 것을 살핌) 때와 正祭 때 시동·주인·축·좌식이 모두 현단복을 입는다.

6. 凡士冠禮, 筮日、筮賓、宿賓、爲期, 皆用朝服.

일반적으로 士의 관례에 筮日·筮賓·宿賓·爲期(행례의 시간을 정함) 때 모두 朝服을 입는다.

7. 凡飮、射、燕、食之禮, 皆用朝服.

일반적으로 음주례·사례·연례·食禮를 행할 때 주인과 빈은 모두 朝服을 입는다.

8. 凡聘禮, 君授使者幣, 使者受命及釋幣于禰, 肄儀, 聘畢歸反命, 皆用朝服.

일반적으로 빙례에 군주가 使者에게 예물을 줄 때, 使者가 군주에게서 명을 받을 때와 녜묘에 예물을 올릴 때, 빙례의 위의를 익힐 때, 빙례를 마치고 돌아가 복명 할 때, 모두 朝服을 입는다.

9. 凡聘禮, 賓至所聘之國, 展幣, 辭饔、餼, 問卿, 上介問下大夫, 士介受餼, 皆用朝服.

일반적으로 빙례에 빈이 빙문할 나라의 국경에 이르러 예물을 늘어놓고 점검할 때, 主國의 군주가 보낸 죽은 희생과 살아있는 희생을 사양할 때, 경을 사적으로 만날 때, 上介가 하대부를 사적으로 만날 때, 상개가 희를 받을 때, 모두 朝服을 입는다.

10. 凡聘禮, 主國之君使卿郊勞, 宰夫設飧, 致士介餼, 卿接聘賓, 君不親食使大夫致侑幣, 皆用朝服.

일반적으로 빙례에 主國의 군주가 경을 근교에 보내 위로할 때, 主國의 宰夫가 飧(손. 희생의 날 것과 익힌 것만 있고 살아있는 희생은 없는 것)을 객관에 진설할 때, 군주가 士介에게 살아있는 희생을 보낼 때, 경이 빙문 온 빈을 접대할 때, 군주가 직접 함께 식사하지 않을 경우 대부를 시켜 侑幣(더하여 보내는 예물)를 보낼 때, 모두 朝服을 입는다.

11. 凡士祭禮正祭, 賓及兄弟、助祭者, 皆用朝服.

일반적으로 士의 제례 중 正祭 때 빈·형제·제사를 돕는 사람은 모두 朝服을 입는다.

12. 凡大夫祭禮, 皆用朝服.

일반적으로 대부의 제례에는 모두 朝服을 입는다.

13. 凡士冠禮再加, 聘禮行聘、還玉、賓受饔、餼, 覲禮郊勞, 士喪禮襲, 既夕禮乘車所載, 皆用皮弁服.

일반적으로 士의 관례 중 再加 때, 빙례 중 빙례를 행할 때, 빙례 중 군주가 빈에게 옥을 돌려줄 때, 빙례 중 빈이 죽은 희생과 살아있는 희생을 받을 때, 근례 중 교외에서 빈을 위로 할 때, 士의 상례 중 襲禮 때, 士의 기석례 중 수레를 늘어세우고 여기에 부장물을 실을 때, 모두 피변복을 입는다.

14. 凡士冠禮三加, 士昏禮親迎, 士復, 士襲, 皆用爵弁服.

일반적으로 士의 관례 중 三加 때, 士의 혼례 중 친영 때, 士의 상례 중 復(死者의 혼을 부르는 것)할 때, 士의 상례 중 습례 때, 모두 작변복을 입는다.

15. 凡聘禮, 君使卿歸賓饔餼, 下大夫歸上介饔、餼, 夫人使下大夫歸禮, 上介受饔餼, 皆用韋弁服.

일반적으로 빙례 중 군주가 경을 시켜 빈에게 죽은 희생과 살아있는 희생을 보낼 때, 하대부가 上介에게 죽은 희생과 살아있는 희생을 보낼 때, 夫人이 하대부를 시켜 예물을 보낼 때, 상개가 죽은 희생과 살아있는 희생을 받을 때, 모두 위변복을 입는다.

16. 凡覲禮, 天子用袞冕, 侯氏用裨冕.

일반적으로 근례에 천자는 곤면복을 입고, 제후는 비면복을 입는다.

17. 凡大夫之妻被錫衣侈袂, 士之妻纚笄宵衣.

일반적으로 대부의 처는 머리에 가체를 쓰고 소매가 넓은 宵衣(초의. 검은색 비단으로 만든 祭服)를 입으며, 士의 처는 머리를 비단 끈으로 묶고 비녀를 꽂고 초의를 입는다.

18. 凡袒、裼皆左, 在衣謂之袒, 在裘謂之裼.

일반적으로 袒(단)과 裼(석)은 모두 왼쪽 소매를 벗는데, 상의의 겉옷 소매를 벗는 것을 袒이라 하고, 갖옷 소매를 벗는 것을 裼이라고 한다.

19. 凡執玉, 有藉者裼, 無藉者襲.

일반적으로 옥을 잡을 때 束帛의 받침이 있을 때에는 裼을 하고, 束帛의 받침이 없을 때에는 襲을 한다.

20. 凡縚髮謂之纚, 安髮及固冠皆謂之笄.

일반적으로 머리카락을 묶는 비단을 纚(사)라 하고, 머리카락을 고정시키는 것과 冠을 고정시키는 것을 모두 笄(계. 비녀)라고 한다.

雜例

1. 凡鄉飲、鄉射明日息司正, 略如飲酒之禮.

일반적으로 향음주례나 향사례를 행하고 난 다음날 司正을 위로하는데 대체로 음주례와 같이 한다.

2. 凡燕四方之賓客, 略如燕其臣之禮.

일반적으로 사방의 빈객에게 연향을 베풀 때 대체로 신하에게 연향을 베풀 때의 예와 같이 한다.

3. 凡昏禮婦至設饌, 及婦饋舅姑, 略如食禮.

일반적으로 혼례 때 신부가 도착하면 음식을 진설하는 것과 신부가 시부모에게 음식을 대접하는 것은 대체로 食禮와 같이 한다.

4. 凡舅姑饗婦、饗從者, 略如饗賓客之禮.

일반적으로 시부모가 신부에게 음식을 대접하는 것과 신부를 호종해서 따라온 종자들에게 음식을 대접할 때 대체로 빈객을 대접할 때의 예와 같이 한다.

5. 凡冠醴子, 昏醴婦, 略如禮賓之禮.

일반적으로 관례 중 冠者에게 예주를 줄 때, 혼례 중 신부에게 예주를 줄 때 대체로 빈을 대접하는 예와 같이 한다.

6. 凡女父見壻, 略如見賓客之禮.

일반적으로 신부의 아버지가 신랑을 만날 때 대체로 빈객을 만날 때의 예와 같이 한다.

7. 凡婦見舅姑, 略如臣見君之禮.

일반적으로 신부가 시부모를 알현할 때 대체로 신하가 군주를 알현할 때의 예와 같이 한다.

8. 凡聘賓私獻于主君, 略如士介覿之禮.

일반적으로 빙례 중 빈이 사적으로 主國의 군주에게 예물을 올릴 때 대체로 士介가 사적으로 만나는 예와 같이 한다.

9. 凡大射飮公, 略如賓媵爵于公之禮.

일반적으로 대사례 중 군주에게 술을 마시게 할 때 대체로 빈이 군주에게 媵爵하는 예와 같이 한다.

10. 凡昏禮婦奠菜, 聘禮賓介將行, 及使還有事于禰廟, 略如祭禮.

일반적으로 혼례 중 며느리가 廟에 奠菜할 때, 빙례 중 賓介가 떠나려고 할 때, 빙례 중 사신이 돌아와 녜묘에 제사를 지낼 때, 대체로 제례와 같이 한다.

11. 凡燕禮命賓, 聘禮命使者, 皆于燕朝; 聘禮授幣及反命, 皆于治朝; 聘賓初至及將聘, 皆于外朝.

일반적으로 연례 때 빈에게 명하는 것과 빙례 때 使者에게 명하는 것은 모두 燕朝에서 하고, 빙례 때 폐백을 주는 것과 복명하는 것은 모두 治朝에서 하고, 빙문 온 빈이 처음 도착했을 때와 장차 빙문가려고 할 때는 모두 外朝에서 예를 행한다.

12. 凡卜筮皆于廟門, 唯將葬則于兆南.

일반적으로 거북점과 시초점은 모두 묘문에서 하고, 매장하려고 할 때에만 묘 자리로 선정한 묘역 남쪽에서 한다.

13. 凡筮, 士坐筮, 卿大夫立筮.

일반적으로 시초점을 칠 때 士는 앉아서 점치고, 경대부는 서서 점친다.

14. 凡樂, 瑟在堂上, 笙、管、鐘、磬、鼓、鼙之屬在堂下.

일반적으로 음악 연주는 슬은 당 위에서 연주하고, 생·관·종·경·고·비 등은 당 아래에서 연주한다.

15. 凡樂皆四節, 初謂之升歌, 次謂之笙奏, 三謂之間歌, 四謂之合樂.

일반적으로 음악은 모두 4단계가 있다. 첫 번째 연주하는 단계를 升歌(당 위에서 瑟에 맞추어 노래하는 것)라 하고, 두 번째는 笙奏(당 아래에서 생황을 연주하는 것), 세 번째는 間歌(당 위의 노래와 당 아래의 생황 연주를 번갈아 하는 것), 네 번째는 合樂(당 위와 당 아래의 음악을 함께 연주하는 것)이라고 한다.

16. 凡士禮, 冠、昏、喪、祭皆攝盛.

일반적으로 士禮는 관례·혼례·상례·제례 때 모두 자신의 신분보다 높은 등급의 예를 쓴다.

17. 凡適子冠于阼, 庶子冠于房外.

일반적으로 적자는 당 위의 동쪽 계단 윗쪽에서 관례를 행하고, 서자는 東房 밖에서 관례를 행한다.

18. 凡適婦酌之以醴, 庶婦醮之以酒.

일반적으로 적부에게는 예주를 따라 주고 서부에게는 청주를 따라 준다.

19. 凡冠禮, 或醴或醮, 皆三加.

일반적으로 관례 중 관자에게 술을 따라줄 때 예주나 청주를 사용하는데, 청주를 사용할 때에는 冠을 씌워줄 때마다 세 번 모두 따라 준다.

20. 凡昏禮, 使者行禮皆用昕, 唯壻用昏.

일반적으로 혼례에 使者가 예를 행하는 것(납채 · 문명 · 납길 · 청기 · 납징)은 모두 새벽에 하고, 신랑이 행하는 것(친영)만 저녁에 한다.

21. 凡冠于禰廟, 昏于寢.

일반적으로 관례는 녜묘에서 행하고, 혼례는 침에서 한다.

• 부록 4-1 • 張惠言의 《儀禮圖》 卷1 〈宮室〉

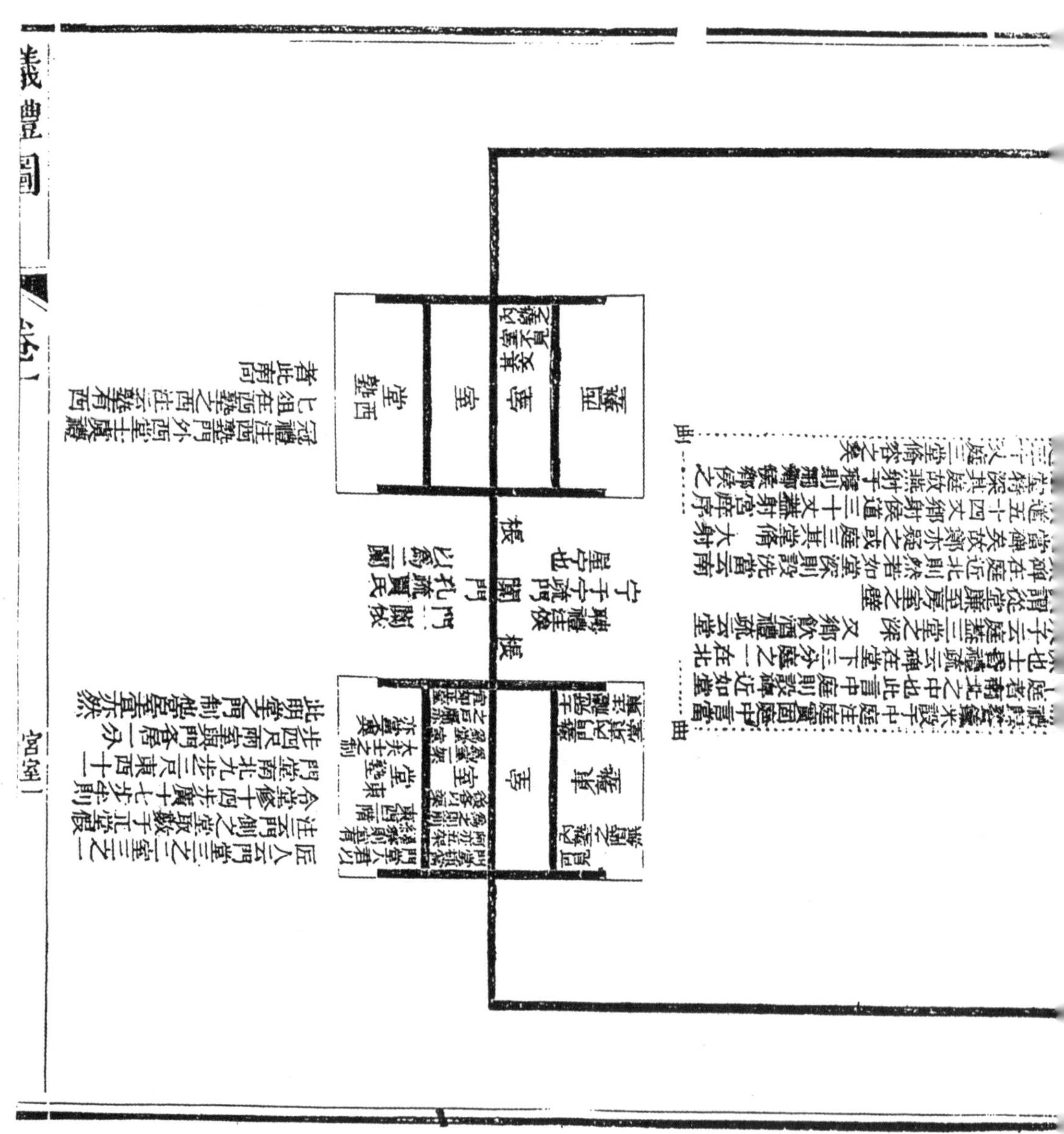

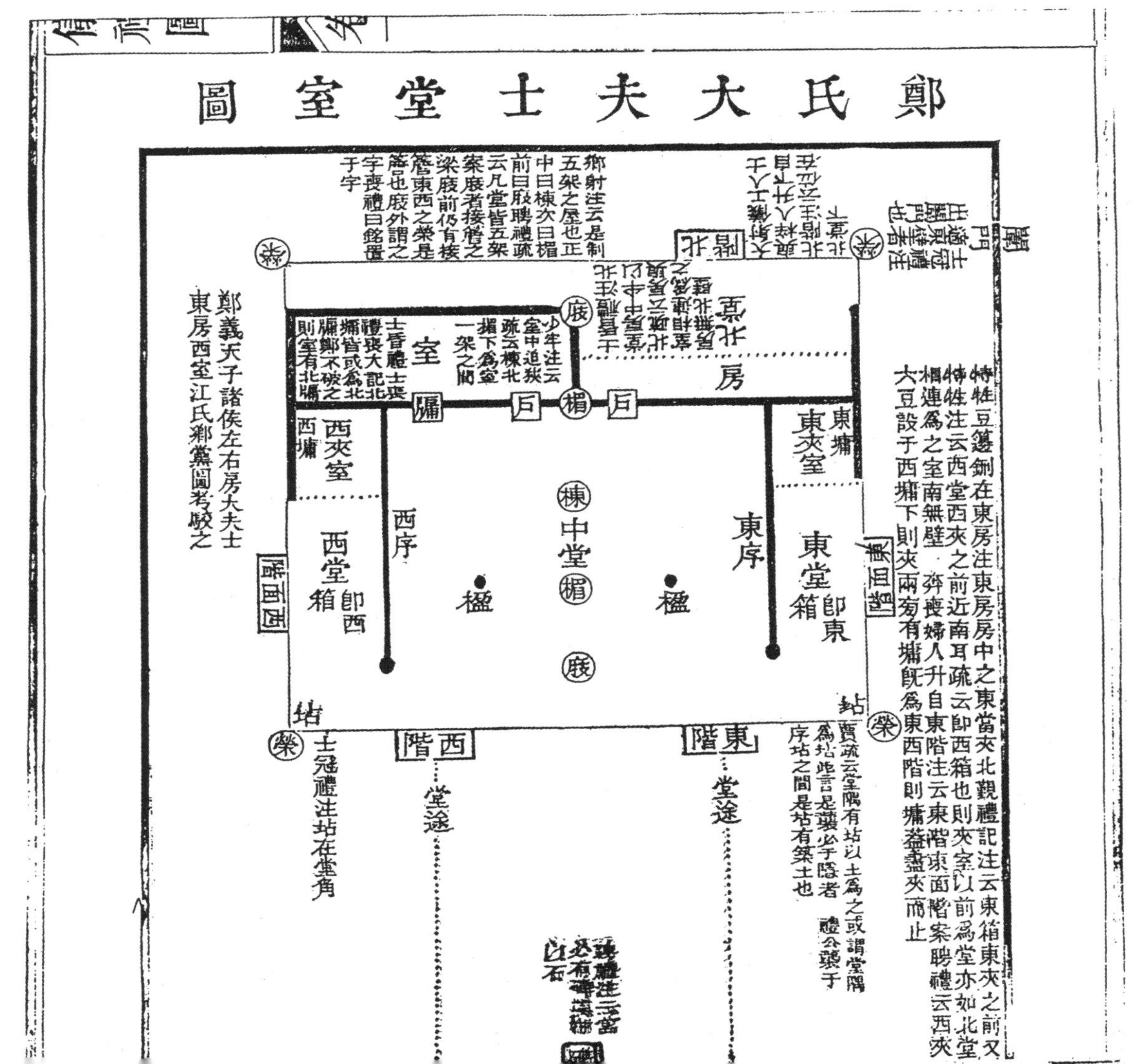

鄭氏大夫士堂室圖
室
房
北堂
西序
東序
中堂
西堂
東堂
西夾室
東夾室
西階
東階
堂塗
鄭義天子諸侯左右房大夫士東房西室江氏鄉黨圖考駁之
士冠禮注坫在堂角

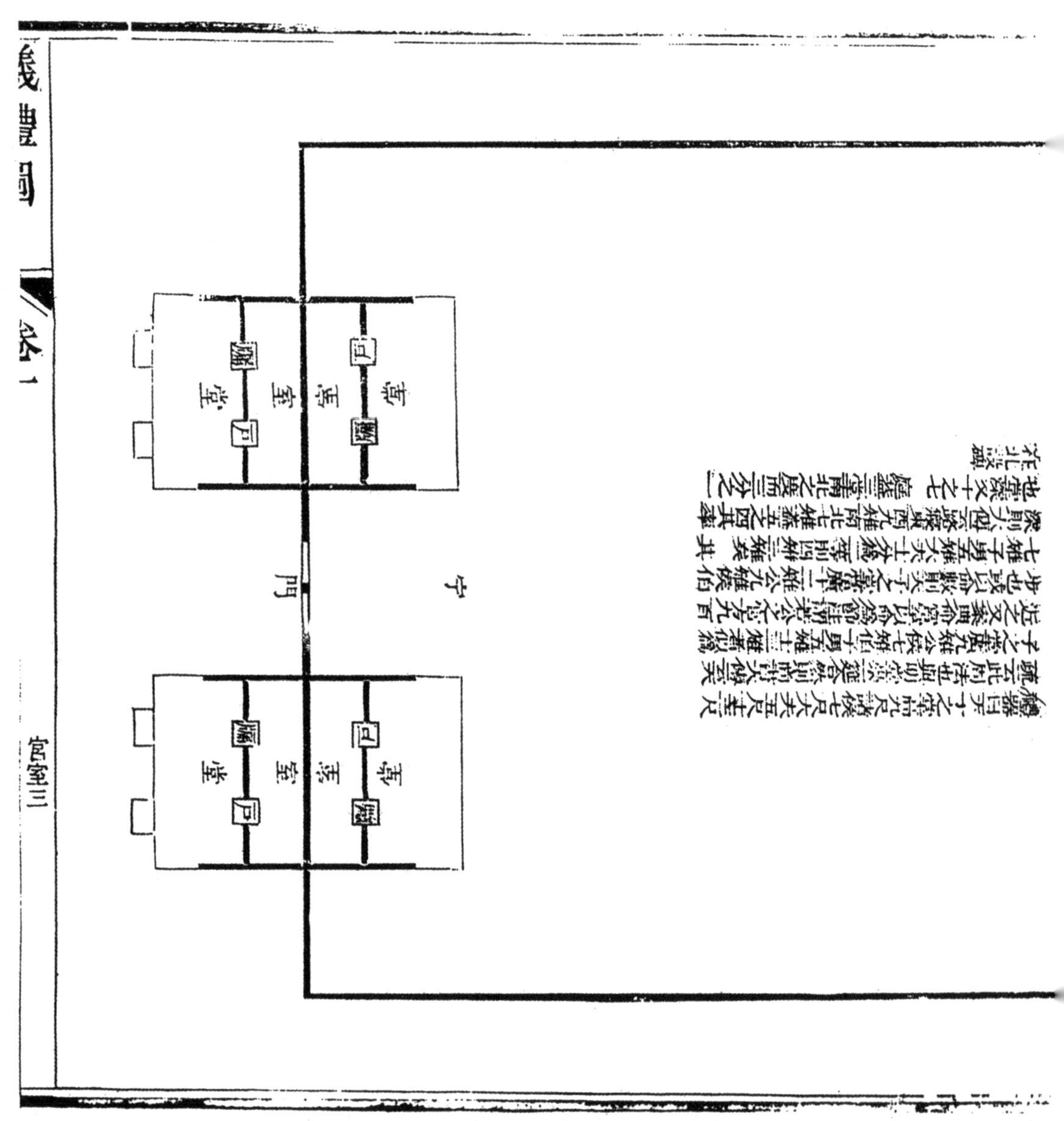

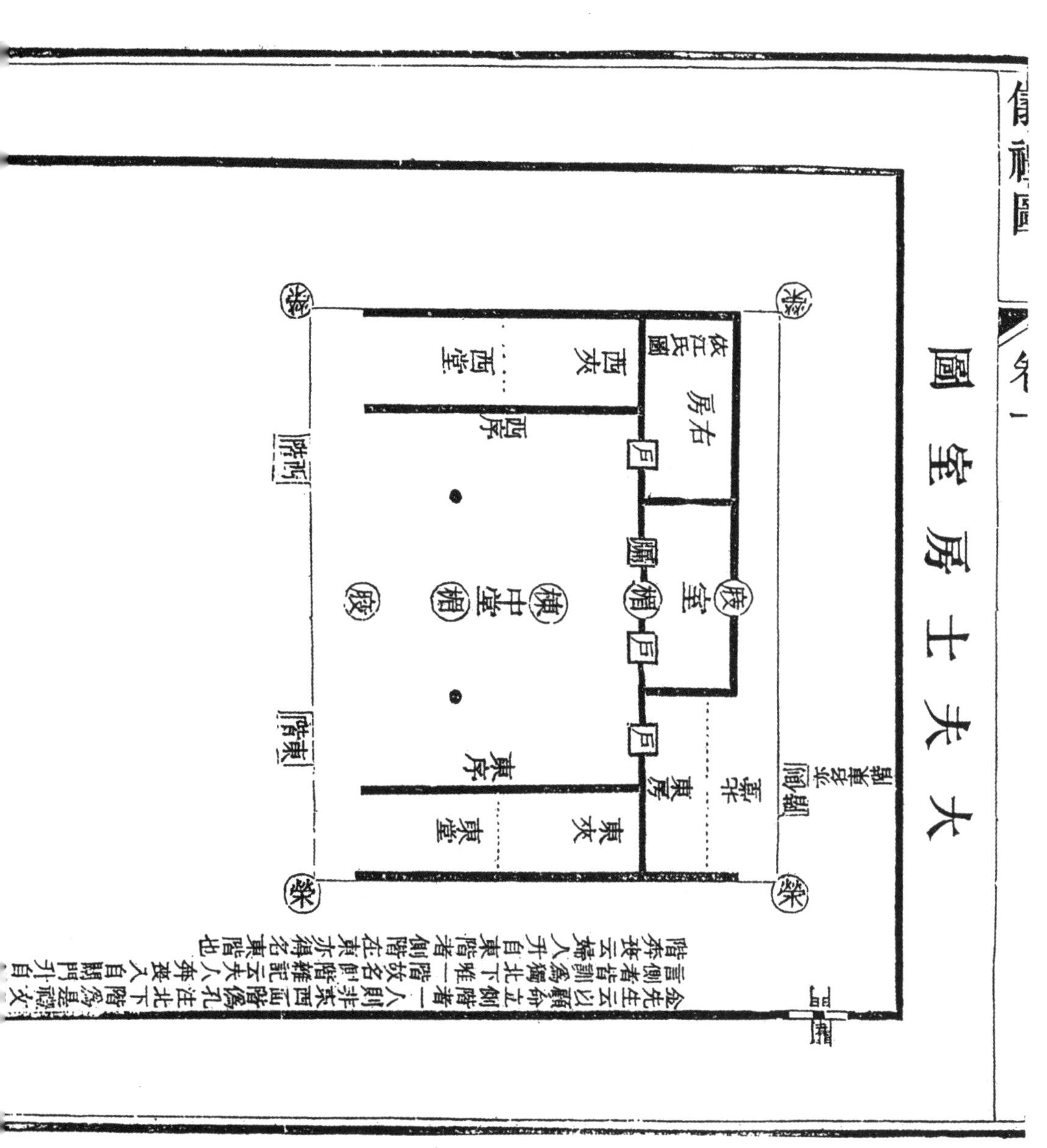

大夫士房室圖
依江氏圖
右房
室
東房
西夾
東夾
西堂
東堂
西序
東序
中堂
楣
棟
戶
牖
西階
東階

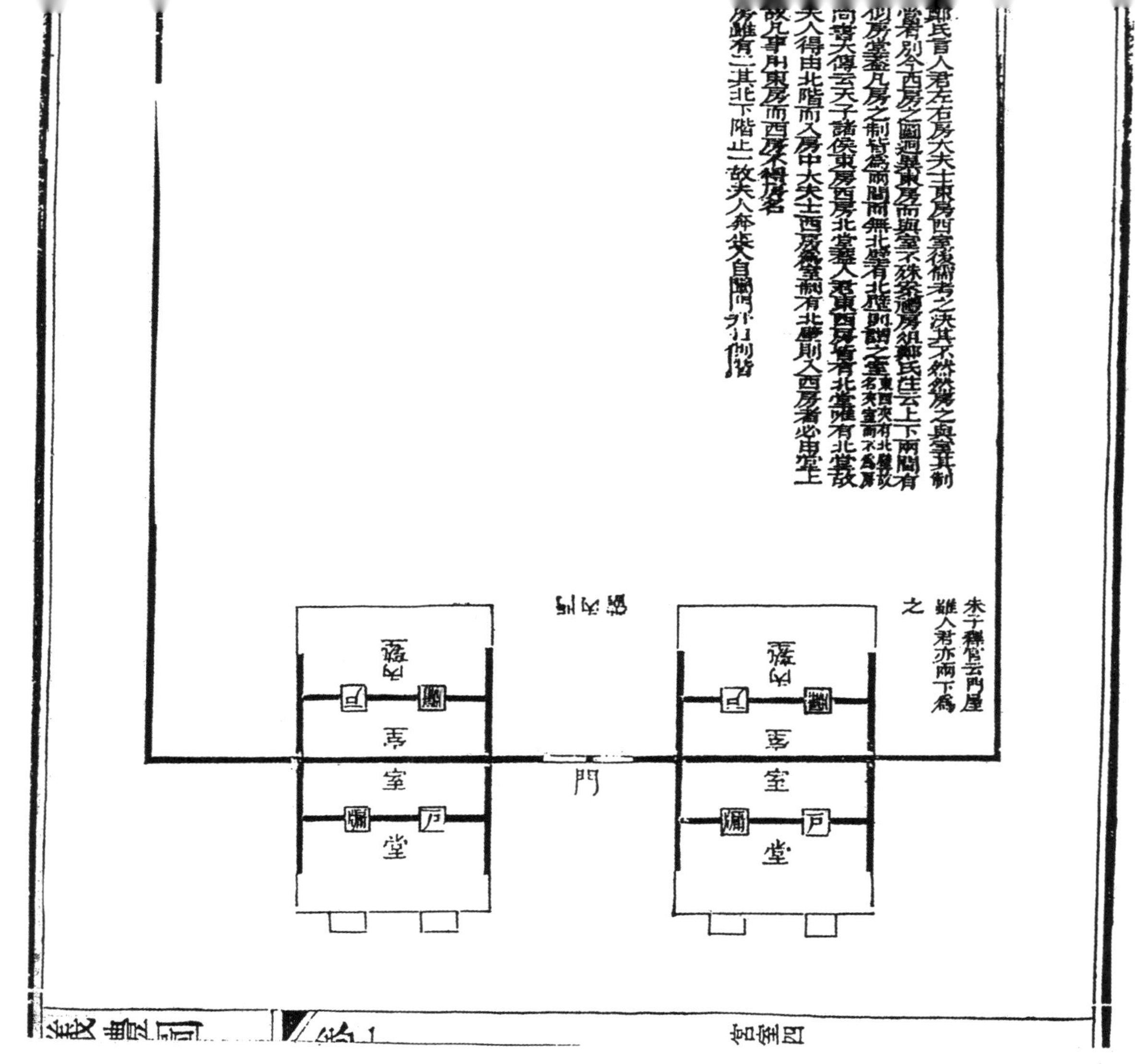
鄭氏言人君左右房大夫士東房西室後儒考之決其不然然房之與室其制
當有別今西房之圖迴異東房而與室不殊參通房組鄭氏注云上下兩階有
側房堂蓋凡房之制皆爲兩間而無北壁有北壁則謂之室東西夾有北壁故名夾室而不名房
向讀天傳云天子諸侯東房西房北堂蓋人君東西房皆有北堂雖有北堂故
夫人得由北階而入房中大夫士西房爲室制有北壁則入西房者必由堂上
故凡事用東房而西房不得房名
房雖有二其北下階止一故夫人奔喪入自闈門升自側階
朱子釋宮云門屋雖人君亦兩下爲之
門
室
堂
儀禮圖
卷一
宮室四

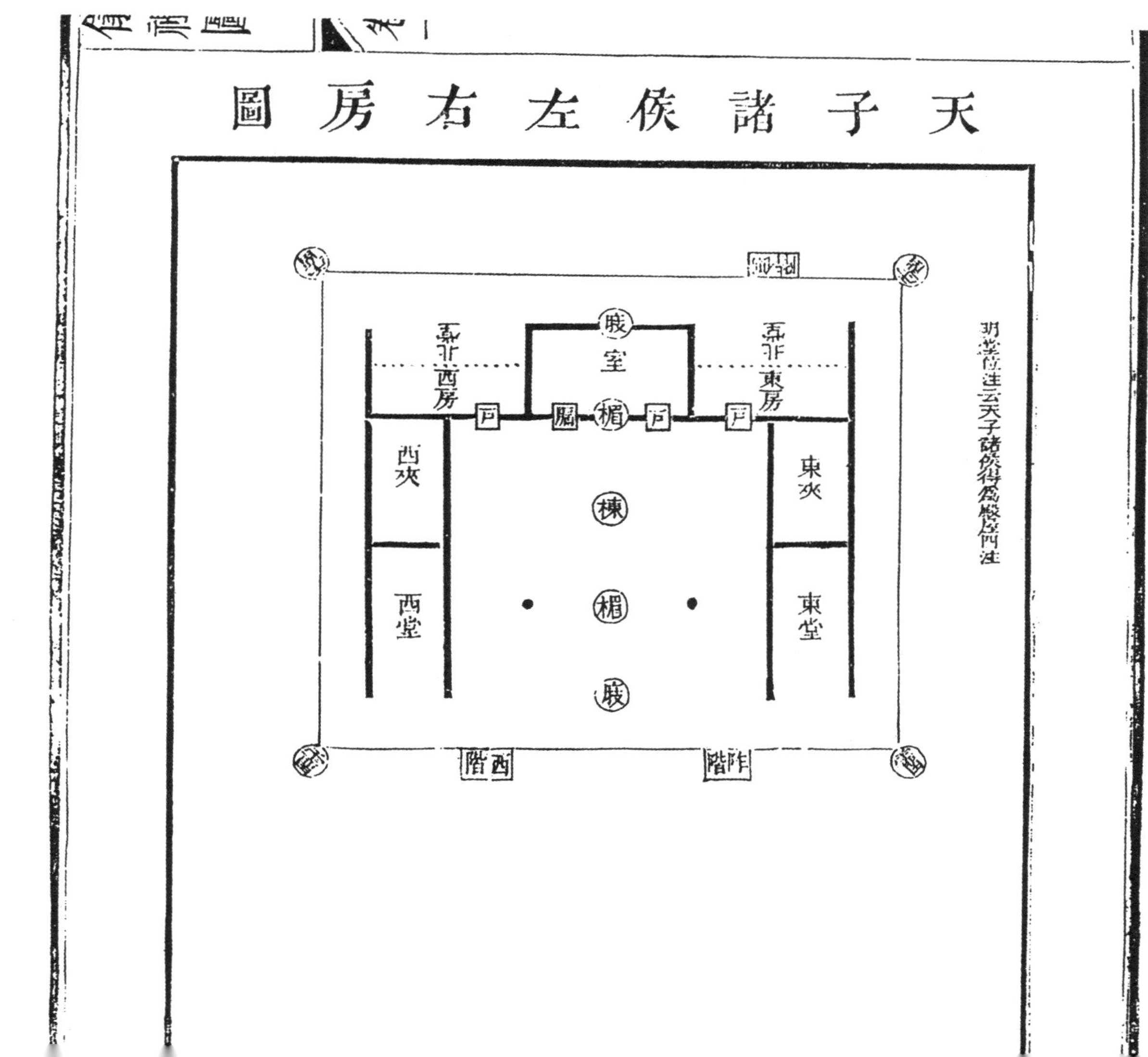
儀禮圖 卷一
天子諸侯左右房圖
室
西房
東房
西夾
東夾
西堂
東堂
西階
阼階
戶
牖
楣
棟

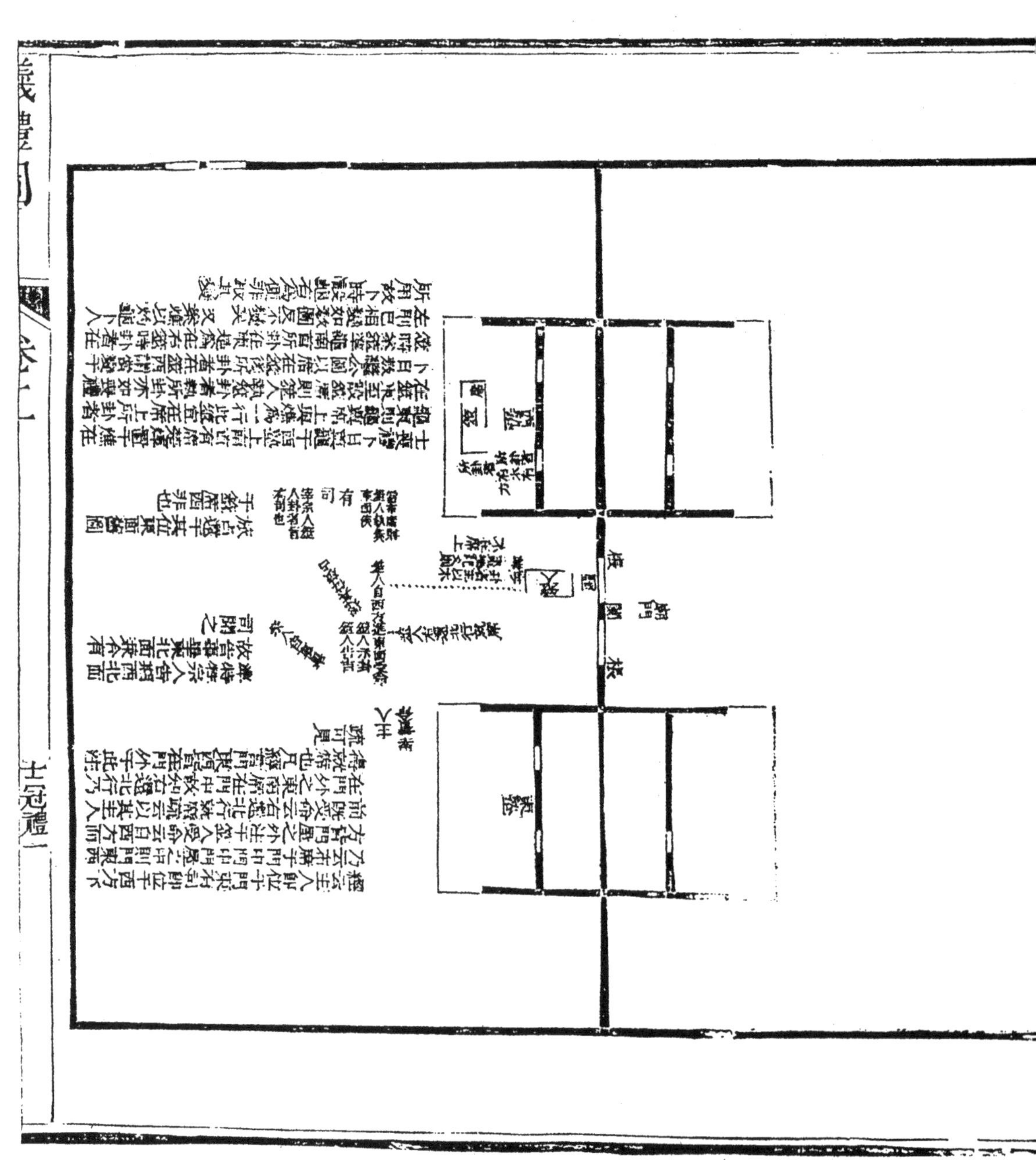

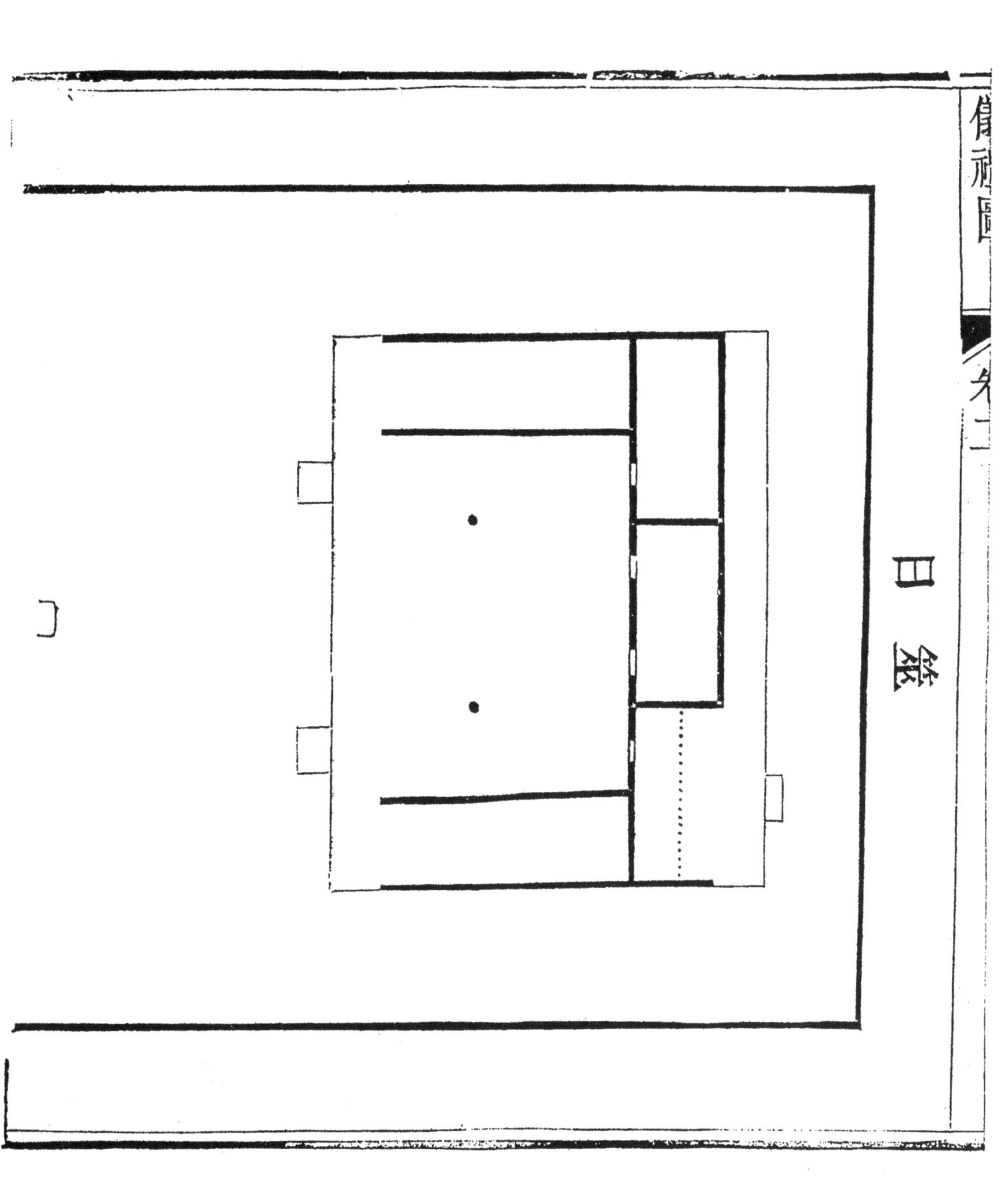
筮日

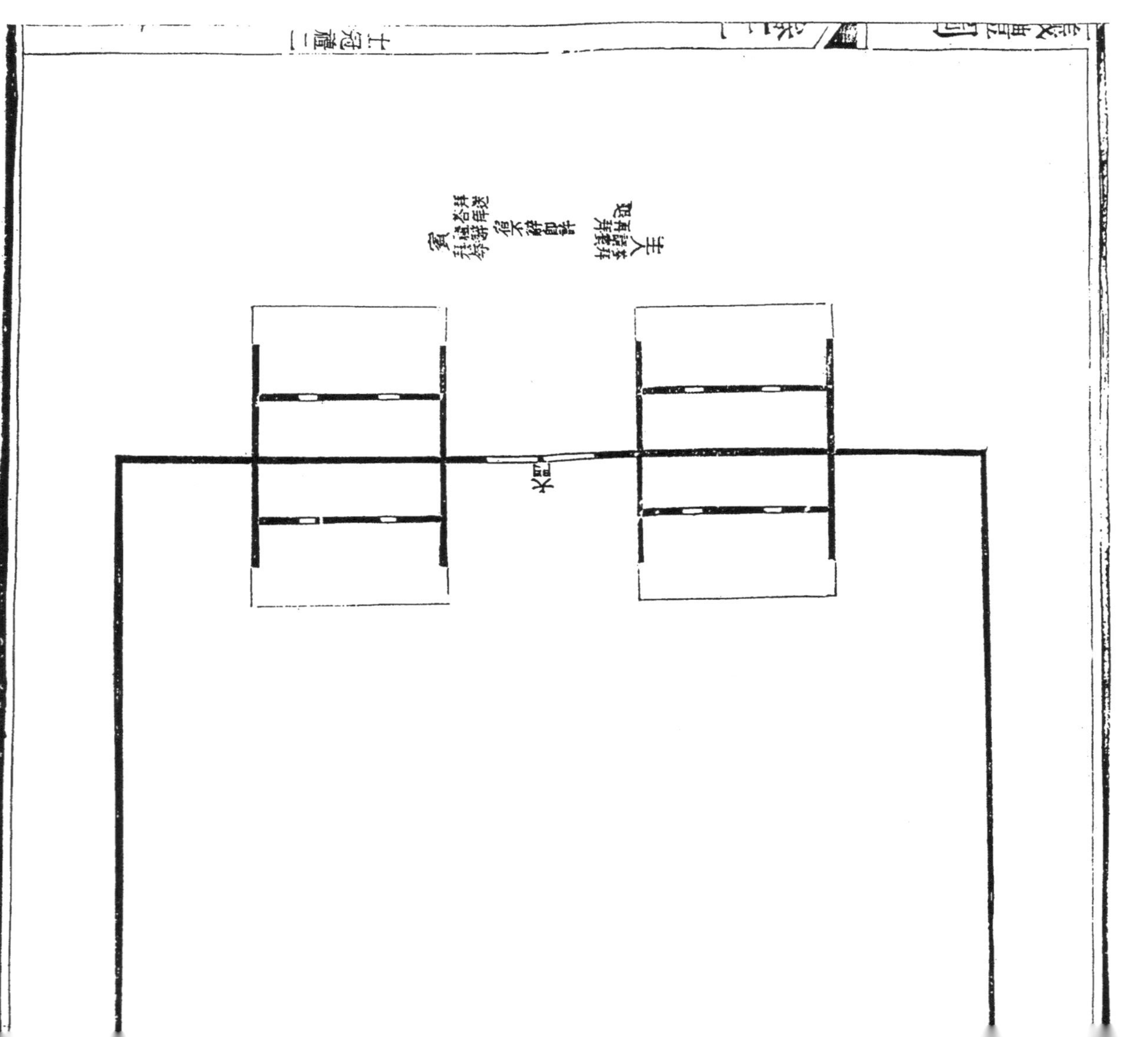
士冠禮二
主人
賓
大門

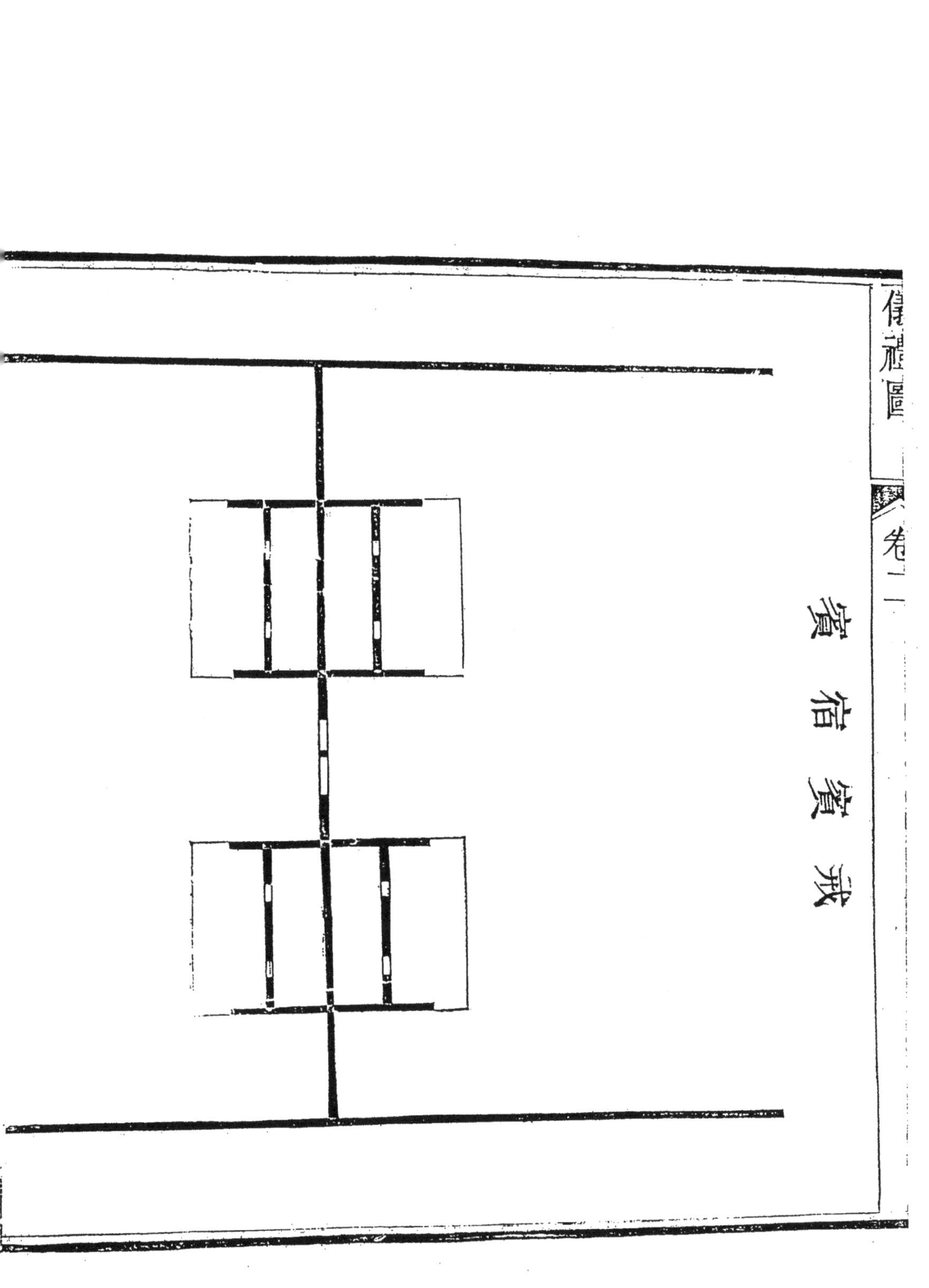
儀禮圖 卷二
戒賓宿賓

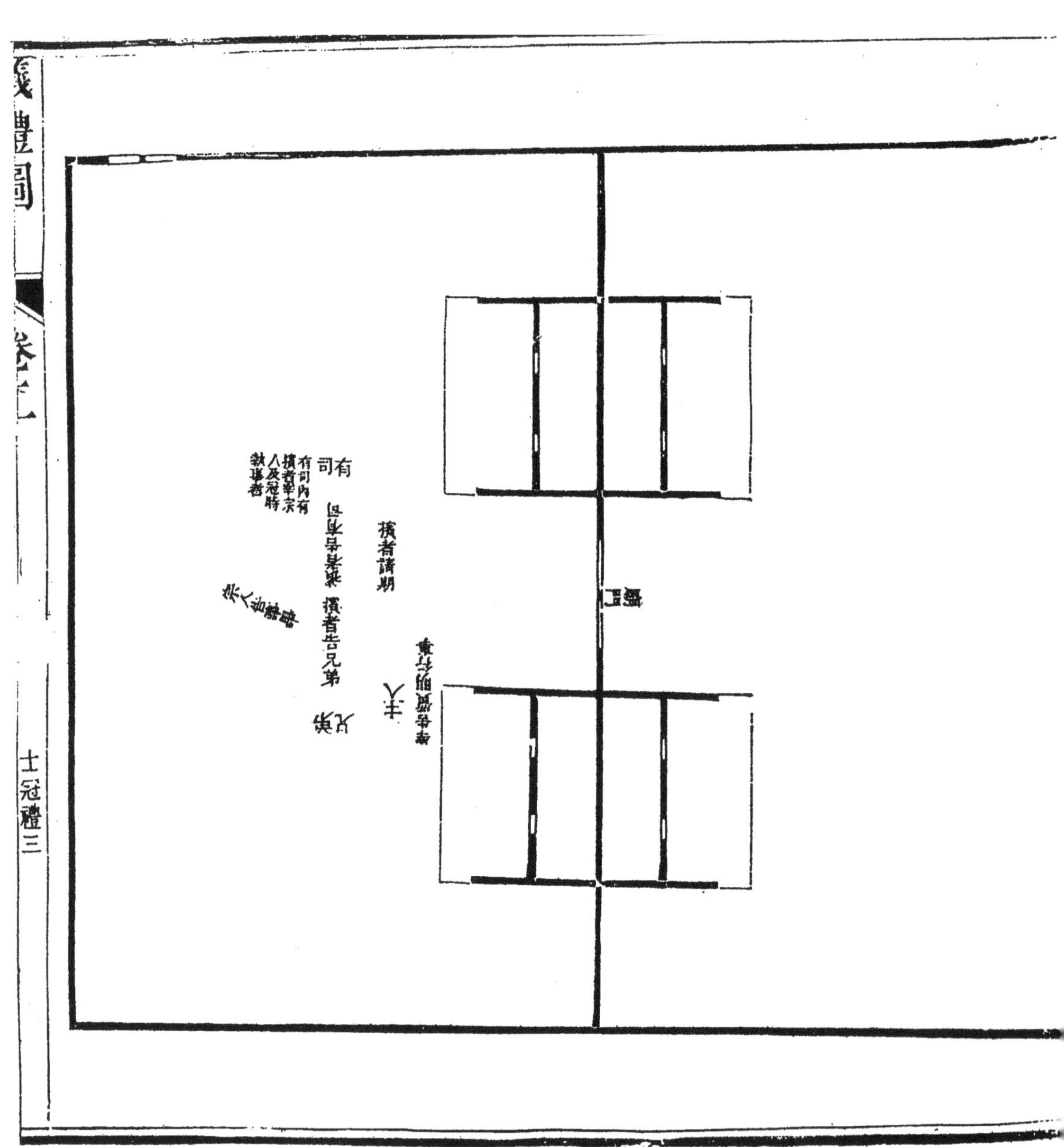

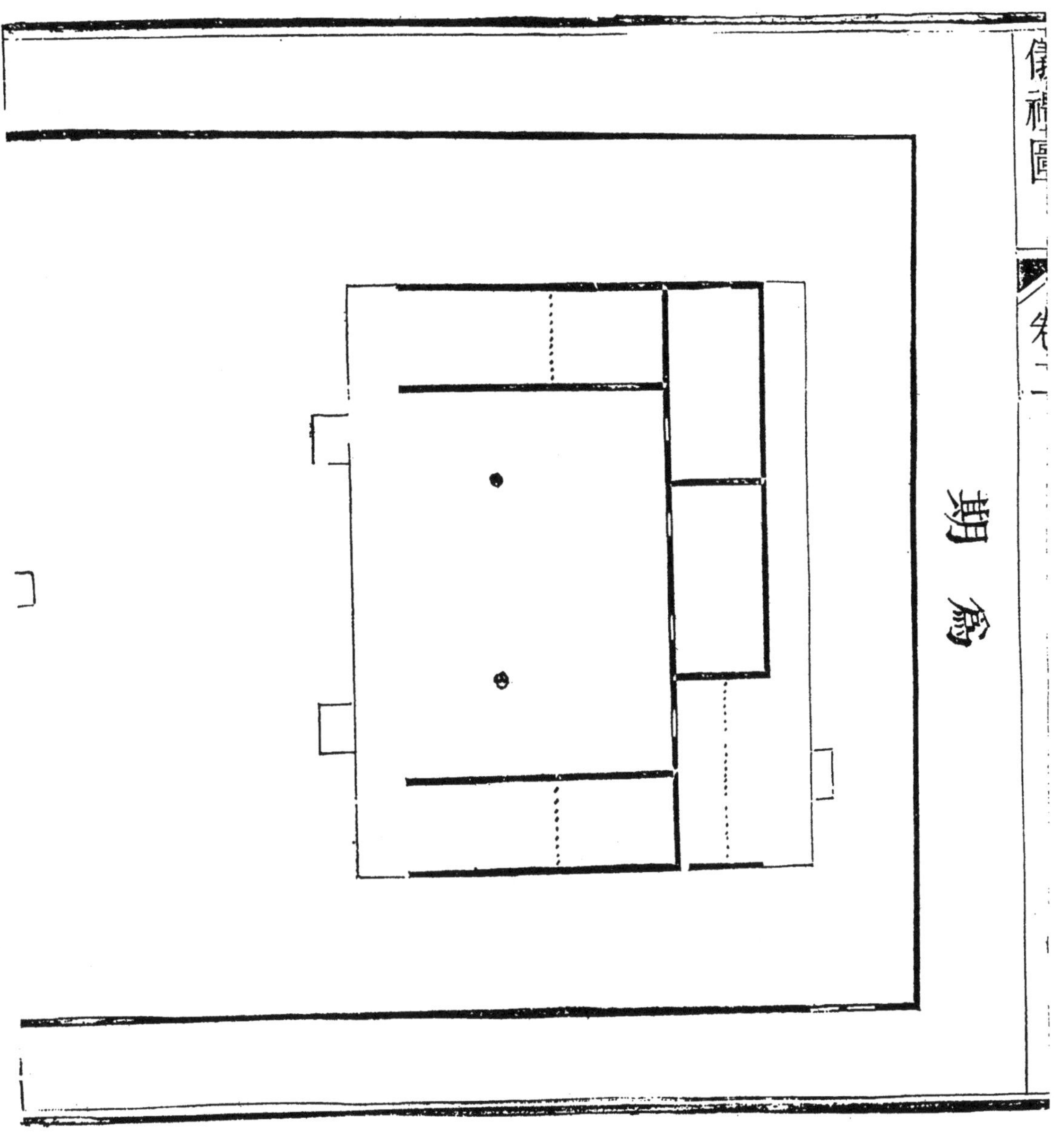
儀禮圖 卷二
爲期

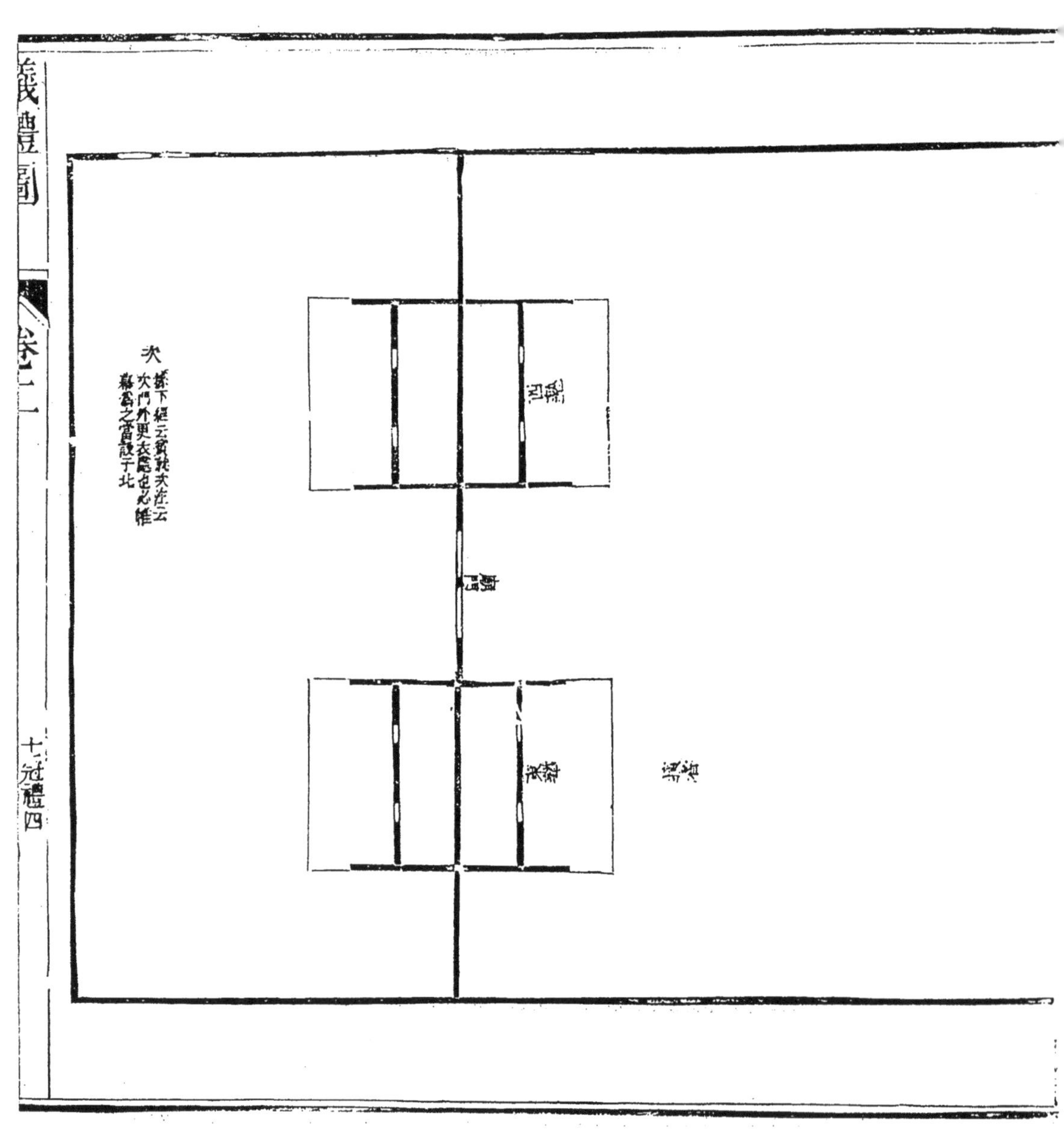

儀禮圖
卷二
冠禮四
次
廟門

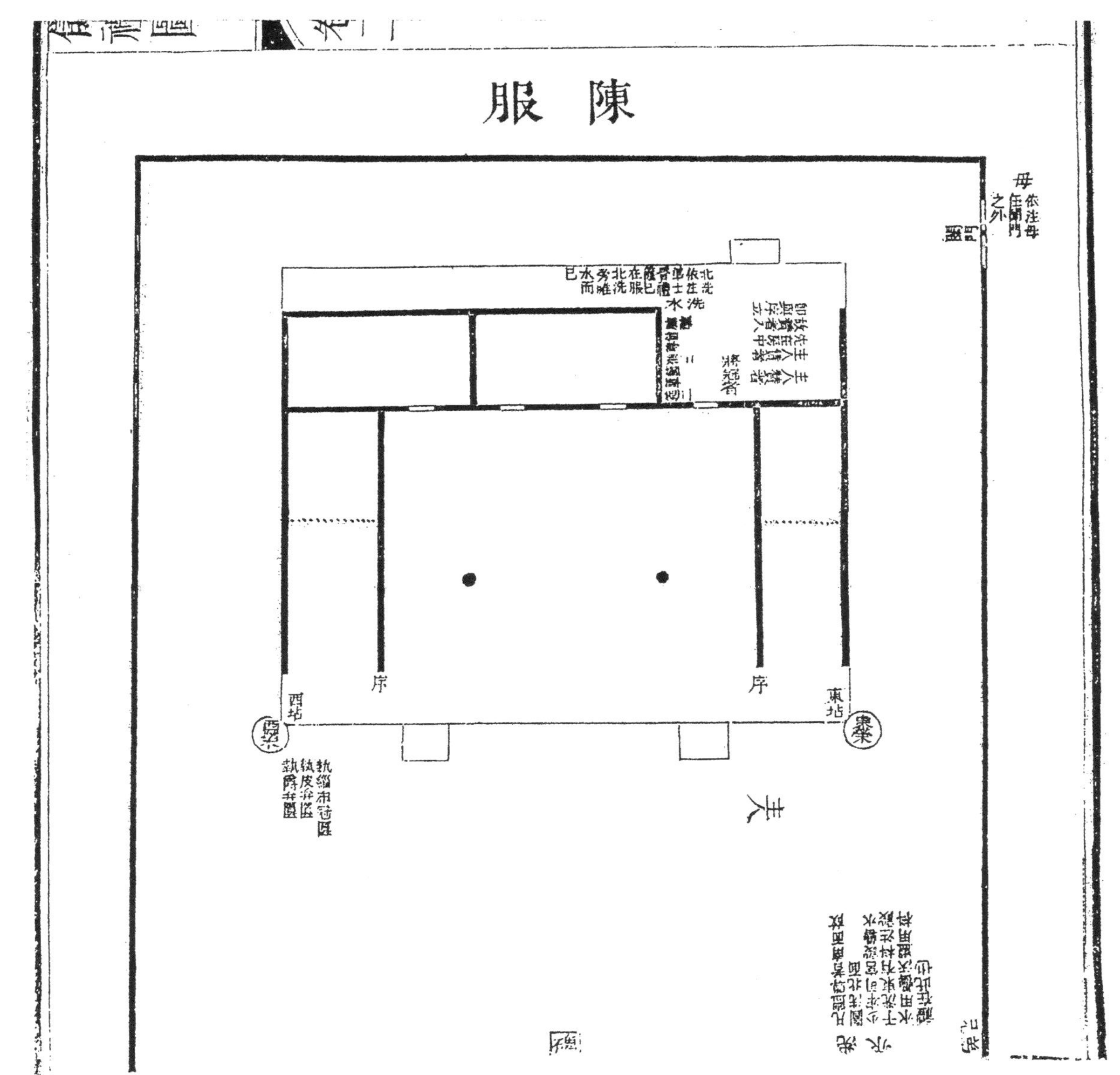
陳服
主人
序
序
西坫
東坫

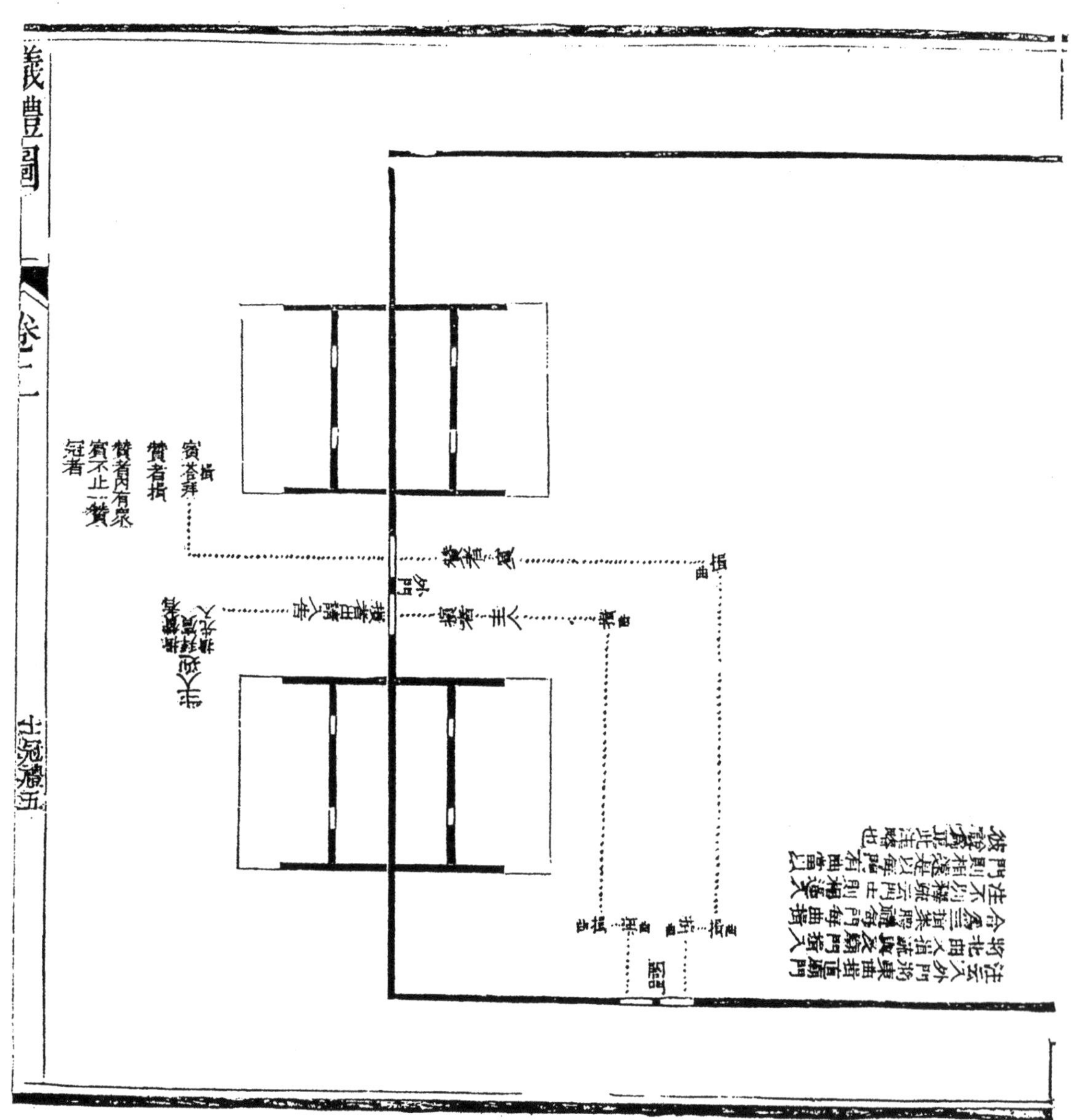

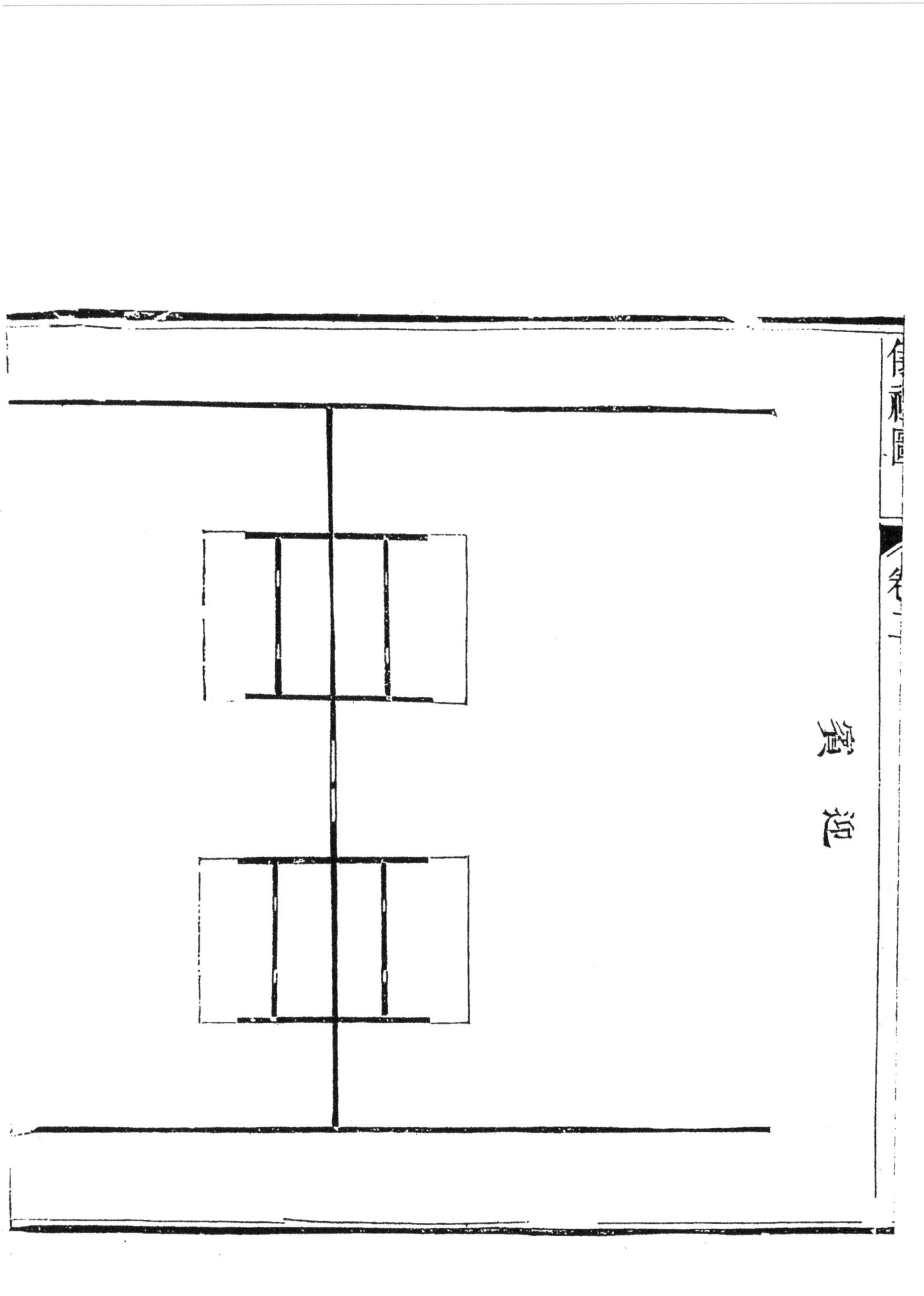
儀禮圖
卷二
賓
迎

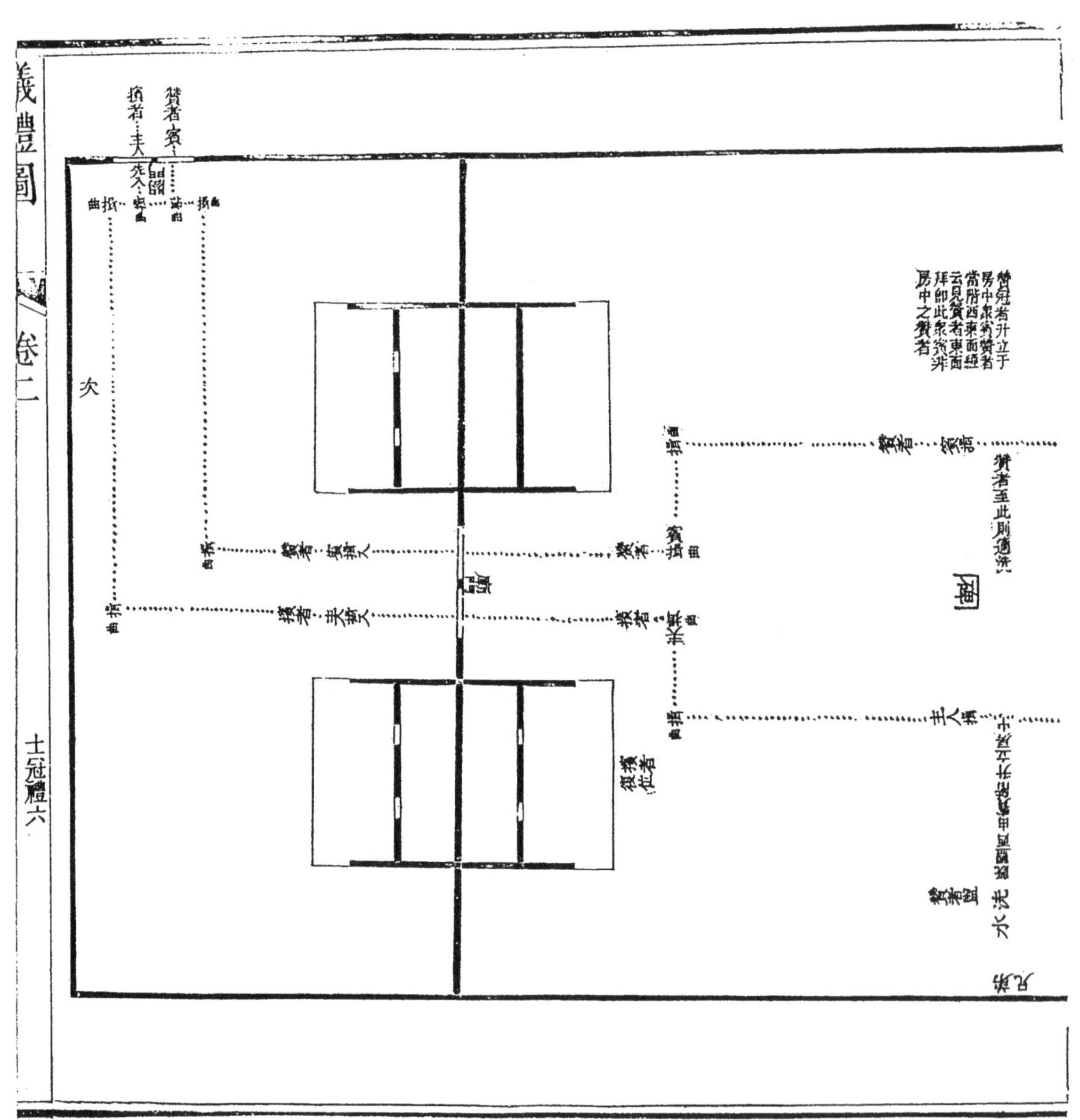

儀禮圖 卷二
士冠禮 六

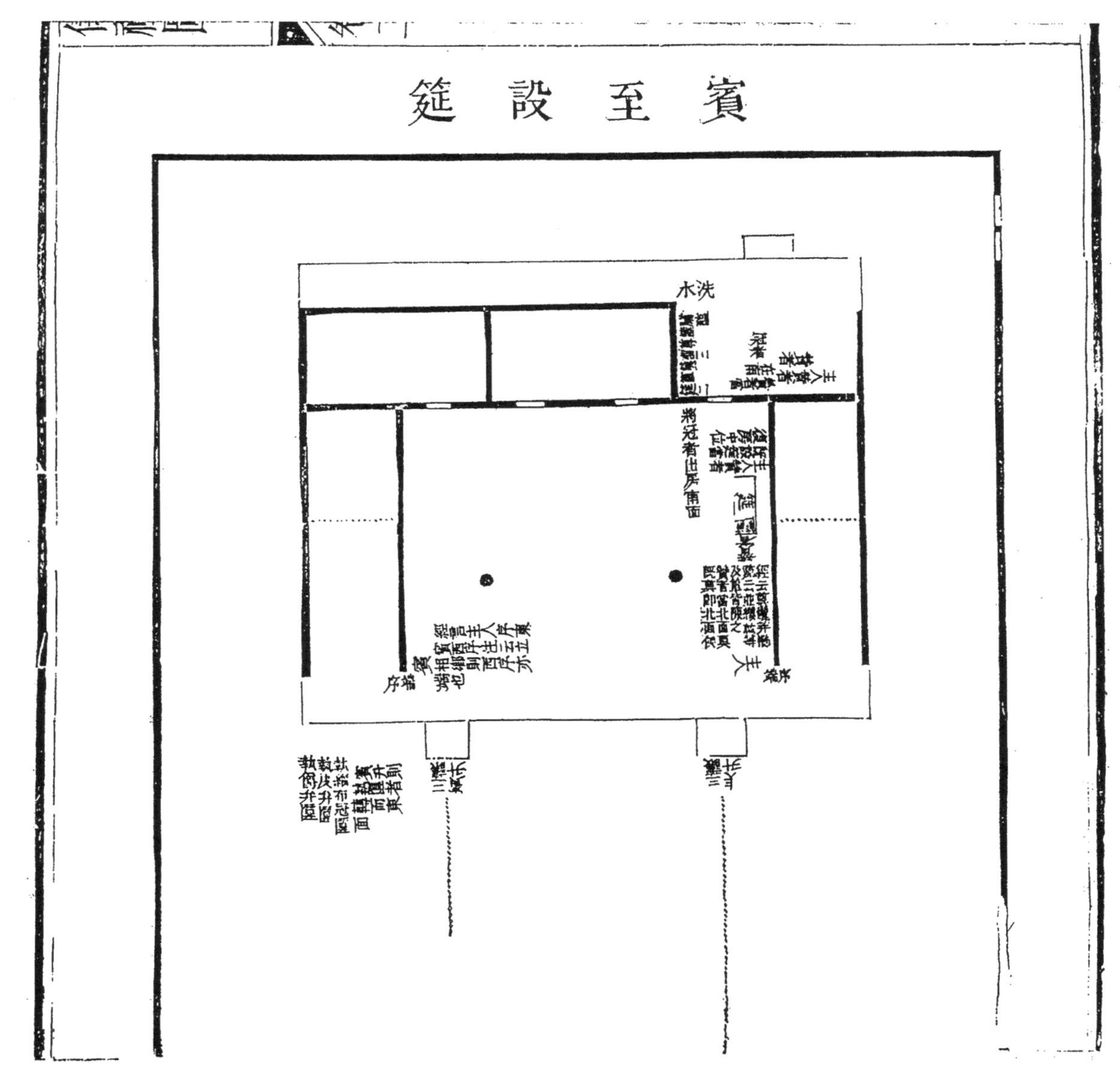
賓至設筵

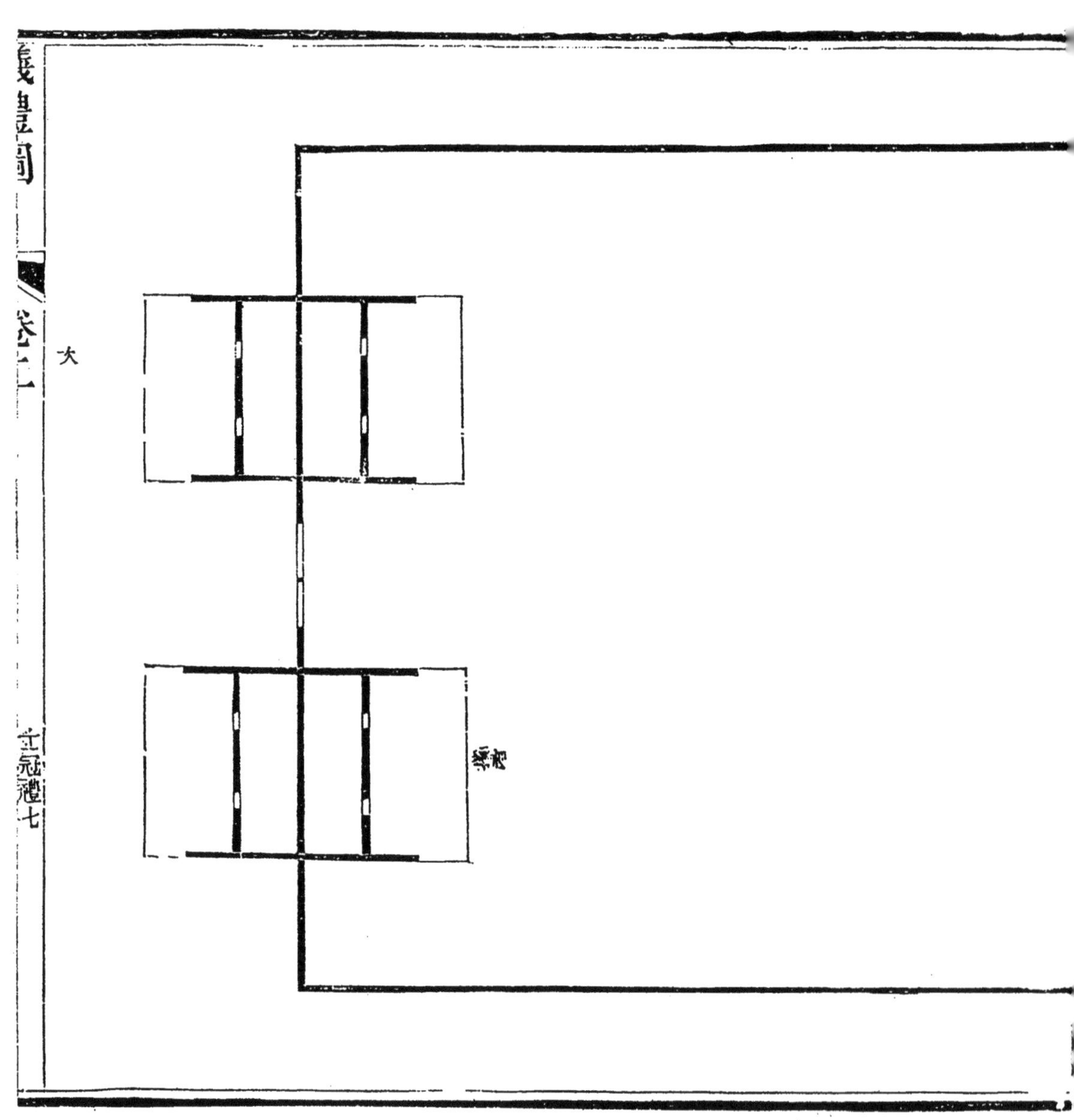
儀禮圖
卷二
士冠禮七
次

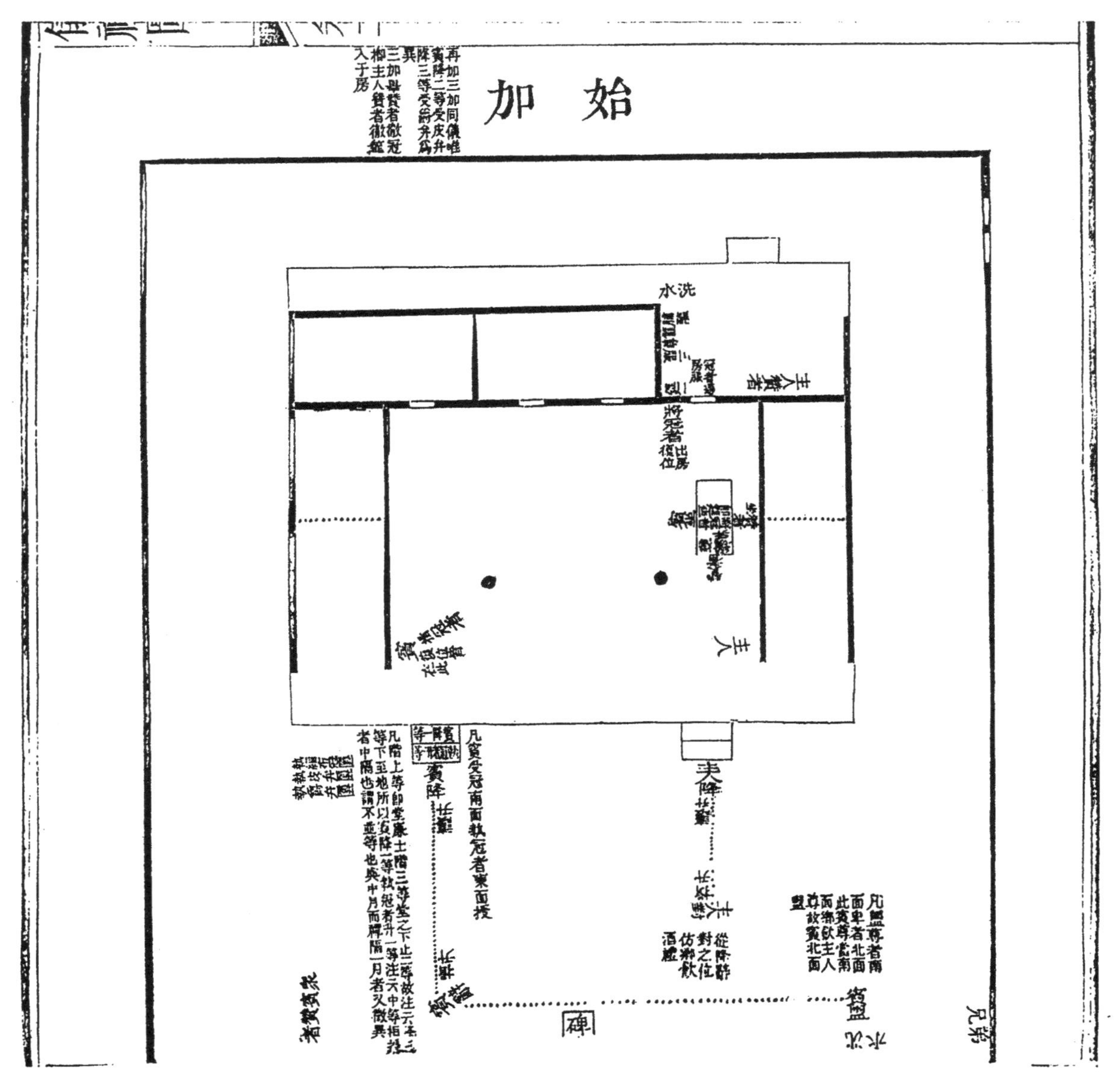
始加
再加三加同儀唯賓降二等受皮弁爵弁異
三加畢贊者徹冠櫛主人贊者徹盤入于房
洗
水
主人贊者
主人
凡賓受冠南面執冠者東面授
碑
兄弟

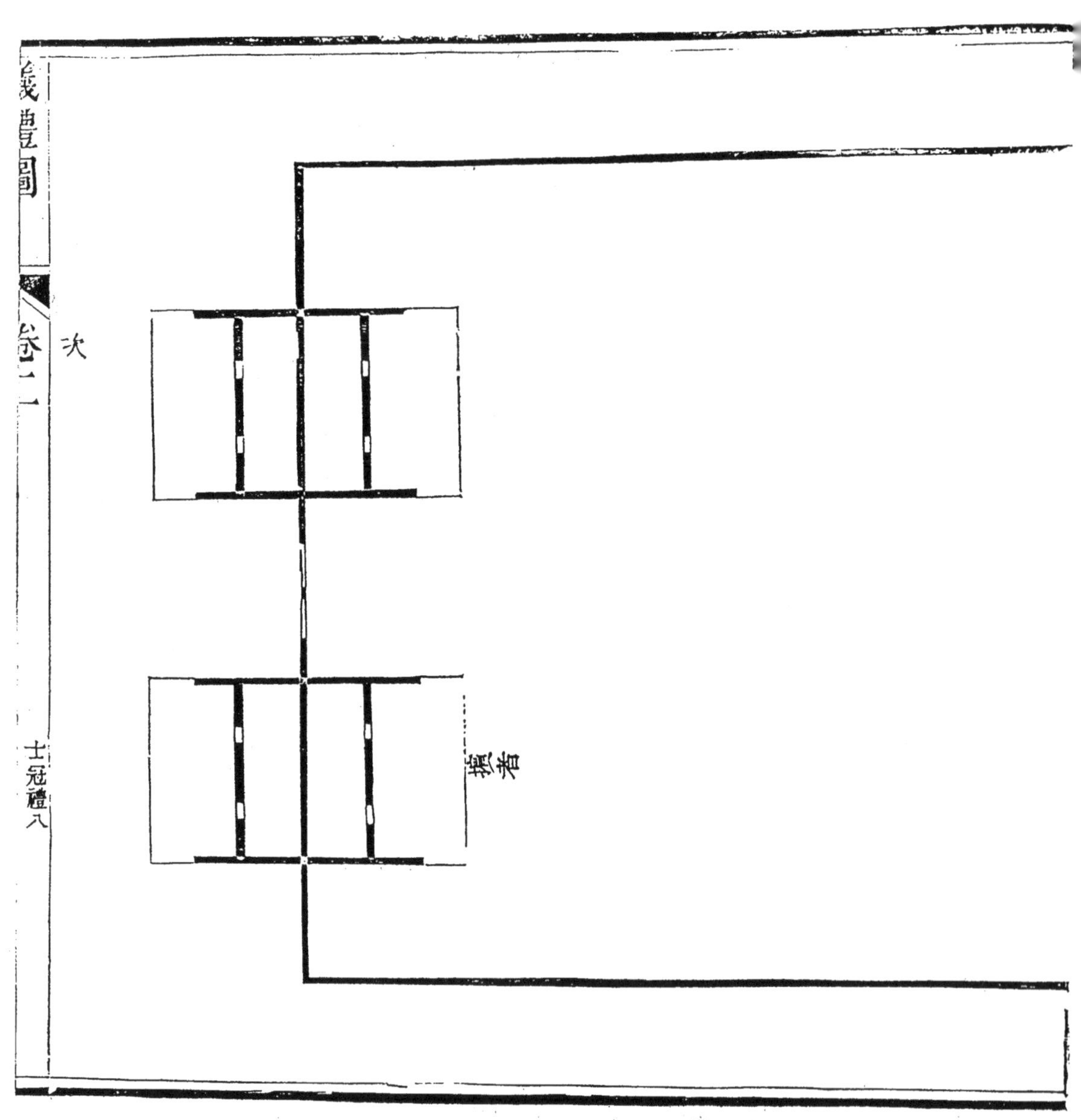
次
塾者

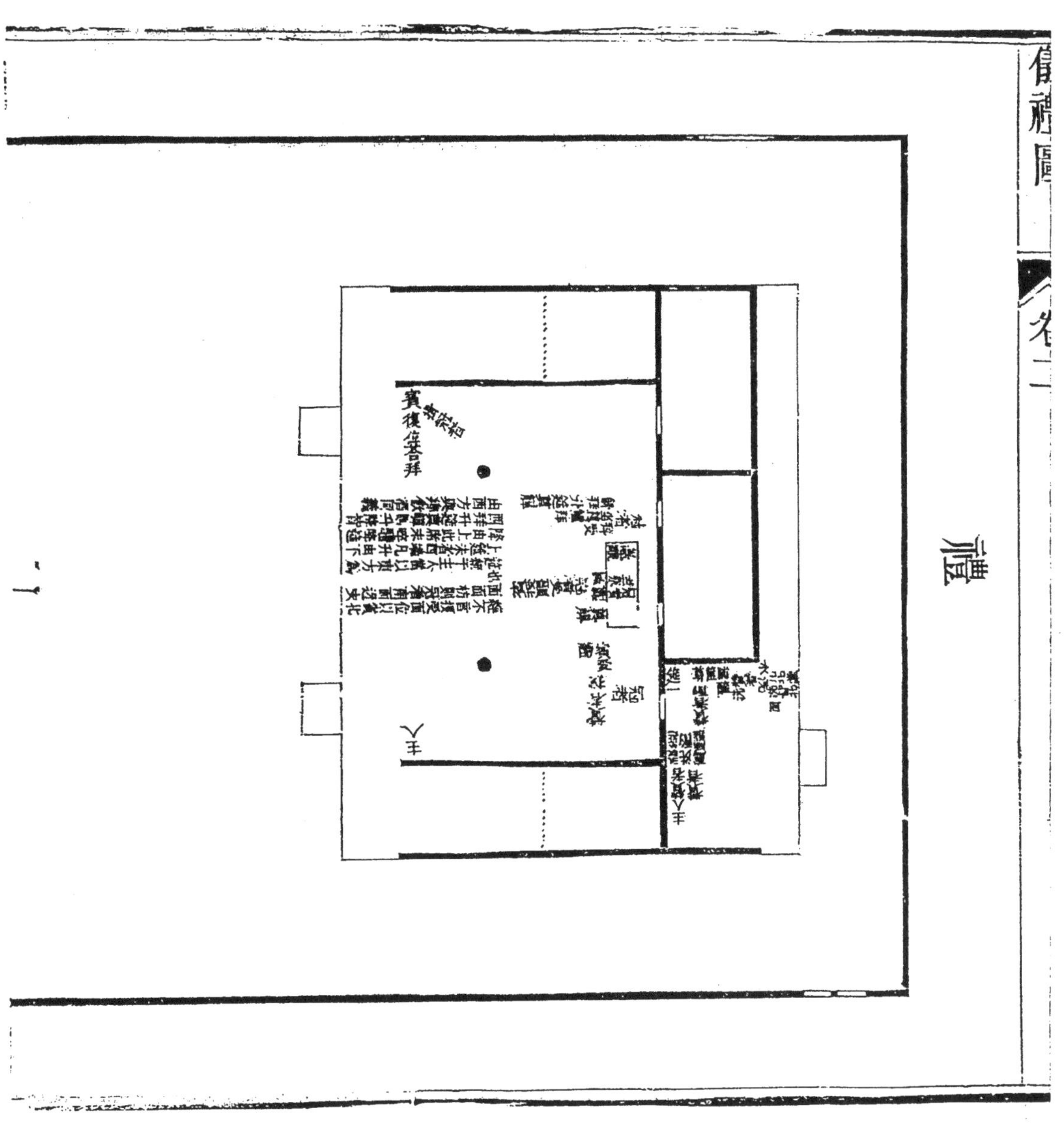

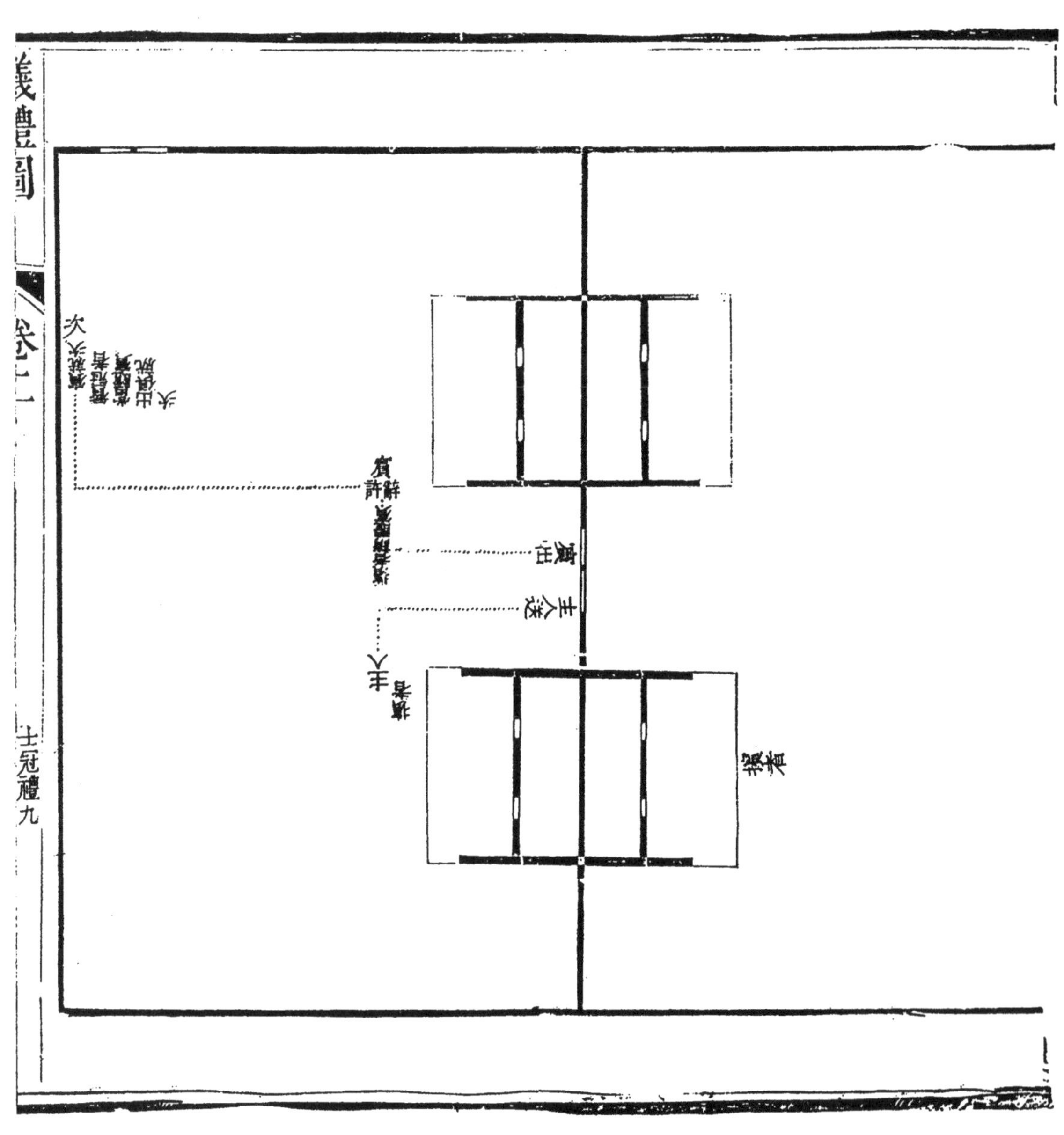
儀禮圖 卷二 士冠禮 九
賓出
主人送
擯者

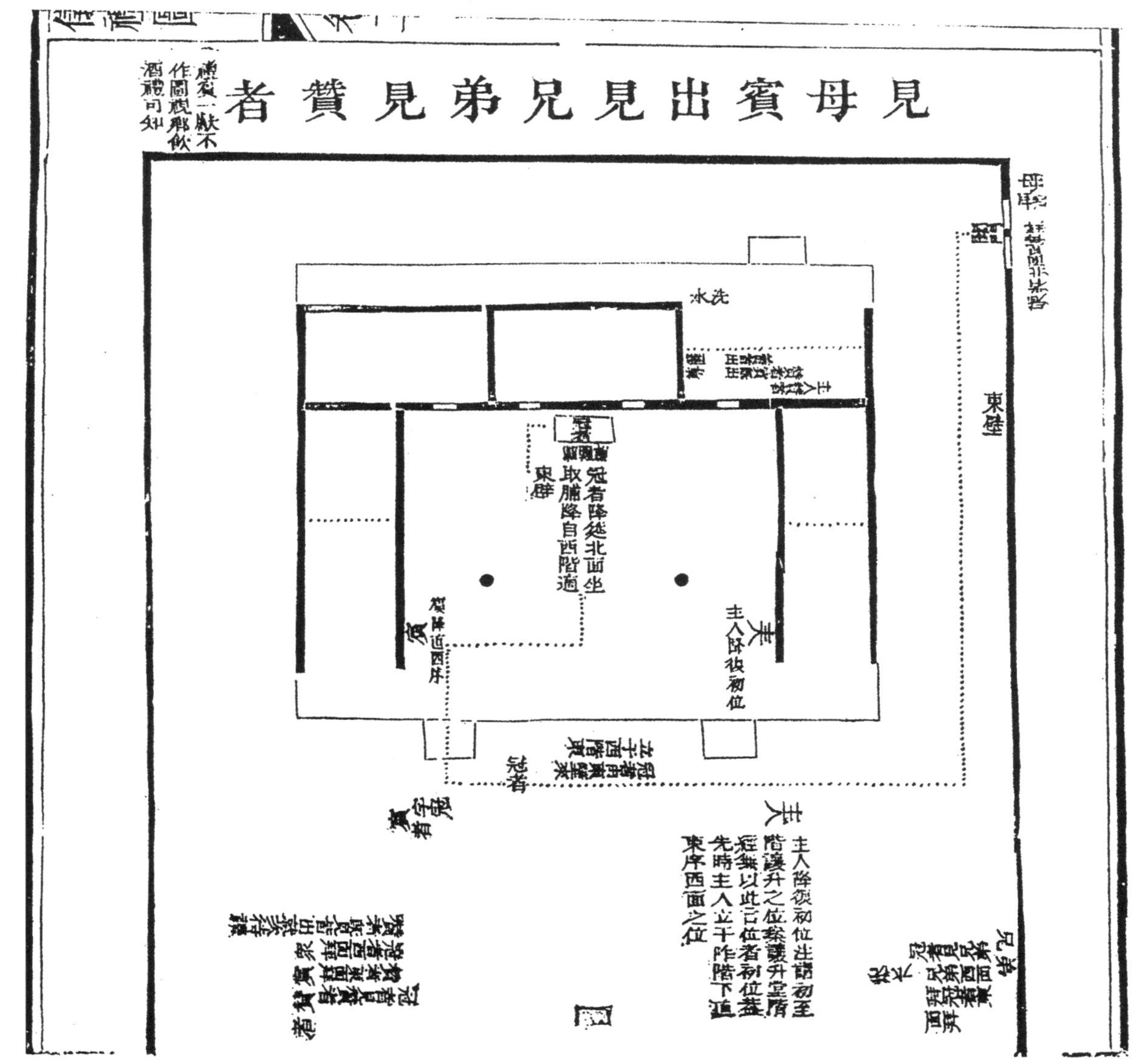
見母賓出見兄見弟見贊者
東塾
主人
賓

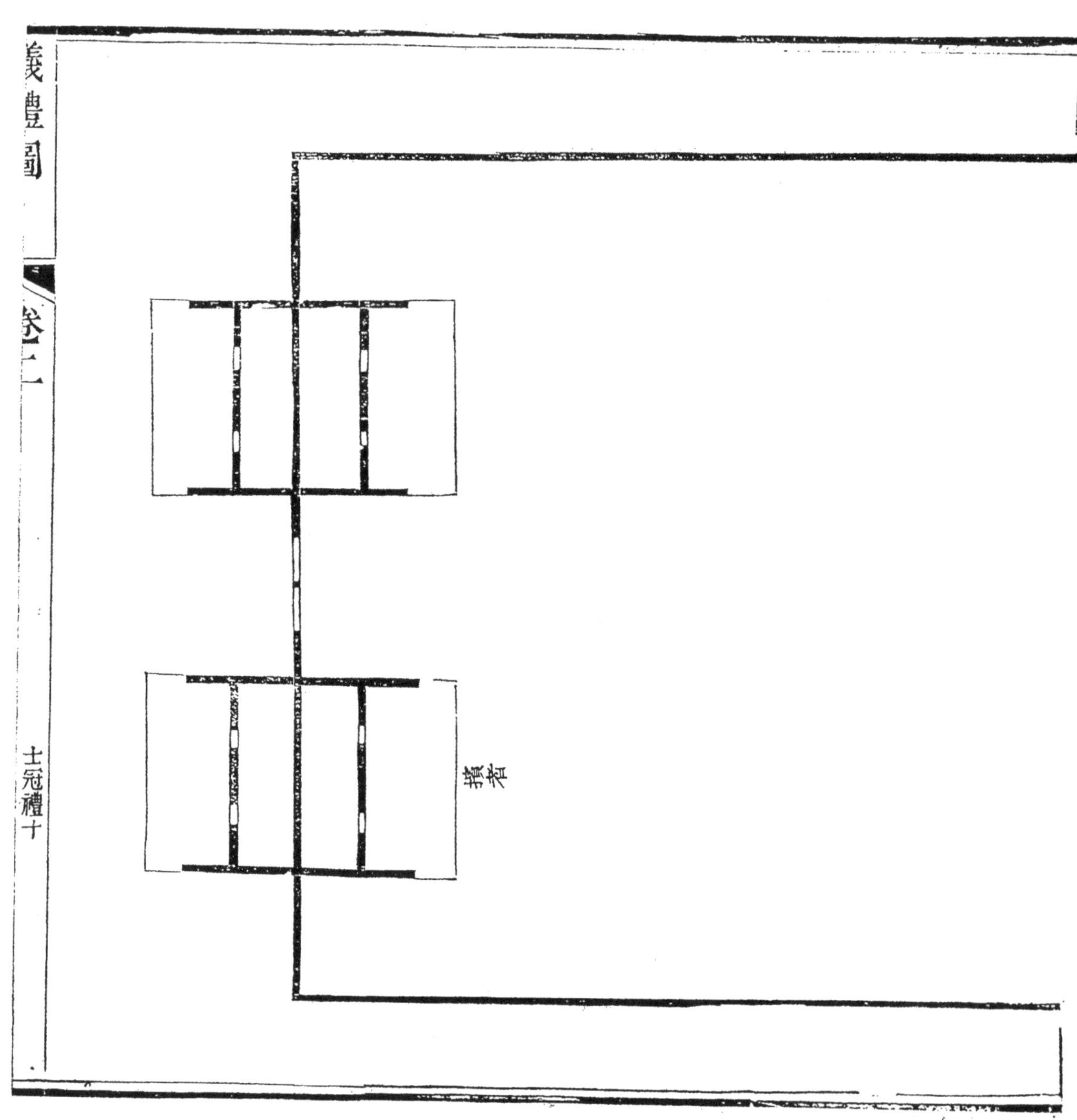
儀禮圖
卷二
士冠禮十
擯者

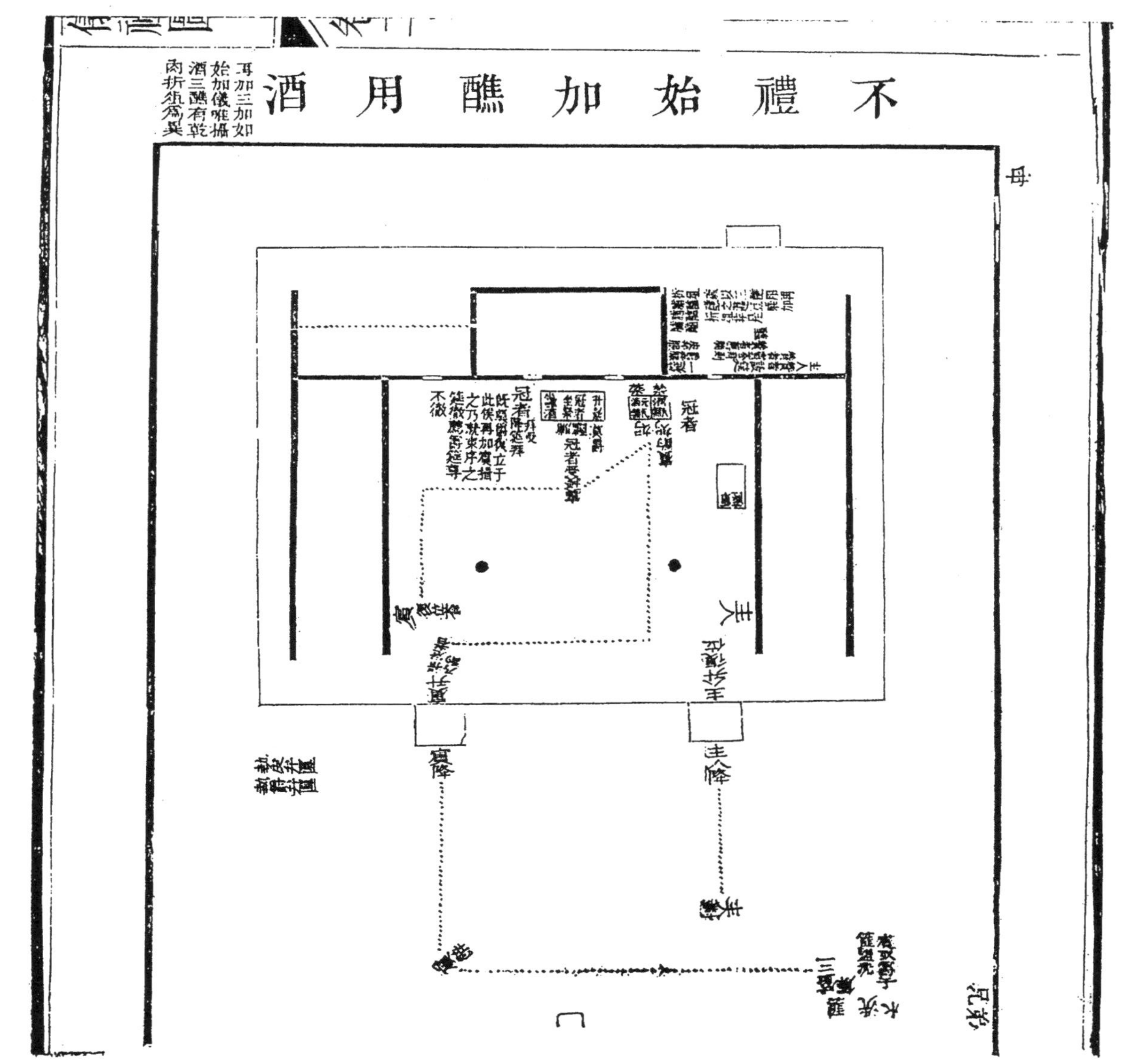
不禮始加醮用酒

・부록 4-3 ・張惠言의 《儀禮圖》 卷2 〈士昏禮〉

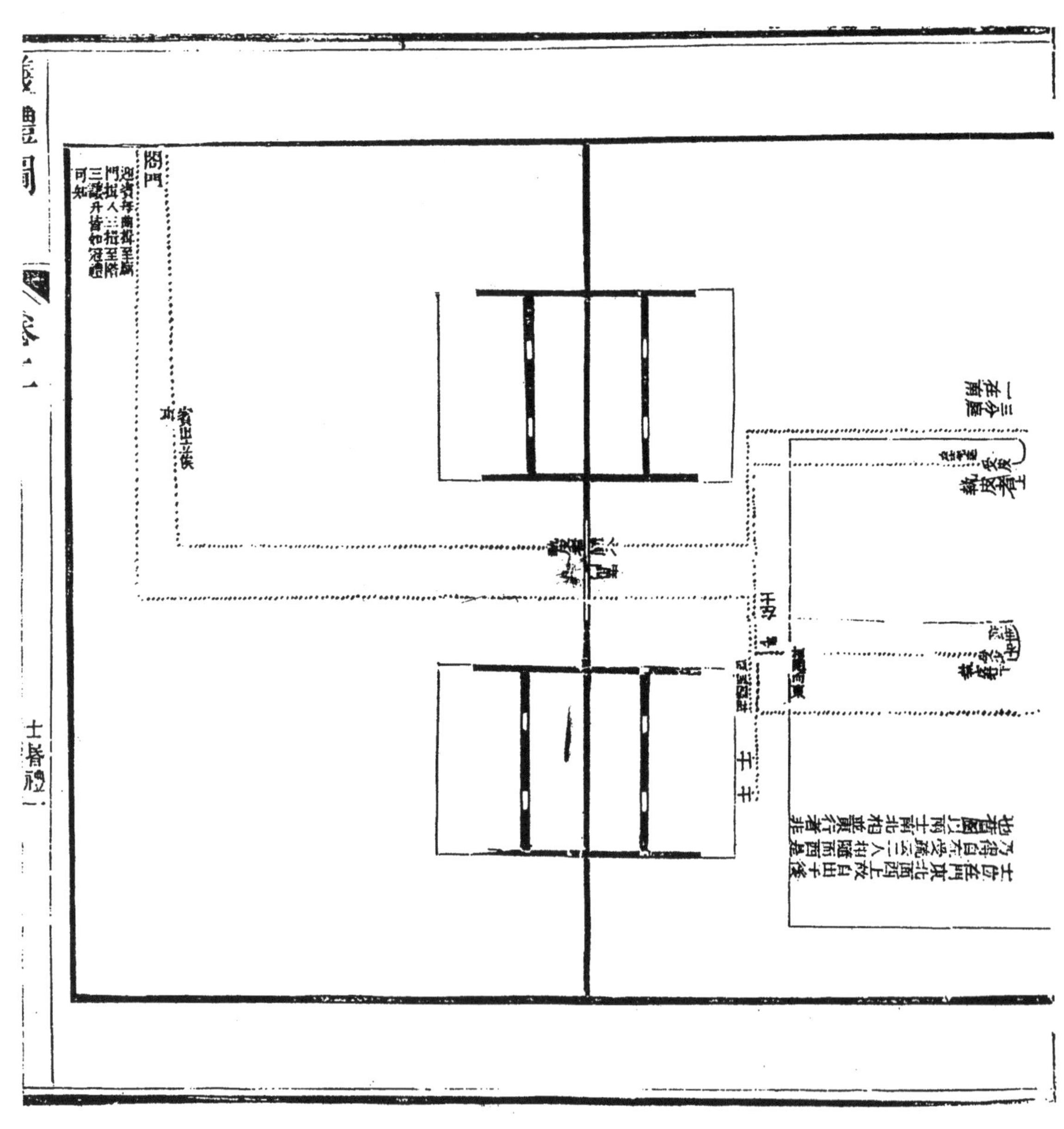

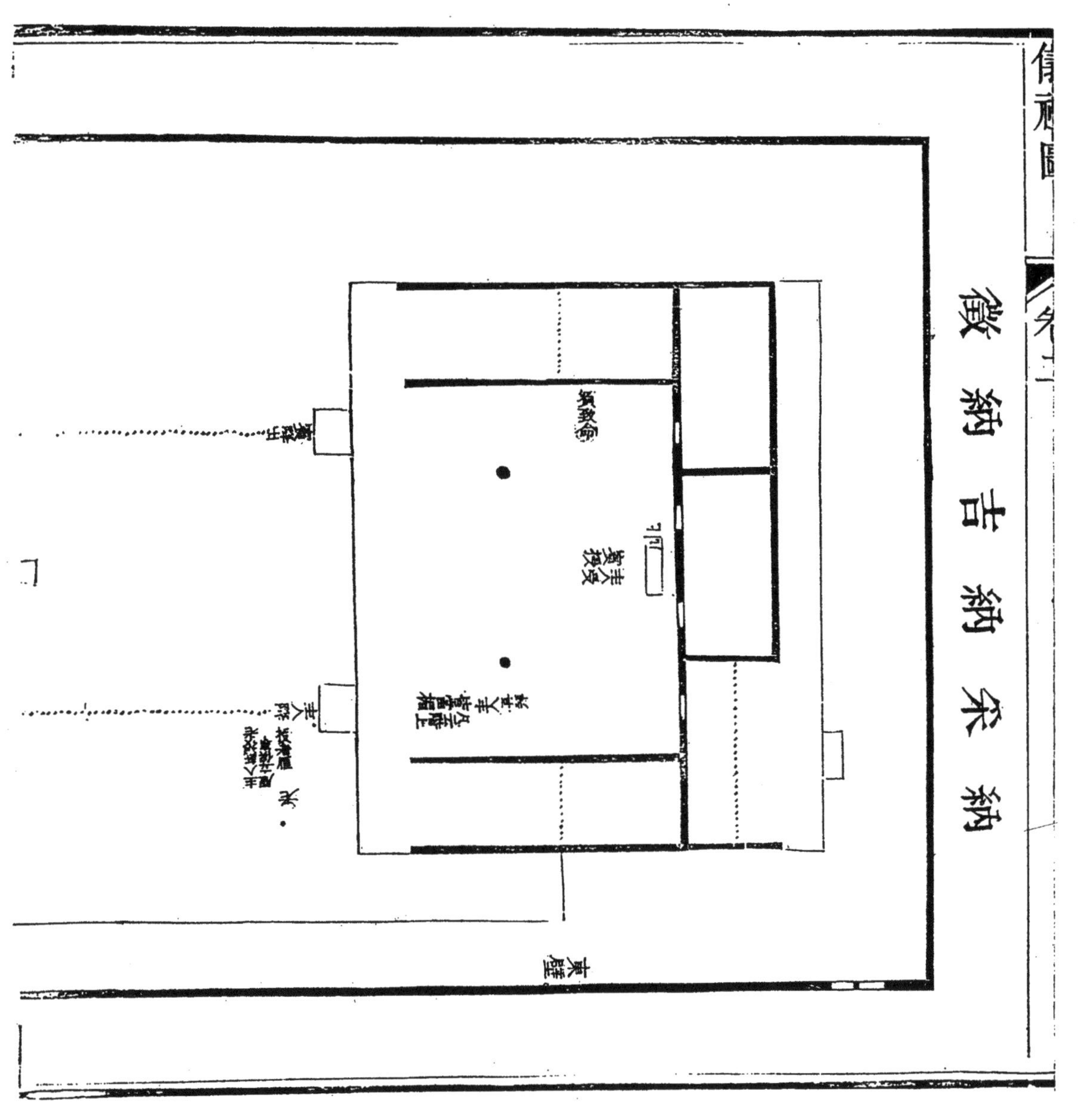
納采納吉納徵

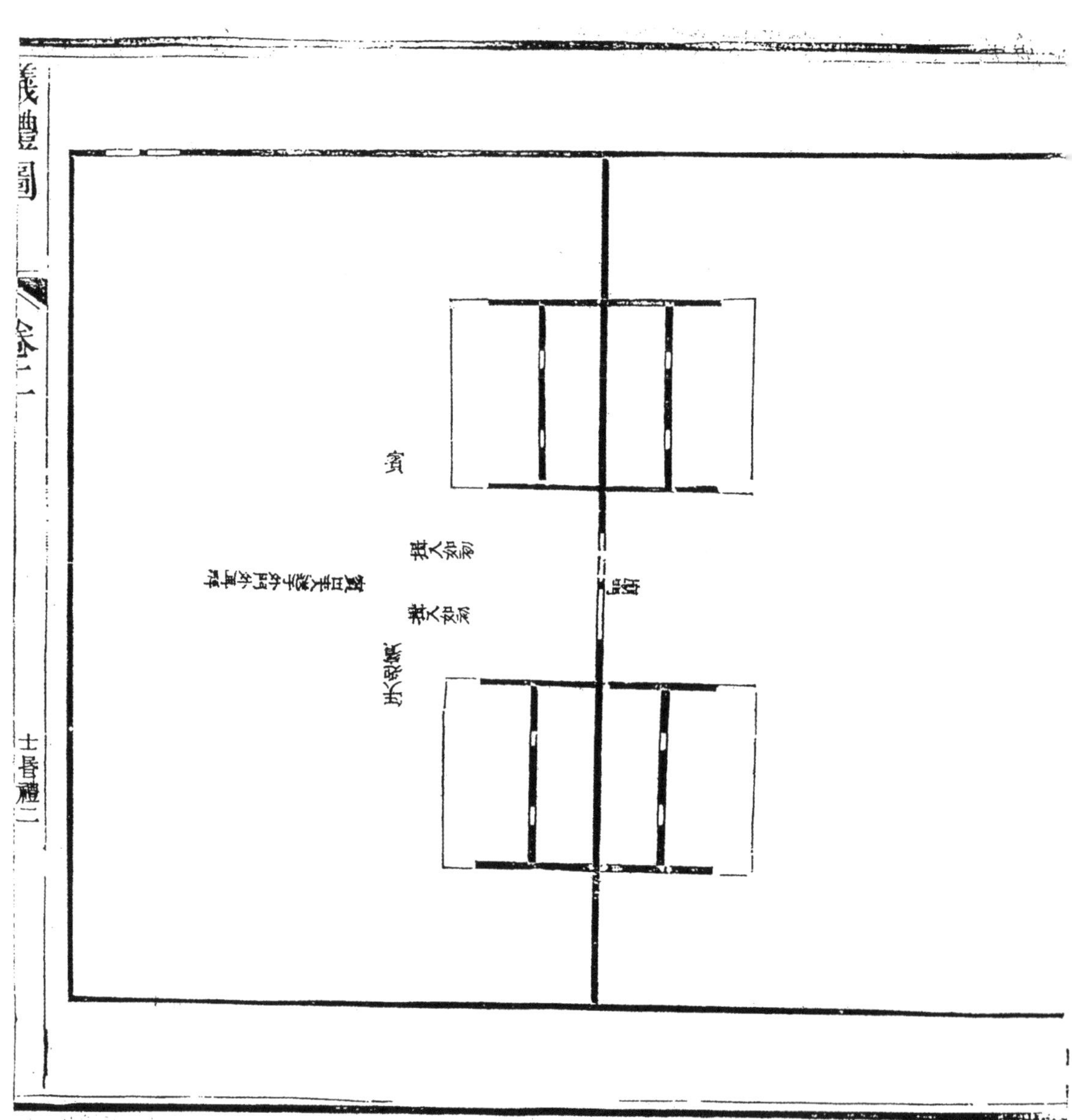
儀禮圖 卷二
士昏禮二

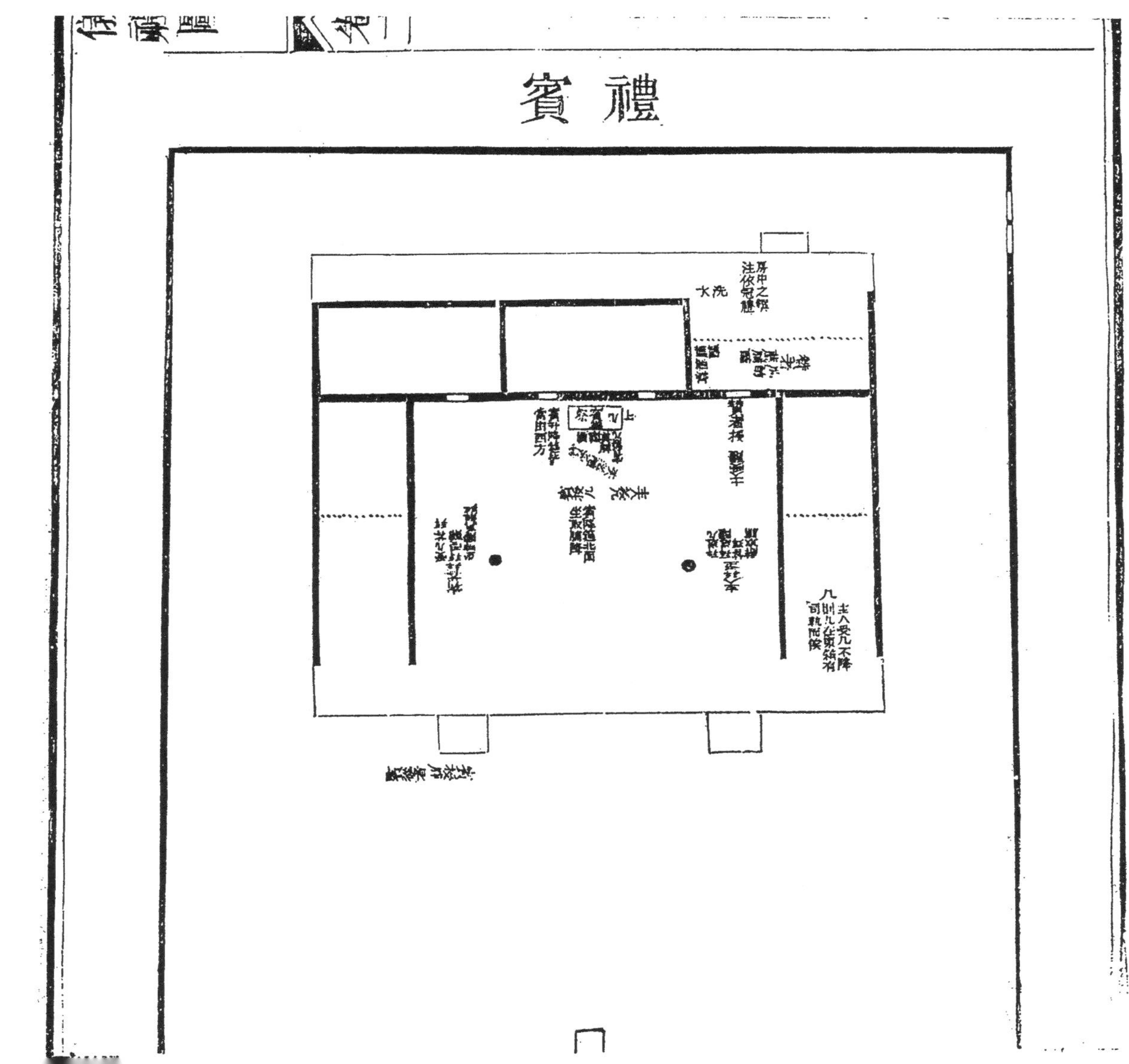
賓禮

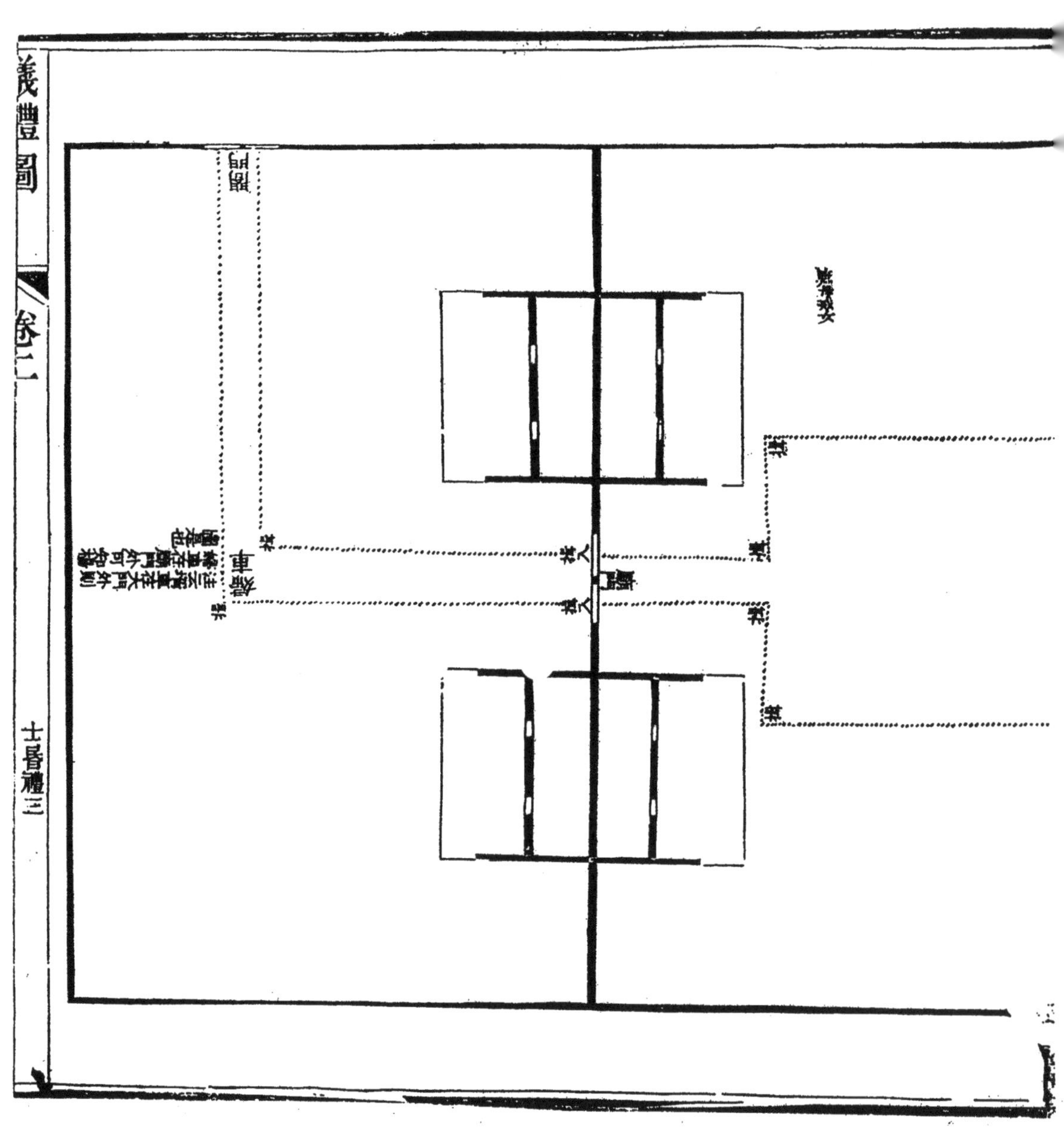
儀禮圖 卷二
士昏禮三

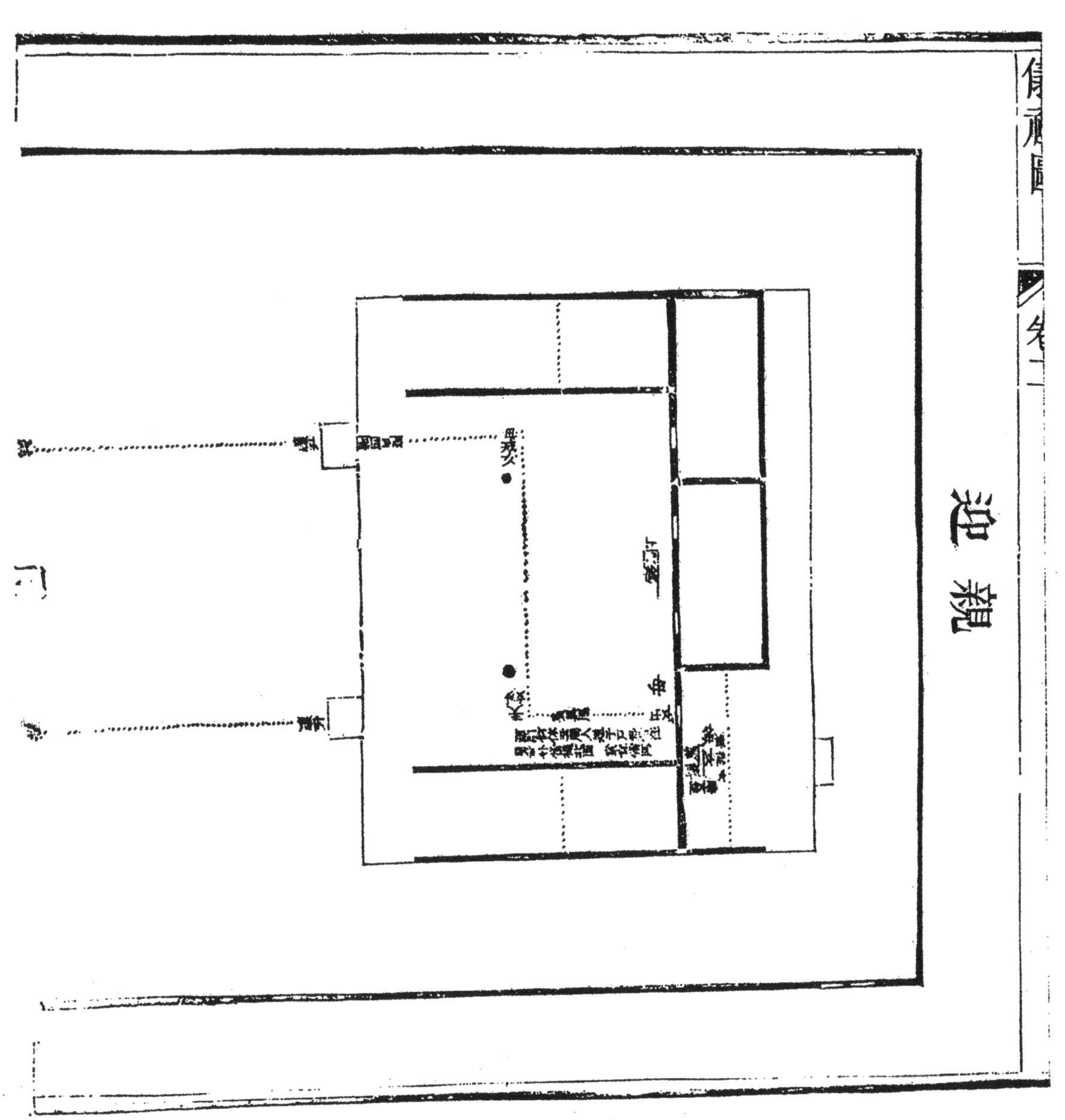
迎親

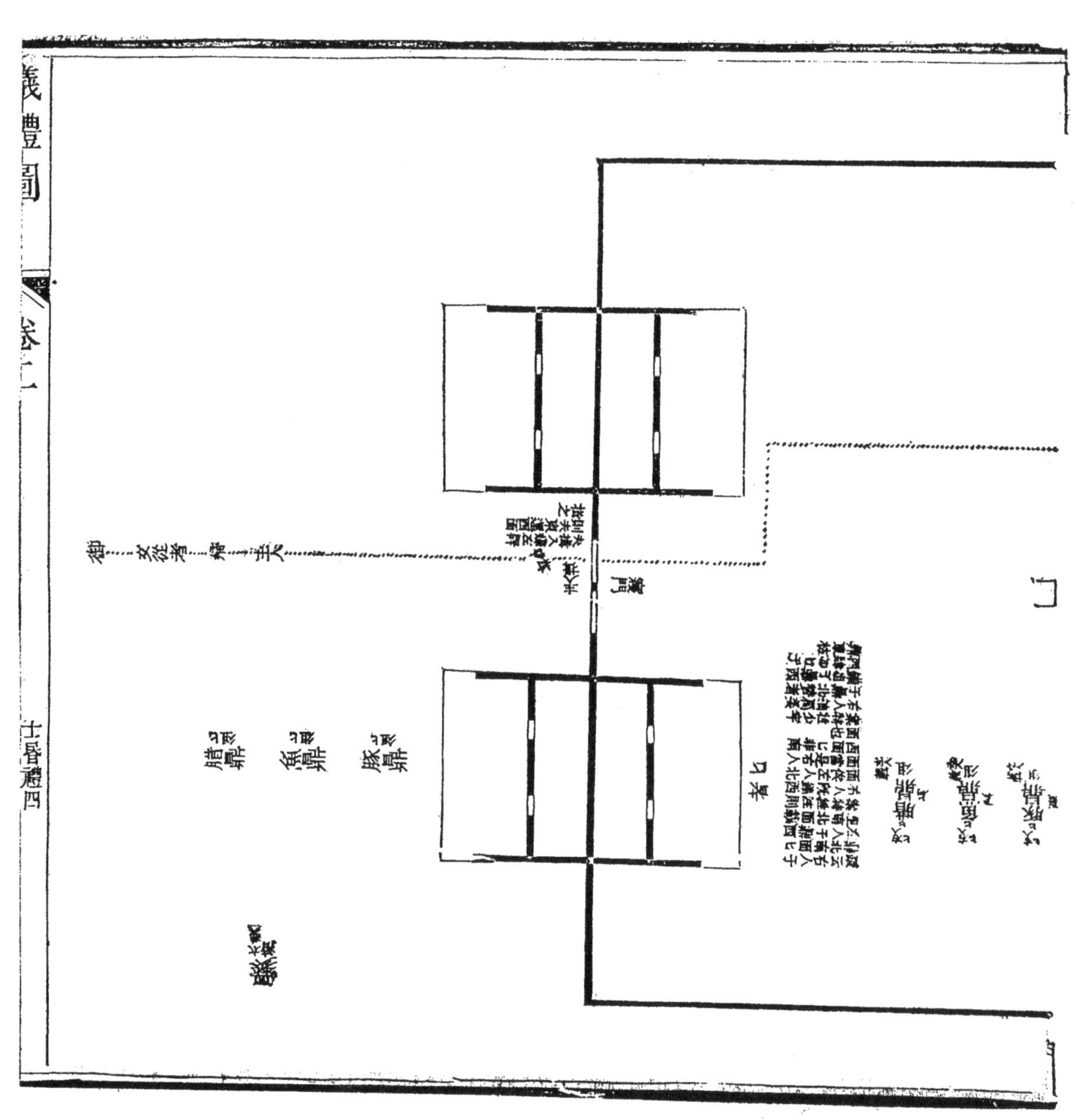

儀禮圖
卷二
士昏禮四
寢門
主人
婦
女從者
御
豚鼎
魚鼎
腊鼎

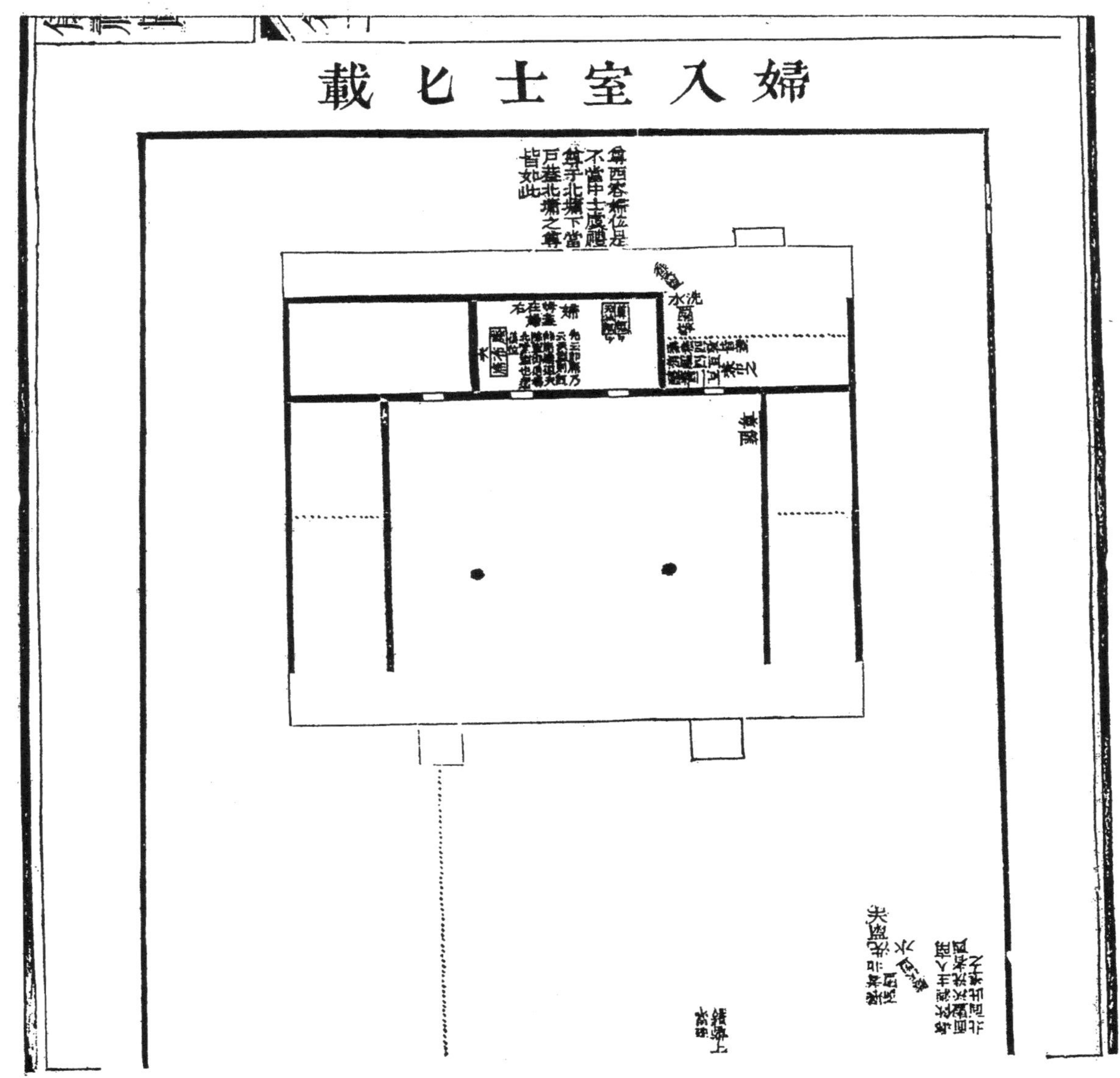
婦入室士匕載

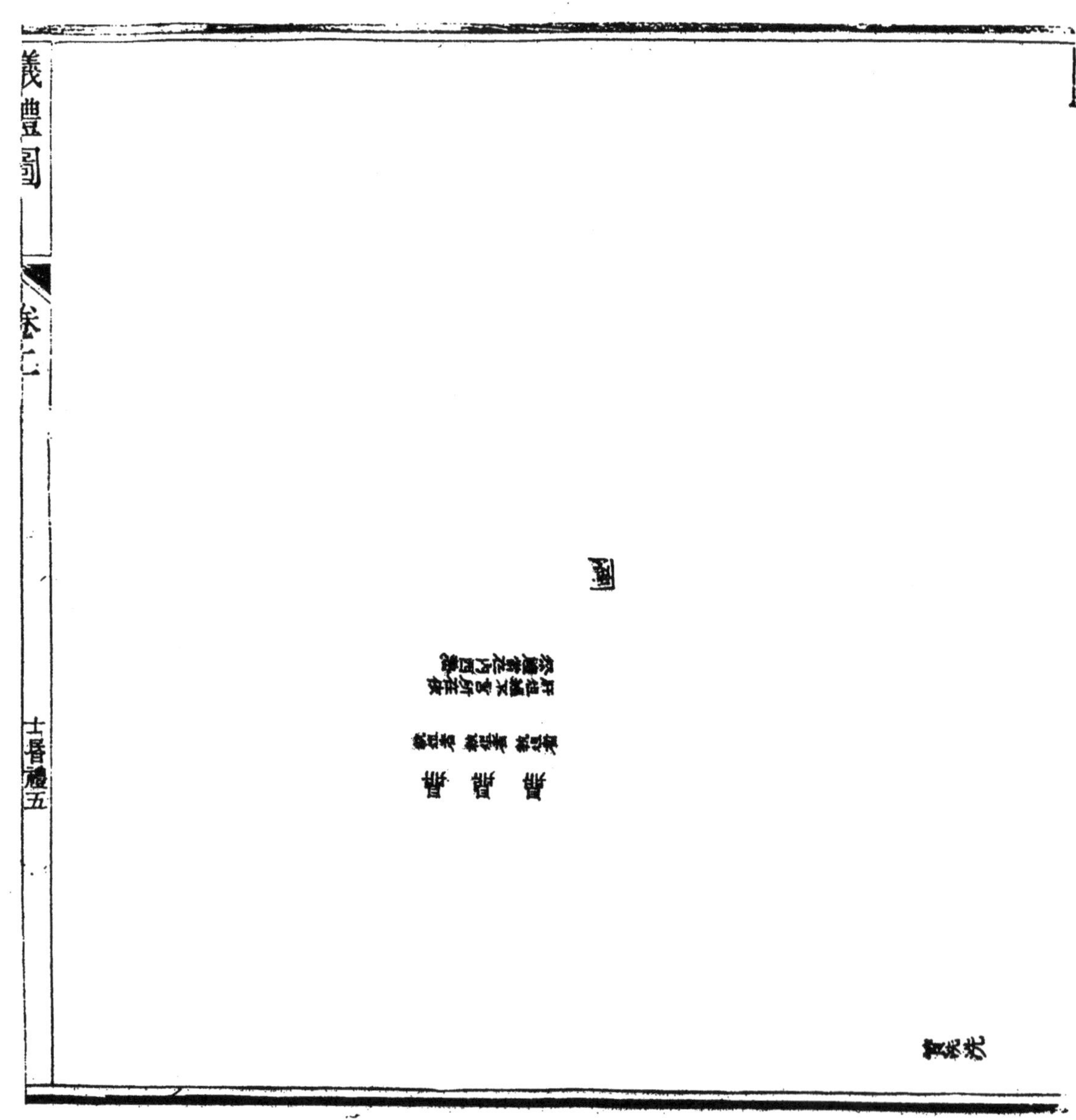
儀禮圖
卷二
士昏禮五

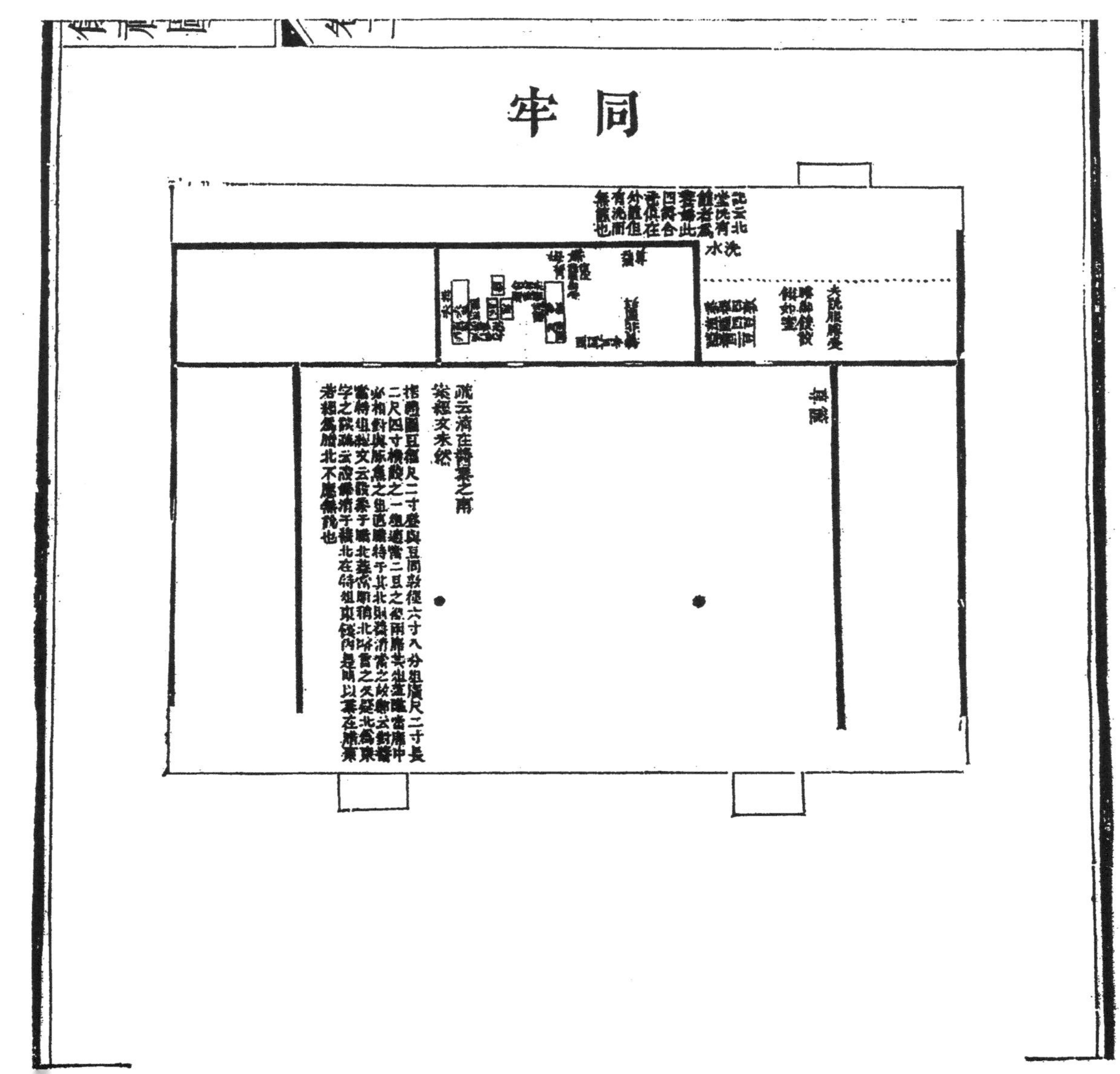
同牢

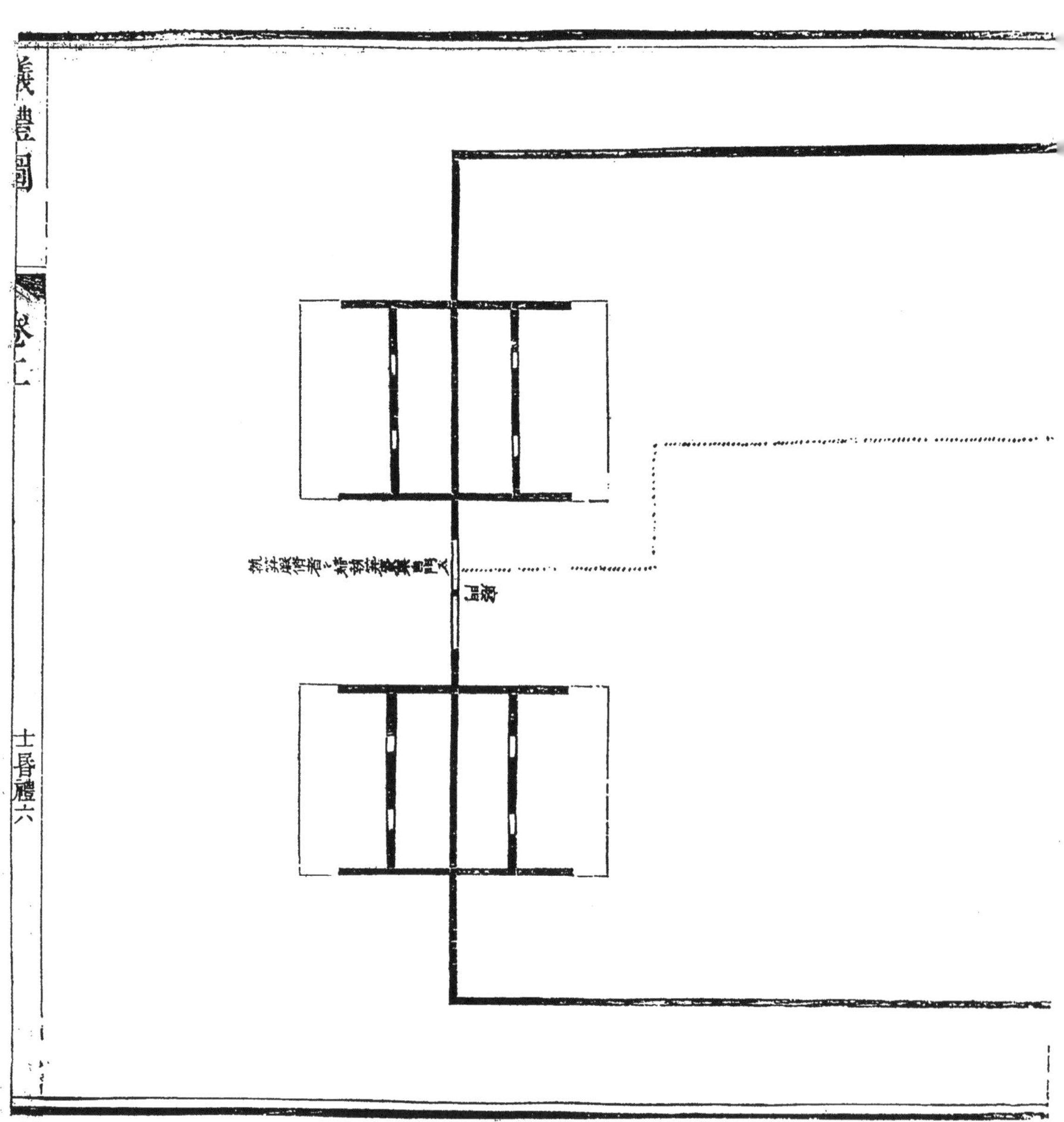
儀禮圖
卷二
士昏禮
六

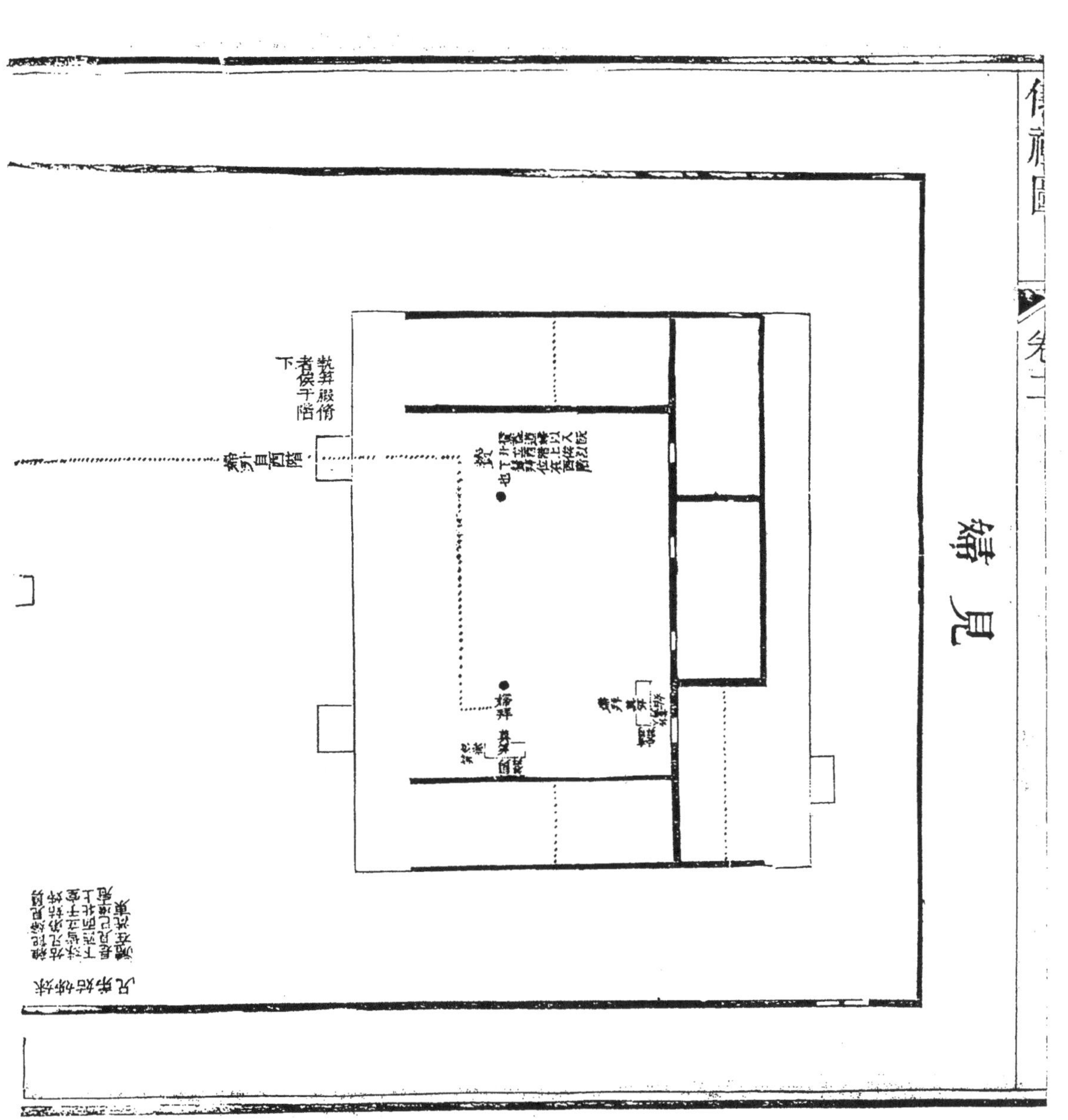
婦見

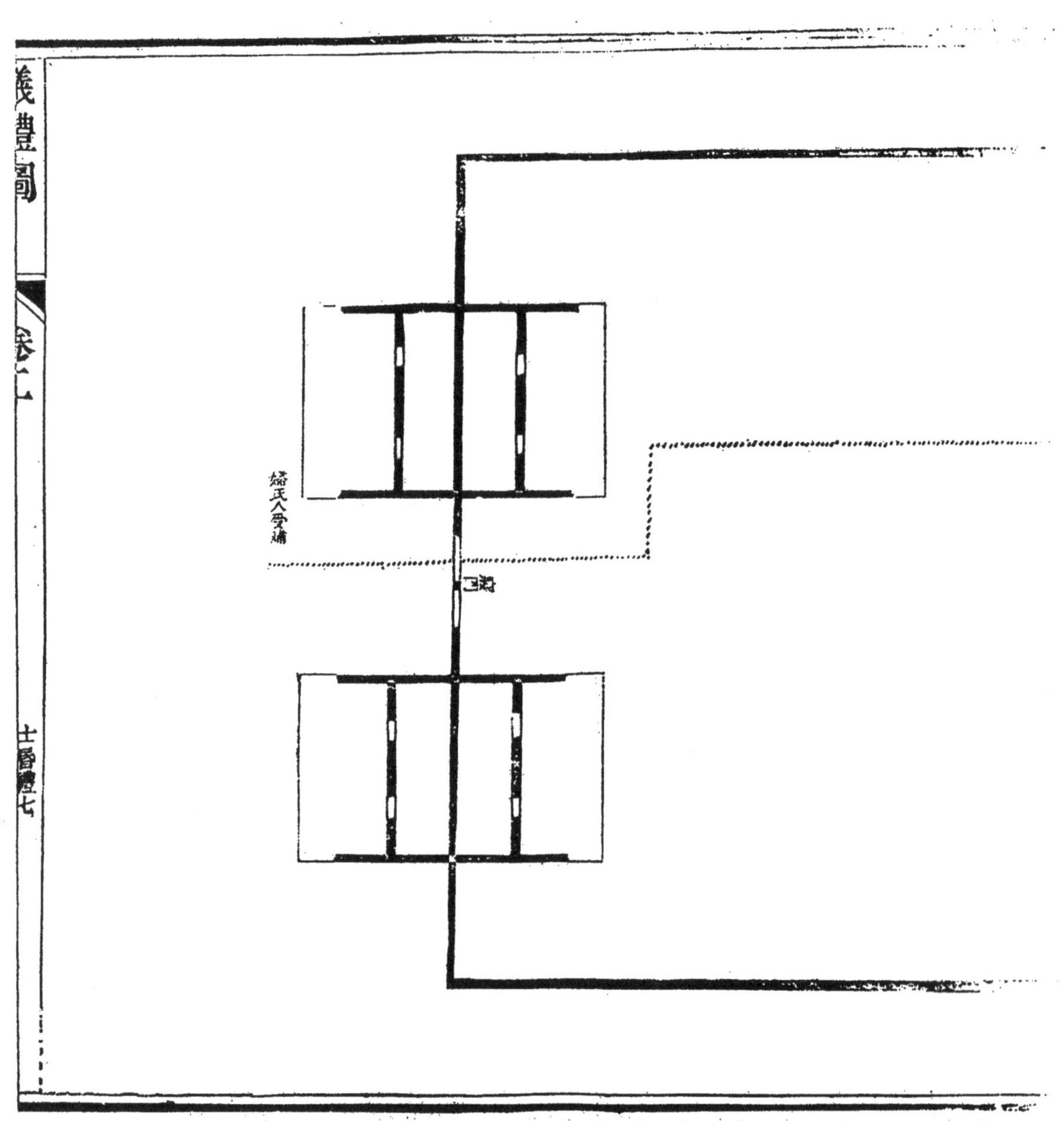
儀禮圖
卷二
士昏禮七
婦氏人受脯
闑

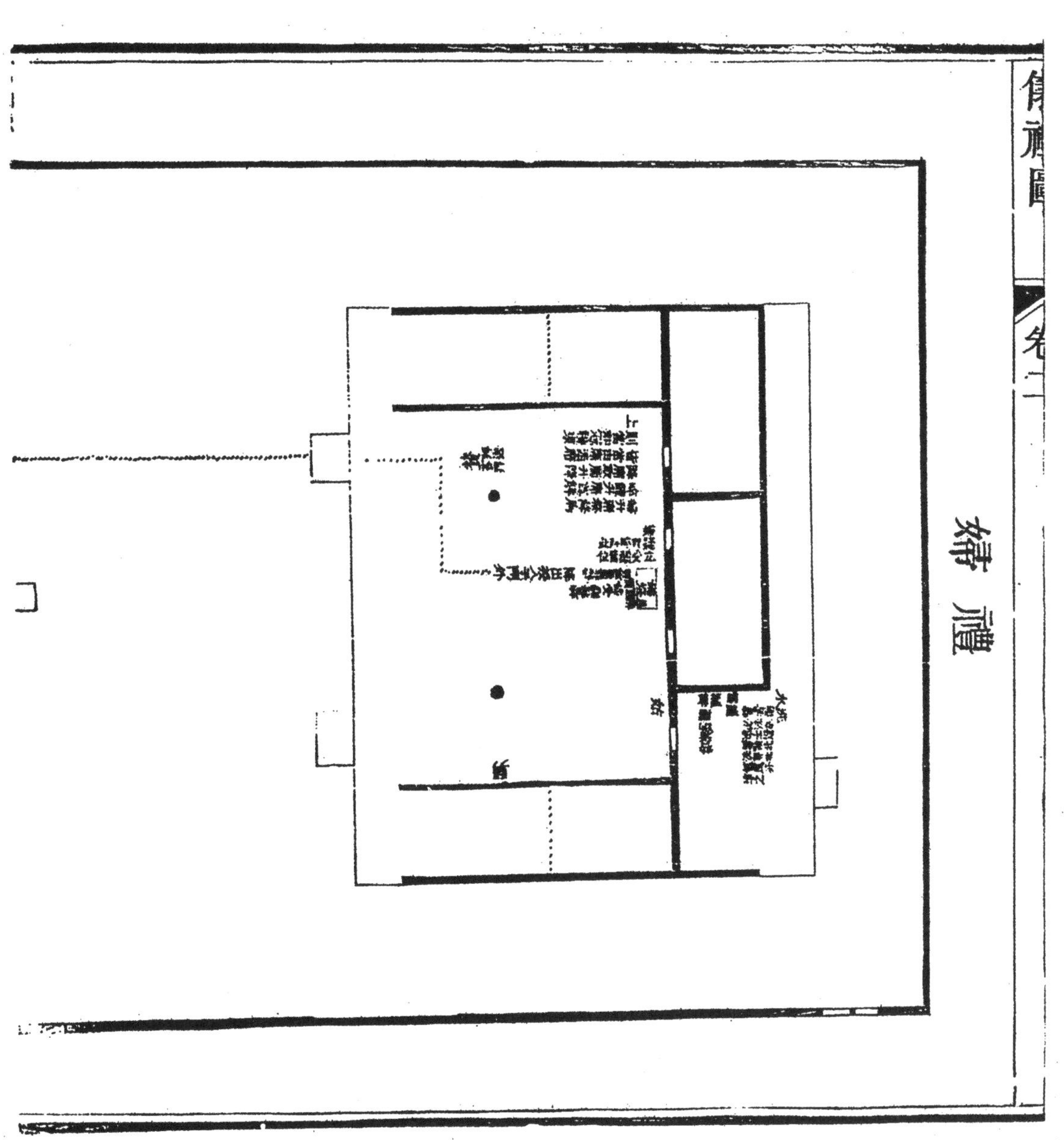

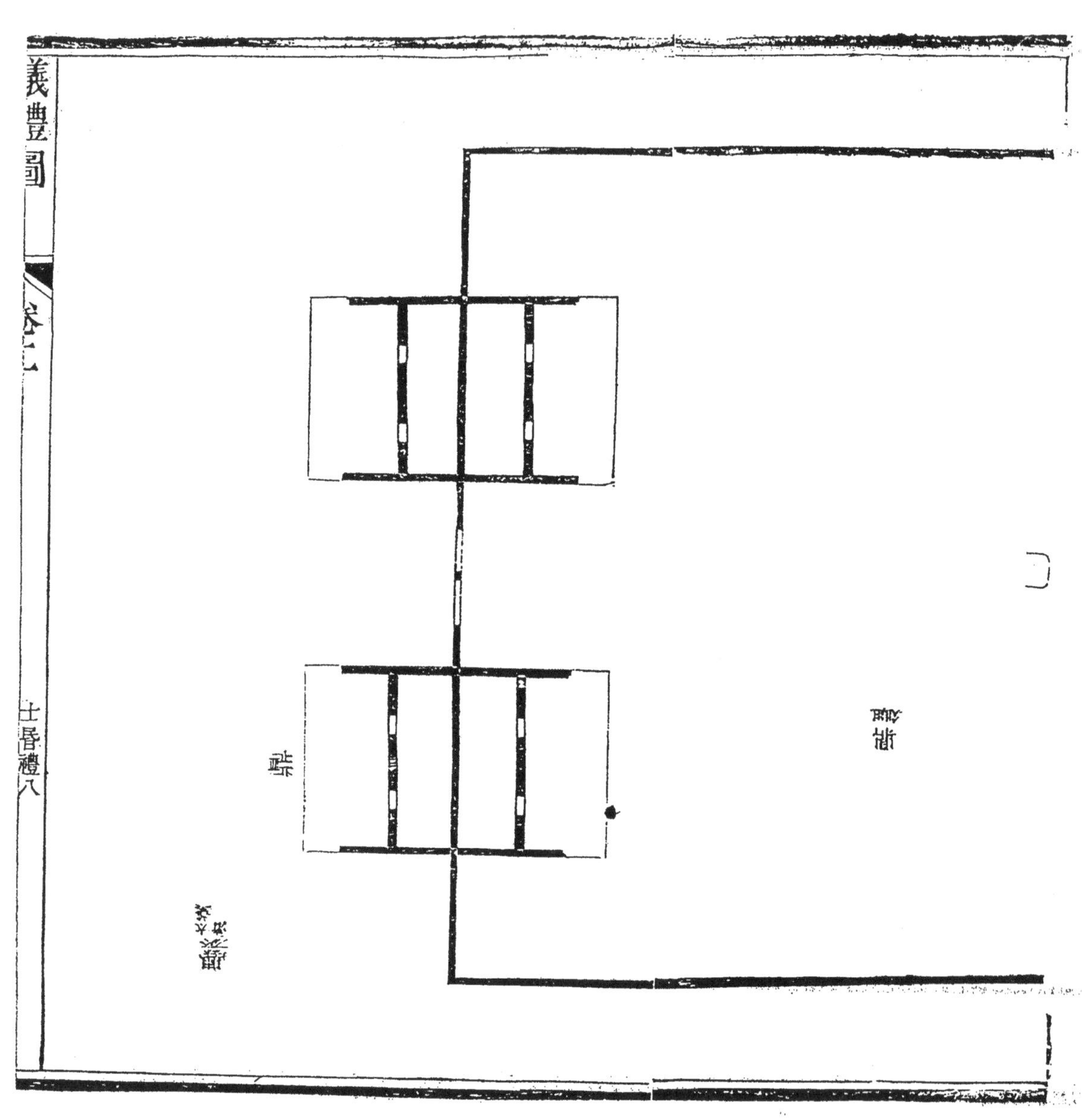
儀禮圖
卷二
士昏禮八

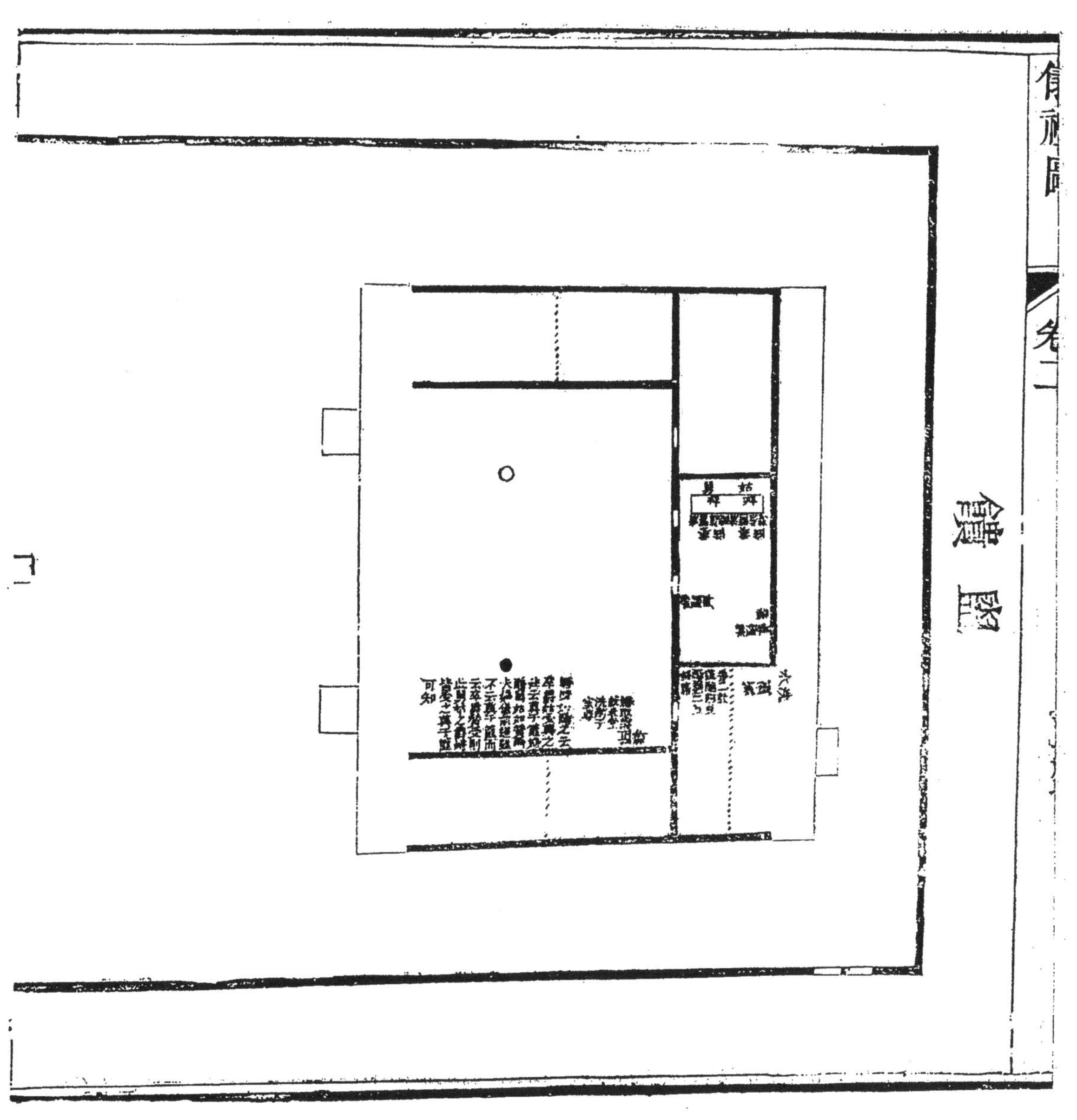

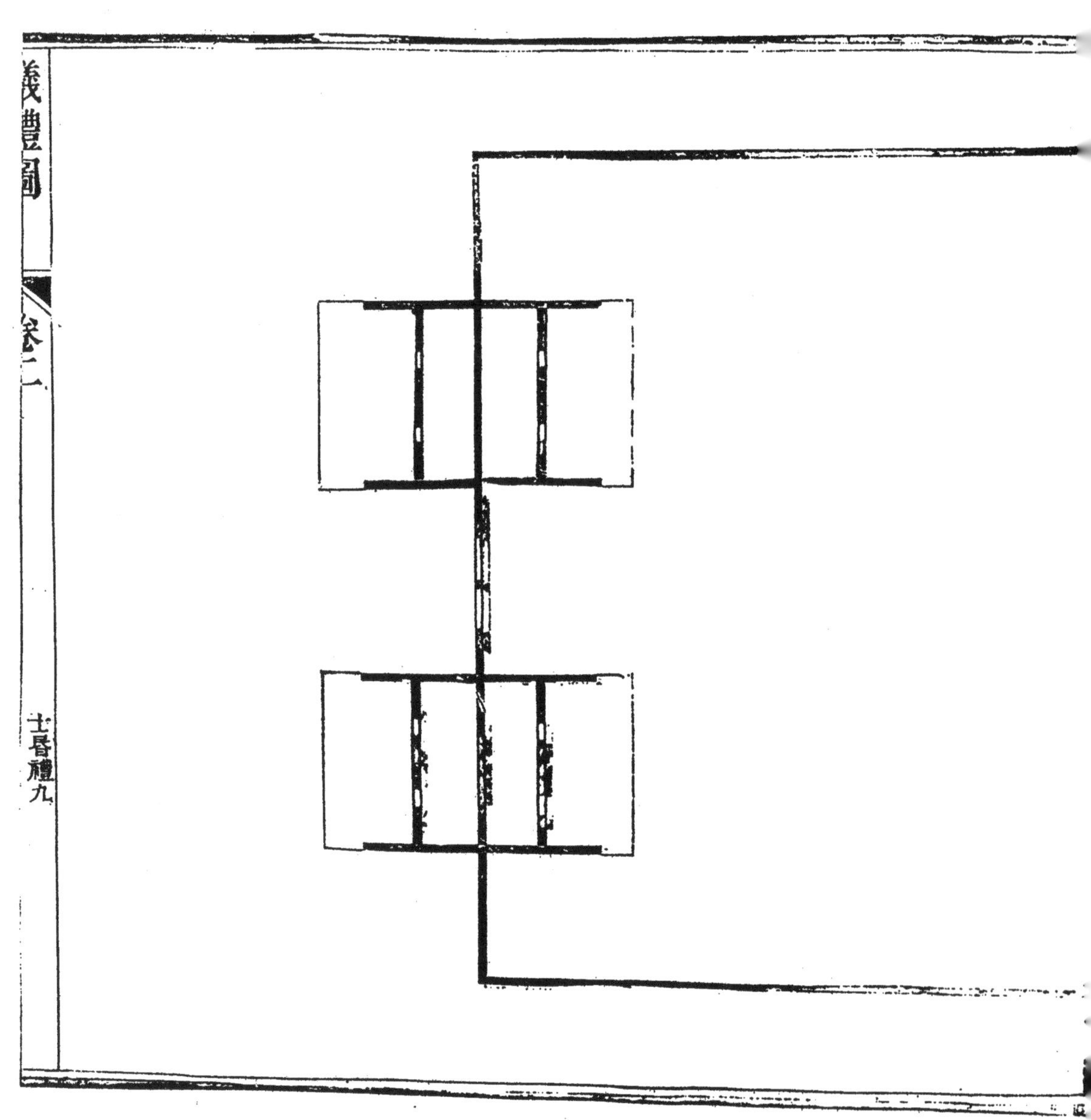
儀禮圖
卷二
士昏禮九

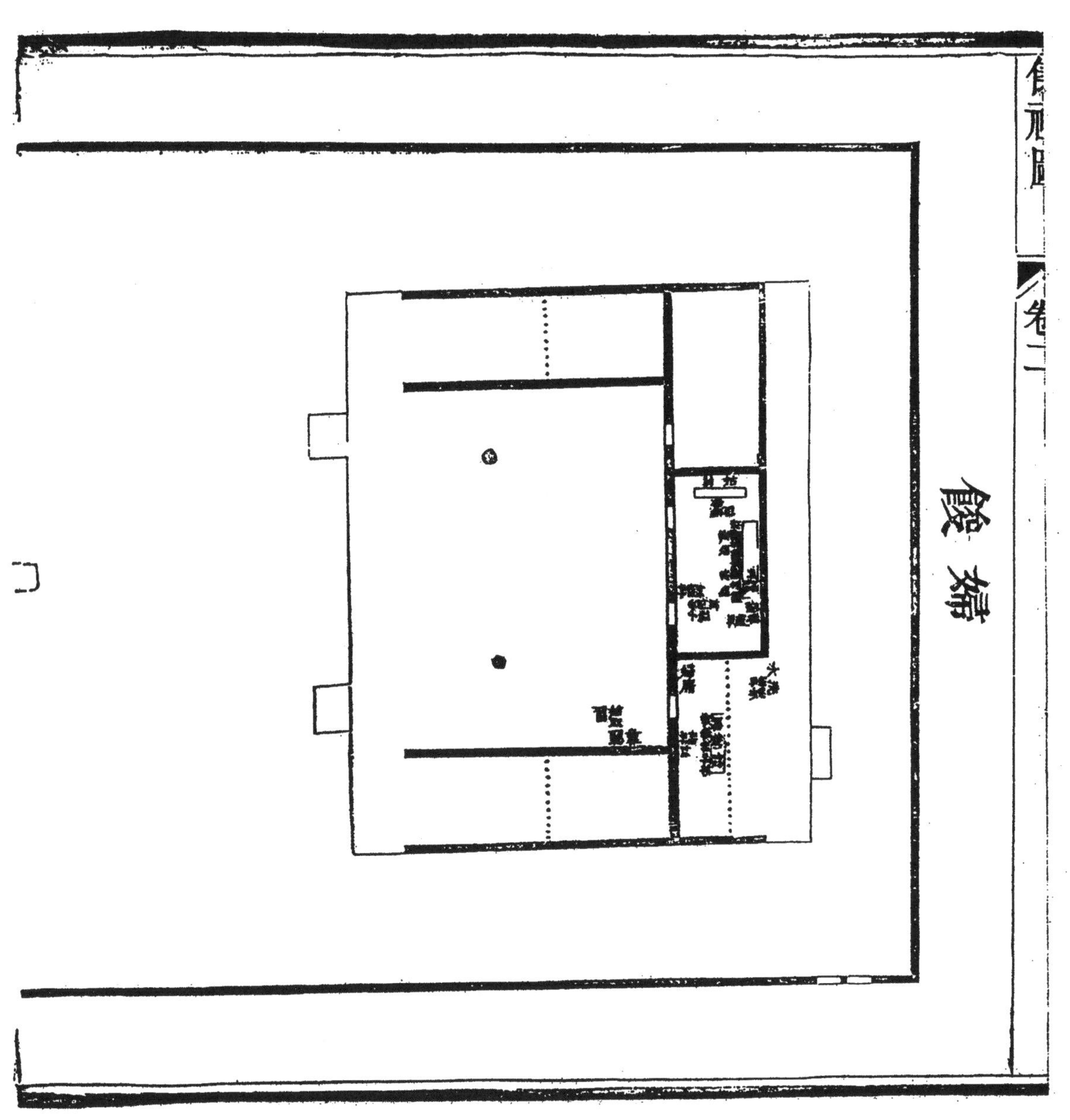
餕媵

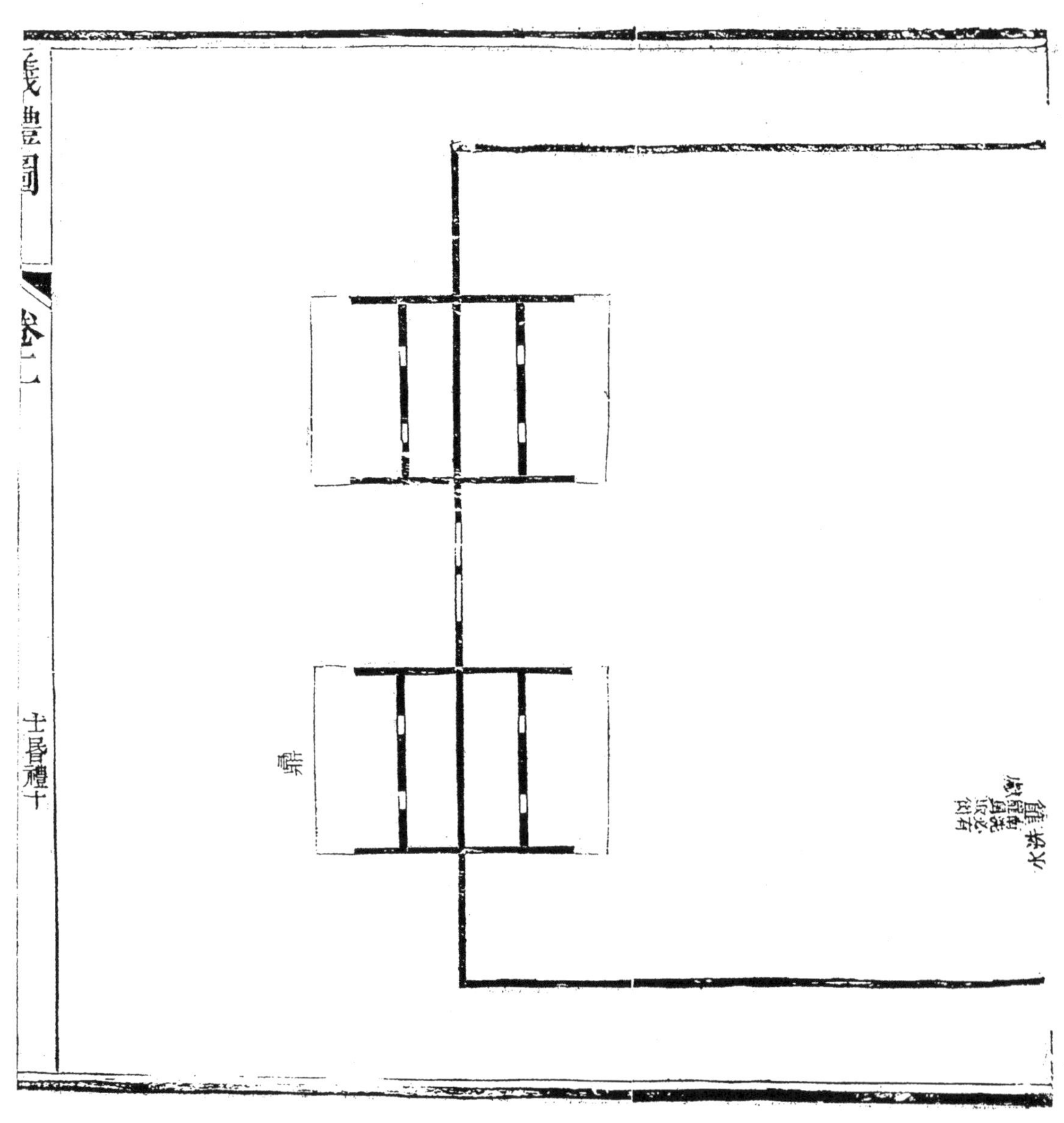
儀禮圖
士昏禮十
鼎

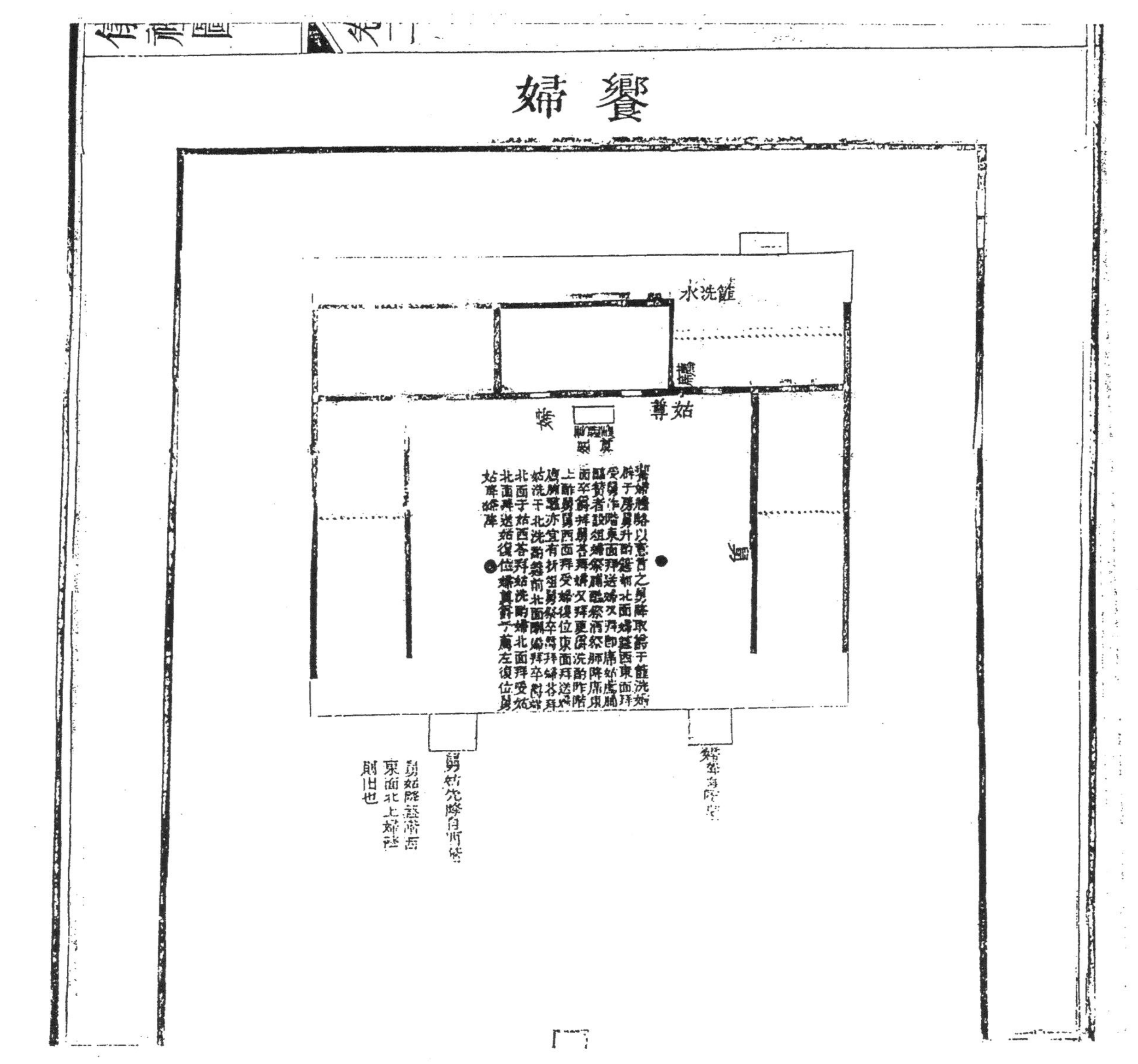
婦饗
水洗篚
尊
姑
婦
門

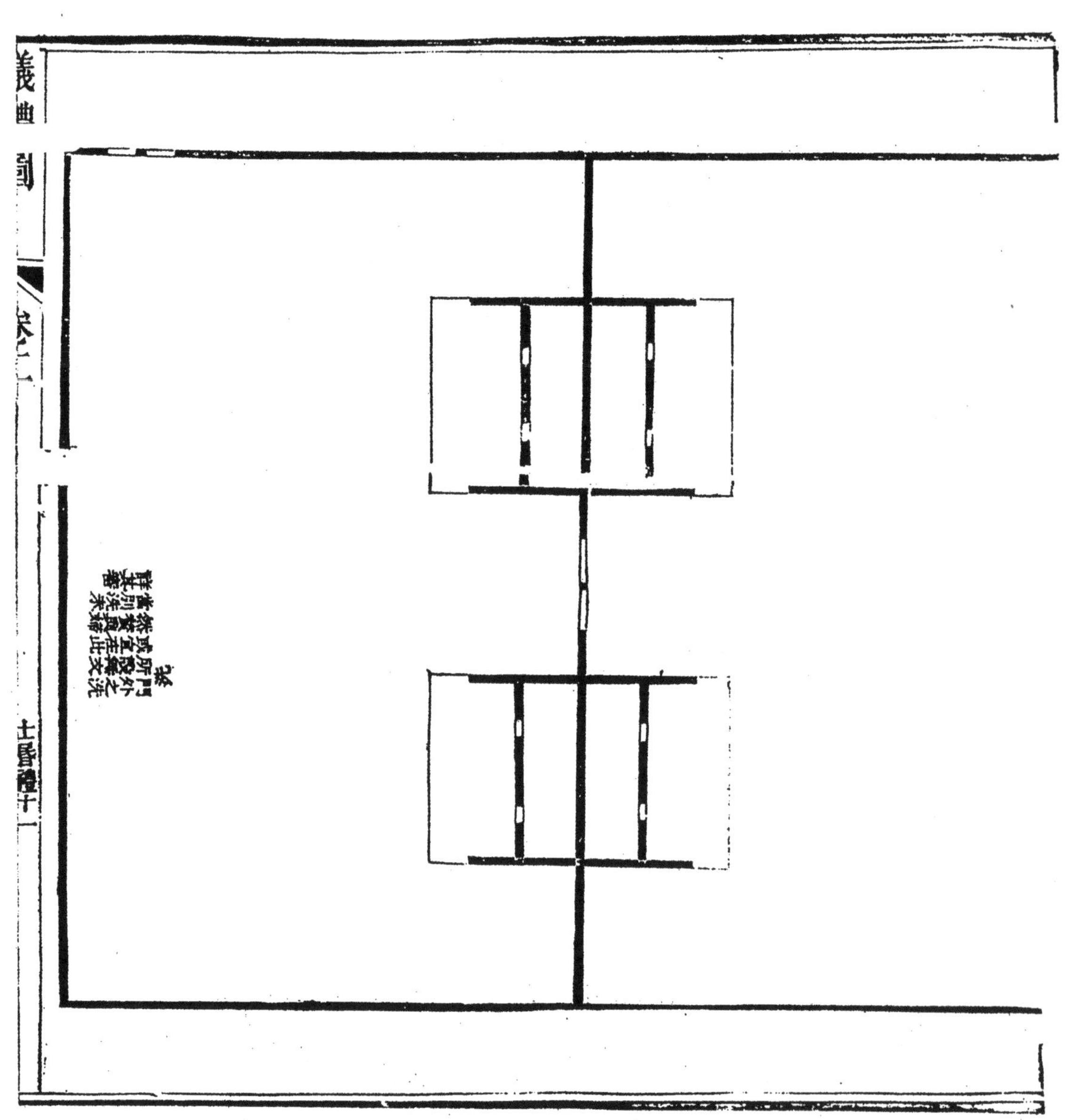
儀禮圖
士昏禮
洗
門外之洗
所設無文
或宜在此
然贊與婦
當別洗未
詳其審

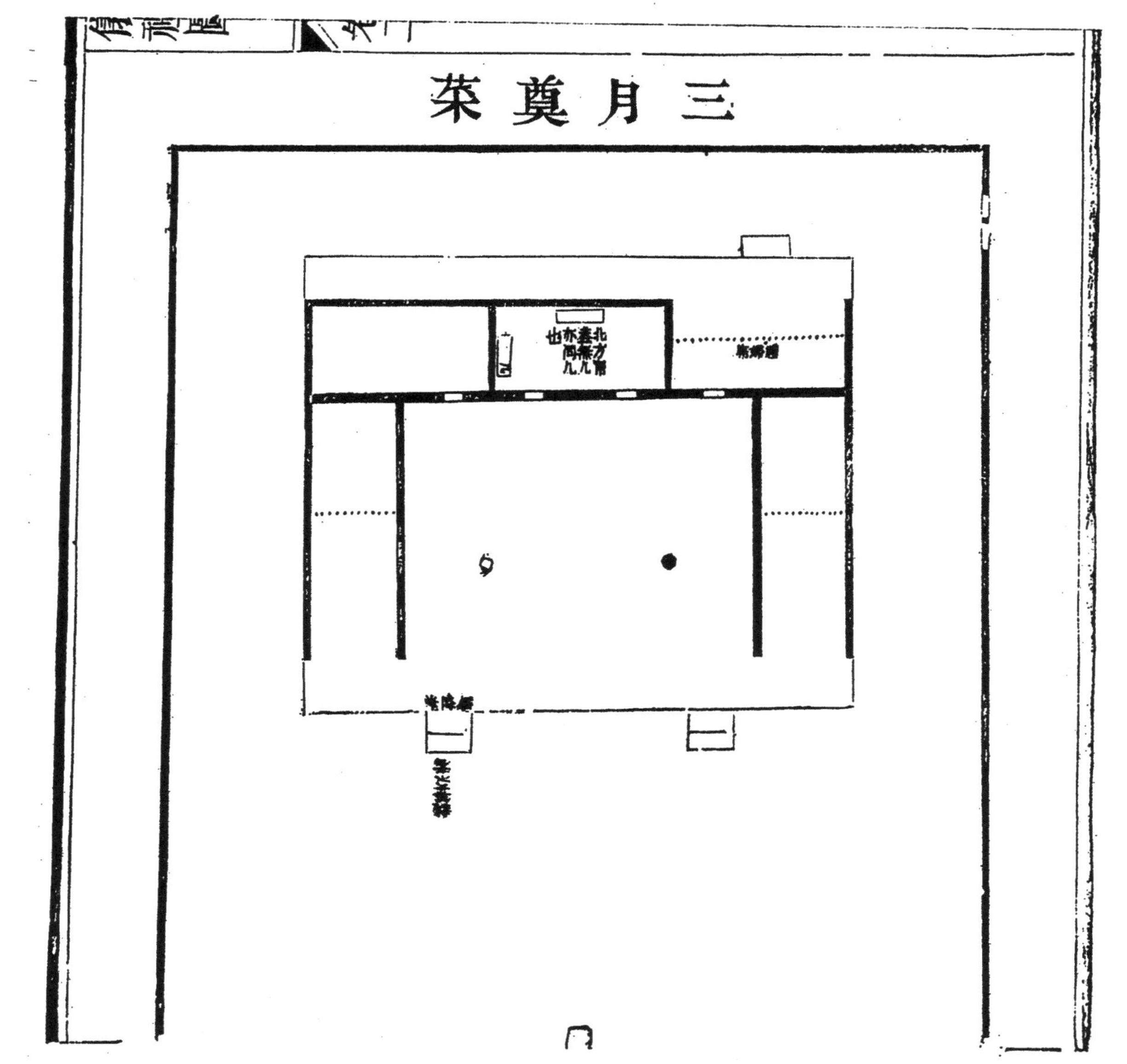
儀禮圖 卷二
三月奠菜

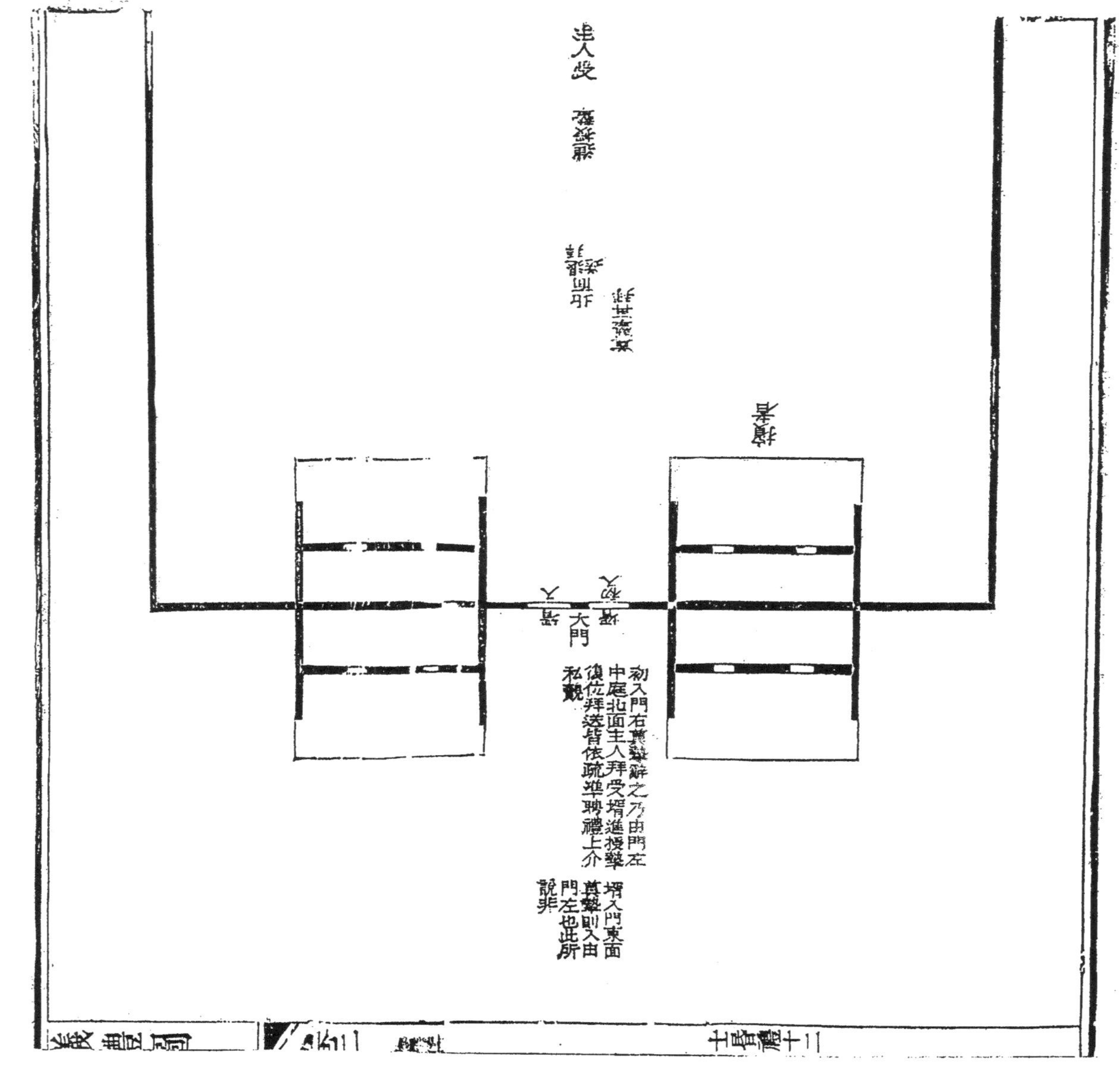
大門
士昏禮十二

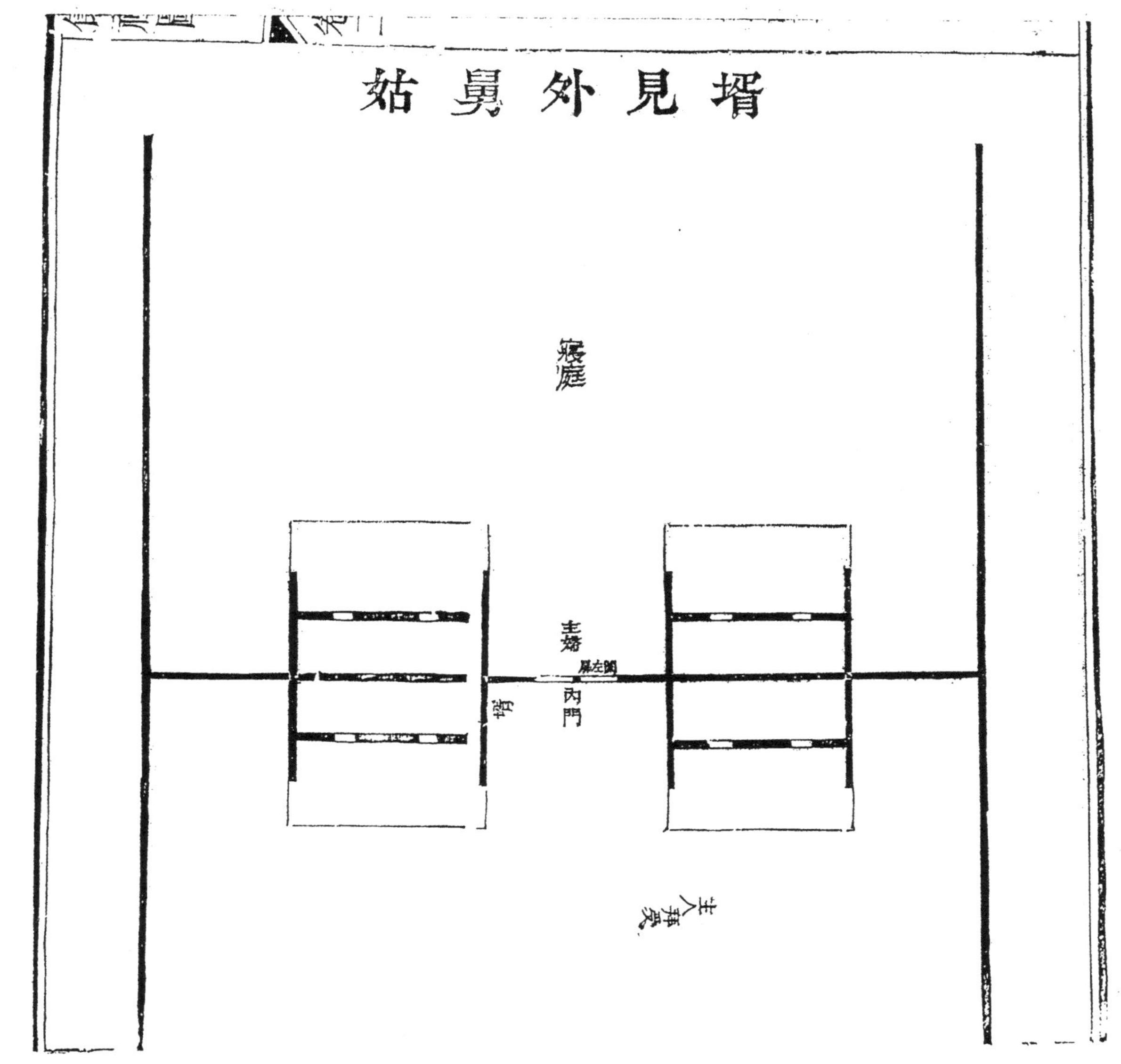
壻見外舅姑
寢庭
主婦
闑左扉
內門
壻
主人拜受

• 부록 5-1 • 黃以周의 《儀禮圖》 卷48 〈禮節圖一 冠〉

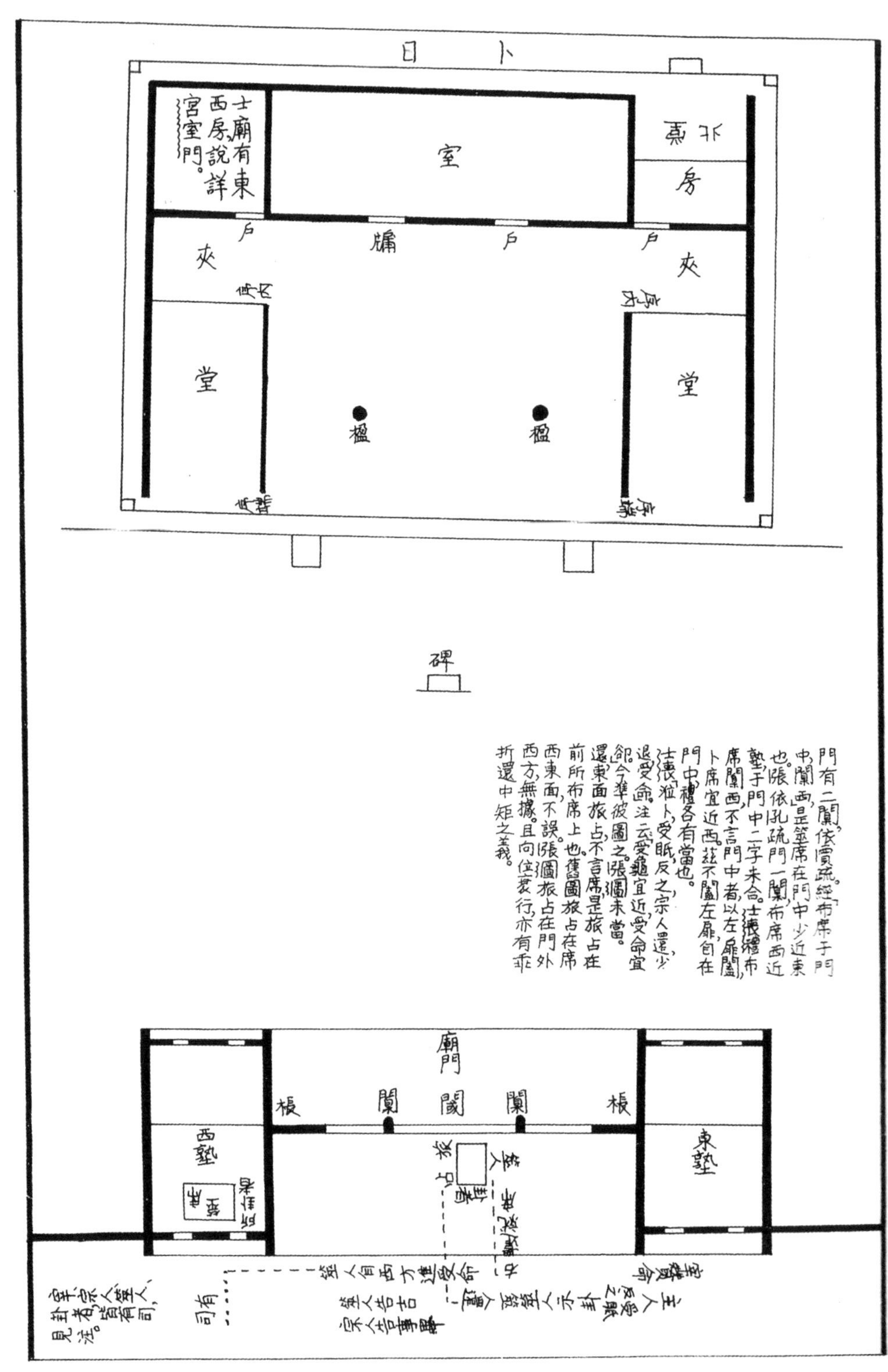

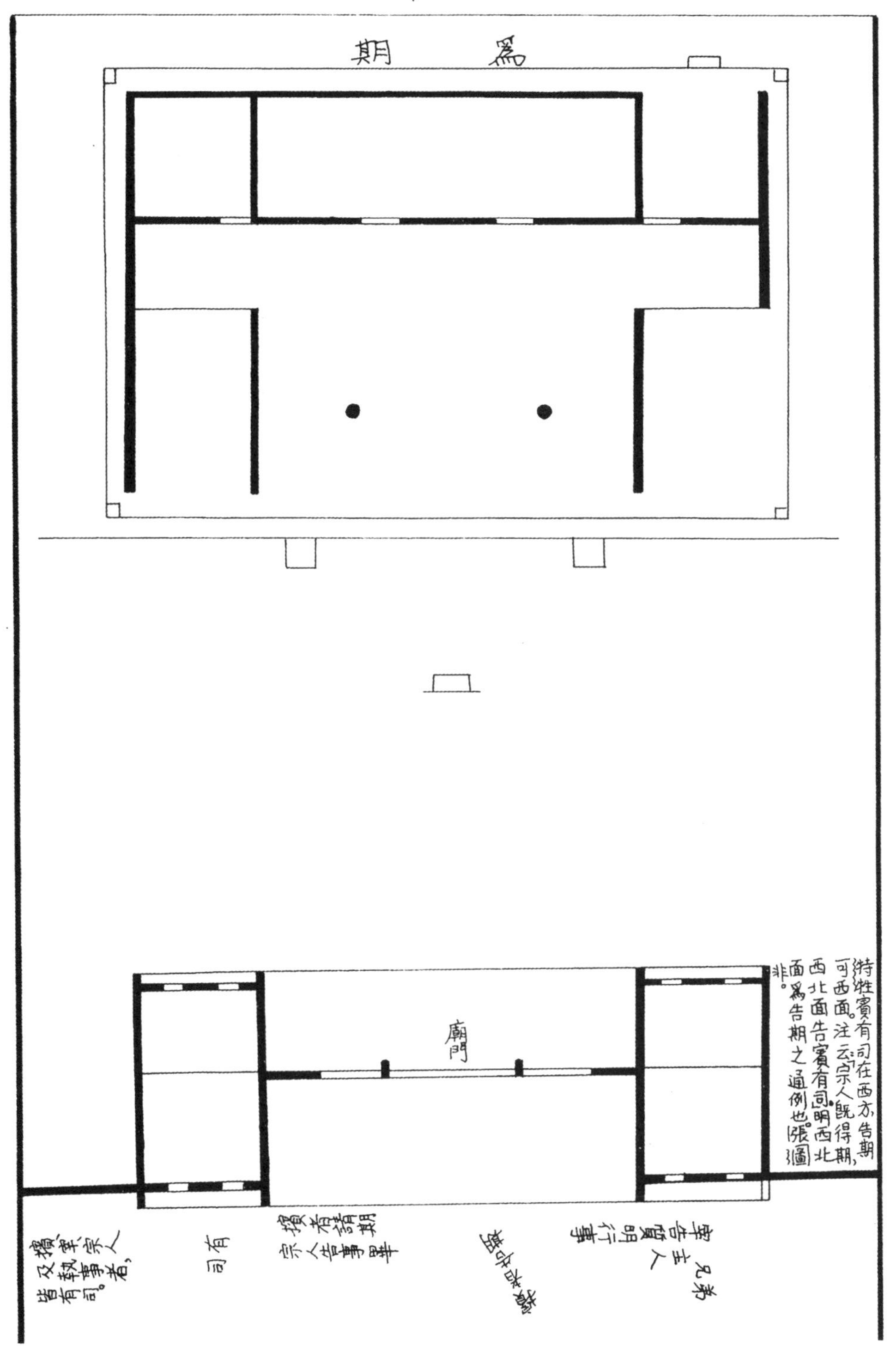
爲期
廟門
特牲賓有司在西方，告期可西面。注云：「宗人既得期，西北面告賓有司。」明西北面爲告期之通例也。張圖非。
擯、宰、宗人及執事者，皆有司。
有司
擯者請期
宗人告事畢
宰告曰質明行事
主人
兄弟

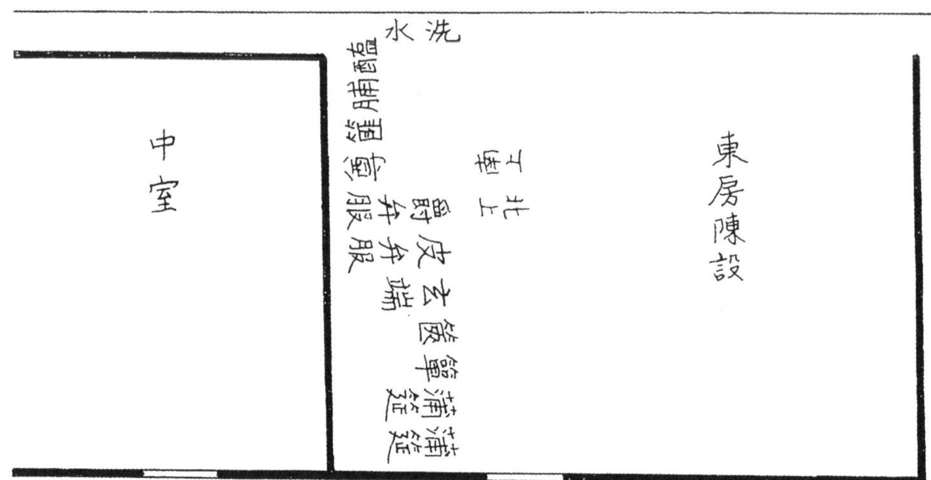
東房陳設
中室
洗
水

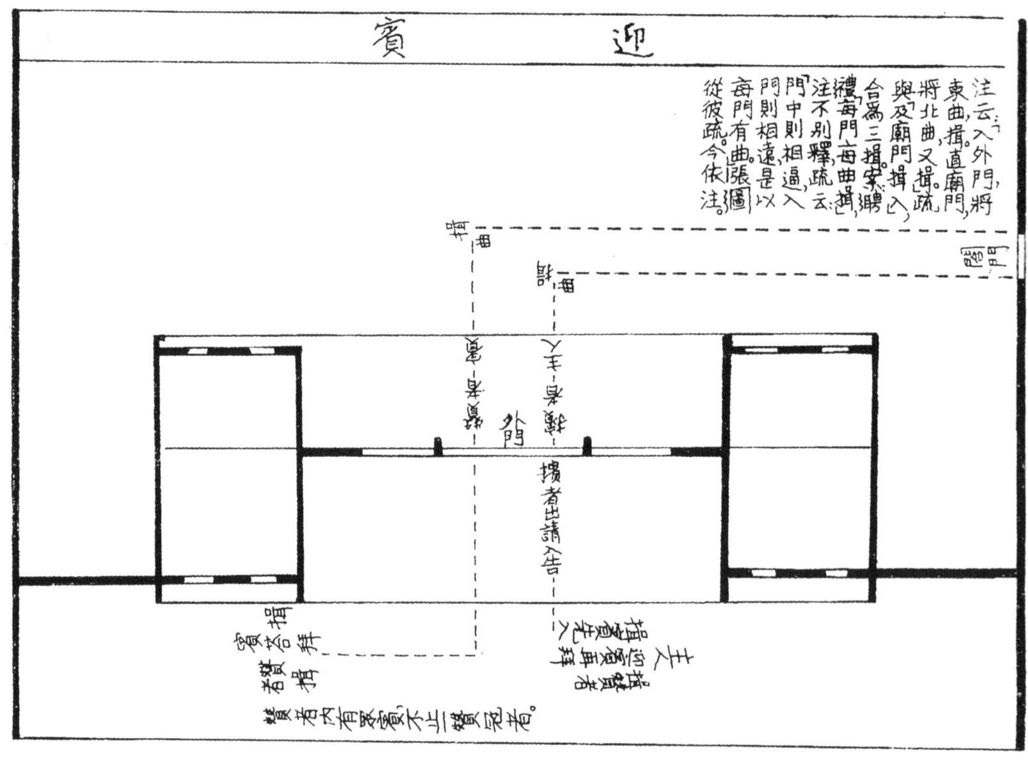
迎
賓
主人

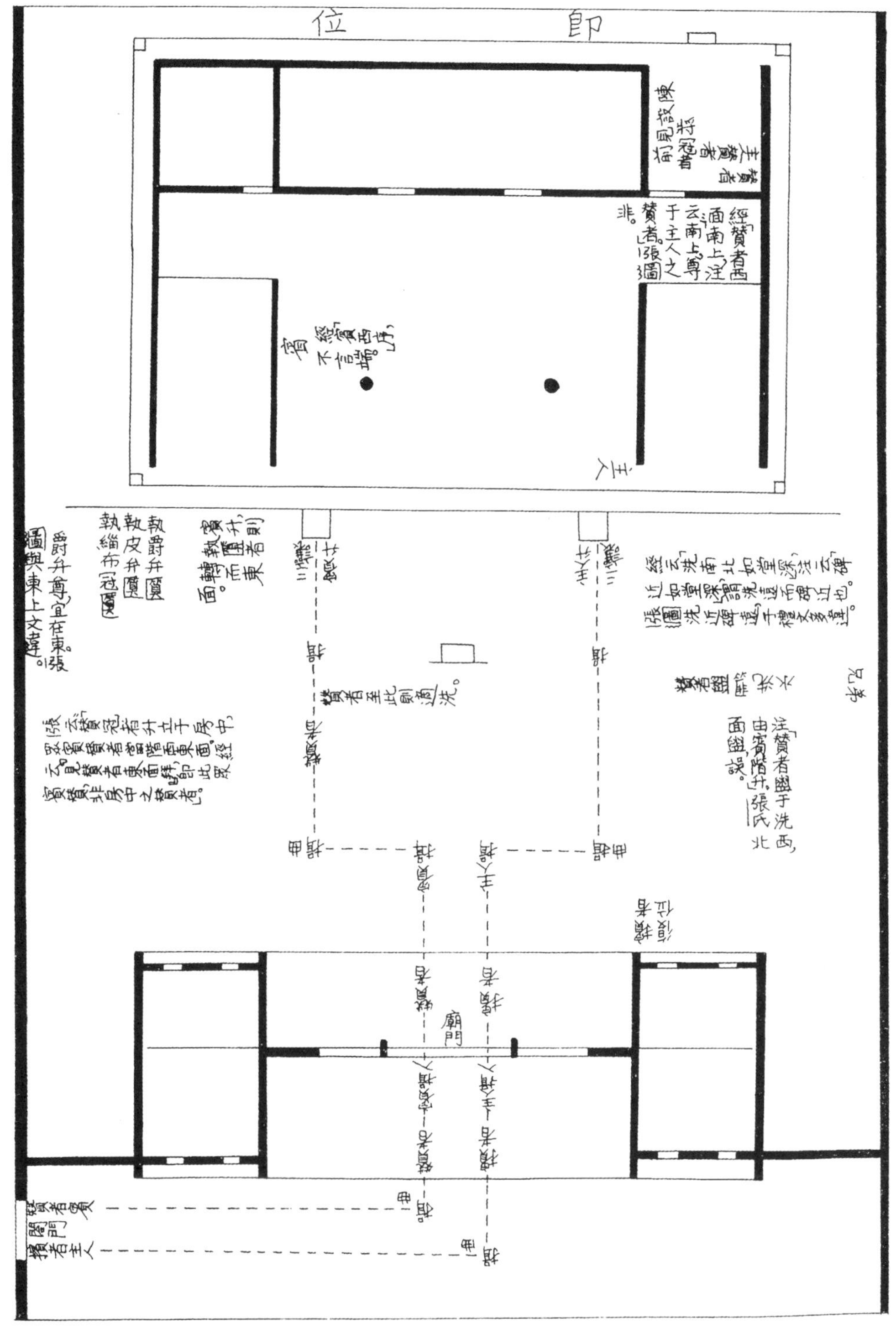

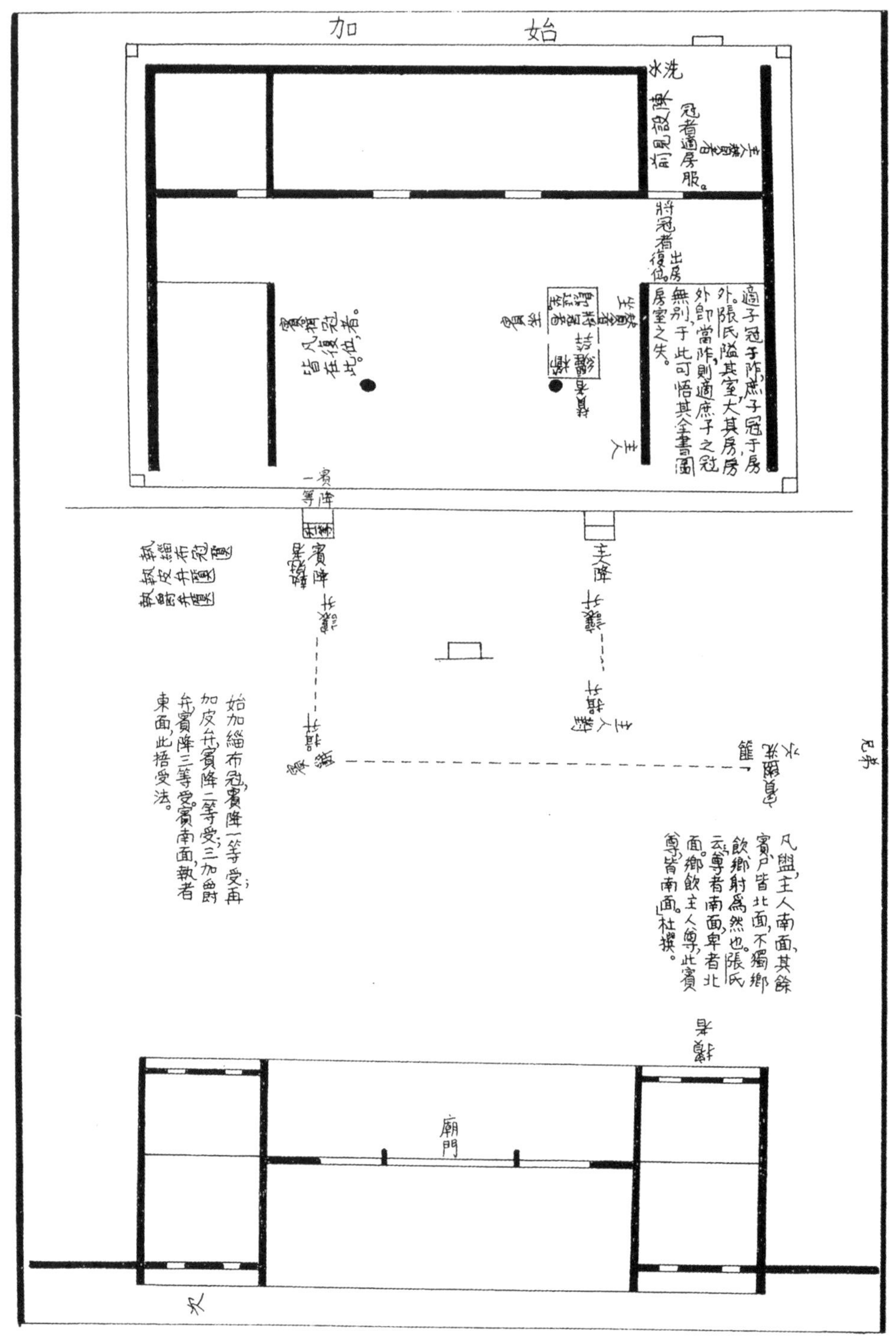

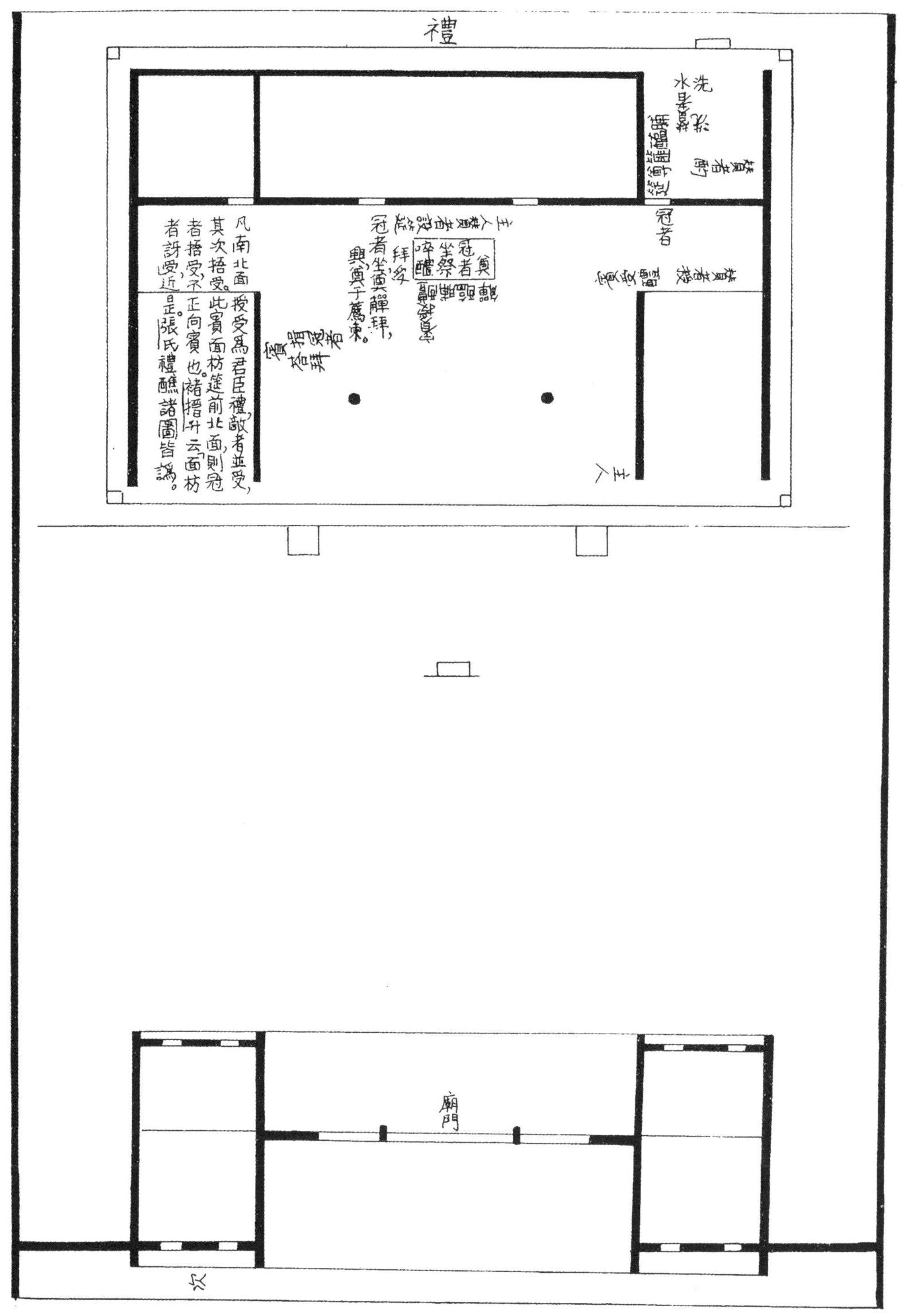
禮
廟門

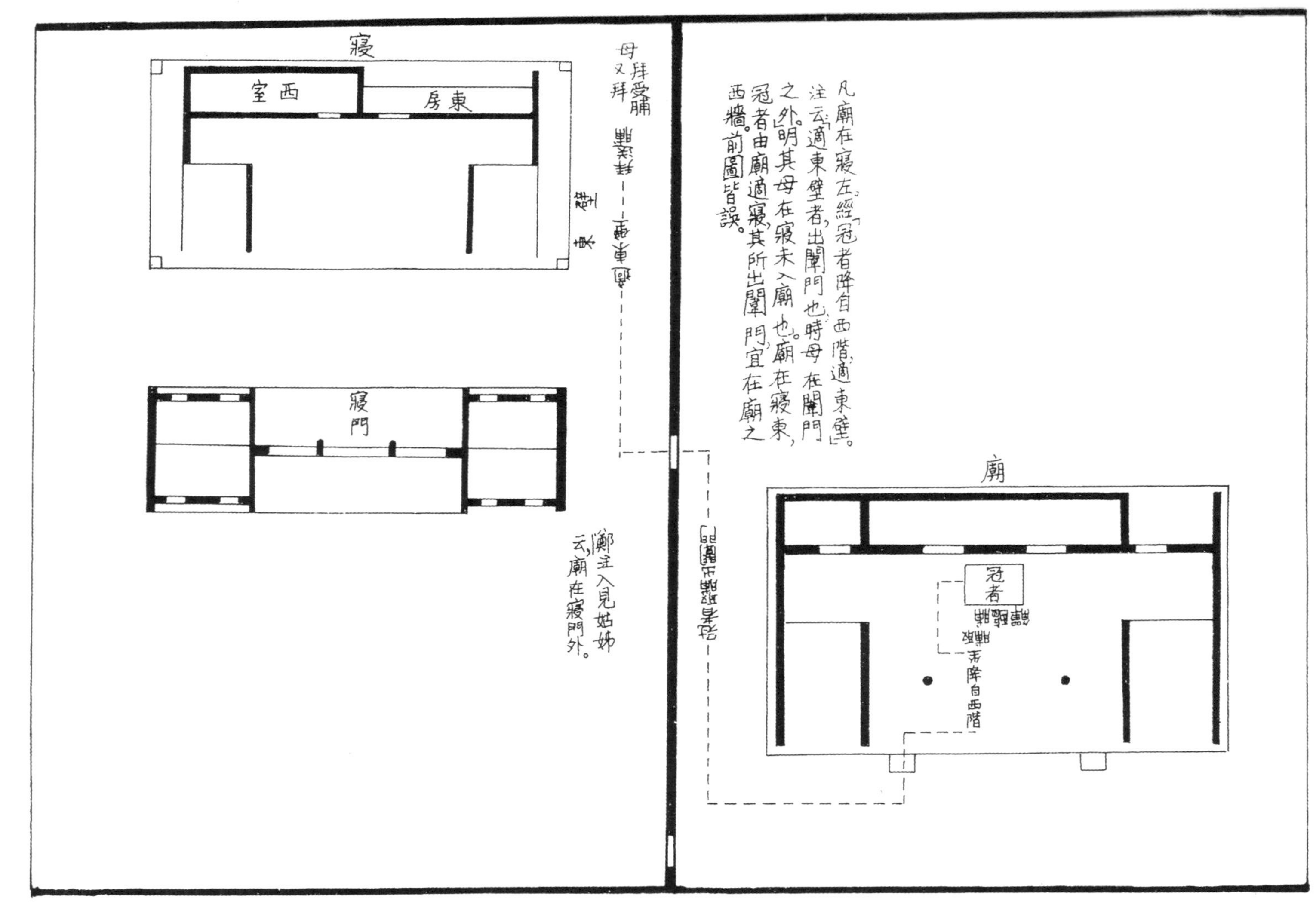
寢
西室
東房
母拜受脯又拜
拜送脯
適東壁
東壁
寢門
鄭注「入見姑姊」云「廟在寢門外。」
凡廟在寢左。經「冠者降自西階，適東壁」，注云「適東壁者，出闈門也。時母在闈門之外。」明其母在寢，未入廟也。廟在寢東，冠者由廟適寢，其所出闈門，宜在廟之西牆。前圖皆誤。
廟
冠者
降自西階

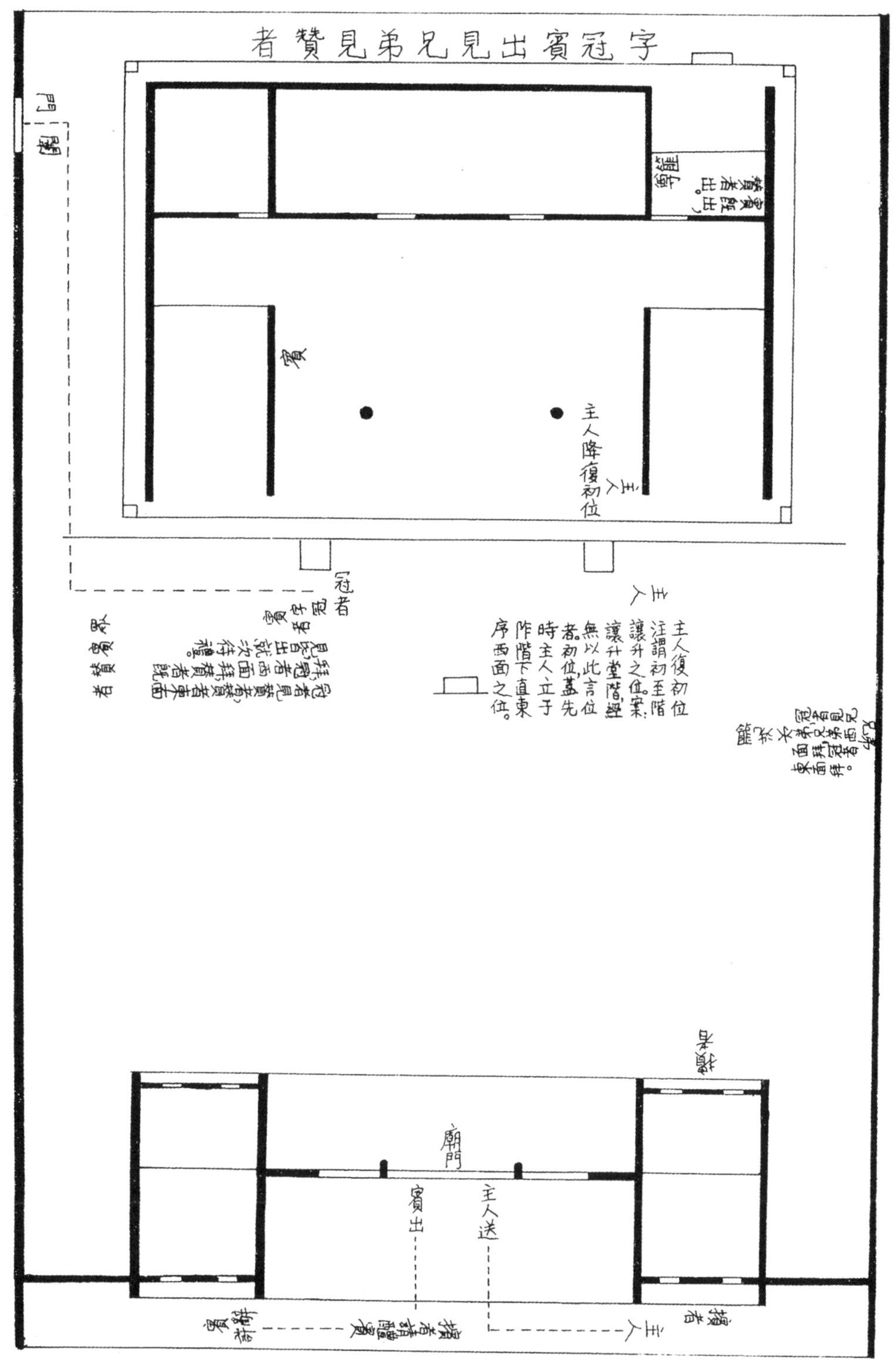

字冠賓出見兄弟見贊者
主人降復初位
主人
冠者
主人復初位
注謂初至階讓升之位。案：經無以此言位者。初位蓋先時主人立于阼階下直東序西面之位。
廟門
賓出
主人送
主人

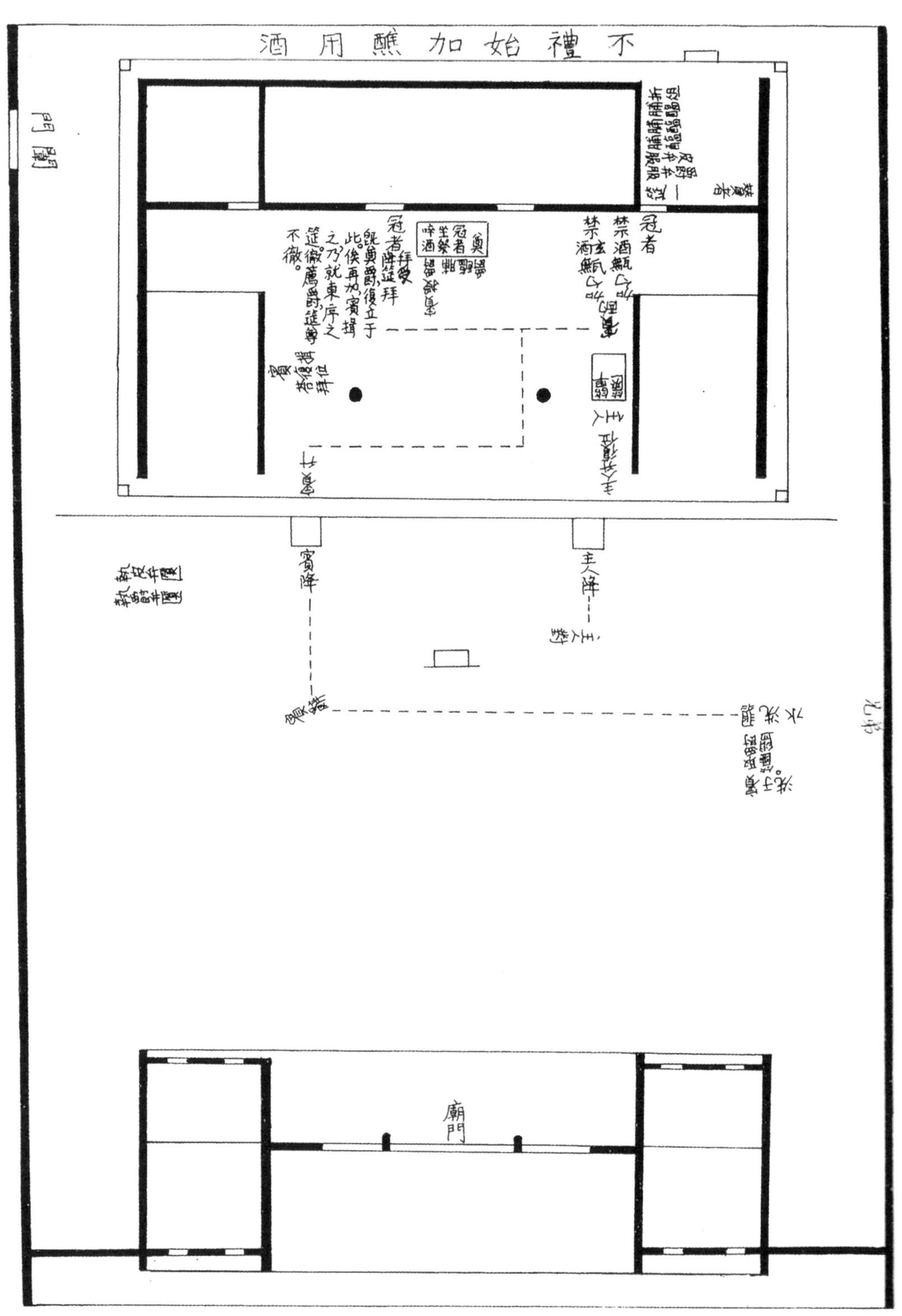
不禮始加醮用酒
冠者
禁酒無玄酒
主人
賓降
主人降
廟門

• 부록 5-2 • 黃以周의《儀禮圖》卷48〈禮節圖一 昏〉

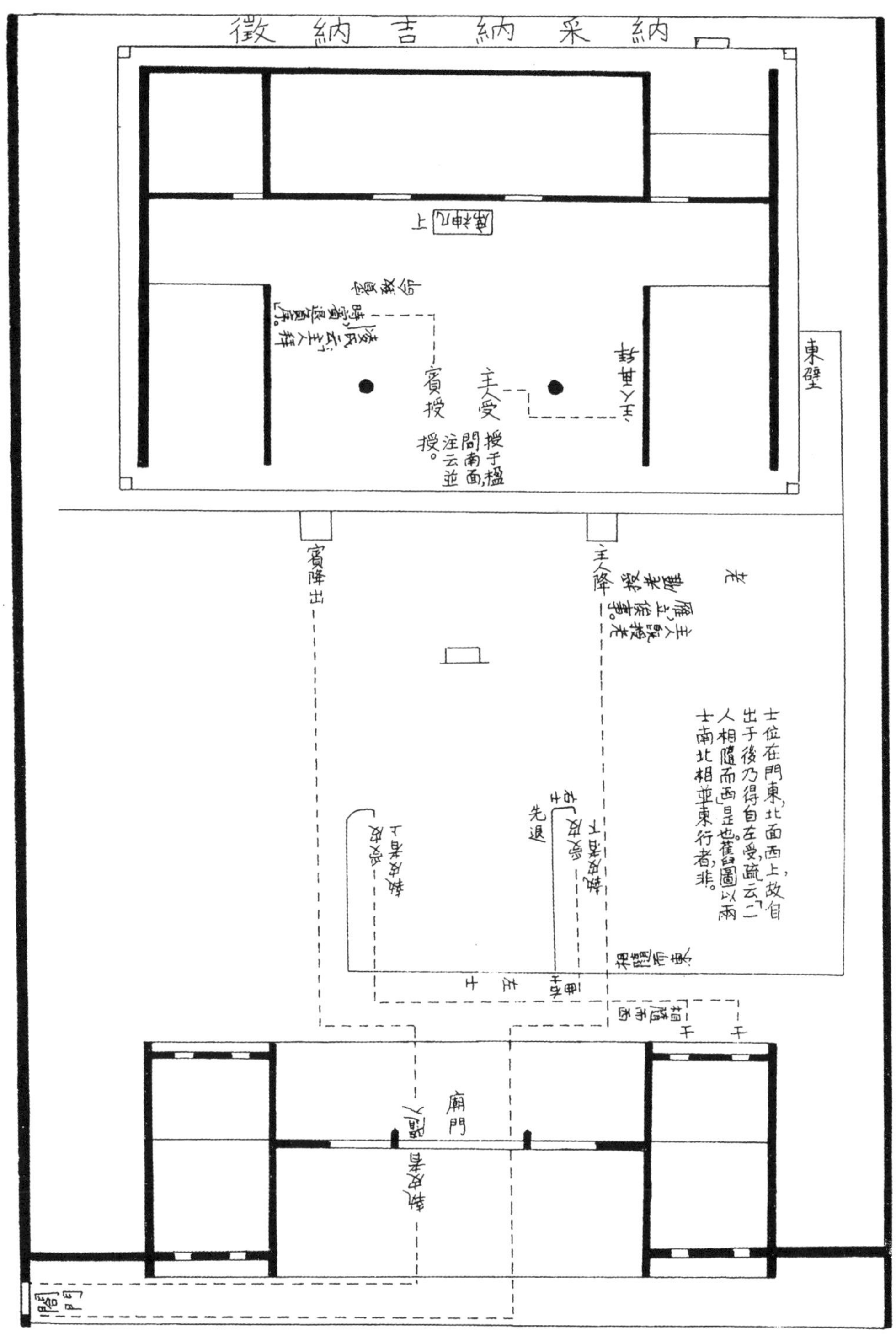

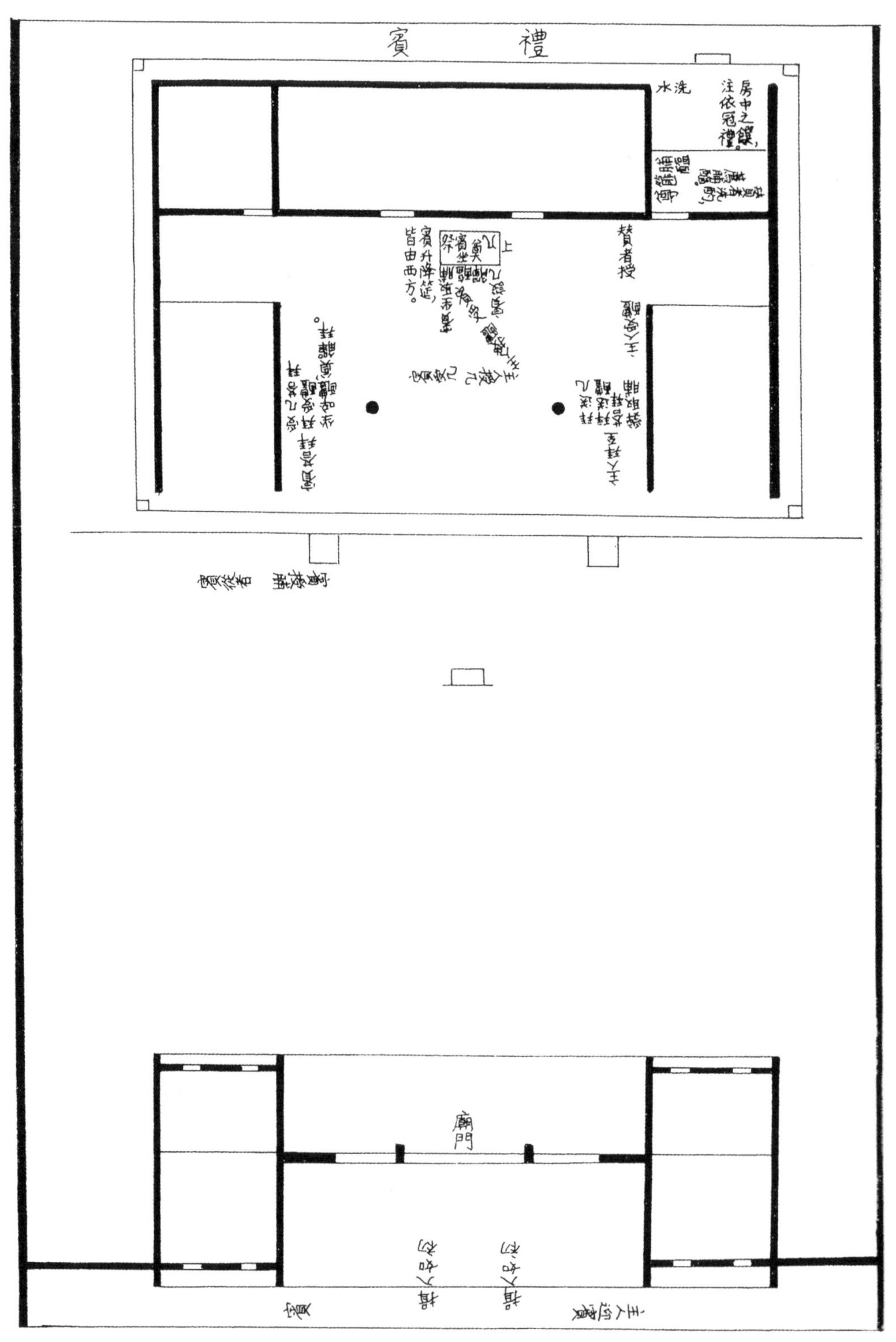

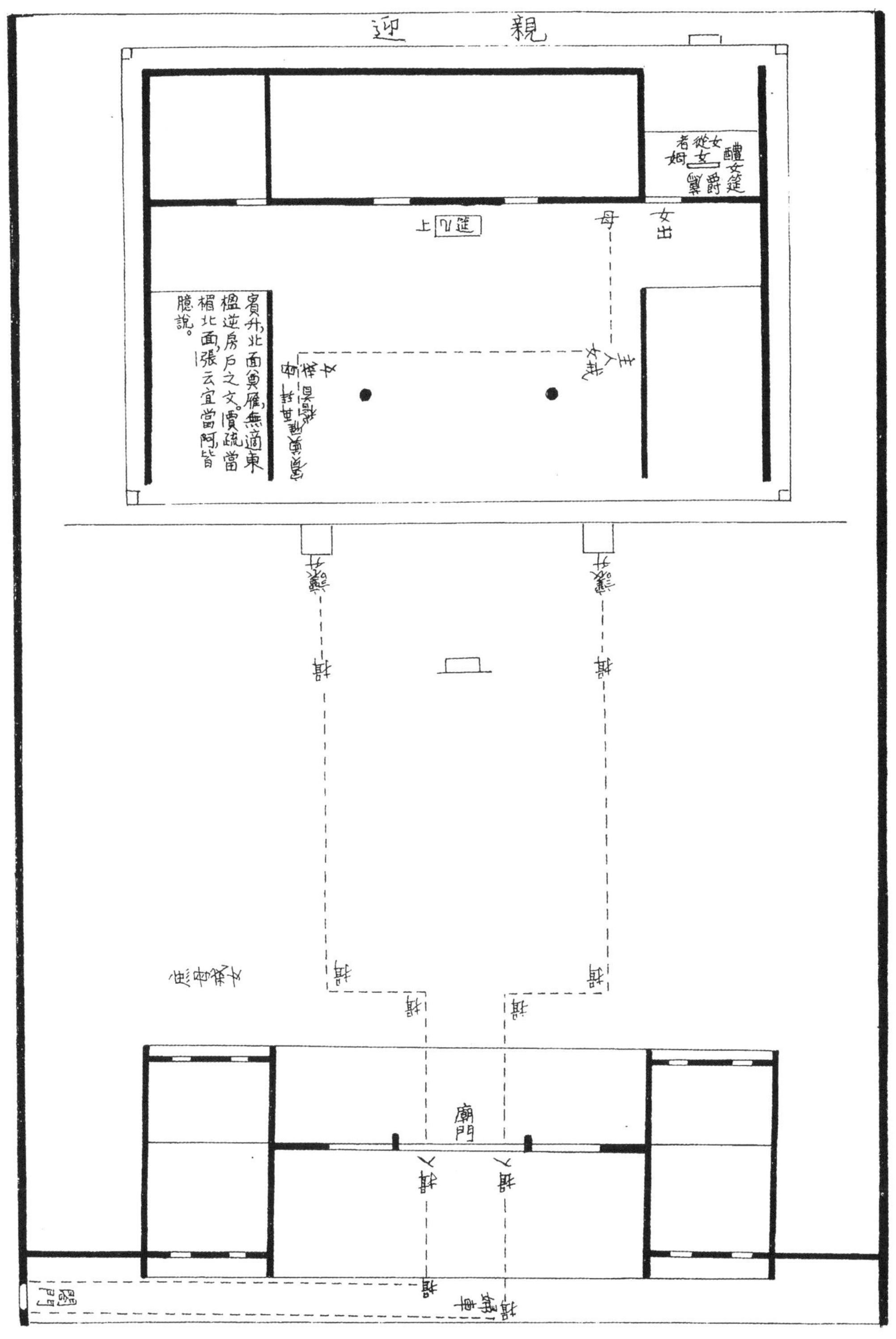
親迎
筵
几
上
母
女出
主人
賓升北面奠鴈，無適東楹逆房戶之文。賈疏當楣北面，張云宜當阿，皆臆說。
廟門

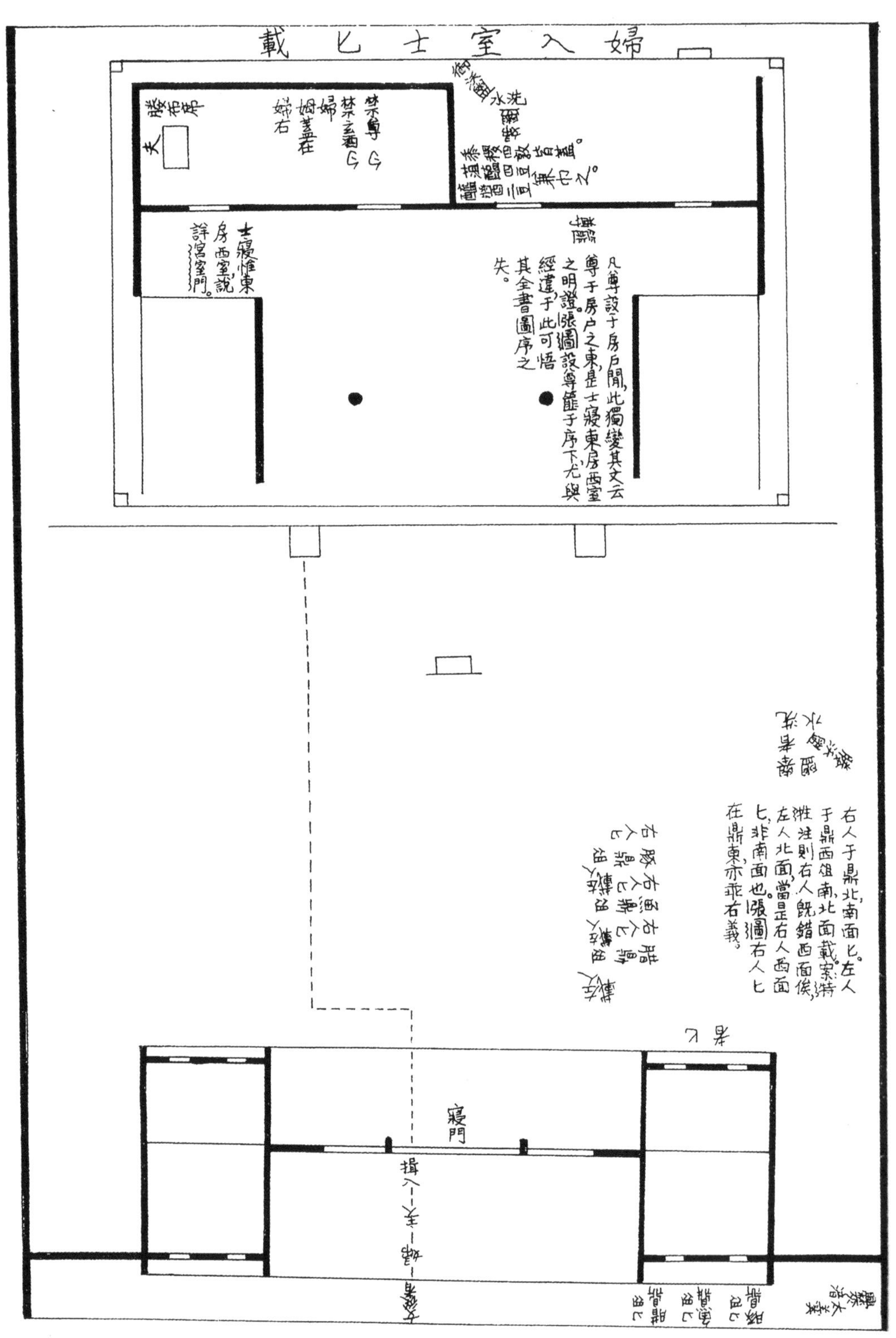
婦入室士匕載
凡尊設于房戶閒，此獨變其文云尊于房戶之東，是士寢東房西室之明證。張圖設尊篚于序下，尤與經違，于此可悟其全書圖序之失。
右人于鼎北，南面匕。左人于鼎西俎南，北面載。案特牲注則右人既錯西面俟，左人北面，當是右人西面匕，非南面也。張圖右人匕在鼎東，亦乖右義。
士寢惟東房西室，說詳宮室門。
寢門

鄭注對席饌式

楊信齋、沈果堂、張皐文諸家圖皆舛誤，不復錄。

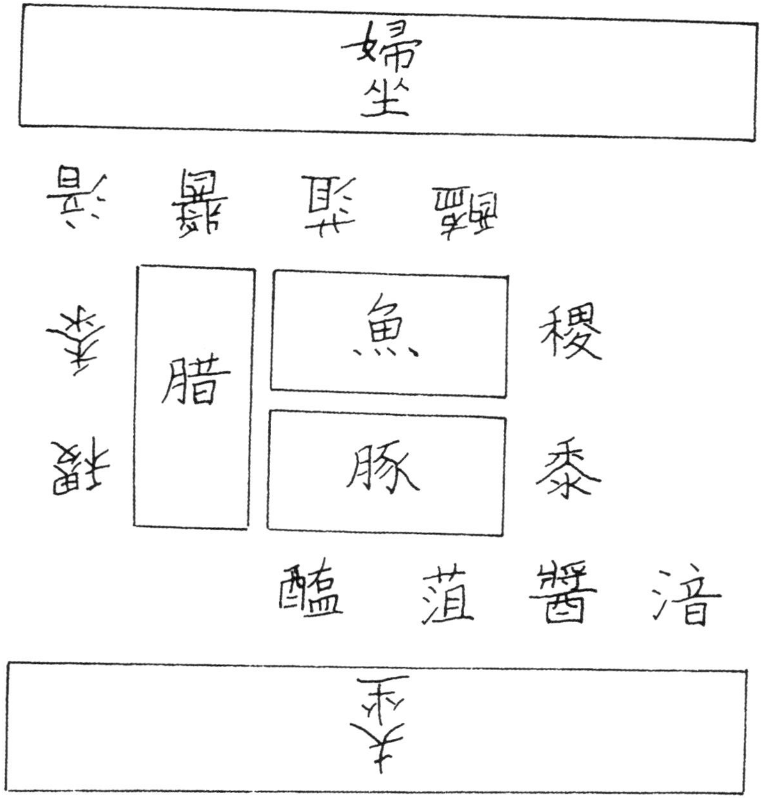

婦坐

湆 醬 菹 醢

黍 腊 魚 稷

稷 豚 黍

醢 菹 醬 湆

夫坐

新定對席式

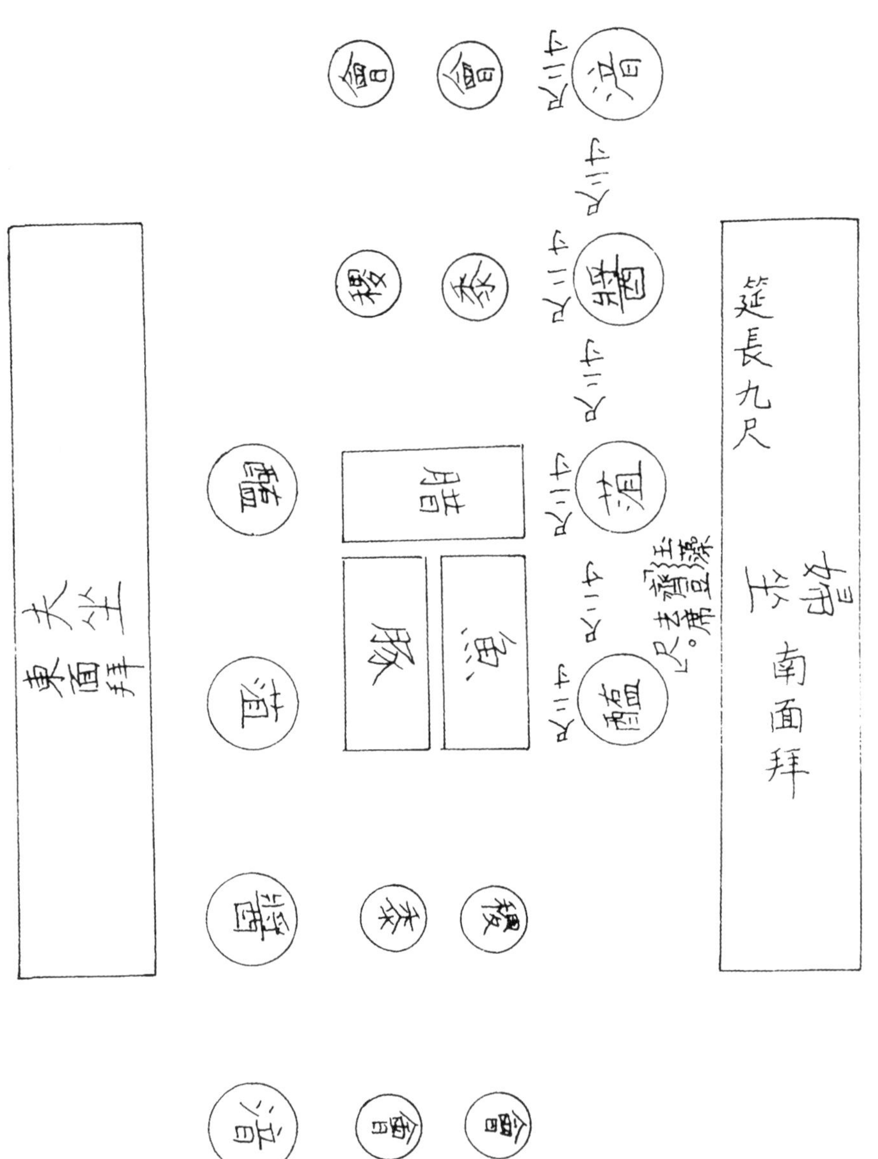

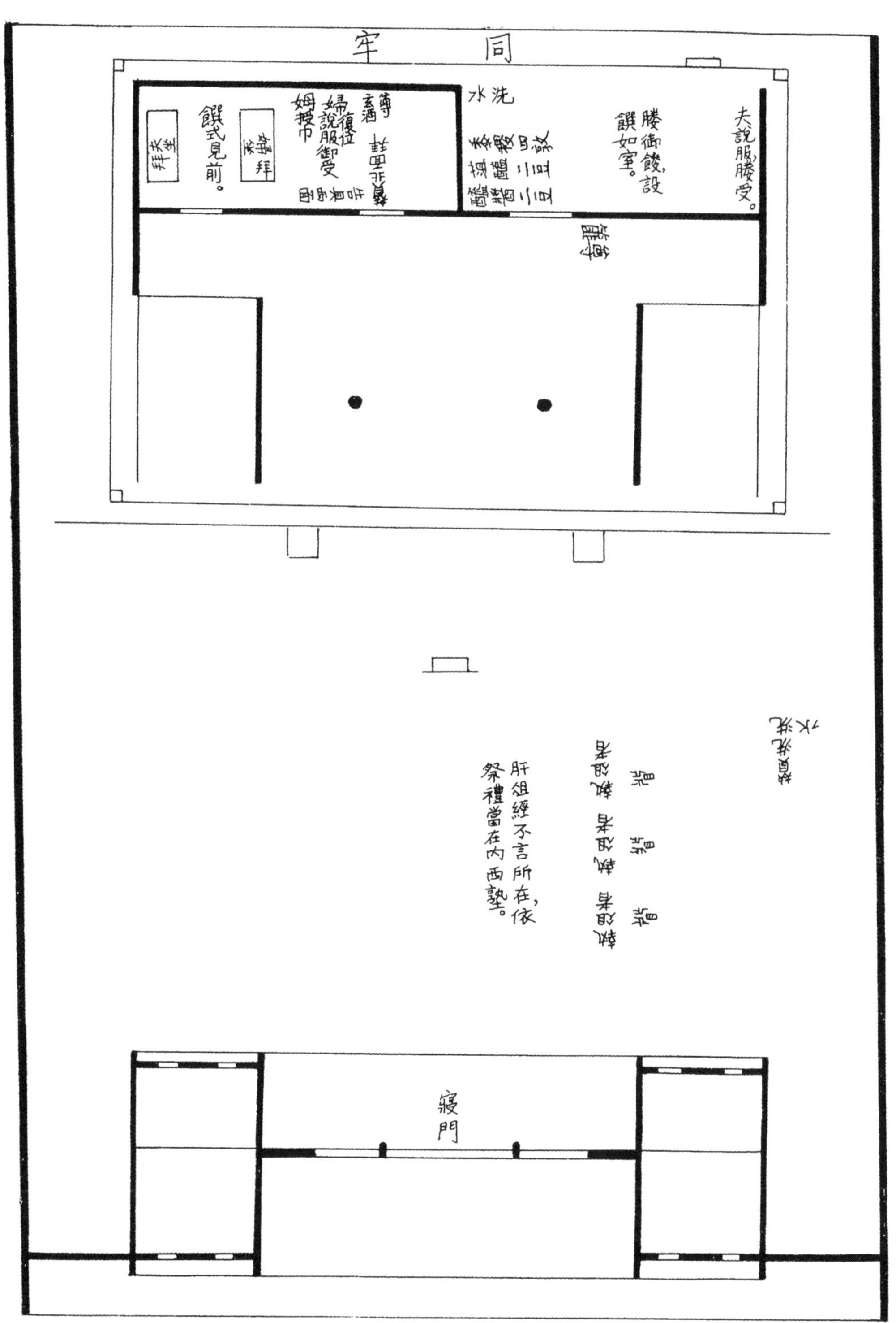

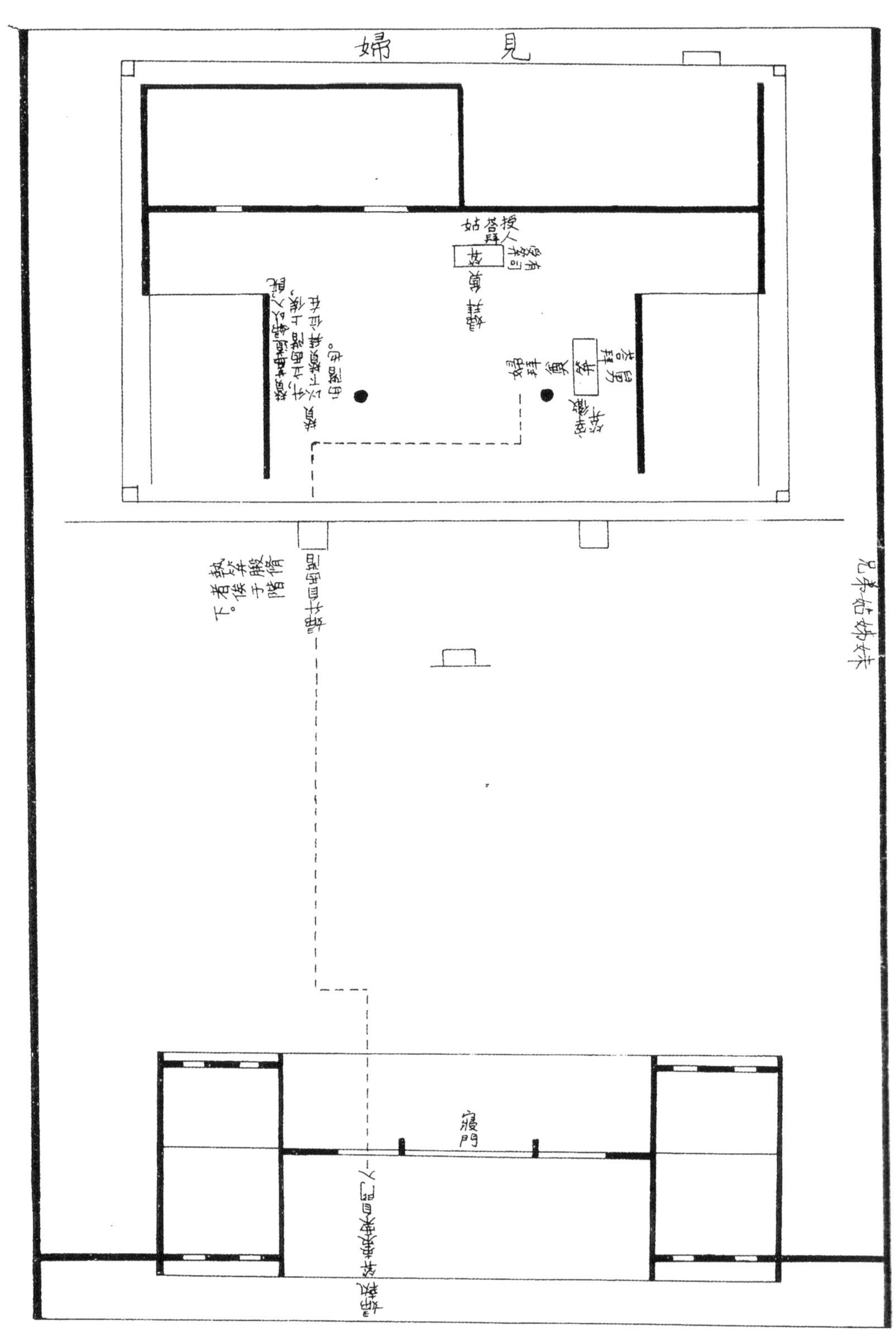
寢門
兄弟姑姊妹

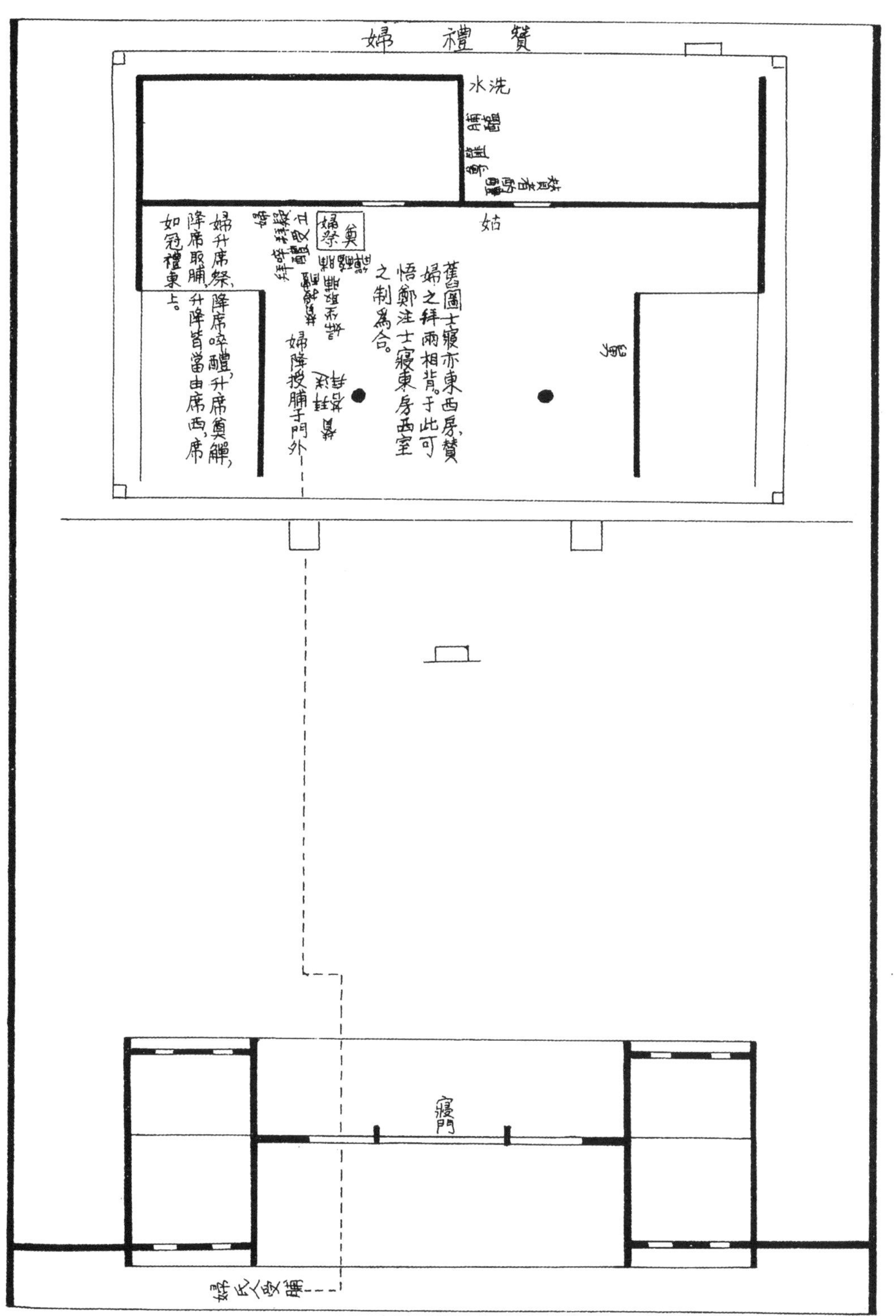

婦禮贊
水洗
姑
舅
舊圖士寢亦東西房，贊婦之拜兩相背。于此可悟鄭注士寢東房西室之制爲合。
婦升席祭，降席啐醴，升席奠觶，降席取脯，升降皆當由席西，席如冠禮東上。
婦降授脯于門外
寢門

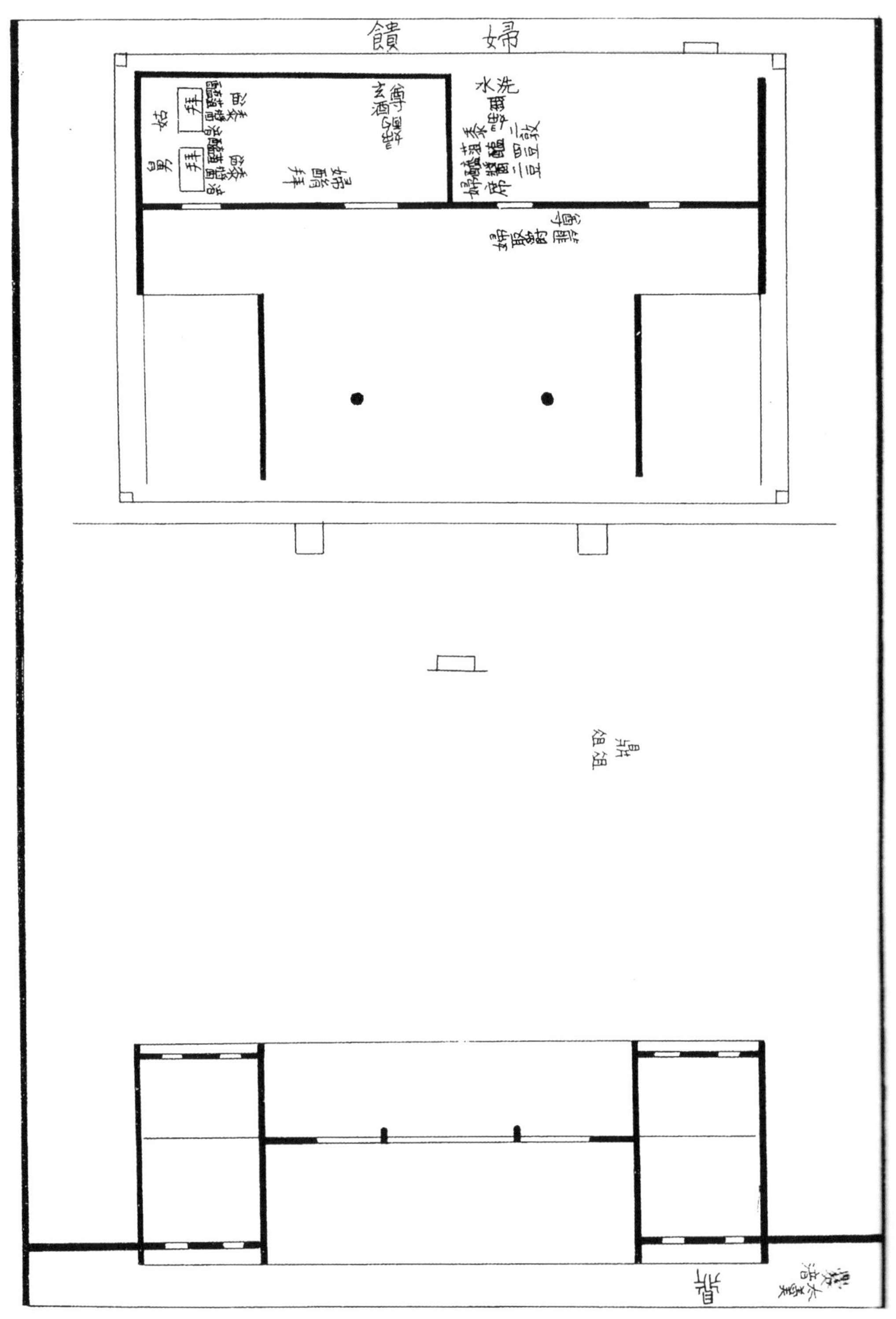

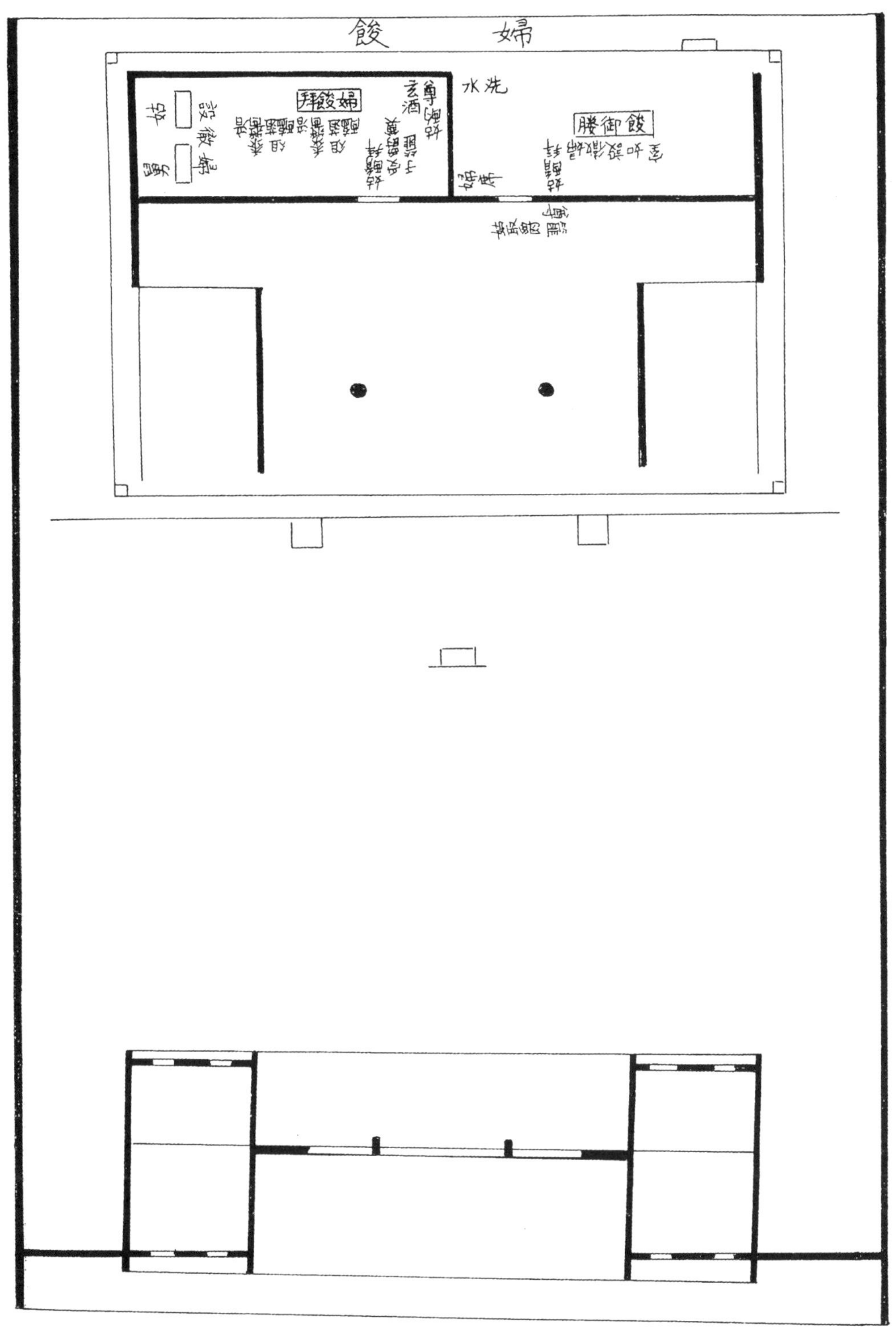

婦餕
水洗

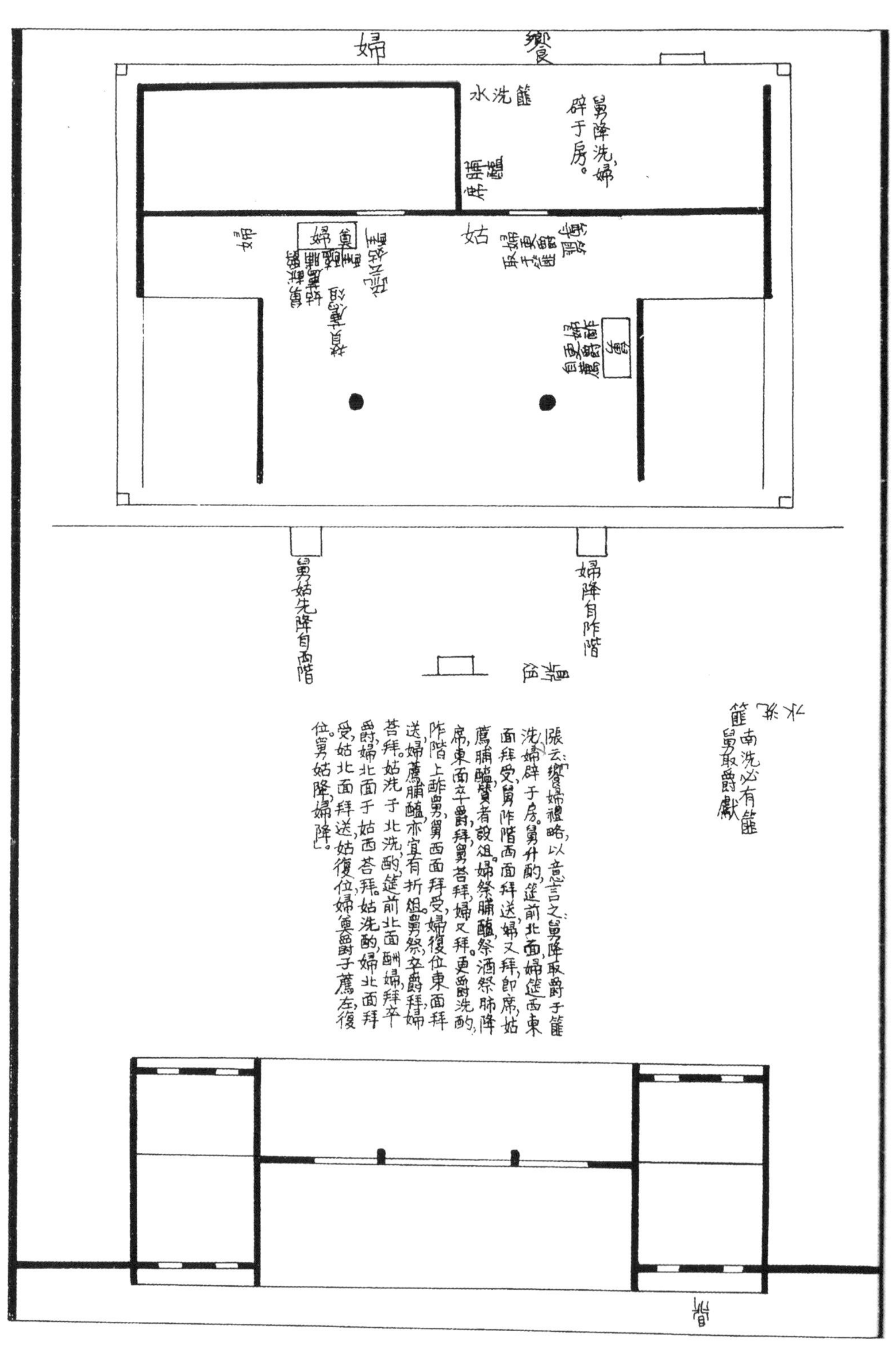

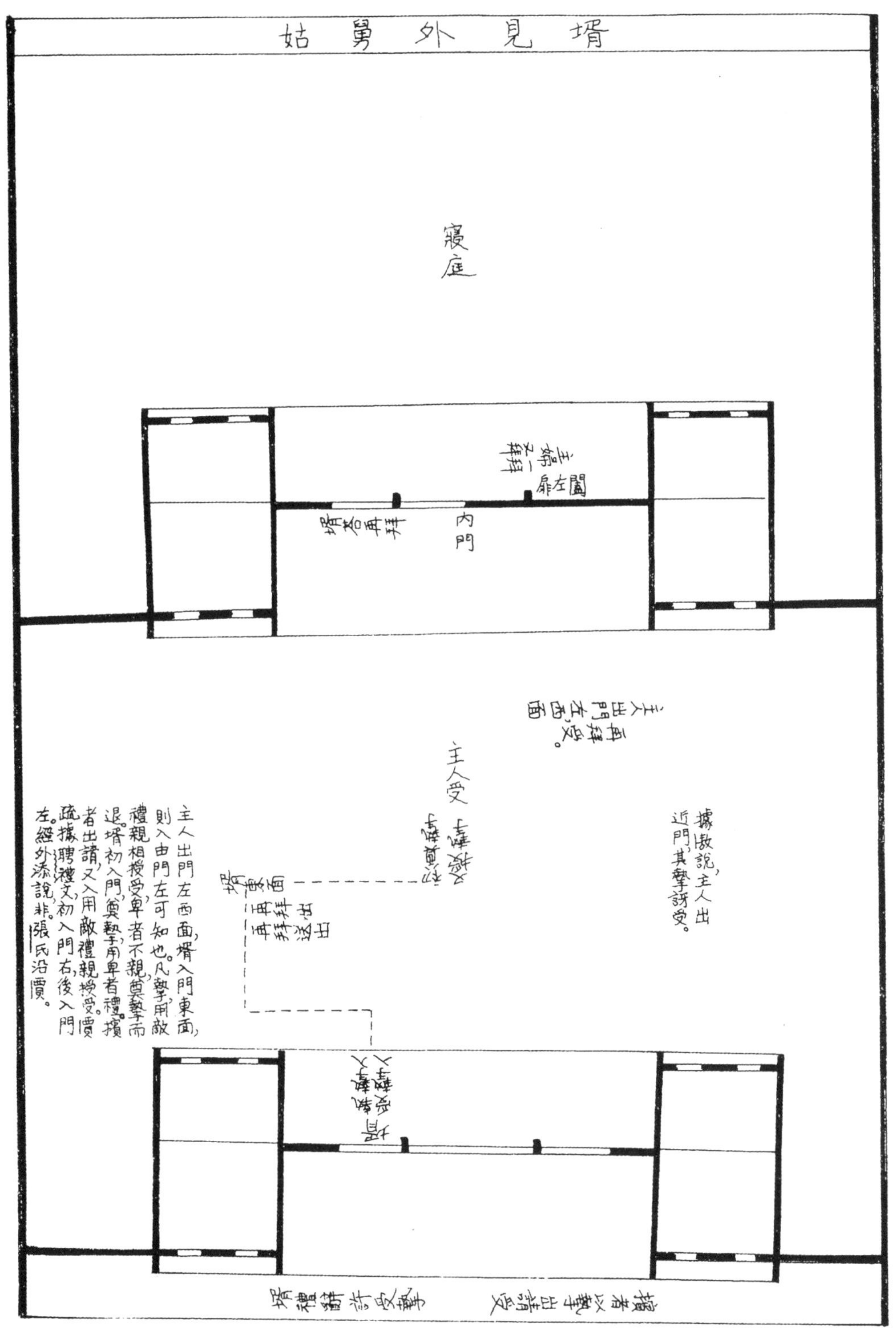
壻見外舅姑
寢庭
內門
主人出門左西面再拜受。
主人受
主人出門左西面，壻入門東面，則入由門左可知也。凡摯用敵禮，親相授受，卑者不親，奠摯而退。壻初入門，奠摯，用卑者禮。擯者出請，又入用敵禮親授受。賈疏據聘禮文，初入門右，後入門左。經外添說，非。張氏沿賈。
據敖說，主人出近門，其摯訝受。
擯者以摯出請受
壻禮辭許受摯

• 부록 6 • 용어색인

'冠'은 〈士冠禮〉, 昏은 〈士昏禮〉, '經'은 經文을 뜻한다. 편명 뒤의 숫자는 절, 원부호의 숫자는 주석 번호이다. 예컨대 冠1①은 〈사관례〉 제1절 주①이라는 의미이다.

ㄱ

ㅁ

ㅂ

ㅅ

번역자 후기

인생 4계절의 지침서, 《의례》

옛 사람은 사람이 사람인 이유는 禮가 있기 때문이라고 하였다. 또 禮는 履, 곧 실천한다는 의미로, 국가를 경영하고 사직을 안정시키고 상하의 질서를 바로 세우고 후사를 이롭게 하는 것이라고 하였다. 옛 문헌에 의하면 이러한 예가 經禮는 3백 가지, 曲禮는 3천 가지였다. 禮의 중요함과 동시에 예의 복잡다단함을 알 수 있다. 이 禮들 중에 관례와 혼례는 喪禮·祭禮와 함께 사람이 살아가면서 치르는 가장 중요한 의식이다. 이 때문에 이 네 가지 예를 四禮라고 일컬으며 오늘날까지도 중시하고 있는 것이다.

관례는 태어나 3개월이 되었을 때 아버지에게서 이름을 받은 이후로 가장 먼저 치르는 공식적인 예이다. 일반적으로 남자는 20세, 여자는 15세가 되면 각각 관례와 笄禮를 행하였으며, 이때 본래의 이름과 의미상 연관이 있는 字를 받아 부모와 군주를 제외한 타인이 부르는 호칭으로 삼았다. 이는 成人이 되었다는 표지로서, 관례를 행한 당사자에게는 성인으로서의 의무를 요구하고, 다른 사람들에게는 그를 성인으로 대우하라는 의미를 부여한다. 3종의 冠을 차례로 씌워주는 관례는 원래 원시 사회에서 그 사회의 일원으로 인정받기 위해 목숨을 걸고 각종 시험을 치르는 3개월 혹은 3년 동안의 성인식에서 발전된 것으로 추정하고 있다. 이러한 성인식은 비록 형식이 다르고 의복이 다르지만 비슷한 의미를 지니고 오늘날에도 서구 여러 나라에서 매우 중요한 의식의 하나로 널리 행해지고 있으며, 우리나라 역시 일부 민간단체 주관으로 해당 연령의 청소년들에게 전통적인 관례를 재현하고 있다.

혼례는 예로부터 국가의 정책에서 우선순위에 둔 중요한 예였다. 고대 농경 사회에서 인구의 수는 곧 국력이었기 때문이다. 《周禮》〈媒氏〉에 따르면 남자는 30세, 여자는 20세에 혼인을 하도록 하였으며, 아이가 있는 경우에도 재혼이 가능하였다. 고대의 혼례는 두 姓이 한 가족이 되어 조상을 섬기고 후세를 잇기 위해 행하는 의식으로서 의미가 있었다. 이는 다른 면에서 세대가 바뀌어 그 집안의 주도권을 넘겨받는 것을 의미했기 때문에 옛날에는 다른 사람의 혼인을 축하하지 않았으며 혼례에 음악을 사용하지 않았다. 오늘날 떠들썩한 분위기의 예식장에서 행하는 혼례와는 매우 다른 엄숙한 의식이었다는 것이다.

《禮記》〈曲禮〉에 "군자는 예를 행할 때 풍속을 바꾸는 것을 구하지 않는다.〔君子行禮, 不求變俗.〕"라고 하였다. 예의 근본정신은 稱情이다. 《의례》에서 언급하고 있는 세세한 의절을 비롯한 의복·음식·기물 등이 오늘날과 맞지 않기 때문에 행하기 어렵다고들 하지만, 그 의미를 담을 수 있다면 오늘날의 실정에 맞게 오늘날의 의복·음식·기물을 사용하여 행하는 것 또한 예에 맞는 것이다. 공자는 교만하지 않은 부자가 예를 좋아하는 부자만 못하다고 하였다. 물질적으로 풍요로워진 오늘날, 작지만 이 번역서가 예를 좋아하는 사회로 변모하는 데 조금이나마 도움이 되기를 소망한다.

예기치 않은 전염병으로 온 세상이 신음하는 때에 나오는 번역서 출간이어서일까, 모든 것이 더욱 감사하고 감사하다. 《의례》를 처음 공부할 때부터 번역서의 출간까지 한송 성백효 선생님의 한결같은 격려가 없었다면 지금 이렇게 사례 번역서의 출간을 앞둔 감회를 꿈이라도 꾸었을까. 힘에 겨워 주저앉고 싶을 때마다 늘 넉넉한 마음과 따뜻한 눈길로 감싸주셨던 두 분 동학이 없었다면 생각만 해도 답답해지는 《의례》 공부를 지속할 수 있었을까. 자본이 곧 신분이고 명예인 사회에서 선뜻 《의례》 출간을 허락해주신 출판사의 권희준 소장님, 전문가들도 고개를 젓는 《의례》의 난해한 한자들을 꼼꼼히 교정해주신 조옥임 선생님 이하 편집자분들의 인내와 의지가 없었다면 이런 번역서의 출간은 불가능했을 것이다. 수많은 분들의 사랑과 믿음을 저버리지 말자는 생각에 자꾸만 게을러지려 하는 자신을 다시 한 번 추스른다.

– 이상아

봄꽃이 또 만개하였다. 고대에 《의례》가 기록된 뒤로 봄꽃은 또 얼마나 피고 졌던가! 《의례》를 공부하다 보니, 까마득한 옛날부터 지금까지 이어져 오는 수많은 禮가 대부분 《의례》에 근원한다는 것을 알고 경이로운 마음 금할 수 없었다.

아버지가 입으셨던 참최복, 상여 뒤를 따르는 친척들의 각기 다른 상복, 上食, 朝夕哭, 三虞祭 등등 내가 직접 보고 겪은 것들은 喪禮 번역에 많은 도움이 되었다. 또 제수를 진설하고, 三獻을 올리고, 흠향을 권하고, 고수레하고, 참석한 후손들이 제사 음식을 나누어 먹는 飮福 등등은 생략되거나 다른 부분도 있지만, 선조의 덕을 기리고 추모하는 엄중함은 여전한 것 같다. 몇 년 전 딸을 시집보낼 때, 시부모님 공경하고 화목한 가정을 이루라는 당부의 글을 곱게 써서 예쁜 자수 복주머니에 넣어 주었다. 당부도 당부려니와, 이것은 《의례》에서 배운 良俗이 단절되어서는 안 되겠다는 위기감과 함께 면면히 이어지기를 바라는 學徒로서의 기원 또한 있음이었다.

2013년 어느 봄날 《의례》를 번역하자는 제의에 천리마 꼬리에라도 붙어가자는 각오로 시작하여 이제 四禮의 번역을 마치게 되니 감회가 새롭다. 공자께서 "세 사람이 길을 가면 반드시 나의 스승이 있다.[三人行必有我師焉.]"라고 하셨는데, 오랜 세월 학우들과 함께 윤독하고 함께 거닐다 보니 어느새 내 인생길이 빛이 나고 있었다.

강독 때 말석을 허락하시고 '의례 삼총사'라고 응원해 주신 한송 성백효 선생님께 큰 감사를 드린다. 또한 봄꽃이 일곱 번이나 피고 지는 동안, 한결같은 가르침과 포용력으로 이끌어 준 이상아, 최진 선생께 그지없는 고마운 마음을 전한다.

– 박상금

인연을 소중하게 여기며 살아왔다. 滄海桑田 속에서도 불변의 진리로 남아 있는 古典이 알고 싶어 한국고전번역원 연수원을 찾아가면서 귀한 인연이 시작되었다. 적지 않은 나이에 봄이 다시 찾아왔다.

그저 배우는 것이 좋아 겁도 없이 《의례》 번역에 참여하였다. 종종 날이 훤히 밝아오는 것도 깨닫지 못할 만큼 《의례》를 보는 것이 즐거웠다. 물론, 무척 어려웠다. 그러나 치열하게 파고들고 토론하여 엉킨 실마리를 하나하나 풀어나갈 때마다 희열과 성취감은 물론이고 인간적으로도 조금씩 나아가는 내가 있었다.

2013년부터 지금까지 7년의 시간은 오로지 《의례》 하나에만 몰두했던 시간이었다. 똑같이 반복되는 하루일뿐인데, 옛사람들은 왜 절기를 나누고 명절을 만들어 의미를 부여해왔는가? 아마도 때에 맞게 매듭을 짓고, 마음을 가다듬어 반듯하게 살아가기 위한 절차가 필요했기 때문이리라. 《의례》를 공부하면서 冠·婚·喪·祭는 고리타분한 옛 풍습이 아닌, 인생 4계절의 지침서임을 깨달았다.

빠르게 변하는 현대사회 속에서 《의례》를 길잡이로 삼는다면 삶이 훨씬 깊어질 것이라 확신한다. 누구나 禮를 가까이하기를 간절히 바라며, 나 또한 작게나마 실천해 나가리라 다짐한다. 아들·딸에게는 제사란 선조의 덕을 되새기고 함께 할 형제와 친족이 있음을 생각하는 계기임을 알려줄 것이다. 손자·손녀에게는 관례를 꼭 행하여 축원해 주고 싶다. "아름다운 달 좋은 날에 첫 번째로 元服을 씌워주노라. 너의 어린 마음을 버리고 성인의 덕을 삼가 닦도록 하라. 이같이 하면 장수토록 복을 받아 너의 큰 복을 더욱 크게 하리라."

부족한 사람을 늘 격려해주시고 지켜봐주신 성백효 선생님께 깊이 감사드린다. 함께 손잡고 걸어온 이상아·박상금 두 분께 존경의 마음을 전한다.

－최 진

이 책을 번역하고 엮은이

이상아

공주사범대학 중국어교육과를 졸업하고 성균관대학교 한문고전번역협동과정 석사 및 박사 과정을 졸업하였다. 민족문화추진회(현 한국고전번역원) 부설 국역연수원 연수부 및 상임연구부에서 한문을 수학하였다. 한국고전번역원 번역전문위원을 역임하고, 현재 성균관대학교 대동문화연구원에 수석연구원으로 재직하고 있다. 석사 논문은 〈다산 정약용의 『가례작의』 역주〉, 박사 논문은 〈다산 정약용의 『제례고정』 역주〉이다. 공역서로 《국역 기언》, 《일성록》, 《교감학개론》, 《주석학개론》, 《사고전서 이해의 첫걸음》, 《역주 대학연의》, 《무명자집》, 《삼산재집》, 《국역의례(상례편)》, 《국역의례(제례편)》 등이 있다.

박상금

민족문화추진회(현 한국고전번역원) 부설 국역연수원 연수부 및 일반연구부를 졸업하였다. 時習學舍에서 一愚 李忠九 선생님께 수학하고, 해동경사연구소에서 寒松 成百曉 선생님께 수학하고 있다. 현재 해동경사연구소 연구위원이다. 공역서로 《국역의례(상례편)》, 《국역의례(제례편)》이 있다.

최진

민족문화추진회(현 한국고전번역원) 부설 국역연수원 연수부를 졸업하고 時習學舍에서 一愚 李忠九 선생님께 수학하였다. 현재 해동경사연구소 연구위원이다. 공역서로 《국역의례(상례편)》, 《국역의례(제례편)》이 있다.

감수 성백효

충남忠南 예산禮山에서 태어났다. 가정에서 부친 월산공月山公으로부터 한문을 수학했고, 월곡月谷 황경연黃璟淵, 서암瑞巖 김희진金熙鎭 선생으로부터 사사했다.
민족문화추진회 부설 국역연수원 연수부 수료, 고려대학교 교육대학원 한문교육과를 수료하였고, 현재 한국고전번역원 명예교수, 전통문화연구회 부회장을 역임하고 있으며, 사단법인 해동경사연구소 소장을 역임 중이다.
번역서로 《사서집주四書集註》, 《시경집전詩經集傳》, 《서경집전書經集傳》, 《주역전의周易傳義》, 《고문진보古文眞寶》, 《근사록집해近思錄集解》, 《심경부주心經附註》, 《통감절요通鑑節要》, 《당송팔대가문초唐宋八大家文抄 소식蘇軾》, 《고봉집高峰集》, 《독곡집獨谷集》, 《다산시문집茶山詩文集》, 《송자대전宋子大全》, 《약천집藥泉集》, 《양천세고陽川世稿》, 《여헌집旅軒集》, 《율곡전서栗谷全書》, 《잠암선생일고潛庵先生逸稿》, 《존재집存齋集》, 《퇴계전서退溪全書》, 《현토신역 부 안설 논어집주懸吐新譯 附 按說 論語集註》, 《현토신역 부 안설 맹자집주懸吐新譯 附 按說 孟子集註》, 《현토신역 부 안설 대학중용집주懸吐新譯 附 按說 大學中庸集註》, 《최신판 논어집주 論語集註》, 《최신판 맹자집주孟子集註》, 《최신판 대학중용집주大學中庸集註》 등이 있다.

국역의례國譯儀禮-관례혼례편冠禮昏禮篇

1판 1쇄 인쇄 | 2021년 5월 11일
1판 1쇄 발행 | 2021년 5월 27일

엮은이 | 이상아, 박상금, 최진
감수 | 성백효

디자인 | 씨오디
지류 | 상산페이퍼
인쇄 | 다다프린팅

발행처 | 한국인문고전연구소
발행인 | 조옥임
출판등록 2012년 2월 1일(제 406-251002012000027호)
주소 | 경기 파주시 가람로 70, 402-402
전화 | 02-323-3635
팩스 | 02-6442-3634
이메일 | books@huclassic.com

ISBN | 978-89-97970-72-8 94380
978-89-97970-00-1 (set)